中等卫生职业学校
教学改革实验教材

供各专业选用

安全教育

主　编　汪宝德　王维智

副主编　陈维忠

编　者　（以姓氏笔画为序）

王维智（甘肃省定西市卫生学校）
冯　军（甘肃省定西市卫生学校）
任小民（甘肃省定西市卫生学校）
汪宝德（甘肃省定西市卫生学校）
陈维忠（甘肃省定西市卫生学校）
赵小红（甘肃省定西市卫生学校）
常平福（甘肃省定西市卫生学校）
崔继元（甘肃省定西市卫生学校）

军事医学科学出版社
·北京·

内容提要

本书共分上、下两篇。上篇为安全防范知识，分为6章，即饮食安全、交通安全、学习安全、日常安全、灾害防范、疾病防治；下篇为安全法规教育，包括《中华人民共和国食品安全法》等15部法律法规。本书可供中等职业学校入学教育使用，也可作为在校学生学习安全知识的课外读物。

图书在版编目（CIP）数据

安全教育/汪宝德，王维智主编．—北京：军事医学科学出版社，2009.8
ISBN 978-7-80245-333-3

Ⅰ．安…　Ⅱ．①汪…②王…　Ⅲ．安全教育-专业学校-教材　Ⅳ．X925

中国版本图书馆CIP数据核字（2009）第151536号

出　版：军事医学科学出版社
地　址：北京市海淀区太平路27号
邮　编：100850
联系电话：**发行部**：（010）66931051，66931049，81858195，
编辑部：（010）66931127，66931039，66931038，
86702759，86703183
传　真：（010）63801284
网　址：http：//www.mmsp.cn
印　装：北京市顺义兴华印刷厂
发　行：新华书店

开　本：787mm×1092mm　1/16
印　张：19.625
字　数：480千字
版　次：2009年10月第1版
印　次：2009年10月第1次
定　价：36.00元

前　言

为贯彻国家德、智、体、美全面发展的教育方针，构建和谐校园、平安校园，培养高素质劳动者，我们编写了这部教材。本教材以校园安全相关法律为指导，旨在提高学生安全防范意识、培养灾害防范能力，以确保学生安全、校园安全。

本教材分上、下两篇。上篇为安全防范知识，共六章，包括饮食安全、交通安全、学习安全、日常安全、灾害防范、疾病防治；下篇为安全法规教育，包括《中华人民共和国食品安全法》等十五部法律法规。

全书理论联系实际，内容贴近学生生活，突出基本知识、基本能力，体现思想性、科学性、先进性、启发性、适用性。除正文内容外，每节后附加了一些思考训练题，以供学生复习并巩固所学知识及提高安全、防范能力。

本教材适合中等职业学校入学教育使用，也可作为选修课教材，也可作为其他学校学生一般读物。

本教材在编写中受到了甘肃省定西市卫生学校的大力支持，在此表示感谢！并参考了许多同仁的研究成果，在本教材后注明，以表示谢意！

由于编者水平有限，经验不足，时间紧张，教材中存在的错误与疏漏之处，恳请大家不吝赐教！

汪宝德　王维智

2009年7月

前言

目　录

上　篇　安全防范知识

下　篇　安全法规教育

上　篇

安全防范知识

第一章　饮食安全

第一节　饮食卫生

人的生命必须通过饮食来维持，人的生命质量和精神心理与饮食、营养有极大的关系，人的智力、体力、学习能力、运动能力、防病能力、康复能力、生殖能力、寿命、身高、体重也都与饮食、营养有不可分割的联系。饮食过程中养成良好的卫生习惯也至关重要。

一、怎样做到饮食卫生

人们在日常生活中的衣、食、住、行和劳动、休息等等，都涉及到一系列的卫生内容。如果缺乏卫生知识，没有良好的卫生习惯，就很难有一个健康的身体，也就谈不上能适应现代化快节奏的学习和生活。

（一）讲究个人卫生

1. **手的卫生**　人的一双手在日常生活中与各种各样的东西接触，必然会沾染灰尘、污物，以及有害、有毒物品，还有微生物（细菌、病毒）等等。手沾染灰尘、污物，我们能够看见，如果沾染微生物，我们的眼睛是无法看见的，必须要用显微镜放大几百倍，甚至上千倍才能看到。有科学家做过调查，一双不清洁的手，可能有4万～40万个细菌。因此，我们应当重视一双手的清洁卫生，人人要养成经常洗手的习惯，饭前、便后更应洗手，还要经常剪指甲，防止微生物躲藏在里面。

2. **皮肤的卫生**　皮肤的功能很重要，不仅能防御有害物质对人体的侵犯，保护健康，还参与调节人体的新陈代谢。由于皮肤不断分泌汗液及皮脂，所以灰尘及微生物很容易沾附在皮肤上，如果皮肤不能保持清洁卫生，不但影响皮肤正常生理功能，还可能引起皮肤病，如疖肿、皮癣、疥疮等。因此，我们应当注意皮肤的清洁，经常洗澡，勤换衣服，除去皮肤上的汗垢、尘污和皮屑等不洁之物，保持皮肤的清洁卫生。

3. **五官的卫生**　口腔是消化道和呼吸道的入口。口腔的温度、湿度、酸碱度，以及残留在口腔的食物残渣均适宜细菌的生长繁殖，不仅容易损坏牙齿，还能引起其他疾病，如扁桃体炎、呼吸道疾病、风湿性心脏病、肾炎等。因此，我们应当注意口腔的清洁卫生，坚持每天刷牙漱口，养成良好的卫生习惯。

眼、耳、鼻是人的重要感觉器官，也是人体与外界的通道，必须注意清洁卫生，纠正不良习惯，预防感染。

餐饮行业的从业人员更应重视五官的清洁卫生。

4. 餐饮行业从业人员的个人卫生　①要有良好的卫生习惯，做到“二常”：常洗手、常剪指甲；“三勤”：勤洗头、勤洗澡、勤换衣。②上班要穿工作服，工作服要勤洗、勤换，保持清洁。③在工作场所不吸烟，不随地吐痰。④杜绝用手抓熟菜。生熟食品要分开存放。不能对着熟的食品讲话、咳嗽或打喷嚏。给顾客上菜时要用托盘。⑤如患有消化道或呼吸道传染病等，应停止工作，及时治疗，病愈后也应定期检查。

（二）讲究环境卫生

1. 厨房卫生　谈到厨房，大家都比较熟悉，然而了解和关注的只是厨房加工饭菜的功能，而对厨房的清洁卫生往往不够重视。一位法国厨师有句名言：“清洁是厨房的灵魂”。他这句话在今天对我们大家仍然有很好的启迪。厨房作为加工制作饭菜的场所，免不了有许多残剩的食物。这些残剩的食物不仅招引苍蝇、老鼠，孳生蟑螂等虫害，也为微生物进行繁殖提供了适宜条件。有人做过实验，在适宜的条件下，一个细菌经过 8 小时的连续繁殖，就能变成 1 600 万个，连续繁殖 2 个小时可达 700 亿个。如果不及时清除厨房的残剩食物，人们在加工制作食品菜肴时，就有可能发生污染，使就餐人员发生胃肠道疾病，甚至食物中毒等。

厨房的卫生要求应包括以下几个方面：①厨房应远离垃圾箱、厕所、污水沟等地方，防止不良环境污染食物。②厨房的面积大小应与工作量相称，不能过小。厨房的各种设施要备齐，布局要合理。③厨房应当有相应的照明、通风、冷藏、防尘、防蝇、防鼠、洗涤、消毒、污水排放，以及存放废弃物等的设施。④厨房严禁加工或使用不符合卫生标准或卫生要求的食物，杜绝变质、霉变生虫和病死的畜、禽等动物性食物进入厨房。⑤盛生食和盛熟食的容器一定要分清，不得混用。冰箱、冰柜贮放的熟食和生食也应明确分开。⑥切生食和熟食的菜刀、砧板不能混用，“三刀”、“三板”（生、熟面）应经常清洗和消毒，防止交叉污染。⑦厨房工作人员要穿工作衣，戴工作帽，工作前后要洗手，要注意个人卫生等。⑧厨房所用的餐具、饮具和容器等，用流水洗涤后，再做消毒处理。消毒方法有：煮沸法、蒸汽法、消毒柜、药物法。各种餐具应保持清洁卫生，放置有序。⑨每天要清扫地面、灶面、台面，及时清除垃圾和废弃物。每月至少对厨房进行一次“搬家”式大清扫。⑩洗碗布应保持清洁卫生，并要经常更换。

2. 餐厅卫生　①餐厅要洁净、明亮、通风，有制冷、制热设备。②应设纱门、纱窗，保持无蝇、无虫、无鼠。③室内各种陈设、物品应排列有序，保持洁净卫生。④餐厅的环境装饰、布置要文明大方，优雅美观。⑤每餐后应打扫干净，定期大扫除，保持清洁卫生。

（三）讲究食品卫生

食品卫生是爱国卫生运动的重要内容之一，搞好“食品卫生”，是贯彻《食品卫生法》的实际措施。食品卫生搞不好，不仅影响人们的身体健康，还有可能引起食物中毒，甚至某些疾病的流行，从而影响经济建设和社会安定。

1. 生食的卫生　①要选购新鲜食物，尤其是动物性食品，如肉、禽、鱼、虾等，要防止食物在运输中被污染。②在食品加工过程中，生的食品用具和熟的食品用具应当分开。注意清洗与消毒，防止交叉污染。③食物要煮熟，尤其是动物性食品。不应吃生的水产品，如生鱼、生虾、生腌蟹等。食品应现做现吃，如有剩饭、剩菜，再吃时，要回锅再煮。④食品应低温保存，或放于阴凉通风处。⑤砧板使用后，要及时洗刷干净，并经常消毒。⑥不要吃变味的食品。⑦铝锅不宜久放饭菜。⑧不应用废旧报纸包装食品。

2. *科学烹调* 发明烹调方法是人类文明的一大进步。烹调给人们带来美味的享受和丰富的营养。烹调的方法多种多样，不同的食物可采用不同的烹调方法，同一种食物由于采取的烹调方法不同，就能收到不同的营养效果。如炖肉比炒肉的蛋白质更易于消化，炒青菜比煮青菜保留的维生素更多。所以，讲究营养不仅要讲究食物的合理搭配，还要讲究科学的烹调方法。

（1）怎样减少食物中维生素的损失：有些食物中的维生素易被氧化，如蔬菜放久了，特别是在受热和光照的情况下，维生素就会损失。因此，蔬菜力求新鲜，如果一时不能将蔬菜吃完，可在上面喷些水，用食品塑料袋装好，放冰箱短期保存。蔬菜应在临吃之前洗、切、烹调。除了干硬的食物，一般不要将食物在水中浸泡过久，否则会加大维生素的损失。

食物中含有的维生素在烹调过程中很容易被破坏，因此人们从食物中获得的维生素并不丰富。为减少维生素的破坏和损失，可采取旺火快炒，现烧现吃，当餐吃完，汤汁也应一起吃完，需要烧煮的食物，烧煮的时间也不宜过长。

食物一般不宜加碱，发酵的面团需要用碱中和，但切勿加碱过度，其他需要加碱的情况也需特别注意，许多维生素在碱性条件下很容易被破坏。

（2）“煮”和食物中营养素的关系：煮是最常用和最简单的烹调方法。动物性食物煮熟后一般都比生的食物易于消化。谷类淀粉性食物，通过煮使生淀粉糊化，变成易于消化吸收的食物。在煮的过程中，食物中含有的营养素也同时释放在液体中，这些液体既美味可口又富有营养，可以作为汤基配料。

（3）“炖”和食物中营养素的关系：炖常用于动物性食物以及某些水果，把它们切成大块或是整体，经过较长时间的加热，使这些原先较为坚韧的食物变得酥软。对于高蛋白质的食物，用炖的方法烹调可以使蛋白质的消化、吸收率得到提高。采用炖的方法，不仅能保留大量的营养素，而且能保留食物固有的美味。

炖采用小火，虽然用的时间较长，但燃料的花费却不多，是一种经济、有效、简便的烹调方法。

在炖的过程中还可加入其他配料。除调味剂外，也有加蔬菜或中药的。我国的“药膳食疗学”，常常选用药物与食物共炖的方法，使药物与食物融为一体。既是美食佳肴，又能防病治病。

（4）“烤”和食物中营养素的关系：烤的食物有特别的香味，能提高人的食欲。烤的过程，可使一部分油脂沥去，烤的时间长短与营养素的损失成正比，烤的时间长，维生素的损失也更大，因此烤的时间要适度。

烤的温度太高或烤的时间过长，特别是明火烤制，食物中会产生一些有毒的物质，直接影响人体健康，甚至引起疾病。

（5）“炒”和食物中营养素的关系：我国菜肴中的炒菜品种很多，旺火快炒能使食物鲜嫩，保持本色，各种营养素破坏较少。炒菜可以合理搭配多种食物，集色、香、味、形于一体，悦目爽口，能提高人们的食欲，可谓是平衡营养的美味佳肴。

（6）“蒸”及“烘”和食物中营养素的关系：蒸即用蒸汽，烘用烘箱，都是利用高热使食品成熟。蒸及烘可减少营养素的损失。

蒸和烘扩大了食物加工的花色，使食物具有特殊的风味。如蒸茄子与红烧茄子，清蒸甲鱼与清汤甲鱼，蒸蛋与炒蛋等在口味上截然不同。同一食物更换不同的烹调方法，既丰富美食的色、香、味，又增进食欲，也大大提高美食的营养价值。

（7）“油炸”和食物中营养素的关系：油炸食物松脆爽口，香味诱人，能刺激食欲。老年人味觉迟钝，往往喜欢吃油炸食物。

油炸食物的温度比水的沸点高出好多，可以使许多营养素如维生素，甚至碳水化合物、脂肪和蛋白质受到破坏。在各种烹调方法中，油炸方法是营养素损失最大的一种，因此，油炸食物只是调剂口味的一个花式品种，不应成为经常吃的食品。

油炸时温度不宜过高，时间不宜过长，否则会产生一些有害物质。油炸食物的油要不断更新，不应反复使用。

（四）饮食与健康

1. 病从“口”入　饮食卫生与身体健康关系非常密切，饮食能养身治病，亦能伤身致病。如果食物不符合卫生要求，或者烹调方法不当，不仅降低其营养价值，还严重影响身体健康，引起消化不良，甚至发生许多疾病。

尽管菜肴的色、香、味形俱佳，营养素也很丰富，但是如被细菌和有害、有毒的物质污染，那么就不能再吃，吃了不仅无益，反而有害。如果吃了受到污染和腐烂变质的食物，可发生胃肠道疾病，或发生食物中毒等。

经常吃霉变和受农药、工业“三废”（废水、废气、废渣）污染的食物，可引起急性或慢性中毒，甚至引起消化道癌症等。

因此，搞好饮食卫生是关系到人民大众的身体健康和防病治病的大事，对搞好经济建设和精神文明建设也具有积极的意义。

2. 老从“口”入　影响人体衰老的因素很多，包括社会因素、疾病、营养、锻炼、精神情绪、环境、气候等。

营养不足和营养不当，都会加快衰老的速度。合理的饮食，适当的营养，可以延缓衰老的进程。如果膳食不合理，营养不平衡，就会影响机体的内环境，破坏体内生物学代谢的过程，从而加速机体的衰老。

绝大多数的老年常见病、多发病，并非“一日之寒”。这些病往往在壮年时期就已开始，到了中年以后，机体逐渐衰老、退化，新陈代谢功能降低，各个组织器官的生理功能减退，特别是胃肠道消化功能的减弱，使得体内的新陈代谢受到饮食的质和量的影响，失去营养平衡。如果营养过剩，不仅引起肥胖，还会导致心血管疾病、脑血管疾病以及糖尿病等。因此，人们在青壮年时期就应注意：饮食要合理，营养要平衡，养生保健，要有预防为先的意识。

3. 癌从“口”入　癌症是由多种因素引起的，现已证明，食物中某些成分能抑制癌症的发生，某些成分也能促进癌症的形成。

许多癌症的发生与环境因素关系密切，而饮食是人们与外环境接触最密切的方面，因此食物和癌症之间的关系非常紧密。大量的实验调查和动物试验表明，许多消化道癌症的发生与饮食有密切的关系，长期不良的饮食习惯，是人类罹患癌症的最直接因素。如有资料报道显示，食管癌与长期患缺铁性贫血有关，甲状腺癌症与食物中缺碘有关，上消化道癌及胰腺癌与核黄素缺乏有关，胃癌、食道癌和宫颈癌与维生素 A 缺乏有关，食管癌和胃癌与维生素 C 缺乏有关，肝癌与维生素 B_6 缺乏有关。饮酒过度不仅容易导致肝硬化，也能引起肝癌、胃癌、结肠癌、直肠癌等；如果酗酒又加上吸烟，还能增加口腔癌、喉癌、食管癌及肺癌的发病率。

我们在防癌抗癌工作中，应重视“癌从口入”的问题，大家在一日三餐中，应增加新鲜蔬菜和水果，多吃含有维生素 C 与胡萝卜素的食品，少吃盐腌制的食物和油炸食物，如能合理调整膳食结构，平衡营养，对防癌抗癌将有积极的意义。

（五）饮食的心理卫生

祖国医学《内经・素问》中指出，人有七情，即喜、怒、忧、思、悲、恐、惊。七情可分两大方面。一是愉快的情绪，如快乐、舒畅、开朗、恬静、和悦、好感、豪爽等；二是不愉快的情绪，如愤怒、焦虑、害怕、沮丧、不满、烦恼等。愉快的情绪有利于健康和长寿，不愉快的情绪可引起人体许多生理变化，影响消化、吸收，影响身心健康，甚至引起疾病。俗话说：“笑一笑，十年少；愁一愁，白了头。”

饮食的营养价值，不仅决定于食物中所含营养素的质量和数量，而且还与食物的消化、吸收有关。愉快的情绪，能调节人体的神经系统，促进人体一系列有益于健康的生理活动。如促进唾液、胃液、胰液的分泌，提高食欲；促进胃肠蠕动有规律，有助于食物的消化、吸收等等。如在吃饭时生气、吵架、悲伤、烦恼等情绪不佳，不仅“食不知其味”，还影响食物的消化、吸收，有碍健康，甚至引起疾病。

人的情绪是否良好，与环境密切相关。如果吃饭场所的环境卫生不好，或有很强的噪音等，都有碍饮食的心理卫生，不仅影响食欲，还能影响食物的消化、吸收和利用。

因此，除了合理地选择食物，保证人体能获得各种营养素外，还必须讲究饮食的心理卫生，在吃饭时应控制自己的情绪，保持愉快的心情。还要有一个良好的吃饭环境，它可以改善人的情绪，增进食欲，使食物得到很好地消化、吸收和利用，有利于养生保健。

二、如何应对卫生事故

（一）在外就餐应注意的问题

1. 选择安全卫生的餐馆　安全卫生的餐馆应当具备有效的食品卫生许可证等合法营业的证件。无证经营的饭店，其卫生状况得不到保证，而且消费者的合法权益也得不到保障。节日期间尽量不光顾客流量陡增的饭店，因为突然集中增大的供应量，可能导致饭店超负荷加工，为食品安全埋下隐患。

2. 消费者在外就餐注意事项　①餐前应洗手，倡导使用公筷及分餐制。②用餐时应注意食物是否新鲜，是否烧熟煮透。③不吃违禁食品，少吃或不吃生食产品。④不暴饮暴食。

3. 就餐时发现食品安全问题的处理　①将存在食品卫生问题的饭菜保持原状，并立即与饭店负责人交涉。②妥善保存消费单据、发票等证据，如已造成健康问题，应及时就诊并保留病历卡、检验报告等相关证据。③一旦发生疑似食物中毒事件，应立即向卫生监督部门投诉举报，以便得到及时调查取证，避免拖延而导致食物中毒无法认定。

（二）家庭自行加工食品应注意的问题

1. 购买的食品原料要按照食品包装标签或根据食品特点妥善保存，食用、加工前要仔细检查食品质量。

2. 外购的经加工的熟食应当及时食用；未经加工的剩余熟食要冷藏，再次食用前要彻底加热处理。

3. 冰箱不是“保险箱”，放入冰箱的食品不宜过满，食品之间要留一定空隙，以便冷气对流；要定期除霜，以确保冷藏温度。

4. 冰箱内熟食和生食应分开存放，熟食加盖（膜）后存放上层，生食宜存放下层，生的蔬菜、水果不要和生肉、鱼等接触，以防止生与熟的食物交叉污染，以及水产品、畜、禽与植物性食品的交叉污染。

（三）购买食品要注意的问题

1. 从正规渠道购买食品，不在无证流动摊贩处购买食品。

2. 购买食品时，要进行色、香、味的感官检查，不买已变质或可疑变质食品。

3. 不买国家禁止供应的食品，如毛蚶、福寿螺（可能带有甲型肝炎病毒）等。

4. 慎买高风险食品，如河豚鱼、野蘑菇等。

5. 购买食品时，查看食品的包装、标签和认证标志，看有无注册和条形码，查看生产日期和保质期，尽量索取并保留相关单据。

（四）学校常见食物中毒的类型

学校常见食物中毒的类型有：细菌性中毒、化学性中毒、动植物性食物中毒和人为投毒等。

引起细菌性食物中毒的主要有：沙门氏菌、葡萄球菌肠毒素、致病性大肠杆菌、蜡样芽胞杆菌等。

引起化学性中毒的主要有：有机磷、甲胺磷、杀虫双（2－N，N－二甲胺基－1，3－双硫代硫酸钠基丙烷）、亚硝酸盐、砷化物、次硫酸氢钠甲醛（吊白块）等。

引起动植物性食物中毒的主要有：河豚鱼、毒蘑菇、未煮熟的四季豆、未熟豆浆、马桑果、桐油果、野槟榔、蓖麻子、有毒草药，以及被有毒物质污染的动植物等。

导致食物中毒的因素主要有：在进食以前很久就制作了的食品；制作的食品保管不当而变质；制作食品加热不彻底；交叉污染；感染者接触食品等。

（五）预防食物中毒十条原则

1. 选择经过安全处理的食品　许多食品，如蔬菜和水果，其自然状态是最佳状态，生吃时需要清洗干净。其他食品，如牛奶、肉类等，未经加工处理则不安全，加工处理后才能进食。要买消毒的牛奶而不买生牛奶。

2. 彻底烹调食品　许多食品常被病原体污染，彻底加热能杀灭各种病原体。要记住食品所有部分的温度都必须达到70℃以上。如煮鸡时，若近骨部分还生的话，需回锅，直至完全煮熟。冻肉、冻鱼等烹调前必须彻底解冻。

3. 立即食用做熟的食品　做熟的食品冷却至室温时，微生物开始繁殖。时间越长，危险性越大。为了安全起见，请趁热进食刚做熟的食品。

4. 精心储存熟食　提前制作熟食或保留吃剩的食品，如果存放4小时以上，必须要把这些食品放在60℃以上或10℃以下的地方，以免微生物在适宜的温度下孳生并迅速繁殖到致病程度。

5. 彻底再加热熟食　适宜的熟食储存温度仅能减慢微生物生长，而不能杀灭微生物。

再次彻底加热是抗微生物的最好办法。

6．*避免生食与熟食接触* 熟食与生食稍有接触即能被污染。这种交叉污染可能是在熟食与生的家禽、肉、鱼直接接触时发生，也可能是在接触未清洗干净的案板、刀具、容器等时发生，交叉污染可能引起微生物繁殖和患病的潜在危险。

7．*反复洗手* 手常常携带有危险的病原体并将其带到食品上。因此，在做饭前或每次间歇之后都必须将手洗干净，尤其是给孩子换尿布或上厕所以后。在处理鱼、肉、家禽等生食后，必须再次洗手，才能处理其他食品。

8．*必须保持厨房所有用具表面清洁* 食品极易污染。任何食品的残渣、碎屑都可能是微生物的孳生地。因此，制作食品的任何用具与食具的表面都必须保持绝对干净。接触食具的厨房抹布应该每天更换，并在重用之前煮沸消毒。清洁地面的拖把也应经常清洗。

9．*避免蟑螂、鼠类及其他动物接触食物* 各种动物常常携带有致食源性疾病的微生物。最好的保护方法是将食品贮藏于密闭容器中。

10．*使用净水* 制作食品和饮水使用净水十分重要。对加入食品中或制作冷饮用的水，要事先煮沸。对用于准备婴幼儿食品的水要特别注意。

（六）学校几种主要肠道传染病的污染源、主要传播途径及控制措施

1．*肠道传染病的污染源* ①伤寒、副伤寒病人、带菌者。②细菌性痢疾病人、带菌者。③甲型肝炎病人、隐性感染者。④其他感染性腹泻病人、带菌（毒）者、受感染动物。

2．*肠道传染病的主要传播途径* ①水：伤寒暴发与饮用水污染有关。②食物：学校伤寒暴发与饮食卫生有关。③生活用品。④手。⑤苍蝇。

某校暴发甲型副伤寒疫情后，国家疾病预防控制中心对该校暴发疫情的危险因素调查结果：①饮水习惯：病例组喝生水的比例高于非病例组喝生水的比例，差异极显著；喝生水学生发病的危险性是未喝生水学生的4.61倍，最低1.54倍，最高14.72倍。②饮生水量：病例组与非病例组在喝生水量方面差异显著，病例组人群喝生水量显著高于非病例组。③饭前洗手：病例组中饭前不洗手的比例显著高于非病例组；没有饭前洗手习惯的学生发生甲型副伤寒的危险是有饭前洗手习惯学生的2.2倍，最低1.05倍，最高4.6倍。④便后、工作后肥皂洗手：病例组中无肥皂洗手习惯的学生发生甲型副伤寒的危险是有此习惯的4倍，最低1倍，最高9倍。

3．*预防控制措施* 我国目前肠道传染预防控制措施是以切断传播途径为主导的综合性措施：①切断传播途径，实施“三管一灭”，即管理水源、管理粪便、管理饮食、消灭苍蝇；讲究个人卫生，提倡养成喝开水和饭前、便后洗手的良好习惯。②传染源管理，即建立健全疾病监测系统和报告制度。③保护易感人群，进行疫苗预防接种。

（七）如何识别无公害蔬菜

1．*看色泽* 各种蔬菜都具有本品种固有的颜色，有光泽，显示蔬菜的成熟度及鲜嫩程度。

2．*嗅气味* 多数蔬菜具有清香、甘辛香、甜酸香等气味，不应有腐败味和其他异味。

3．*尝滋味* 多数蔬菜滋味甘淡、甜酸、清爽鲜美，少数具有辛酸、苦涩的特殊味道。

4．*看形态* 多数蔬菜具有新鲜的状态，如蔫萎、干枯、损伤、变色、病变、虫害侵蚀，则为异常形态。还有的蔬菜由于人工使用了激素类物质，会长成畸形。注意：带虫卵的蔬菜

绝不等同于无公害蔬菜，有的农药残留量反而更高。选购肉制品应“五看”：一看包装，包装产品要密封、无破损，不要购买来历不明的散装肉制品；二看标签，规范企业生产的产品包装上应标明商品名、厂名、厂址、生产日期、保质期、执行的产品标准、配料表、净含量等；三看生产日期，尽量挑选近期生产的产品；四看企业，选择大型企业或通过认证的企业，选择储存、冷藏条件好的商场；五看外观，不要挑选色泽不艳的产品，过分漂亮的颜色很可能是人为加入了合成色素或发色剂。

（八）如何选购“安全水果”

所谓“安全水果”，是指符合卫生部门检验标准的高品质水果，最重要的特性是农药残留低或没有。以下介绍几点原则以供选购时参考。

1. 尽量购买当令水果，不合时令的水果需多喷洒大量药剂才能提前或延后采收上市。

2. 选购时不用刻意挑选外观鲜美、亮丽而无病斑、虫孔的水果。外表稍有瑕斑的水果无损其营养及品质，且价格较便宜。此外，外表完美好看的水果有时反而残留更多的药剂。

3. 表皮光滑的水果农药残留较少，而外表不平或有细毛者，则较易附着农药。另外，有套袋保护的水果，则农药残留附着较少。

4. 若水果外表留有药斑或不正常的化学药剂气味者，应避免选购。

5. 长期贮存或进口的水果，常以药剂来延长其贮存时间，宜减少购买。水果食用前应用大量清水冲洗，若用盐水或清洁剂清洗不见得效果较好。削皮或剥皮食用的种类宜先清洁后再削皮或剥皮。

（九）选购奶粉四法

1. “一看”　就是看奶粉包装物。产品包装物印刷的图案、文字应清晰，文字说明中有关产品和生产企业的信息标注齐全；然后是看产品说明，所有奶粉包装上都会有配方、执行标准、适用对象、食用方法等必要的文字说明。

2. “二查”　就是查奶粉的生产日期和保质日期。一般罐装奶粉的生产日期和保质期限分别标示在罐体或罐底上，袋装奶粉则分别标示在袋的侧面或封口处，消费者据此可以判断该产品是否在安全食用期内。

3. “三压”　就是挤压一下奶粉的包装，看是否漏气。由于包装材料的差别，罐装奶粉密封性能较好，能有效遏制各种细菌生长，而袋装奶粉阻气性能较差。在选购袋装奶粉时，双手挤压一下，如果漏气、漏粉或袋内根本没气，说明该袋奶粉已潜伏质量问题，不要购买。

4. “四摇（捏）”　就是通过摇（捏），检查奶粉中是否有块状物。一般罐装奶粉可通过上盖的透明胶片观察罐内奶粉。还可摇动罐体观察，奶粉中若有结块，则证明有产品质量问题。袋装奶粉的鉴别方法是用手去触捏，如手感松软平滑且有流动感，则为合格产品；如手感凹凸不平，并有不规则的大小块状物，则该产品为变质产品。

（十）塑料袋的正确使用

在我们的生活中，包装和盛放食物已离不开塑料袋。然而，也有人称塑料袋为20世纪最糟糕的发明。人们在拎着塑料袋装食品的同时，心底总会隐隐担忧，这些塑料包装安全卫生吗?

专家指出，对塑料食品包装的这种担心可能来自人们的认识误区，也就是把所有的塑料都等同于聚氯乙烯。很多人都已经知道，软聚氯乙烯薄膜因为含有易挥发的增塑剂，不宜用于食品包装，目前已被淘汰。现在用于包装食品的塑料聚乙烯、聚丙烯、聚酯、聚苯乙烯等，其卫生性能是合格的。

然而，由于塑料包装市场太大，而且易于投产，管理上有一定难度。另一方面，部分经营食品的商家，甚至消费者本身都没有主动区分食品和非食品塑料袋装的意识。因此，目前有相当一部分不合格的塑料袋被用于食品的包装和盛放，严重危害了人们的健康。

专家特别指出，用塑料袋包装熟食、点心等直接食用的食物时要注意：最好不用有颜色的塑料袋。首先，用于塑料袋染色的颜料渗透性和挥发性较强，遇油、遇酸时容易渗出；如果是有机染料，其中还会含有芳烃，对健康会有一定影响。其次，不少有色塑料袋是用回收塑料制造的，由于回收塑料中杂质较多，厂家不得不在其中添加颜料，加以掩盖。

然而，一部分以回收塑料为原料的塑料袋也是白色的。因此，专家认为，不能简单地以颜色作为选择的标准。最使人放心的方法是，看包装袋上是否注明“食品用”字样。

至于其他非直接食用的食品，其塑料包装的卫生标准可以宽松些，不一定非要注有“食品用”字样，但要特别警惕用回收塑料制造的再生塑料袋的使用。国家虽已明文规定不允许此类薄膜用于食品包装，但现在市场上还无法完全杜绝，而且其中存在严重的卫生问题。其一，这些回收的塑料来源极其复杂，有农用薄膜、化工用桶，甚至有医院的废弃物，而且不清洗就直接用于加工，用这些原料制成的塑料袋自然就会含有各种病菌和有害化合物；其二，回收的废塑料难免会混杂有聚氯乙烯等不能用于食品包装的原料。这种再生塑料袋如果用来包装食品，会对人体造成危害，消费者要提高警惕。

如何识别用回收塑料制作的塑料袋？专家指出，目前还没有特别有效的方法，但有一点可以肯定的是：非正规厂家生产的，在街头小摊出售的塑料袋千万不要用于食品包装；此外，塑料袋如果有特殊气味也不能用来装食物。

虽然塑料食品袋是安全的，但在使用中也要注意方法，否则会带来负面效果。如不要长时间用塑料袋装高温食品。在日常生活中，经常会看到有人用塑料袋装热气腾腾的炸糕、油条等，如果短时间内吃掉，当然没有太大危害，但长时间把过热的食品捂在袋子里，就会有某些有毒物质渗入食品，影响健康。

案例

人民网成都2006年9月6日电　2006年9月3日，四川崇州市实验小学发生了痢疾杆菌食物中毒事件。据成都市卫生局介绍，9月1日中午，崇州市实验小学1 134名学生和140名教职工在学校食堂就餐。9月2日中午12时左右，就餐的学生和教职工中陆续有人因发热、头痛、恶心、呕吐、腹痛、腹泻等症状到医疗机构就诊。3日上午，前去就诊的人数开始增多。截至9月5日，对就诊病人进行流行病学调查，共606名。

9月3日晚，崇州市委、市政府启动了应急预案，积极落实各项防制措施。对全体就餐人员身体状况进行了摸底排查，对出现不适症状的人员及时进行观察治疗，对收治患者的11家医院加强防控，增加措施积极施治。9月4日，华西医科大学附属第二医院、四川省人民医院、成都市传染病医院的10多名专家成立医疗专家组，指导救治工作，对入院的每一例危重病例，立即组织进行会诊，在最短时间内确定个体救治方案。目前，所有就诊病人生命体征平稳、无高热病例，无死亡病例。同时，两级疾控中心对全校师生进行全面筛查，对病人进行详细流行病学调查，对学校环境、食堂、加工人员和操作过程进行卫生学调查，截至9月5日18时，共采集病人粪便、污水和可疑食品等样品397份。9月5日8时30分，实验室检测出首例病人粪便培养的痢疾杆菌呈阳性。9月5日17时，在崇州实验小学9月1日午餐菜品凉拌白肉留样中培养出痢疾杆菌。

1. 怎样做到饮食卫生？
2. 在外就餐时应注意什么问题？
3. 购买食品应注意什么问题？
4. 怎样预防食物中毒？
5. 简述学校主要肠道传染病的污染源和主要传播途径。
6. 如何选购水果？
7. 如何正确使用塑料袋？

第二节　营养健康

随着国民经济的发展及生活水平的不断提高，人们对营养和健康提出了更高的要求。2001年由国务院颁布实行的中国食物与营养发展纲要明确指出：“今后十年，将是我国居民食物结构迅速变化和营养水平不断提高的重要时期；加快食物发展，改善食物结构，提高全民营养水平，增进人民身体健康是国民整体素质提高的迫切需要，也是我国社会主义现代化建设的重大任务。”

一、什么是营养与健康

营养是指机体从外界获得营养素，以维持机体代谢和各种功能的过程。人体需要的四十种以上的营养素都是人类赖以生存的物质基础，按结构和功能归为六大类：碳水化合物、蛋白质、脂肪、维生素、矿物质、水，这些必须从食物中获取。也有人将膳食纤维列为第七类营养素。这些营养素有每天需要量较大的，如碳水化合物、蛋白质、脂肪，称为宏量营养素；矿物质和维生素需要量较小，称为微量营养素。

健康是指生理、心理及社会适应三个方面全部良好的一种状况，而不仅仅是指没有生病或者体质健壮。

（一）碳水化合物

1. 概述　碳水化合物是由碳、氢、氧三种元素组成的一大类化合物。植物利用阳光进行光合作用，将自然界的水、空气和二氧化碳合成碳水化合物。动物不能制造碳水化合物，必须从植物中获得并加以利用。小肠消化和大肠发酵为碳水化合物的特有吸收方式。糖原则是动物体内碳水化合物的储存形式。

2. 营养学意义

（1）供给能量：碳水化合物是世界上大部分人从膳食中获得能量的最主要、最经济的来源。在我国人民的膳食中，碳水化合物提供了60%以上的能量。碳水化合物在体内氧化较快，1克碳水化合物在体内氧化可产生16.7千焦（4千卡）的能量，能够及时供给能量满足机体需要。碳水化合物氧化的最终产物是二氧化碳和水。

（2）对维持神经组织功能有重要意义：中枢神经系统只能依靠碳水化合物提供能量。对胎儿和婴儿来说，葡萄糖是脑细胞唯一可利用的能量形式，缺乏碳水化合物会影响脑细胞的代谢，影响脑组织的发育和成熟。

（3）参与构成机体重要组成物质：细胞膜的糖蛋白、结缔组织中的黏蛋白、神经组织中的糖脂等，其构成中都有碳水化合物；核糖和脱氧核糖也是碳水化合物，它们参与构成遗传物质核糖核酸。

（4）调节血糖、节氮和抗生酮作用：被小肠吸收的单糖进入血液，有的直接被组织利用，有的以糖原方式储存于肝脏及肌肉组织，当饥饿时血糖降低，糖原分解为葡萄糖，调节血糖在正常范围内。碳水化合物摄入不足时，能量供给不能满足机体需要，膳食蛋白质中有一部分将会被用来分解供给能量，而不能合成体内所需要的蛋白质物质。摄入充足的碳水化合物可以节省这一部分蛋白质的消耗，增加氮在体内的潴留，这种作用称为碳水化合物对蛋白质的节约作用或节氮作用。脂肪在体内代谢也需要碳水化合物参与，因为脂肪在体内代谢所产生的乙酰基必须与草酰乙酸结合进入三羧酸循环才能被彻底氧化，草酰乙酸是葡萄糖在体内氧化的中间产物。如果碳水化合物摄入不足，脂肪则不能被完全氧化而产生大量的酮体。充足的碳水化合物可避免脂肪氧化不完全而产生过量的酮体，这一作用称为抗生酮作用。有研究认为，每天至少摄入50克碳水化合物，可防止这些由于低碳水化合物膳食所造成的代谢反应的发生。碳水化合物的调节血糖、节氮和抗生酮作用，对于维持机体的正常代谢、酸碱平衡、组织蛋白的合成与更新都是十分重要的。

3. 来源与参考摄入量　碳水化合物主要来源于植物性食物，如谷类（70%～75%）、薯类（20%～25%）、根茎类蔬菜、豆类（50%～60%）、含淀粉多的坚果（如栗子、菱角等），这类食物的主要成分是淀粉。另外食糖，主要是蔗糖，可以提供双糖和单糖；蔬菜、水果也含有单糖；乳糖则主要存在于人和动物的乳汁中。

碳水化合物的摄入量取决于机体对能量的需要。保持充足的碳水化合物摄入，提供合适比例的能量来源是很重要的。已证明膳食碳水化合物占总能量的比例大于80%和小于40%都对健康不利。按我国人民的饮食习惯，碳水化合物供能所占比例为55%～65%。这些碳水化合物应来自不同来源，包括复合碳水化合物淀粉、不消化的抗性淀粉、非淀粉多糖和低聚糖类等碳水化合物。蔗糖等精制糖摄取后迅速吸收，机体难以尽快将其完全氧化分解加以利用，易于转为脂肪形式储存下来。一般认为，精制糖摄入不宜过多，不能超过总能量的10%，成人以25克/天为宜，这也有助于改善胃肠道环境和预防龋齿。

（二）蛋白质

1. 概述　蛋白质是由氨基酸组成的高分子含氮化合物，蛋白质的含氮量为16%，一般用凯氏定氮法测定食物中的氮含量，根据测定的氮含量乘以6.25，即为蛋白质的含量。

蛋白质由多种氨基酸组成，以肽键连结并具有一定的空间结构。组成人体蛋白质的氨基酸有20种，其中有9种体内不能合成，必须从食物中获取，称为必需氨基酸，即亮氨酸、异亮氨酸、赖氨酸、蛋氨酸、苯丙氨酸、苏氨酸、色氨酸、缬氨酸和组氨酸。其余的氨基酸称为非必需氨基酸。非必需氨基酸是指体内可以利用一些前体物质来合成，而并非机体不需要。

2. 营养学意义

（1）构成机体组织和重要物质：蛋白质是生命的重要物质基础，机体所有重要组成部分都需要蛋白质参与。蛋白质具有多种多样的形式，如代谢过程中具有催化作用和调节作用的酶和激素；运输氧的血红蛋白；具有免疫作用的抗体；参与肌肉收缩的肌纤凝蛋白；具有支架作用的胶原蛋白；参与遗传信息传递的核蛋白；维持细胞内外液平衡及运送营养物质的各种血浆蛋白等。

（2）提供机体氮源：成人体内蛋白质占体重的16%～19%，一个体重60千克的成人，体内有10～11千克的蛋白质。这些蛋白质处在不断地合成与分解的动态变化中，估计人体如果体内蛋白质丢失20%以上，生命活动就会被迫停止。

通常以氮平衡来测试人体蛋白质需要量和评价人体蛋白质营养状况。在一定时间内（24小时）摄入与排出（尿、粪、皮肤）的氮含量基本相等，表示机体处于氮平衡状态；摄入氮大于排出氮则为正氮平衡；摄入氮小于排出氮则为负氮平衡。食物蛋白质被人体消化吸收后，主要用于组织蛋白质的更新。婴幼儿、青少年、孕妇、乳母除要维持蛋白质更新外，还要合成新组织，供胎儿发育和乳汁分泌，机体维持正氮平衡；而蛋白质摄入不足或创伤、应激、慢性消耗性疾病因蛋白质分解增多，合成减少，会造成负氮平衡，长期负氮平衡将导致机体严重营养不良。

（3）提供必需氨基酸：人体在合成自身组织蛋白质时，有9种氨基酸必须从膳食中获得。因此，必需氨基酸含量是否能满足机体需要，成为评价食物蛋白质质量的一个重要指标，并按其缺乏的严重程度依次称为第一、第二、第三限制性氨基酸。

3. 来源与参考摄入量　蛋白质含量丰富且质量良好的食物主要是动物性食物。肉类中包括畜、禽、鱼类，蛋白质含量为10%～20%；奶类中鲜奶1.5%～4%、奶粉25%～27%；蛋类12%～14%；豆类及豆制品也含有较高的蛋白质，其中大豆含量最高，干豆类20%～24%；坚果类，如花生、核桃、葵花子、莲子含蛋白质15%～25%；谷类6%～10%；薯类2%～3%。

蛋白质的推荐摄入量世界各国标准不一。推荐摄入量主要是以各类人群需要量为基础，根据当地的饮食习惯与食物构成情况、个体差异等因素，给予一个具有较大安全性的摄入量。不同人群蛋白质推荐摄入量有所不同，我国蛋白质的推荐摄入量一般占总能量的10%～15%，儿童、孕妇、乳母适当增加。

（三）脂类

1. 概述　脂类是脂肪和类脂的总称，它们的共同特点是难溶于水而溶于有机溶剂。

脂肪是甘油和脂肪酸组成的三酰甘油（甘油三酯），又称中性脂肪。水解后产生一分子甘油和三分子脂肪酸，大部分构成食物脂肪和动物体脂的脂类都以三酰甘油形式存在。类脂包括磷脂、糖脂、固醇类、脂蛋白等。

脂肪酸按其碳链的长短分为长链脂肪酸（14碳以上），中链脂肪酸（8～12碳），短链脂肪酸（6碳以下）；按其饱和度分为饱和脂肪酸和不饱和脂肪酸。不饱和脂肪酸是指在碳链上相邻的两个碳原子间含有不饱和的双键，含一个双键的为单不饱和脂肪酸，含两个或两个以上双键的为多不饱和脂肪酸。含不饱和脂肪酸高的脂肪多呈液态，如大部分植物油；而大部分动物脂肪则含有较高的饱和脂肪酸。食物中的脂肪在肠道经胆汁和脂肪酶的作用，形成乳糜微粒被机体吸收。脂肪有四条代谢途径：①立即作为能源，产生能量。②作为能源储存在细胞中。③成为细胞本身的结构成分。④合成某些必需的化合物。

2. 营养学意义

（1）供给机体能量：脂肪是高能量密度的食物，1克脂肪在体内氧化产生37.7千焦（9千卡）能量，是三大产热营养素中产能最高的。脂肪在正常人占体重的10%～20%，主要存在于脂肪组织内，称为储存脂肪，如皮下脂肪等。这类脂肪是体内过剩能量的一种储存方式，当机体需要时要释放能量用于机体代谢，它们随营养状况和机体活动而增减，变动较大，故称为动脂。

（2）构成机体组织和重要物质：脂类是人体组织的重要组成成分，在维持细胞结构、功能中起重要作用。人体的脂肪组织多分布于皮下、腹腔、肌纤维间，有保护脏器、组织和关节的作用；皮下脂肪具有调节体温的作用。类脂约占总脂量的5%，是组织细胞的基本成分。如细胞膜就是由磷脂、糖脂和胆固醇等组成的类脂层，脑髓及神经组织含有磷脂和糖脂。所有生物膜的结构和功能与所含脂类成分有密切关系，膜上许多酶蛋白均与脂类结合而存在并发挥作用。胆固醇则是机体结合胆汁酸和类固醇激素的必需物质。类脂在体内相当稳定，不受营养状况和机体活动的影响，故称为定脂。

（3）提供必需脂肪酸：必需脂肪酸体内不能合成，必须由食物供给，包括亚油酸和亚麻酸。亚油酸可衍生出多种不饱和脂肪酸，花生四烯酸即为其中之一。花生四烯酸是合成前列腺素的重要物质，与体内许多重要的生理功能有关。如果食物中花生四烯酸供给充足，也可以节约亚油酸。亚麻酸可以衍生出多不饱和脂肪酸，包括具有重要生理作用的二十碳五烯酸和二十二碳六烯酸。必需脂肪酸在体内的生理功能概括起来主要有：参与线粒体和细胞膜磷脂的合成；参与维持正常视力；参与脂质代谢；参与精子的形成；参与合成前列腺素等。

中链脂肪酸不是必需脂肪酸，但它比长链脂肪酸更易被机体消化、吸收，并可经门静脉直接进入肝脏代谢。有脂肪消化吸收不良或机体有特殊能量需求的时候，可被机体尽快地利用。

（4）促进脂溶性维生素的吸收：食用油脂是脂溶性维生素的重要来源之一，如鱼肝油含有丰富的维生素A和维生素D；植物油富含维生素E和维生素K，脂肪不仅含有丰富的脂溶性维生素，同时还可以促进脂溶性维生素的吸收。长期缺乏油脂或脂肪吸收不良，可造成脂溶性维生素缺乏。

（5）促进食欲及增加饱腹感：油脂烹调食物可以改善食物的感官性状和口感，促进食欲；同时，脂肪进入十二指肠，刺激产生肠抑胃素，使肠蠕动受到抑制，延迟胃的排空，增加饱腹感。

3. 来源与参考摄入量　膳食脂类的来源包括烹调油及食物本身含有的脂类。动物性食物来源主要有猪、牛、羊等的动物脂肪及骨髓、肥肉、动物内脏、奶脂、蛋类及其制品；植物性食物来源主要是各种植物油和坚果，如花生油、菜籽油、豆油、玉米油、葵花籽油、花生、芝麻、核桃等。

膳食脂肪的推荐摄入量受到生产情况、气候条件、饮食习惯等影响，不同国家、不同民族摄入量有较大差异。实验及流行病学调查发现，摄入脂肪过高与肥胖、高血压、冠心病、胆结石、乳腺癌等的高发有关，故脂肪的摄入量不宜过高。我国营养学会推荐的脂肪摄入量为：脂肪提供的能量占全日摄入总能量的20% ~30%，儿童、青少年（7岁以上）占全日摄入总能量的25% ~30%；幼儿为30% ~35%；7 ~12 个月婴儿为35% ~40%；初生至6个月为45% ~50%。重体力劳动者为避免食物体积过大，而又要保证能量的供给，可适当调高脂肪的摄入量。

（四）维生素

1．概述　维生素是维持机体正常生理功能及细胞内特异代谢反应所必需的一大类低分子化合物。维生素存在于天然食物中，体内不能合成，必须从食物中获取。虽然肠道细菌可以合成少量的某些维生素，如维生素 K 和维生素 B_6，但合成量极少，并不能满足机体的需要。维生素既不参与机体组成也不提供能量，机体对其需要量甚微，但它们在体内具有非常重要的生理功能，许多维生素是体内重要的代谢酶的辅酶。

维生素缺乏在体内是一个渐进的过程，最初时机体储备量降低，继而出现有关的生化代谢异常、生理功能改变，最后才是组织病理变化，出现临床症状和体征。临床上，轻度缺乏维生素通常无典型症状，称为亚临床缺乏或不足，当缺乏达到一定程度时，则出现相应维生素缺乏的典型症状和体征。在我国，维生素缺乏症已不多见，但亚临床缺乏在某些地区或人群中仍有发现。由于亚临床缺乏症状不典型，不易发现，但对健康又有影响，所以要特别注意。

维生素种类很多，化学结构和功能也不同，营养学按其溶解性分为脂溶性和水溶性两大类。脂溶性维生素不溶于水，可溶于油脂或有机溶剂；在食物中通常与脂类共存，在酸败的脂肪中容易被破坏。脂溶性维生素有维生素 A、D、E、K，主要存在于植物油、坚果类和动物性食品中，其吸收与肠道中的脂类密切相关。水溶性维生素可溶于水，多数对光和热敏感，在紫外光照射或加热过度时易被破坏；在满足了组织需要后，多余的将由尿排出，在体内仅有少量储存。绝大多数水溶性维生素以辅酶或辅基的形式参与各种酶系统，在中间代谢的不同环节发挥作用。水溶性维生素有 B 族维生素（B_1、B_2、B_6、B_{12}、烟酸、叶酸、泛酸、胆碱、生物素）和维生素 C，存在于动物和植物性食物中。

当维生素摄入过多时，水溶性维生素常以原形从尿中排出体外，因而毒性很小。脂溶性维生素则可在体内积存引起中毒。大量摄入维生素势必引起维生素的不正常代谢或干扰其他营养素的代谢。因此，不可盲目过量使用维生素。维生素营养状况评价，主要是测定血浆（血清）中的浓度以及相关酶的活性，尿负荷试验常用来评价水溶性维生素的营养状况。

2．脂溶性维生素

（1）维生素 A

生理功能：①视觉：维生素 A 的功能与正常生长、生殖、视觉及抗感染有关。维生素 A 缺乏或不足可致暗适应能力降低。②上皮生长与分化：维生素 A 对上皮的正常形成、发育及维持十分重要。当维生素 A 不足时，黏膜细胞中糖蛋白合成受阻，从而使黏膜上皮的正常结构改变，上皮组织发生鳞状角化。③促进生长和骨骼发育：维生素 A 有助于细胞的增殖与生长，是动物生长所必需的。维生素 A 缺乏时，幼儿可能出现生长不良；外科手术或创伤病人可能出现伤口愈合不良。④维持生殖功能：一般认为，维生素 A 在生殖功能方面的作用与其对生殖系统上皮的影响有关。维生素 A 缺乏影响雄性动物精子的生成及雌性动物雌激素分泌的周期性变化，阴道、子宫、输卵管及胎盘上皮角化，导致不能受孕或胚胎畸形死亡。⑤增强免疫和抗癌作用：大量流行病学和实验研究资料表明维生素 A 对机体免疫系统有重要作用，维生素 A 缺乏可使机体细胞免疫功能降低。

来源与参考摄入量：人体从食物中获得的维生素 A 有两大类，一类是来源于动物性食物中的维生素 A，主要存在于动物肝脏、鱼肝油、蛋、奶及其制品；另一类是来自植物性食物中的 β－胡萝卜素和各种类胡萝卜素，绿叶蔬菜、黄色蔬菜和水果类含量较高，如西兰花、菠菜、豌豆苗、韭菜、胡萝卜等。维生素 A 的推荐摄入量：0～1 岁 400 微克视黄醇当量/天，1～4 岁 500 微克视黄醇当量/天，4～7 岁 600 微克视黄醇当量/天，7～14 岁 700 微克视黄醇当量/天，成年男性 800 微克视黄醇当量/天，成年女性 700 微克视黄醇当量/天，孕早期 800 微克视黄醇当量/天，孕中期 900 微克视黄醇当量/天，孕晚期 900 微克视黄醇当量/天，乳母 1 200 微克视黄醇当量/天。计算膳食摄入量时，应包括维生素 A、β－胡萝卜素和其他类胡萝卜素。

（2）维生素 D

生理功能：人类从两个途径获得维生素 D，即从食物摄入和经阳光照射由皮肤而来。维生素 D 促进骨与软骨及牙齿的钙化，同时与甲状旁腺素共同作用调节血钙。当血钙水平降低时，促使钙在肾小管再吸收，将钙从骨中动员出来维持血钙在正常范围。维生素 D 还具有免疫调节功能，改变机体对感染的反应。

来源与参考摄入量：维生素 D 的来源包括日光照射与食物来源两方面。鱼肝油含有丰富的维生素 D；动物性食物，如动物肝、蛋黄、海产品等也含有较多的维生素 D。而人奶或牛奶含维生素 D 相对较低。维生素 D 的最低需要量难以肯定，因为皮肤来源的维生素 D_3 变化较大。在阳光充足的地区，膳食中维生素 D 的需要量相对较低。维生素 D 的需要量还与钙、磷摄入量有关，当钙、磷摄入量合适时，婴幼儿 10 微克/天，成人 5 微克/天即可满足需要。摄入过多维生素 D，可引起中毒，表现为恶心、呕吐、便秘或腹泻、头痛、多尿、烦渴、发热等；孕妇可引起胎儿低出生体重、智力发育不良及骨硬化；婴儿期可出现明显神经精神症状。维生素 D 的可耐受最高摄入量为 20 微克/天，多晒太阳是补充维生素 D 的最佳办法。

（3）维生素 E

生理功能：①抗氧化作用。维生素 E 已被确定为较强的抗氧化剂。维生素 E 缺乏，可使机体内的抗氧化功能发生障碍，引起细胞损伤。这一功能与机体的免疫、神经、心血管、生殖等许多系统的正常运行密切相关。维生素 E 能防止维生素 A 和维生素 C 的氧化，保证它们在体内的营养功能。长期低维生素 E 膳食，可致红细胞数量减少以及生存时间缩短。②参与体内重要物质的合成。维生素 E 与精子的生成和繁殖能力有关，在动物实验中，维生素 E 缺乏的雄鼠的睾丸不能生成精子，雌鼠的卵子不能植入子宫内。

来源与参考摄入量：维生素 E 广泛存在于天然食物中，其中含量较高的食物有各种植物油、坚果类、豆类及海产品。当多不饱和脂肪酸摄入量增多时，应相应增加维生素 E 的摄入量，一般每摄入 1 克多不饱和脂肪酸，应摄入 0.4 毫克维生素 E。维生素 E 虽然具有较强的抗氧化作用，但其本身亦会被氧化产生过氧化物质，因此，过量摄入维生素 E 对机体无益。中国营养学会推荐维生素 E 的适宜摄入量为：0～1 岁 3.0 毫克 α－生育酚/天，1～4 岁 4.0 毫克 α－生育酚/天，4～7 岁 5.0 毫克 α－生育酚/天，7～11 岁 7.0 毫克 α－生育酚/天，11～14 岁 10.0 毫克 α－生育酚/天，14 岁以上包括成年人、老年人、孕妇、乳母均为 14.0 毫克 α－生育酚/天。

3．水溶性维生素

（1）维生素 B_1

生理功能：若机体维生素 B_1 不足，不仅丙酮酸不能继续代谢，而且还影响氨基酸、核酸和脂肪酸的合成代谢。此外，维生素 B_1 对于促进食欲、胃肠道的正常蠕动和消化液的分泌等也有重要作用。

来源与参考摄入量：维生素 B_1 广泛存在于天然食物中，含量较高的有动物内脏（心、肝、肾）、瘦肉类、豆类、酵母、坚果等；谷类食物中，全粒谷物含维生素 B_1 较丰富，是我国人民维生素 B_1 的主要来源。谷类加工时碾磨精度越高，维生素 B_1 损失越多；如过度洗米或去米汤，则维生素 B_1 几乎全部损失。此外，一些食物中含有抗维生素 B_1 因子，如某些生鱼或海产品中含有的硫胺素酶，能分解维生素 B_1；烹调加碱也会破坏维生素 B_1。维生素 B_1 与能量代谢有密切关系，所以维生素 B_1 的参考摄入量常按照所需要的能量确定。一般为 1.26～1.47 毫克/10 兆焦（0.5～0.6 毫克/1 000 千卡）。孕妇、乳母适当增加。维生素 B_1 的可耐受最高摄入量为 50 毫克/天。

（2）维生素 B_2

生理功能：维生素 B_2 是体内多种氧化酶不可缺少的辅基部分，其重要功能为电子传递，在细胞代谢呼吸链反应中起调控作用，直接参与氧化还原反应。

来源与参考摄入量：维生素 B_2 广泛存在于动植物食物中，含量较高的有动物内脏、乳类、蛋类、鳝鱼、蘑菇，豆类和各种绿叶蔬菜也是维生素 B_2 的重要来源。维生素 B_2 需要量与能量代谢有直接关系。不同劳动强度、不同年龄段、不同性别及生理状况的人，维生素 B_2 的需要量都不同。中国营养学会推荐的维生素 B_2 摄入量为：成年男性 1.4 毫克/天，孕妇 1.2 毫克/天，乳母 1.7 毫克/天。

（3）叶酸

生理功能：食物中的叶酸要被还原为四氢叶酸（THFA）才能被小肠吸收。四氢叶酸为叶酸在体内的生物活性形式，通过一些代谢转变，合成核糖核酸（RNA）、脱氧核糖核酸（DNA）以及蛋白质等重要物质。叶酸在体内还有一个重要功能就是促进同型半胱氨酸合成蛋氨酸，这一功能具有很多生物学意义。

来源与参考摄入量：叶酸广泛存在于各种动植物性食物中，叶酸含量较丰富的食物有动物肝脏、豆类、坚果、绿叶蔬菜、水果、小麦胚芽等。成人维持 DNA 正常合成的叶酸最低平均需要量为 60 微克/天。每日摄入量应该维持在 3.1 微克/千克方可保证适当储备。若停止摄入叶酸，则仅可维持 3～4 个月不出现缺乏症。叶酸的摄入量以膳食叶酸当量（DFE）表示。成人推荐摄入量为 400 微克膳食叶酸当量/天，孕妇为 600 微克膳食叶酸当量/天，乳母为 500 微克膳食叶酸当量/天，婴儿的适宜摄入量为 65～80 微克膳食叶酸当量/天，儿童为 200～300 微克膳食叶酸当量/天。

（4）维生素 B_6

生理功能：①参与氨基酸代谢，对神经、血管及腺体活动有重要调节作用。②参与糖原与脂肪酸代谢。此外，维生素 B_6 还参与大脑中信息传递受体的组成及血红蛋白的合成。

来源与参考摄入量：维生素 B_6 普遍存在于动植物性食物中，肉类、蔬菜、水果、坚果类及谷物都含有一定量的维生素 B_6。通常食物中维生素 B_6 利用率约为75%，谷类加工与食物储存、烹调过程均可使维生素 B_6 丢失；过多纤维素也会影响维生素 B_6 的吸收利用。维生素 B_6 的需要量，受膳食中蛋白质水平、肠道菌合成维生素 B_6 的量，以及人体利用程度、生理状况和服药等因素的影响。参考欧美国家人群的研究结果，考虑我国居民膳食模式与欧美的差异，中国营养学会制定的推荐摄入量为：0～6月0.1毫克/天，6～12月0.3毫克/天，1～4岁0.5毫克/天，4～7岁0.6毫克/天，7～11岁0.7毫克/天，11～14岁0.9毫克/天，14～18岁1.1毫克/天，成人1.2毫克/天，50岁以上1.5毫克/天，孕妇和乳母1.9毫克/天，维生素 B_6 的可耐受最高摄入量为儿童50毫克/天，成人100毫克/天。

（5）维生素 B_{12}

生理功能：维生素 B_{12} 的主要功能有促进生长、维持神经组织正常功能及红细胞生成。

来源与参考摄入量：维生素 B_{12} 主要来源于动物性食物，如动物内脏、畜禽肉类、鱼类、海产品、蛋奶类。我国推荐维生素 B_{12} 的适宜摄入量为：0～6月0.4微克/天，6～12月0.5微克/天，1～4岁0.9微克/天，4～11岁1.2微克/天，11～14岁1.8微克/天，14岁以上及成人2.4微克/天，孕妇2.6微克/天，乳母2.8微克/天。

（6）维生素C

生理功能：①维生素C作为还原剂，在体内可使亚铁保持还原状态，增进其吸收、转移、储存和利用；②维生素C在体内与其他抗氧化物质一起清除自由基；③维生素C阻止体内的氧化损伤过程；④维生素C不足，会造成创伤愈合延迟，血管壁脆性增加；⑤维生素C可促进肝内胆固醇转变为能溶于水的胆酸盐而增加排出，降低血胆固醇含量；⑥肾上腺皮质激素的合成与释放也需要维生素C的参与。

来源与参考摄入量：维生素C主要来源于新鲜蔬菜和水果，一般深色蔬菜、柑橘、柚子、猕猴桃、酸枣、刺梨、杨桃含量较高。蔬菜、水果保存的时间及烹调方法等对维生素C有不同程度的破坏。维生素C的推荐摄入量各个国家有较大的差异。我国的推荐摄入量为：0～6月40毫克/天，6～12月50毫克/天，1～4岁60毫克/天，4～7岁70毫克/天，7～11岁80毫克/天，11～14岁90毫克/天，成人100毫克/天，孕早期100毫克/天，孕中晚期和乳母130毫克/天。

（五）矿物质

1. 概述　人体是由很多元素组成的，其质和量都与地球表层的元素组成相一致，人体中几乎含有自然界存在的所有元素。已发现有20多种是构成人体组织，维持生理功能、生化代谢所必需的。在这些元素中，碳、氢、氧、氮主要构成有机化合物，如蛋白质、脂肪和碳水化合物；其他的则构成无机盐。无机盐约占人体重量的5%，一般统称为矿物质。矿物质在体内随年龄增长而增加，但元素间的比例变动不大。

矿物质在体内的分布有其特殊性，铁主要在红细胞，碘主要在甲状腺，钴主要在红骨髓，锌主要在肌肉，钙、磷主要在骨骼和牙齿，钒主要在脂肪组织。

矿物质在体内的生理功能主要有：①维持水、电解质及酸碱平衡；②构成人体组织的重要成分；③调节细胞膜的通透性和细胞内外液的渗透压；④维持神经肌肉的正常兴奋性；⑤构成酶的辅基、激素、维生素、蛋白质和核酸的成分，或参与酶系的激活。

矿物质总是存在于机体的新陈代谢中，每日都有一定的量随各种途径排出体外，如粪、尿、汗、头发、指甲、皮肤及黏膜的脱落细胞等。机体本身不能生成矿物质，必须由食物供给。某些元素在其生理需要量与中毒量之间只有很小的范围，稍有不慎就会引起中毒，因此在补充矿物质时应特别注意。根据我国人民的饮食结构，比较容易缺乏的元素是铁、钙和锌，在一些地区可能有碘或硒的缺乏。

2. 常见重要元素的营养学意义和食物来源

（1）钙

营养学意义：钙是体内含量最多的元素之一，占体重的1.5%～2.0%。成人体内钙含量约1 200克，99%集中在骨骼和牙齿中，其余则以游离或结合形式存在于体液和软组织中。游离或结合形式存在的钙统称为混溶钙池；混溶钙池中的钙也不断沉积于成骨细胞中，如此使骨骼不断更新。年龄越小，骨骼的更新速度越快，随着年龄的增加，钙在骨中含量逐渐下降。钙对维持体内细胞正常生理状态有着重要意义，红细胞、心肌、肝与神经等细胞膜上，有钙的结合部位，当钙离子从这些部位释放时，细胞膜的功能与结构发生变化，维持了神经肌肉的兴奋、神经冲动的传导、心脏的正常搏动。钙对许多参与细胞代谢的大分子物质的合成及转变的酶都有调节作用。钙还参与凝血过程、激素分泌、维持体液酸碱平衡以及细胞内胶质稳定性。在正常情况下，血清钙浓度为90～110毫克/升。

食物来源与参考摄入量：钙含量较丰富的食物有奶及奶制品、豆类及其制品、虾皮、海产品、坚果类和蔬菜类。钙的食物来源除考虑钙含量外，还要考虑其吸收利用率。一些蔬菜、粮食中含有草酸盐、植酸盐、磷酸盐等，可影响钙的吸收。奶及奶制品不仅含钙丰富，而且含有乳糖和氨基酸，可以促进钙的吸收，是最好的补钙食品。骨头虽然本身含钙高，但其只有10%左右的钙能溶于水中，所以喝骨头汤不能达到补钙的目的，而直接吃骨粉则有一定效果。此外，钙的吸收还与身体状况有关，婴幼儿、孕妇、乳母由于需要量增加，吸收率相应也增加；随着年龄的增长，钙的吸收率逐渐下降。维生素D缺乏、过多的膳食纤维、脂肪消化不良、服用制酸剂等均可影响钙的吸收。成人钙的适宜摄入量为800毫克/天，孕妇、乳母需要量增加至1 000～1 200毫克/天；婴幼儿和儿童钙需要量也相对较高。

（2）磷

营养学意义：磷是人体内含量较多的元素之一，成人体内含量约650克，占体重的1%。磷是构成骨骼和牙齿的原料，在骨形成的过程中，2克钙需1克磷，磷酸盐与胶原纤维的共价连结在骨矿化中起重要作用。磷是机体所有细胞中的核酸的组成成分，细胞膜的必需构成物质，如蛋白质、磷脂等。物质代谢产能反应也必须有磷的参与，体内产能反应中释放的能量以高能磷酸键的形式储存于三磷酸腺苷及磷酸肌酸分子中，当机体需要时释放，以提高能量的有效利用率；碳水化合物和脂肪的中间代谢都需先经过磷酸化，才能继续反应。此外，磷还参与组成体内一些重要酶的辅酶和调节酸碱平衡。正常人血清无机磷总量为0.87～1.45毫摩尔/升（27～45毫克/升），儿童1.45～1.78毫摩尔/升（45～55毫克/升）。

食物来源与参考摄入量：人类食物中含有丰富的磷，无论动物性或植物性食物都是由细胞构成，而细胞含磷丰富，若食物的蛋白质能满足机体需要，也就能满足磷的需要，故人体单独的磷缺乏很少见。成人磷的适宜摄入量为700毫克/天。

（3）镁

营养学意义：镁是多种细胞基本生化反应中必需的物质。人体含 20～30 克镁。体内大部分镁存在于骨骼中，其余存在于软组织和体液中，肝与肌肉是镁浓度最高的软组织。镁在蛋白质消化过程中参与某些肽酶的激活，并能缓解神经冲动和肌肉收缩，与钙的兴奋作用相拮抗。

食物来源与参考摄入量：有很多因素可影响健康人对镁的需要量，这些因素包括生物学的需要、摄入镁的生物利用率，以及在估计摄入量和存留量中的准确性。镁广泛存在于动植物性食物中，人类很少见到镁缺乏的情况，除非是在一些疾病状态下，如吸收不良综合征、内分泌疾病等。成人镁的适宜摄入量为 350 毫克/天。

（4）铁

营养学意义：铁是人体必需微量元素中含量最多的一种，总量为 4～5 克，60%～75%存在于血红蛋白，3%存在于肌红蛋白，1%为含铁酶类，这些铁统称为功能性铁。其余25%左右的铁为储存铁，主要以铁蛋白、含铁血黄素的形式存在于肝、脾和骨髓中。铁为血红蛋白、肌红蛋白、细胞色素 A 和其他呼吸酶的成分，参与体内氧和二氧化碳的转运及交换，在组织呼吸、生物氧化过程中起重要作用。铁缺乏在不发达国家中较为常见，尤其是儿童、青春期少女、孕妇及乳母，主要是由于摄入不足或需要量增加。铁缺乏一般分三个阶段：第一阶段为铁减少期，此期主要是体内储存铁减少，血清铁蛋白浓度下降；第二阶段为缺铁性红细胞生成期，此期除血清铁蛋白浓度下降外，血清铁也下降，同时铁结合能力上升（运铁蛋白饱和度下降），游离原卟啉浓度上升；第三阶段为缺铁性贫血期，血红蛋白和血细胞比容下降，临床表现有面色苍白、食欲不振、乏力、心悸、头晕、毛发干燥无光泽、指甲变脆、反甲等。

食物来源与参考摄入量：食物中的铁以血红素铁和非血红素铁的形式存在。血红素铁主要存在于动物性食物，吸收率为 10%～30%；非血红素铁主要存在于植物性食物，吸收率较低，一般不到 10%。含血红素铁较高的食物是“红肉”，如牛肉、羊肉，动物肝和动物血、蛋黄含铁也较高。植物性食物中含铁较高的有蘑菇、发菜、黑木耳、芝麻等。铁的需要量涉及到日常的丢失、生长发育所需，以及不同生理条件下的额外所需。女性青春期后，每月从月经中丢失一部分铁，铁的需要量比男性高。我国的推荐标准，膳食中铁的适宜摄入量是：0～6 月 0.3 毫克/天，6～12 月 10 毫克/天，1～7 岁 12 毫克/天。11～14 岁男 16 毫克/天，女 18 毫克/天。14～18 岁男 20 毫克/天，女 25 毫克/天。成人男 15 毫克/天，女 20 毫克/天。50 岁以上男女皆为 15 毫克/天。孕早期 15 毫克/天，孕中期 25 毫克/天，孕晚期 35 毫克/天，乳母 25 毫克/天。

（5）碘

营养学意义：碘在人体内的含量为 20～50 毫克，碘在甲状腺内分布最多，占 70%～80%；其余的碘分布在皮肤、骨骼、中枢神经系统及其他内分泌腺。碘在体内主要参与甲状腺素合成，其生理作用也通过甲状腺素的作用表现出来。碘缺乏可引起甲状腺肿大，地方性甲状腺肿是世界上流行最广泛的一种地方性疾病，在我国边远地区和山区多有流行。碘缺乏发生在胎儿、初生儿及婴幼儿期，可引起生长发育迟缓、智力低下，甚至痴呆、聋哑，称为呆小病或克汀病。

食物来源与参考摄入量：含碘量较高的食物有海产品，如海带、紫菜、淡菜、海参等，海盐中也含有少量的碘。人体对碘的需要量受年龄、性别、体重、发育及营养状况等因素影响。我国的推荐摄入量为：0～1岁50微克/天，1～11岁120微克/天，14岁以上及成人150微克/天，孕妇和乳母200微克/天。预防碘缺乏最好的办法是食用加碘盐。

（6）锌

营养学意义：锌在人体内的含量为2.0～2.5克，主要存在于肌肉、骨骼、皮肤。按单位重量含锌量计算，以视网膜、脉络膜、前列腺为最高；其次为骨骼、肌肉、皮肤、肝、肾、心、胰、脑和肾上腺等。锌是许多酶的结构成分或激活剂。蛋白质、核酸的合成代谢，骨骼的正常骨化，生殖器官的发育和功能都需要锌。同时，锌还参与维护正常的味觉、嗅觉，促进食欲；促进维生素A的代谢和生理作用，有利于维持视觉和皮肤健康。此外，锌还参与维护与保持免疫反应细胞的增殖与分化。儿童较易出现锌的缺乏。锌缺乏可以导致生长发育迟缓、食欲减退、味觉迟钝，甚至丧失、异食癖、性成熟迟缓、第二性征发育障碍、性功能减退、皮肤创伤不易愈合、易感染等。

食物来源与参考摄入量：锌广泛存在于动物性、植物性食物中，动物性食物中锌的利用率为35%～40%，而植物性食物中锌的利用率仅为1%～20%。含锌较丰富的食物有牡蛎、动物肝、脑、心、肾、牛肉与烤麦芽等。我国推荐锌的摄入量为：0～6月1.5毫克/天，6～12月8.0毫克/天，1～4岁9.0毫克/天，4～7岁12毫克/天，7～11岁13.5毫克/天，11～14岁男性18毫克/天，女性15毫克/天。14～18岁男性19毫克/天，女性15.5毫克/天。成年男性15毫克/天，女性11.5毫克/天。老年男女皆为11.5毫克/天。孕早期11.5毫克/天，孕中晚期16.5毫克/天，乳母21.5毫克/天。

（7）铜

营养学意义：铜在人体内总量为100～150毫克，分布于各器官组织中，其中以肝和脑中的浓度最高，其次为肺、肠和脾。肝脏和脾脏为铜的储存器官。正常情况下，血清铜浓度为10～24微摩尔/升。缺铜时可影响到铁的吸收和利用，导致小细胞低色素性贫血。当铜缺乏时，会导致骨骼、皮肤、血管结构的改变，使骨骼脆性增加、血管张力减低、皮肤弹性减弱等。此外，铜对胆固醇代谢、心脏功能、免疫功能、激素分泌等也有影响。

食物来源与参考摄入量：铜普遍存在于天然食物中，含铜丰富的食物有动物肝、牡蛎、坚果类、豆及豆制品、小麦胚芽等，人体一般不易缺乏。我国推荐的适宜摄入量为：0～6月0.4毫克/天，6～12月0.6毫克/天，1～4岁0.8毫克/天，4～7岁1.0毫克/天，7～11岁1.2毫克/天，11～14岁1.8毫克/天，14岁以上及成人2.0毫克/天。

（六）水

水是人类赖以维持生命活动的最基本物质。无食物摄入时，机体可通过消耗自身组织维持生命1周甚至更长时间，然而，没有水时，任何生物均不能生存。

1. 水的生理功能

（1）构成身体组织与物质的载体：水占成人体重的50%～70%，细胞内、外液各占50%。细胞内液包括身体的各组织细胞，细胞外液包括组织间液、血浆。病人因呕吐、腹泻、大面积烧伤、大量出汗等可导致机体水分丢失，当失水超过体重的10%时，就会危及生命。许多物质都溶于水，成为离子状态发挥重要生理功能。水在体内直接参与物质代谢，作为载体输送营养物质和排出代谢废物。没有水就无法维持血液循环、呼吸、消化、吸收、分泌、排泄等生理活动，体内的新陈代谢也无法进行。

（2）调节体温与润滑作用：水的比热比其他物质高，能吸收体内不断分解代谢产生的大量能量而使体温保持不变。当外界温度高或体内生热过多时，通过蒸发或出汗使体温保持恒定；当环境温度降低时，则通过减少蒸发而保持机体温度。水是机体的润滑剂。泪液、唾液、关节囊液、浆膜腔液等都有利于局部器官的润滑，减少摩擦，有助于保持其正常功能。

2. 机体中水的来源与摄入量　水的需要量受年龄、膳食、活动情况、外界温度及机体健康状况等因素的影响。机体水的来源包括三个方面：①饮用水和其他饮料；②食物中的水；③蛋白质、脂肪、碳水化合物分解代谢时产生的代谢水。正常人水的需要量与排出量保持动态平衡。排出量包括呼吸、尿液、皮肤蒸发和粪便。一般情况下，成人需水量为1毫升/4.2千焦，婴儿为1.5毫升/4.2千焦。人体对水分的需要和代谢，有一整套复杂而完善的调节机制。增加或减少摄水量，机体会自动通过调节系统来维持水的平衡。在某些病理情况下，水的摄入或排出超出了机体的调节能力，就会出现脱水或水肿。

（七）膳食纤维

1. 概述　膳食纤维是指食物中不能被人体消化吸收的物质，它们的成分一般是聚糖，所以有的书上将其归入碳水化合物，称为“不可吸收的多糖”或“不能利用的多糖”。20世纪营养学最重要的发现之一就是膳食纤维对人体健康的意义。膳食纤维有多种，在食物中含量较多的有以下几种：

（1）纤维素：一般称粗纤维，是植物结构的支持组织。化学结构与淀粉相似，但不能被人体中的淀粉酶所分解。草食动物的肠道内有分解纤维素的酶，人体大肠中有少量细菌可以发酵纤维素。

（2）半纤维素：常与纤维素共存，是植物细胞壁中的成分，常见的有戊聚糖、木聚糖、半乳聚糖、阿拉伯木糖。还有一些为酸性半纤维素，它们能被肠道中的细菌部分分解，常见的有半乳糖醛酸和葡萄糖醛酸。

（3）树胶：植物中可以在水中溶解成分散形式的一大类物质，主要成分是L－阿拉伯糖的聚合物，还有D－半乳糖、L－鼠李糖和葡萄糖醛酸。树胶具有胶凝和增稠作用，常用作食品添加剂。

（4）果胶：果胶类包括果胶原、果胶酸和果胶。果胶是被甲酯化到一定程度的半乳糖醛酸，果胶酸是未经甲酯化的半乳糖醛酸。果胶主要存在于植物果实和一些根茎类蔬菜中，果胶分解后可形成甲醇和果胶酸。

（5）木质素：由苯丙烷单体聚合而成，结构上不具碳水化合物的特点，人和动物都不能消化。木质素存在于植物的细胞壁，与植物的纤维物质关系密切，随着食物成熟，木质素不断增多，使食物变得粗糙难以下咽，所以过度成熟的食物吃起来有很多“渣”。

2. 营养学意义　膳食纤维不能被人体消化、吸收和利用，通常直接进入大肠，在通过消化道的过程中吸水膨胀，刺激和促进肠蠕动，连同消化道中其他“废物”形成柔软的粪便，易于排出，对身体健康和一些疾病的预防有着非常重要的意义。

（1）预防便秘和大肠疾病：膳食纤维通常直接进入大肠，刺激和促进肠蠕动，使粪便易于排出，降低了大肠内的压力，可以有效地预防便秘、痔疮、肛裂、结肠息肉、憩室性疾病和肠激惹综合征。

(2) 预防癌症：许多国家的流行病学研究表明，高膳食纤维能降低大肠癌、乳腺癌、胰腺癌发病的危险。膳食纤维抑制大肠癌或其他癌的机制包括：①纤维具有吸水性，吸水充盈后，大肠内容物增加，刺激肠道蠕动，缩短代谢产物或废物及有害物质在大肠的停留时间，减少这些物质对肠道的刺激时间和再吸收时间，有利于机体健康。②纤维素要与胆汁酸和胆汁酸代谢产物、胆固醇结合，减少初级胆汁酸和次级胆汁酸对肠黏膜的刺激作用。

(3) 预防心血管病和胆石症：膳食纤维中的果胶和木质素可部分阻断胆固醇和胆汁酸的肠肝循环，增加鹅脱氧胆酸的合成，促进肠道中胆固醇和胆汁酸随粪便排出，降低血浆胆固醇浓度和胆汁中胆汁酸的饱和度，预防动脉粥样硬化和胆石症的发生。

(4) 预防肥胖：富含膳食纤维的食物，如谷物、全麦面粉、豆类、水果和蔬菜中只含有少量的脂肪，膳食纤维增加了食物的体积，使人易产生饱腹感，从而减少摄入的食物量，避免摄食过多引起能量过剩而导致肥胖。同时膳食纤维还能够抑制淀粉酶的作用，延缓糖类的吸收，降低空腹和餐后血糖水平；果胶等能抑制脂肪的吸收，有助于肥胖、糖尿病和高脂血症的预防。

由于与膳食结构和生活习惯改变有关的慢性病，如糖尿病、心血管疾病、癌症等的发病率逐年升高，所以膳食纤维的营养学意义更显得重要。但也必须指出，长期摄入高膳食纤维的膳食，会影响矿物质和维生素的吸收，引起缺铁、缺钙等营养问题。

3. *来源与参考摄入量* 膳食纤维来源于植物性食物，如根茎类和绿叶蔬菜、水果、谷类、豆类等。纤维素和半纤维素不能溶于水，称为“不可溶性膳食纤维”，在根茎类蔬菜、谷类的外皮和一些粗粮中含量较高；果胶、树胶能溶于水，称为“可溶性膳食纤维”，主要存在于水果和一些蔬菜中。美国食品药品监督管理局（FDA）推荐的成人总膳食纤维的摄入量为20～35克/天，我国的推荐量：低能量膳食［7.5×10^3千焦（1 800千卡）］为25克/天，中等能量膳食［1×10^4千焦（2 400千卡）］为30克/天，高能量膳食［1.2×10^4千焦（2 800千卡）］为35克/天。有习惯性便秘的人可适当增加。

二、如何确保自身健康

身体健康包含两个方面：一是人体的各个器官没有毛病；二是人的心理状态正常。要做到身体健康，必须注重以下七个方面。

（一）合理膳食

1. *食物多样，谷类为主，粗细搭配* 人类的食物是多种多样的。各种食物所含的营养成分不完全相同。除母乳外，任何一种天然食物都不能提供人体所需的全部营养。平衡膳食必须由多种食物组成，才能满足人体各种营养需要，达到合理营养、促进健康的目的，因而要提倡人们广泛食用多种食物。

多种食物应包括以下五大类：

(1) 谷类及薯类：谷类包括米、面、杂粮；薯类包括马铃薯、甘薯、木薯等，主要提供碳水化合物、蛋白质、膳食纤维及B族维生素。

(2) 动物性食物：包括肉、禽、鱼、奶、蛋等，主要提供蛋白质、脂肪、矿物质、维生素A和B族维生素。

(3) 豆类及其制品：包括大豆及其他干豆类，主要提供蛋白质、脂肪、膳食纤维、矿物质和 B 族维生素。

（4）蔬菜水果类：包括鲜豆、根茎、叶菜、茄果等，主要提供膳食纤维、矿物质、维生素 C 和胡萝卜素。

（5）纯热能食物：包括动植物油、淀粉、食用糖和酒类，主要提供能量。植物油还可提供维生素 E 和必需脂肪酸。

谷类食物是中国传统膳食的主体。随着经济发展、生活改善，人们倾向于食用更多的动物性食物。根据 1992 年全国营养调查的结果，在一些比较富裕的家庭中动物性食物的消费量已超过了谷类的消费量。这种“西方化”或“富裕型”的膳食方式提供的能量和脂肪过高，而膳食纤维过低，对一些慢性病的预防不利。提出谷物为主是为了提醒人们保持我国膳食的良好传统，防止发达国家膳食的弊端。

另外，要注意粗细搭配，经常吃一些粗粮、杂粮等。稻米、小麦不要碾磨太精，否则，谷粒表层所含的维生素、矿物质等营养素和膳食纤维的大部分就流失到糠麸之中。

2. *多吃蔬菜、水果和薯类*　蔬菜与水果含有丰富的维生素、矿物质和膳食纤维。蔬菜的种类繁多，包括植物的叶、茎、花苔、茄果、鲜豆、食用蕈藻等，不同品种所含营养成分不尽相同，甚至悬殊很大。红、黄、绿等深色蔬菜中维生素含量超过浅色蔬菜和一般水果，它们是胡萝卜素、维生素 B_2、维生素 C 和叶酸、矿物质（钙、磷、钾、镁、铁）、膳食纤维和天然抗氧化物的主要来源。有些水果中维生素及一些微量元素的含量不如新鲜蔬菜，但水果含有的葡萄糖、果糖、柠檬酸、苹果酸、果胶等物质又比蔬菜丰富。红黄色水果，如鲜枣、柑橘、柿子和杏等是维生素 C 和胡萝卜素的极好来源。我国近年来开发的野果，如猕猴桃、刺梨、沙棘、黑加仑等也是维生素 C、胡萝卜素的丰富来源。薯类含有丰富的淀粉、膳食纤维以及多种维生素和矿物质。我国居民近十年来吃薯类较少，应当鼓励多吃些薯类。食用有丰富蔬菜、水果和薯类的膳食，在保护心血管健康、增强抗病能力、减少儿童发生干眼病的危险及预防某些癌症等方面有着十分重要的作用。

3. *每天吃奶类、大豆或其制品*　奶类除含有丰富的优质蛋白质和维生素外，含钙量较高，且利用率也很高，是天然钙质的极好来源。我国居民膳食提供的钙普遍偏低，平均只达到推荐供给量的一半左右。我国婴幼儿佝偻病的患者也较多，这和膳食钙不足可能有一定的关系。大量的研究表明，给儿童、青少年补钙可以提高其骨密度，从而延缓其发生骨质疏松的年龄；给老年人补钙也可能减缓其骨质丢失的速度。豆类是我国的传统食品，含有丰富的优质蛋白质、不饱和脂肪酸、钙及维生素 B_1、维生素 B_2、烟酸等。为提高农村人口蛋白质摄入量及防止城市中过多消费肉类带来的不利影响，应大力提倡豆类，特别是大豆及其制品的生产和消费。

4. *常吃适量的鱼、禽、蛋和瘦肉*　鱼、禽、蛋、瘦肉等动物性食物是优质蛋白质、脂溶性维生素和矿物质的良好来源。动物性蛋白质的氨基酸组成更适合人体需要，且赖氨酸含量较高，有利于补充植物性蛋白质中赖氨酸的不足。肉类中的铁易被身体吸收利用，鱼类特别是海产鱼所含不饱和脂肪酸有降低血脂和防止血栓形成的作用。动物肝脏含维生素 A 极为丰富，还富含维生素 B_{12}、叶酸等。但有些脏器，如脑、肾等所含胆固醇相当高，对预防心血管系统疾病不利。我国相当一部分城市和绝大多数农村居民平均摄入动物性食物的量还不够，应适当增加摄入量。但部分大城市居民食用动物性食物过多，吃谷类和蔬菜不足，对健康不利。肥肉和荤油为高能量和高脂肪食物，摄入过多往往会引起肥胖，并是诱发某些慢性病的危险因素，应当少吃。目前猪肉仍为我国人民的主要肉食，猪肉脂肪含量高，而鸡、鱼、兔、牛肉等动物性食物含蛋白质较高，脂肪较低，产生的能量远低于猪肉。因此，应大力提倡吃这些食物，适当减少猪肉的消费比例。

5. *减少烹调油用量，吃清淡少盐的膳食* 吃清淡少盐的膳食有利于健康，即不要吃太油腻、太咸的食物，不要吃过多的动物性食物和油炸、烟熏食物。目前，城市居民的油脂摄入量越来越高，这样不利于健康。我国居民食盐摄入量过多，平均值是世界卫生组织建议值的2倍以上。流行病学调查表明，钠的摄入量与高血压的发病呈正相关，因而食盐不宜摄入过多。世界卫生组织建议每人每天食盐用量以不超过6克为宜。膳食钠的来源除食盐外，还包括酱油、咸菜、味精等高钠食品及含钠的加工食品等。应从幼年就养成吃少盐膳食的习惯。

6. *食不过量，天天运动，保持健康体重* 进食量与体力活动是控制体重的两个主要因素。食物提供人体能量，体力活动消耗能量。如果进食量过大而活动量不足，多余的能量就会在体内以脂肪的形式积存，即增加体重，久之便发胖；相反，若食量不足，劳动或运动量过大，可由于能量不足引起消瘦，造成劳动能力下降。所以人们需要保持食量与能量消耗之间的平衡。对于脑力劳动者和活动量较少的人来说，应加强锻炼，开展适宜的运动，如快走、慢跑、游泳等。对消瘦的儿童应增加食量和油脂的摄入，以维持正常生长发育和适宜的体重。体重过高或过低都是不健康的表现，可造成抵抗力下降，易患某些疾病，如老年人的慢性病或儿童的传染病等。经常运动可增强心血管和呼吸系统的功能，保持良好的生理状态，提高工作效率，调节食欲，强壮骨骼，预防骨质疏松。

7. *三餐分配要合理，零食要适当* 一日三餐的能量摄入分配要合理。一般早、中、晚餐的能量以分别占总能量的30%、40%、30%为宜。

8. *每天足量饮水，合理选择饮料*

9. *饮酒应限量* 在节假日、喜庆和交际场合，人们往往饮酒。高度酒含能量高，不含其他营养素。无节制地饮酒，会使食欲下降，食物摄入减少，以致发生多种营养素缺乏，严重时还会造成酒精性肝硬化。过量饮酒会增加患高血压、脑卒中等危险，并可导致事故及暴力的增加，对个人健康和社会安定都是有害的。应严禁酗酒，若饮酒可少量饮用低度酒，青少年不应饮酒。

10. *吃新鲜卫生的食物* 在选购食物时应当选择外观好，没有污染、杂质，没有变色、变味，并符合卫生标准的食物，严格把住“病从口入”关。进餐要注意卫生条件，包括进餐环境、餐具和供餐者的健康卫生状况等。集体用餐要提倡分餐制，以减少疾病传染的机会。

（二）加强锻炼

对于健康而言，体育锻炼是非常必要的。当然，在锻炼时，是需要讲究方法的，每个人应根据自身状况不同而采用相应的锻炼方法。首先，锻炼要针对身体需要，锻炼固然可使身体素质提高，但还要看锻炼内容和身体真正的需求是不是匹配，不合适的锻炼也可能带来身体上的伤害。要根据自己的身体状况锻炼，在不同的年龄段、不同疾病或亚健康状态，甚至在不同性别中，锻炼的内涵都要有一个非常严格的区分。任何一个体育项目大家都可以参与，但要根据目前自己的身体状况，确定适合于锻炼的项目。

（三）保持良好心态

只有有一个健康的心理，才能迎接生活和工作中的各种挑战，那么怎么才能算是心理健康呢？心理健康要求内外兼顾。对外，要人际关系良好，行为符合规范；对内，基本需要获得满足，心理功能正常。行为符合外界的规范，又能满足自己的心理需要，才是心理健康的特征。心理健康说到底是一种人生态度。心理健康的人，以积极的眼光看待世界，看待周围事物。这种人富有利他精神，能在付出、展示自己的过程中增强自我价值感。另外，心理健康并不是心理平衡。心理健康并非平衡与适应状态，而是处于两极的中间位置。通常人们把适应理解成对周围环境的顺从，把平衡理解为内心无冲突，但这并不是心理健康。因为如果“平衡”就是健康，那么一个满足现状，没有追求，不思进取的人，内心就很平衡，因为他不会有挫折感，但不算是健康；如果说“适应”就是健康，那么现在社会上有的人左右逢源，上下讨好，也能“适应”社会，然而这种人也不算健康。一般把清除过度的紧张不安而达到内部平衡状态称作“消极的”或“低层次”的心理健康，而应该提倡的是“积极的”或“高层次”的心理健康。这种状态意味着总有高尚的目标追求，能发展建设性的人际关系，从事具有社会价值的创造活动，追求高层次需要的满足，寻求生活的充实。

（四）日常保健

1. 看电视的卫生保健　看电视时要注意防止视力疲劳产生近视。电视机摆放的高度在视平线上或略低，光亮度和距离适中，音量不过大，一般每看 1 小时休息 10 分钟，每天看电视最好不超过 3 小时。

2. 睡前的卫生保健　睡前应做五件事：①要刷牙。大多数人有早起刷牙的习惯，但却忽视睡前刷牙。睡前刷牙比早起刷牙更重要，且对安睡有益。②要梳头。梳头可使头部血液通畅，尤其以梳得头皮发热为好。③要洗脚。睡前应用热水洗脚促进血液循环，能有效地解除疲劳，且对大脑有良好的刺激。④要喝水。睡前适量喝水，将使你睡得更香甜安静。⑤要开窗。卧室要保持空气新鲜流畅，即使是气温较低，也要坚持睡前开窗换空气。

3. 养成吃早餐的习惯　早餐后血清标记凝血球蛋白浓度为 30 微克/毫升，而未吃早餐时，凝血球蛋白浓度则增高并可导致血液黏稠度上升，从而增加冠心病和脑卒中的危险。

4. 养成午睡的习惯　按照生物钟节律，人有上午 9：00 时、中午 1：00 时、下午 5：00 时三个睡眠高峰，有一个以 4 小时为间隔的睡眠节律，所以说午睡能使人紧张度降低，使心血管系统舒缓。

5. 定时排便　粪便在肠内积存越久，对肠黏膜的损害越大，同时也是肠癌发生的祸根之一。所以要养成每天一次排便的习惯，以减少肠道毒物潴留。

6. 吸烟有害健康　烟草的主要有害成分是尼古丁、烟焦油、一氧化碳等。吸烟者能导致慢性支气管炎、肺癌、冠心病，还会引起视力减退、早衰、孕妇早产、死胎。所以，我们应该不吸烟或积极戒烟。

7. 远离毒品　毒品极易使人产生身体依赖性和精神依赖性（俗称“成瘾”）。常见的毒品主要有鸦片类、可卡因类和大麻类。滥用毒品会危害身心健康，导致死亡，毒瘾发作则丑态百出、罪恶丛生，严重危害家庭、社会，是世界公害。因此，吸毒害人害己，万万不可沾染。

（五）卫生习惯

在平时的学习和日常生活中，要养成良好的卫生习惯，坚持做到饭前便后洗手、早晚刷牙、饭后漱口、勤剪指甲、经常洗澡、不吃不宜生吃的食物、不吃脏东西等等。

（六）安全意识及常识

见第二章、第三章、第四章、第五章和第六章有关内容。

（七）环境

环境包括生活环境和工作环境。如条件允许，应尽可能避开空气污染、水源污染、噪音污染的地区生活或工作。环境对健康的影响举足轻重，不可不重视。

研究显示，神经管缺陷是遗传因素和环境因素共同作用的结果。在环境因素中，营养因素尤其是叶酸缺乏已经被公认为神经管缺陷发生的危险因素。我国每 1 000 例新生婴儿中大约有一个婴儿发生神经管缺陷，是我国最严重和最常见的出生缺陷之一。神经管缺陷是一种严重影响胎儿大脑和脊索发育的先天畸形，主要有无脑畸形、脊柱裂、脑膨出三种畸形，最常见的是无脑畸形和脊柱裂。目前已经公认怀孕前和孕期早期补充小剂量叶酸，可以预防 50% ~70% 的神经管缺陷发生。有一些研究提示补充小剂量叶酸还可以减少胎儿发生其他先天畸形，如唇腭裂、先天性心脏病等。

1. 什么是营养和健康？
2. 人体需要的营养素类型有哪些？每种类型的营养素各有什么生理功能？
3. 怎样才能做到合理饮食？
4. 如何确保自身健康？

（冯　军）

第二章　交通安全

第一节　交通规则

血的教训告诉我们：交通事故的发生大多是由于人们不遵守交通规则造成的，为了家庭平安，也为了你和他人幸福，我们要时刻记住“安全”二字，人人都应该学习交通规则，懂得交通基本常识和自觉遵守交通规则，减少和杜绝交通事故的发生。

一、行路要求

交通事故是非常可怕的，一刹那间，就夺走了人的生命。现在路上的车辆越来越多，马路越来越拥挤，同时交通事故也越来越多。每年有多少生命被夺走，有多少个家庭被破坏，有多少人要失去亲人。如果我们每个人心中都有交通规则，每个人都能自觉遵守交通规则，相信很多悲惨的交通事故一定可以避免。让我们牢牢记住：遵守交通规则就是珍爱生命！

（一）《中华人民共和国道路交通安全法》节选

第二十六条　交通信号灯由红灯、绿灯、黄灯组成。红灯表示禁止通行，绿灯表示准许通行，黄灯表示警示。

第三十六条　根据道路条件和通行需要，道路划分为机动车道、非机动车道和人行道的，机动车、非机动车、行人实行分道通行。没有划分机动车道、非机动车道和人行道的，机动车在道路中间通行，非机动车和行人在道路两侧通行。

第三十八条　车辆、行人应当按照交通信号通行；遇有交通警察现场指挥，应当按照交通警察的指挥通行；在没有交通信号的道路上，应当在确保安全、畅通的原则下通行。

第五十一条　机动车行驶时，驾驶人、乘坐人员应当按规定使用安全带，摩托车驾驶人及乘坐人员应当按规定戴安全头盔。

第六十一条　行人应当在人行道内行走，没有人行道的靠路边行走。

第六十二条　行人通过路口或者横过道路，应当走人行横道或者过街设施；通过有交通信号灯的人行横道，应当按照交通信号灯指示通行；通过没有交通信号灯、人行横道的路口，或者在没有过街设施的路段横过道路，应当在确认安全后通过。

第六十三条　行人不得跨越、倚坐道路隔离设施，不得扒车、强行拦车或者实施妨碍道路交通安全的其他行为。

第六十五条　行人通过铁路道口时，应当按照交通信号或者管理人员的指挥通行；没有交通信号和管理人员的，应当在确认无火车驶临后，迅速通过。

第六十六条 乘车人不得携带易燃、易爆等危险物品，不得向车外抛撒物品，不得有影响驾驶人安全驾驶的行为。

（二）交通安全知识

1. 交通信号灯 在繁忙的十字路口，四面都悬挂着红、黄、绿三色交通信号灯，它是不出声的“交通警”。红绿灯是国际统一的交通信号灯。

（1）指挥灯信号：绿灯亮时，准许车辆、行人通行，但转弯的车辆不准妨碍直行的车辆和被放行的行人通行；黄灯亮时，不准车辆、行人通行，但已越过停止线的车辆和已进入人行横道的行人，可以继续通行；红灯亮时，不准车辆、行人通行；绿色箭头灯亮时，准许车辆按箭头所示方向通行；黄灯闪烁时，车辆、行人须在确保安全的原则下通行。

（2）人行横道灯信号：绿灯亮时，准许行人通过人行横道；黄灯闪烁时，不准行人进入人行横道，但已进入人行横道的，可以继续通行；红灯亮时，不准行人进入人行横道。

2. 隔离设施 交通隔离设施主要有行人护栏和隔离墩或绿化隔离带。行人护栏是用来保护行人安全，防止行人横过马路走入车行道和防止车辆驶入人行道的。隔离墩或绿化隔离带是设在车行道上用来隔离机动车与非机动车或来往车辆的。我们不要跨钻护栏和隔离墩或绿化隔离带，而走进车行道，否则有被车辆撞倒的危险。

3. 人车分流、各行其道 每当你走在马路上，就会看到许多行人和车辆来来往往，川流不息。如果行人和车辆爱怎么走就怎么走，那么就会交叉冲突，发生混乱。交通道路上用“交通标线”划出车辆、行人应走的道路：机动车走“机动车道”，行人应走“人行道”。

4. 交通标志 在道路上，我们可以看到各式各样的交通标志。它们用图案、符号和文字来表达特定的意思。告诉驾驶员和行人注意附近环境情况。这些标志对交通安全非常重要，被称为“永不下岗的交通警”。道路交通标志分为主标志和辅助标志两大类。主标志又分为：警告标志、禁令标志、指示标志、指路标志、旅游区标志和道路施工安全标志。

（1）警告标志：警告标志是警告车辆和行人注意危险地点的标志。其形状为正等边三角行，颜色为黄底、黑边、黑图案。如警告前方是T型交叉路口标志（图2－1）。

（2）禁令标志：禁令标志是禁止或限制车辆、行人交通行为的标志。其形状通常为圆形，个别为八角形或顶点向下的等边三角行。其颜色通常为白底、红圈、红斜杆和黑图案，如禁止车辆左转弯标志（图2－2）。

（3）指示标志：指示标志是指示车辆、行人行进的标志。其形状为圆形、正方形或长方形，颜色为蓝底白图案，如允许调头标志（图2－3）。

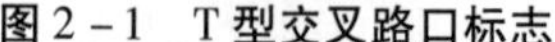

图2－1 T型交叉路口标志

图2－2 禁止车辆左转弯标志

图2－3 允许调头标志

（4）指路标志：指路标志是传递道路方向、地点和距离信息的标志。其形状，除地点识别标志、里程碑、分合流标志外，为长方形或正方形。其颜色，一般道路为蓝底白图案，高速公路为绿底白图案（图2－4）。

（5）辅助标志：辅助标志是指紧靠主标志下缘，起辅助说明作用的标志。其形状为长方形，颜色为白底、黑字、黑边框。用于表示时间、车辆类型、警告和禁令的理由、区域或距离等主标志无法完整表达的信息，如表示向右100米标志（图2－5）。

图2－4　高速公路指路标志

图2－5　表示向右100米标志

5．几种新型、常用的交通标志

（1）禁止车辆停放标志：该标志为圆形、蓝底、红圈、红斜杆，表示禁止一切车辆停放。单斜杆为禁止车辆长时停放标志，临时停车（司机不得离开驾驶室）不受限制；交叉双斜杆为禁止车辆临时或长时停放标志（图2－6、图2－7）。

图2－6　禁止车辆长时停放标志

图2－7　禁止车辆临时或长时停放标志

（2）停车让行标志：该标志为八角形，颜色为红底白字，表示车辆必须在停止线以外停车瞭望，确认安全后，才准许通行（图2－8）。

（3）禁止机动车通行标志：该标志为圆形、白底、红圈、红斜杆、黑色小汽车图形，表示禁止一切机动车（含摩托车）通行（图2－9）。下缘附设有“二轮摩托车除外”辅助标志的，准许二轮摩托车通行。

图2－8　停车让行标志

图2－9　禁止机动车通行标志

6．道路交通标线　道路交通标线是由标划于路面上的各种线条、箭头、文字、立面标记、突起路标和轮廓标等构成的交通安全设施。其作用是管制和引导交通，可以与交通标志配合使用，也可单独使用。交通标线按功能可分为三类：禁止标线、指示标线和警告标线。

（1）中心黄色双实线：表示严格禁止车辆跨线超车、压线行驶和向左转弯。也表示严格禁止车辆和行人横穿。其作用相当于中心隔离护栏或中心分车绿化带。

（2）中心黄色虚实线：表示实线一侧禁止车辆跨线超车和向左转弯，虚线一侧准许车辆在确保安全情况下跨线超车和向左转弯。

（3）中心黄色单实线：表示不准车辆跨线超车、压线行驶或向左转弯。

（4）道路边缘黄色单实线：表示禁止一切车辆长时或临时停放（含临时停车上下客）。

（5）路面黄色网状线：表示严格禁止一切车辆长时或临时停车，防止交通阻塞。当黄色网状线前方有车辆停驶时，后车必须在黄色网状线外等候，直到确认黄色网状线前方有足够空间停驶本车时，方可驶过黄色网状线。

7. 几种新型、常用的交通标线

（1）人行横道线：人行横道线为一组白色平行粗实线（斑马线），在交通信号灯控制的路口，采用两条白色平行粗实线划出人行横道线的范围，表示准许行人横穿车行道。行人横穿车行道时必须行走在人行横道线内，设置有人行横道信号灯的，还必须按信号灯指示通行。

（2）人行横道线预告标示：设置在人行横道线前适当位置的白色菱形图案，用于提示前方接近人行横道，机动车行驶时须注意行人横穿道路。

（3）禁止掉头标记：设置在禁止掉头路口前适当位置的，由一个掉头箭头和一个叉形图案组成的黄色图案，表示禁止车辆掉头。

（4）导流线：导流线的形式主要为一个或几个根据路口地形设置的白色 V 形线或斜纹线区域，表示车辆必须按规定的路线行驶，不得压线或越线行驶。它主要用于过宽、不规则或行驶条件比较复杂的交叉路口，立体交叉的匝道口或其他特殊地点。

（5）中心圈：设置在交叉路口中心的白色圆形或菱形区域，用于区分车辆大、小转弯及对车辆左转弯的指示，车辆不得压线行驶。机动车向左转弯时，必须紧靠中心圈小转弯。

（6）减速标线：设置在收费站广场、出口匝道或其他要求车辆减速路段的白色虚线，其形式有单虚线、双虚线和三虚线，垂直于行车方向设置。用于警告前方应减速慢行。

（7）的士临时停靠点白色框线：设置在的士临时停靠点路面上，只准的士临时停车上下客，其他车辆不准停靠。的士停靠时，必须遵守线内停车、即停即下、即上即走，不得占位待客。

（8）公共汽车停靠站白色框线：设置在公共汽车站路面上，只准许市内公共汽车临时停车上下客，其他车辆不准停靠。公共汽车停靠时，必须按位停放在框线内，依次上下客，不得越线。

二、违规行路带来的危害

当你因为路口没有车辆而在红灯下穿越马路时，你是否想过你已经走到了危险的边缘？当你在公路上骑车，与汽车抢道时，你是否想起每年有多少人因为违章骑车而命丧黄泉？当你抱怨规定太多时，你又是否想过，如果不是这样，现实带给人们的震惊和惨痛将会比下面这份报告数据多得多！同学们，伊拉克战争历时两年，死亡 4 万余人，而你们是否知道每年

10.9 万的人死于车祸？这是一个比战争死亡还要冷酷无情的数字！大家是否知道，按照交通路线方向行走，在规定的道路上行走，不闯红灯，不与车抢道，不横穿马路……这些非常简单的行动，既是遵守交通规则的表现，也是一种文明的行为。因为这样做，不仅保障了自己的出行安全，也是尊重他人生命的体现。

纵观许许多多的交通事故，不少是因行人不守交通规则而造成的。主要原因有：横过马路时注意力不集中，横穿高速公路，违规搭乘摩托车等等。下面是一些交通事故案例，希望同学们能从中吸取教训，引以为戒。

（一）无证驾驶摩托车（违规搭乘摩托车）

案例一：2004 年 7 月 5 日，南方某镇刚毕业的 17 岁男中学生陈某，无证驾驶二轮摩托车搭载三个同学由某村往镇里方向行驶。晚上 8 时多行至一路口时，车辆失控侧翻，造成摩托车损坏，四人不同程度地受伤，其中驾驶人陈某送医院后经抢救无效死亡。

案例二：2004 年 7 月 25 日，某地一辆大货车，装载土石方由某镇往某县城方向行驶。下午 1 时许，行至 270 省道某大桥路段处，在转弯过程中与相向行驶的二轮摩托车发生猛烈碰撞，造成摩托车上 4 名 15～18 岁的青少年死亡、摩托车严重损坏的特大交通事故。

交警提醒：

1. 年龄不满 18 岁的学生不准驾驶摩托车。乘坐二轮摩托车必须戴安全头盔；乘坐摩托车的人不准打伞、不准侧坐、不准站立。

2. 不能违规搭乘摩托车。

（二）横过马路注意力不集中或乱穿公路

案例一：2003 年 2 月 11 日 14 时 5 分，某村村民开某（女，14 岁）在由南向北步行横穿公路时，恰有某村司机杨某（男，19 岁）驾驶农用四轮车由东向西驶来，农用车将开某撞出，开某受伤，经送医院抢救无效当日死亡。

案例二：2004 年 10 月 27 日晚，某中学女学生李某过人行横道时，一辆中型客车正快速通过十字交叉路口。见到有人，客车紧急转方向盘，但车尾仍把李某撞飞。经过十几个小时的抢救，李某仍不治身亡。

交警提醒：

1. 在横过没有交通信号灯的人行横道时，应当左右看，观察往来车辆的情况，确认安全后再过马路；不得在车辆临近时突然横过或者中途倒退、折返。

2. 过马路时要注意观察交通信号灯的变化。红灯亮时，不能过马路；绿灯亮时，也要看清左右，确定没有车来，才可以过马路；如果马路过了一半时，信号灯变了，要赶快过马路，千万不要惊慌。

（三）横穿高速公路

案例一：2005 年 7 月 22 日下午 3 时 10 分左右，在某高速公路某地境内 50 公里处发生一起交通事故，该地某村年仅 10 岁的小学生曹某因横穿高速公路，被一辆飞驰而来的小车撞伤，经抢救无效死亡。

案例一：2004 年 8 月 24 日上午 9 时 20 分，在西线高速公路 105 公里处，一 8 岁小学生从高速公路东南方向横穿公路，被往海口方向行驶的灰色小车撞倒，男孩当场死亡。

交警提醒：

行人切不可擅自进入高速公路行走，更不能横穿高速公路。

一、判断题（判断正误）

1. 行人应当在人行道内行走，没有人行道的靠路边行走。
2. 乘坐二轮摩托车不能侧坐或者反坐。
3. 行人横过马路时，应当从人行横道、天桥或地下通道通过。

二、选择题

1. 行人在没有人行横道信号灯的人行横道应如何通行？
A. 在人行横道内快速通过
B. 两面无来车时从人行横道内通过
C. 按机动车信号灯指示通过
2. 行人在没有交通信号灯和人行横道的路口应如何通过？
A. 跑步快速通过
B. 示意机动车让行后直行通过
C. 确认安全后直行通过
3. 骑自行车通过没有非机动车信号灯的路口应怎样通行？
A. 减慢车速通过
B. 确认安全后通过
C. 按机动车信号灯指示通过
4. 交通信号灯由红灯、绿灯、黄灯组成。黄灯表示
A. 警示　　B. 禁止　　C. 准许
5. 图中标志表示：

A. 人行横道
B. 步行街
C. 注意行人
6. 图中标志表示：

A. 禁止非机动车通行
B. 非机动车行驶
C. 停放自行车
7. 图中标志表示：

A. 有人看守铁道路口
B. 人行横道
C. 无人看守铁道路口
8. 图中标志表示：

A. 禁止左转弯
B. 禁止右转弯
C. 禁止左右转弯
9. 警告标志的作用是：
A. 警告车辆和行人注意危险
B. 警告车辆和行人不准通行
C. 警告车辆驾驶人前面有转弯
10. 禁令标志是：
A. 警告车辆和行人注意危险地点的标志
B. 禁止或限制车辆和行人交通行为的标志

C. 指示车辆和行人行进的标志

11. 指示标志是指示：

A. 车辆、行人按标志指示路线、方向行驶

B. 车辆、行人可以通行的方向，但车辆、行人可以不按指示的方向通行

C. 车辆、行人注意行驶

第二节　安全出行

大家在参与交通的过程中，怎样保障自己的人身安全呢？首先，我们要反省自己或身边同学的交通行为，是否曾经有过不遵守交通规则的行为，是否曾因自己不安全的交通行为而给自己带来过一些伤害。为了确保我们安全出行，要一会走路，二会骑车，三会乘车（这三个“会”的含义就是要保障自己的人身安全）。

一、如何确保安全出行

同学们参与交通活动时，主要扮演的是“行人”、“骑车人”或“乘车人”的角色，如何扮演好这些角色，不给自己或他人带来生命威胁，真正做到“珍爱生命、安全出行”？下面我们结合几起事故案例，说一说如何确保安全出行。

（一）做“行人”，确保安全出行

案例一：2006 年 11 月 14 日的那次特大交通事故到现在仍然让我们记忆犹新。山西沁源县二中 900 多个学生在公路上晨跑，一辆大东风牌带挂货车向学生横冲直撞过来，造成 21 名师生死亡，18 人受伤。当时公路上躺满了遇难师生的尸体。

作为“行人”，路上行走要走在人行道上，如果没有人行道要靠路边行走；群体行进要列队，横排不要超过两人，不能相互追逐嬉戏，不能三五成群地并肩行走或在交通拥挤的地方聚集、停留，以免影响他人通行。横过车行道时，须走人行横道、人行过街天桥或地道。在没有这些标志、设施时，要在确认安全的情况下，直行通过。

避让车辆最简单的方法：一是先看左边是否有来车，没有来车再走入车行道，再看右边是否有来车，没有来车时就可以安全横过道路了。不要在车辆临近时突然横穿。二是长队伍横过车行道时可视情况分段通过，切记不准横过划有中心实线的车行道。三是不要在车行道、桥梁、隧道或交通安全设施等处逗留。四是不要在路上玩耍、抛物、泼水或进行妨碍交通的活动；五是不能穿越、攀登或跨越隔离设施。车辆撞伤行人的事故在我们周围时有发生，相信我们部分同学们也见过或听到过，轻则忍受身体的痛苦，重则落下残疾，甚至失去生命。希望各位同学能够牢记这些行路常识，保障自己的身体健康。

交通安全歌（一）

走路要走人行道，不要嬉戏和打闹。
如果没有人行道，靠边行走要记牢。

过街要走斑马线，最好天桥地下道。
遇到三者都没有，左右看看不能跑。
平时走路要专心，东张西望可不行。
小孩横穿马路时，必须家长来带领。
马路行走要注意，对面有人别客气。
如果和你打招呼，不要贸然跑过去。
雾、雨、雪天最危险，衣服穿着色鲜艳。
安全措施提前做，以便司机早发现。

（二）做“骑车人”，确保安全出行

《中华人民共和国道路交通管理条例》明文规定，未满12岁的儿童不准在道路上骑自行车。当你已经达到法定的骑车年龄，准备骑车时，则必须认真地学一学有关骑自行车的规定，要掌握骑自行车的基本要领。骑车前，要先检查自行车各个部件是否完好有效。自行车在行进时要用双手握住车把来掌握重心，控制方向，否则稳定性差，安全性差，一碰即倒，一倒人就伤。

案例二：2008年在某县，一名女中学生骑自行车与一辆摩托车相撞，导致中学生当场死亡，事故现场惨不忍睹。自行车的稳定性、安全性差成为这次事故的主要原因。

骑自行车时，我们应该掌握以下几条骑车规范：一是自行车在道路上行驶时，应尽量靠右边（距路边边缘线1.5米以内），不能骑车在道路中间行驶，不要数车并行，更不能逆向行驶；二是骑车至路口，应主动地让机动车先行；三是骑车转向时，要伸手示意，同时要选择前后暂无来往车辆时转弯，切不可在机动车驶近时急转猛拐，争道抢行；四是骑自行车不准在道路上互相追逐，更不能几名同学扶肩并行而骑，不准一手扶把而骑，这些都是极其危险的，很容易造成交通事故，会给我们带来伤害。

据统计，在各类交通事故中，自行车事故要占总事故的一半以上。自行车给人们的交通带来了便利，但如若不慎，会给人们带来不幸。因此，我们应该严格遵守骑车规范，避免成为自行车的“牺牲品”。

交通安全歌（二）

马路学车最危险，车来车往不安全。
操场广场人少处，家长陪同慢慢练。
年龄不满十二岁，别在马路上骑车。
身体平衡未完全，情况紧急就危险。
骑车之前细检查，注意车铃和车闸。
车况完好危险少，情况紧急才不怕。
骑车要走车行道，没有划分右边靠。
不得逆行、闯红灯，路口、转弯要减速。
骑车速度要适中，不要乘机逞英雄。
打闹、带人危险大，双手撒把易送命。

雨天骑车穿雨衣，不要打伞把车骑。
别为赶路车速快，注意竖井和沟渠。
雪天骑车要注意，车胎别充太多气。
轻捏车闸不急拐，碰到险情提前避。

（三）做“乘车人”，确保安全出行

乘坐汽车、火车是广大学生出行时经常选择的交通方式，特别是同学们回家、返校或出远门时都选择汽车、火车，但车祸的危险也可能时时伴随着我们。因此，我们特别需要了解一些关于乘车安全方面的知识，以保障自己的人身安全。

1. 乘车所要掌握的安全知识

（1）乘车时不能带易燃、易爆物品上车。这些物品在受热、挤压或意外情况下会引起爆炸，造成人身伤亡和车辆损坏。需要乘车时，要选好车，同时要牢记以下四个“不准”：发现驾驶员过度疲劳或有妨碍安全行车的行为时，不准乘坐该车；发现驾驶员饮酒的不准乘坐该车；发现机动车有明显质量问题的不准乘坐该车；不准乘坐超员车。

（2）机动车在行驶中，乘车人要坐稳扶牢，以防止紧急刹车而造成的伤害；不得将头、手伸出窗外，以免被来往车辆擦伤自己；上下车时要等车辆停稳后再进行；不要乘坐货车或拖拉机；乘坐二轮摩托车者必须要 12 岁以上，并戴好头盔，在驾驶员身后两腿分开跨坐，不能偏坐或倒坐，不乘坐违规摩托车。

案例三：2008 年寒假期间，某地 2 辆摩托车发生相撞，导致 5 人不同程度受伤，其中 4 人未戴头盔，当中还有两个是中学生。可见他们交通安全意识的淡薄，如果都能戴好头盔，不违规搭乘摩托车，那么事故的后果至少可以减轻一些。

（3）乘坐汽车的注意事项

①候车时的注意事项

在等候乘坐公共汽（电）车时，要在站台和指定地点等候车辆，不要站在车道（包括机动车道、非机动车道）上候车。

排队候车，按先后顺序上车，不要拥挤，拥挤时容易给扒手可乘之机。

上下车均应等车停稳以后。因为在车子还没停稳的时候，如果大家突然拦在车前，往往会使驾驶员措手不及，同时因为候车人的争抢，不巧被人挤倒或把他人挤倒，都可能引发事故。所以大家一定要记住：“先下后上，不要争抢”的交通规则。

不要在机动车道上搭出租汽车。

需要乘坐出租车时，应在路边伸手示意，切不可站在车行道上拦截，要在出租车站或者出租车可以停车的地方上下车。一般在上车后再告诉司机前往的地址，这既可防止司机拒载，又不会因为站在车外对话而发生意外。

②乘坐长途车时的注意事项

安全带是防止和降低交通事故损害程度的一种切实有效的装置。安全带把人和汽车结成一个整体，能够避免乘客撞上方向盘和玻璃窗，以及被抛出车外的危险。据有关资料表明，发生事故时使用安全带，可使前排乘客的死亡机会减少一半，后排乘客的死亡机会减少三分之二。使用安全带的方法要得当，正确使用安全带的方法是：在安全带与胸廓之间留有一指

宽的间隙，带子的下部不应箍着腹部，而应箍住髋骨。乘坐汽车，尽可能坐在有安全带的座位，并把安全带系上。坐在出租车、小车前排座位的乘客一定要佩戴安全带。

如有条件，乘坐的汽车最好能选择性能好、无故障、乘座舒适的大客车及其他各种客车。

在车辆行驶过程中不可随意触摸车上控制器，如车门锁等。

不要向车窗外乱扔杂物，以免伤及他人。

车辆行驶的过程中不要将身体任何部位伸出窗外，以免被对面来车或路边树木等刮伤，更不能中途跳车。

为了您及他人安全，绝不能把汽油、酒精、爆竹等易燃易爆的危险品带入车内。易燃易爆物品容易在挤压、碰撞或车辆震动过程中引起燃烧和爆炸，严重危及大家的生命安全。

乘车时要坐稳、扶好，没有座位时，要双脚自然分开，侧向站立，手应握紧扶手，以免车辆紧急刹车时摔倒受伤。

不要乘坐货车或拖拉机。因为货运车厢仅为装卸货物方便而设计，没有考虑乘车人安全而设置扶手、座位等设施，车辆转弯时的离心作用或行驶中车身颠簸都会有可能将乘车人甩出车外，乘车人也容易被车外物体刮碰。

发现驾驶人员无驾驶证，机动车不具备载客准运资格或有明显质量问题的，不乘坐该车。

车超员时最好不要乘坐。因为汽车超员不仅不安全，而且拥挤的环境对乘客的健康也是不利的。

在车辆行驶过程中，不要与驾驶员闲谈或妨碍驾驶员操作，不要随意开启车门、车厢和车内的应急设施，不要在车内随意走动、打闹。

汽车行驶当中，最好不要吃东西，尤其是糖豆、花生一类的食品，它们容易在汽车晃动时呛到气管中。在车上吃东西也容易受到细菌的污染。

在乘坐乡间私营的公共汽车时，要特别注意汽车的车况和载客量。由于汽车因严重故障或是严重超载而引起的惨祸经常见诸报端，因此我们不能不牢记前车之鉴。遇到这类情况，宁可等下一班车，也不要坐这类有安全隐患的车。

在车辆高速行驶时，有安全带一定要系好。遇到特别不好的道路，特别是一些事故多发路段，如下陡坡、急转弯等等，你最好保持清醒，随时观察前方和车外的情况。一旦发生由于车辆机械故障或是路面原因造成的车辆失去控制，要及时判断，果断处理，必要时跳车求生。

当你乘坐的汽车发生翻车或撞车时，如果你能提前一瞬间发现险情，就要紧握面前的扶手、椅背，同时两腿微弯，用力向前蹬地。这样，即使身体受到碰撞，撞击力会消耗在手腕和腿弯之间，缓解了身体前冲的速度，从而会减轻受伤害的程度，使身体不致造成重伤。

如果车祸发生得十分突然，在来不及做缓冲动作的情况下，坐在前排的人要抱头迅速滑下座位，以防头部由于惯性冲向挡风玻璃。后排的人要迅速抱住头部并缩身成球形，这样可以减少头部、胸部受到的撞击。

假如汽车发生翻倒或翻滚，双手要紧紧握住座位，双脚死死抵住车厢；车辆撞损后往往起火甚至发生爆炸，因此，要尽快逃离车辆，必要时要用脚、肘甚至用裹着衣物的拳头击碎车窗玻璃逃生。

乘车途中，最好不要睡觉，因为睡觉对于应付紧急出现的情况十分不利。事实证明对于交通事故来说，当时头脑清醒的旅客要比昏睡的旅客伤亡轻。

乘车途中，如果出现交通事故，应沉着、冷静、机智、灵活地果断处理。首要的是在出事的一瞬间，要区别事故的性质，灵活对待。一般的原则是努力固定自己的身体原地不动。如用双手抓住车内某个部位，以防人体随惯性运动引起外伤。

如发生火灾，应在可能的情况下积极帮助灭火，并立即设法尽快离开汽车，千万不要惊慌失措。

乘坐同一辆汽车旅行，出现事故后，要发扬团结友爱的精神，互相帮助，共同对付突如其来的灾难，尤其应当帮助妇女、儿童和老人，让他们首先脱离危险。一般乘客也不能你争我抢，以免造成通路堵塞，引起更严重后果。

如出现故障在途中停车，乘客应在可能的情况下，尽量协助驾驶员排除故障，并要和大家一起出谋划策，共同渡过难关。不可互相埋怨、发泄不满，要知道事情一旦出现，发脾气和埋怨不仅对应付突发事件不利，反而会导致更坏的结果。

不管乘汽车和出租车，一定索要票据，以便出现意外，进行查找和投诉。

乘坐出租车时一定要乘坐有计程器的出租车，按里程付费。

不要太显示自己是外地人或游客，以防司机欺骗。

乘车时要时刻注意自己随身携带的现金和物品，严防不法分子偷窃。

不要在车厢内吸烟；不能与司机聊天。

遇到路况不好时，不要惊慌，要听从司机或乘务员的指挥。

③乘车到达目的地后，在下车时要注意的问题

在汽车还没有停稳时，不要急于从正在行驶的汽车上跳下，以免发生意外，须等车停稳后再依顺序下车。

乘坐出租车、小车开门前，先观察一下车旁边有无自行车或摩托车，要在没有车辆驶近的情况下再开门，防止车门突然打开使后面跟上的自行车或摩托车措手不及，撞上车门而发生意外。

下车时不要拥挤抢下，在车行道上不得从机动车左侧下车。

下车时，应首先看前后有无来车（包括自行车），从较为安全的右门下车。需横过车行道时，不要急于从车前或车后横穿道路，切不可从车头贸然通过。应走离车前或车后20米以上，能看清路上左右来车后，选择适当时机再横穿马路。

如确需从右门下车，应观察确认没有来车时再开门下车，并迅速从车后走上人行道，切不可从车前或车后突然猛跑横过马路。

机动车发生故障或交通事故须在车行道停车时，除救险外，乘车人须迅速离开车辆和车行道。

交通安全歌（三）

乘坐公共汽车时，上车下车要注意。
等车停稳别着急，先下后上守秩序。

下车以后过马路，来往车辆要注意。
人行道上左右看，两边没车才过去。
轿车、客车速度快，前排应系安全带，
头手胳膊要管好，不要伸出窗户外。
卡车、拖拉机安全差，最好不要去坐它。
特殊情况不得已，蹲在车厢别站起。
搭乘摩托戴头盔，酒后驾驶别乘车。
遇到事故车翻滚，双手抱头紧缩身。
平时打的要耐心，出租车站慢慢等。
不要着急把路赶，机动车道把的拦。

2．乘火车所要掌握的安全知识

（1）售票厅：一些旅客在买票时，慌慌张张从衣兜里掏出一沓钱，买完后匆匆塞进口袋，结果上车发现兜里钱没有了。

乘警提示：身上带钱时最好分开装，不要放在一个口袋。特别是买票时，提前把买票的钱单独拿出来，免得掏出一大把被贼盯上。

（2）车门口：车门口人多拥挤，旅客争先恐后地往车上拥，在车门口挤成“马蜂窝”，挤得满头大汗时，钱包、手机已不见踪影。

乘警提示：上车时不要抢、不要插队，排好队有秩序上车，一挤就会给贼造成可乘之机。特别是手机，最容易被盗，小偷作案的方法是一拔（将手机皮套打开，手机拔走）、二割（用刀片将手机保险绳割断，一拿走人）。另外，手机放在裤子后兜和上衣口袋也容易被抽走。最好上车时把手机和钱包装在包里，等上车安定后再挂腰间。

（3）衣帽钩：因上车拥挤，上了车人人汗流浃背，旅客喜欢将衣服随手脱掉，挂在衣帽钩上，开车后需用时才发现被盗。

乘警提示：上车后不要把装有钱物的外套脱下挂在衣帽钩上，或者上车后时刻注意贵重衣服。小偷上车也常常伪装成乘车人将衣服往衣帽钩上挂，挂衣服时他手已经伸进别的旅客衣服口袋，或者拿自己的衣服走时顺手把旅客的衣服拿走。

（4）车厢里：在车厢挤着走动时，稍一麻痹钱物被盗。

乘警提示：走动时一定要有防范意识，扛着行李包要看好自己的钱包和手机。贼上车爱将毛巾拿在手上作道具，趁人多拥挤的情况下用刀片割旅客口袋。

（5）中途下车买东西：列车运行中途停车时，旅客下车买食品或特产，因时间紧，光着急买东西，掏钱时才发现被盗。

乘警提示：中途停车时，下车购买食品的旅客一定得注意身边的人。在车站活动的贼也会装成购买者，围在旁边用镊子夹钱。

（6）停车时：列车在小站停车时，车窗开着，车刚起动，站台上的贼顺手将放在茶几上或衣帽钩上的包抢走。

乘警提示：不要将装有钱和重要物品的包放在茶几上，随身携带好自己的钱物。

（7）其他方面的注意事项：目前列车上的违法犯罪以侵财性案件为主，犯罪分子“最喜爱”的是现金和手机、金银首饰等价值高、容易变现的物品，作案时间多集中在旅客上下车拥挤时和途中睡觉时。手段通常是扒窃或“摘挂”（借机拎包）。另外，有的犯罪嫌疑人会假装和旅客大套近乎，给旅客吃一些下过麻醉药的食品后窃取财物；或者想办法了解旅客家庭情况，再谎称其生病等向其家人诈骗。

乘警提示：乘车不要吃陌生人的东西；夜间行车睡觉前要关闭好车窗；不要在车门和车厢连接处逗留，那里容易发生夹伤、扭伤、卡伤等事故；尽可能不要携带大量现金；上车要排队，外衣挂衣帽勾时，不要将财物放在衣袋中，要妥善保管财物；注意和陌生人交往方式，不要轻易透露个人情况；发生意外及时找乘警或列车工作人员处理；出门在外要提高警惕，若确实乘车带有大量现金或重要物品，可找列车乘警义务保管；万一被盗及时向乘警报案，争取在小偷下车前将其抓获。

交通安全歌（四）

铁路提速火车快，注意安全防伤害。
家长儿童和社会，一起努力少意外。
铁路线上危险大，它是火车专行线，
上面行走要不得，贪图方便不安全。
铁路线上别玩耍，不要逞强把车扒。
路边设施有危险，网、柱、铁塔别攀爬。
通过铁路走道口，服从管理听指挥。
栏杆关闭红灯亮，表示即将有列车。
不要着急把路赶，强行钻越栏和杆。
节约时间没多少，丢掉性命不划算。
道口没有人看守，安全要靠自己顾。
一停二看三通过，小心火车没坏处。
最忌就是双行线，站在铁道等车去。
那道来车声隆隆，这道来车你不知。
站台候车要注意，站在安全白线内。
来往列车速度快，卷下站台生命没。
乘坐火车要记住，别在车厢连接处。
容易夹伤和扭伤，旅途安全少事故。
易燃易爆危险品，带上列车可不行。
一旦燃烧或爆炸，既害自己又害人。

3. 乘坐民用航空飞机注意事项　民用航空飞机一般是比较安全的，但也不能因此而忽视了安全问题，否则，就有可能发生航空事故，造成重大人员伤亡和财产损失。

乘坐飞机时，应了解和掌握以下有关安全常识：

(1) 选择最佳航空公司的飞机和最佳的航空路线。当有一条以上的航线时，要选择最短的、直达的或中转次数最少的。

(2) 赶赴机场的时间应留有充分的余地，不可匆忙赶路，应在飞机起飞前30分钟办理登机手续。

（3）进入隔离区时，要遵守规定，自觉地接受安全检查；在候机厅，要遵守秩序，不得追跑打闹。

（4）随身携带的物品中，不得夹带禁运、违法和危险物品，包括易燃物、易爆物、腐蚀物、有毒物、放射物品、可聚合物质、磁性物质、成瘾药物及其他违禁品；不要为陌生人捎带行李物品。

（5）要按顺序登机和下机，进入机舱内应对号入座坐好，听从机上工作人员安排，系好安全带。不要随意更换座位；要认真阅读机上的安全须知，了解机上的安全设施、设备及其位置；要弄清所坐位置到安全出口的路线和距离。

（6）飞机在起飞和飞行过程中，禁止使用电子电气设备（包括移动电话、游戏机、手提电脑、调频调幅收音机等），禁止吸烟。

（7）在正常情况下，不得擅自动用机上的应急出口、救生衣、氧气面罩、防烟面罩、灭火器材等救生应急设施、设备和标有红色标志的设施。

二、出行中的其他安全

（一）旅游安全知识

随着物质生活水平的提高，大家也越来越重视自己的精神享受，旅游是较多人选择的一种方式。但一些外出旅游度假的人由于行前准备不充分，往往在旅游中非但没有感受到旅游的乐趣，反而给自己留下一些不快。那么，在旅游中应该注意些什么呢？

1．忌走马观花　出来旅行的目的是愉悦身心，增长见识，每到一地，如果只是走马观花，而不去了解当地的风土人情，则失去了旅行的意义。

2．忌行李过多　旅行时带过多的物品是没意义的，过多的行李只能是我们旅行的累赘，带在身边，行动不方便；放在旅馆，又不安全。所以我们提倡一包政策：所有行李只需一个大背囊。

3．忌惹事生非　旅行的地点始终不是自己的“地头”，蛮劲、霸气还是收敛点好。

4．忌分散活动　如果是一伙人去旅游，最好不要各有各的节目，至少保持两三人才能分散活动。切忌单独外出！

5．忌钱人分离　多个心眼，小心为好。

6．忌带小孩　小孩子时刻需要大人的关照，使大人不能全身心享受旅行所带来的乐趣。

7．忌不明地理　每到一地，请先买份当地地图，一可作走失时应急之用；二可留为纪念。

8．忌单独出游　特别是出远门旅游的人，最好与熟悉的人结伴同游，这样既可增添旅游的乐趣，又能互相照顾。

9．忌无目的的滥游　有的人在出门旅游前既无目标，也无计划，有种“走到哪里黑，就在哪里歇”的感觉，这种毫无目的的花钱乱逛，既浪费金钱，又徒费精力，影响身心健康。

10．忌乘车坐船争先恐后

11．忌暴食暴饮　有的旅游者在旅途中饱一顿，饥一顿，看见好吃的就暴食暴饮，没有好吃的便不吃，这种做法是十分错误的。同时还要注意饮食卫生，预防肠道感染，防止发生旅途腹泻。

12．忌在风景区乱涂乱画　这种乱涂乱画，既损坏古迹的完善，也是一种不讲精神文明的行为，会造成很坏的影响。

13．忌语言粗野　旅途中应时时处处讲文明，讲礼貌，不要恶语伤人或与人争吵，以免破坏自己和同伴的欢乐情趣。

14．忌轻易交友　在旅游中应注意不要随便与不认识的人深交，以免上当受骗。

15．忌随身携带重要文件或贵重物品　谨防丢失而造成不应有的严重损失。

（二）野外安全知识

1．野外游玩要点

（1）衣：要穿运动鞋或旅游鞋，不要穿皮鞋，穿皮鞋长途行走脚容易磨泡。早晨夜晚天气较凉，要及时添加衣物，防止感冒。

（2）食：要准备充足的食品和饮用水。不要随便采摘和食用蘑菇、野菜及野果，以免发生食物中毒。

（3）住：晚上注意充分休息，以保证有充足的精力游玩。

（4）行：游玩宜结伴而行，防止发生意外。

（5）药：准备一些常用的治疗感冒、外伤、中暑的药品。

2．野外迷失方向怎么办　野外判定方向和位置的方法有许多，下面是几种常见方法。

（1）指南针：这是最简单的方法。把罗盘或指南针水平放置以使气泡居中。磁针静止后，标有“N”的一端所指便是北方。

使用罗盘或指南针时的注意事项：尽量保持水平；不要离磁性物质太近；勿将磁针的S端误认作北方，造成180度的方向误差；掌握活动地区的磁偏角进行校正。

（2）太阳：白天少云的情况下，可以通过太阳确定方向。太阳下物体的阴影由西向东运动，很容易由此判断南北。在晴朗的白昼，根据日出、日落就可以很方便地知道东方和西方。

（3）影钟法：在有太阳的天气，把一根木棍垂直竖在平地上。当太阳位置变化时，木棍的影子随太阳位置的变化而移动，这些影子在中午最短，其末端的连线是一条直线，该直线的垂直线为南北方向。

（4）表法：如果手边有老式手表（指有时针和分针的那种），我们可以利用它来确定方向。两种方法：①将表水平放置，时针指向太阳，时针与12点刻度之间夹角的平分线指示南北方向。②把你当时的时间除以2，再把所得的商数对准太阳，表盘上12所指的方向就是北方。例如上午10点，除以2商数为5，将表盘上的5对准太阳，12所指的方向就是北方。

使用手表的注意事项：判定方向时，手表应平置；在南、北纬20°30′之间地区的中午前后不宜使用，即以标准时的经线为准，每向东15°加1小时，向西15°减1小时；

时间要按 24 小时计时法来算。

（5）植物地物特征：若在阴天迷路，可以靠植物地物特征来获知方位。

树木：树叶生长茂盛的方向即是南方。

树桩：年轮幅度较宽的一方即是南方。

岩石：岩石上布满苍苔的一面是北侧，干燥光秃的一面是南侧。

山坡：北侧低矮的蕨类和藤本植物比南侧更加茂盛。

房屋：一般门向南开，我国北方尤其如此。

庙宇：通常也是向南开门，尤其庙宇群中的主体建筑。

突出地物：北侧基部较潮湿并可能生长低矮的苔藓植物。

蚂蚁洞穴：蚂蚁的洞口大都是朝南向的。

（6）北斗星：夜晚可以通过观测北极星来找到北方。北斗七星位于正北天空，是七颗较亮的星，形状像一把勺子，将勺头两颗连线并逆向延伸约 5 倍，可以找到很亮的那颗北极星，而这条延长线就指示了从南到北的方向。

（三）乘坐电梯安全知识

1. 电梯内已有一个或几个人在场，你认为他们不正派时，则不要进入。如果你一人先在电梯内，又有一个或几个使你觉得不大安全的人进来时，你应果断地走出电梯。

2. 乘无人看守的电梯时，不要在轿厢内拥挤、打闹、跳跃，更不要随意按电梯的各种开关，以免发生故障。如某高校的几个学生下课后，为了抢乘电梯，蜂拥而上，造成电梯超负荷不运行，就乱按开关，结果造成照明失灵，轿厢内漆黑一片，致使女生受惊吓，并与同学发生口角，这不但影响了团结，并给安全也带来隐患。在电梯内注意防火，不得吸烟，也不要在轿厢内吃带壳的食品。

3. 走进电梯时，最好站在控制板旁边，并看准紧急按钮的位置。

4. 在自动电梯内，应当让别人先按要去的楼层按钮，然后自己再按要去的楼层按钮，这样做的目的，一是为了不过早暴露自己的去向；二是考虑到电梯是自动的。当你发现有不安全的因素存在时，你可以改变自己的去向，提前离开电梯；如果发现某人心怀不轨，他按上了三层的按钮，而你本想上四层，但觉得不安全，这时你可按二层的按钮，到二层时电梯会自动停止运行并自动开门。

5. 进入电梯时，一定要确认电梯轿厢停在你面前时再进入，不要贸然迈步。由于有的电梯质量不可靠，可能电梯门打开后轿厢并未停在指定楼层，你一脚迈进去，也许就掉进“深渊”。某校一位风华正茂的女大学生，高高兴兴地去找同学，面对敞开的电梯门一脚进去，里面却没有轿厢，她摔进了深深的电梯井，在医院里她昏迷了 52 天，最终没有醒过来。

6. 如果因为电梯故障困在电梯里，你不要惊慌失措或胡乱戳捅、敲打电梯控制按钮或键盘。首先，你看看轿厢里有无电话，如果有电话，应该拨打求救电话给你的亲友或维修人员，万一没有记住上述电话，可以拨打“110”，请求民警帮助；其次，按动轿厢的报警铃报警；再次，可以呼喊或拍打轿厢门，以引起外界注意，求得援助。千万不要上轿厢顶，因为电梯有可能停在两层之间，人出不去。就算轿厢顶恰好在厅门位置，厅门打不开，你仍然出不去。另外，轿厢外四周有较大的空间，而且环境漆黑，难以辨别方位，弄不好人会跌落电梯井道，造成伤害。此时万一电梯突然启动，你也难以应付。因此，遇此情况，最好的解困办法是等待救援。

（四）游泳中的安全知识

1．游泳安全守则　在开放且有救生人员看守的水域戏水游泳时的安全守则：遵守安全标示；不单独下水，须有人照顾或结伴而游；对水域环境不熟悉时，不随意下水；不要游离岸边太远，泳技差者不要到深水区，以免发生危险；勿在饭后马上游泳；勿在吃药、酒后游泳；不要随意跳水；不穿着牛仔裤或长裤下水；不要依赖充气式浮具，万一破裂，便无所依靠；自己遇险或四肢抽搐时，应镇静并及早举手呼救或漂浮等待救援；如遇水流，勿逆游与急流搏斗，应顺流斜向游往岸边；体力不佳时，不要逞强下水；有疲乏、眩晕、恶心、四肢抽搐时应立即上岸；见人溺水，须大声呼救，不熟悉救生技术者，不要妄自赴救。

2．溺水自救措施　大声高呼救命，引起别人注意；尽可能抓住固定的东西，避免被流水卷走或被杂物撞伤；保持冷静，用嘴呼吸，避免呛水；尽可能保存体力，争取更多的获救时间。

3．陷入冰层逃生要则　不惊慌，保持镇定；大声呼救，争取他人相救；用脚踩冰，使身体尽量上浮，保持头部露出水面；一旦落水，就应争分夺秒地扑向冰层；周围冰层尽管屡扑屡塌陷，但只要坚持，冰层就会越来越厚，直到能承受身体的重量；双臂向前伸张，增加全身接触冰面的面积，一点一点爬行，使身体逐渐远离冰窟；离开冰窟口，千万不要立即站立，要卧在冰面上，用滚动式爬行的方式到岸边再上岸，以防冰面再次破裂；营救他人时须趴在冰面上以木棍、绳索等物救人，以防止冰面破裂造成自己落水。

4．巧救溺水者常识

（1）不可贸然直接下水救人，利用身边物品巧妙救人：向水中抛救生圈、木板等漂浮物，让溺水者抓住这些器具不致下沉。递给溺水者木棍、绳索等拉他脱险。

（2）会游泳者直接下水救护时：脱掉鞋子，扔掉口袋里沉重的东西；如果溺水者尚未昏迷，施救者要特别防止被他抓、抱；不要从正面接近溺水者，而应绕到溺水者的背后或潜入水下，从溺水背面或侧面托住其腋窝或下巴使其呼吸，将其拖带上岸。

（3）畅通气道：救出溺水者后，迅速清除其口鼻中的污泥、杂草，以保持呼吸道通畅。

（4）排水：将溺水者腹部置于抢救者屈膝的大腿上，头部向下，按压背部迫使呼吸道和胃内的水倒出。倒水时间不宜过长，因肺内水分一般多已吸收，残留不多。

（5）心肺复苏：对呼吸、心跳停止的患者立即进行人工呼吸和胸外心脏按压，经急救处理后送医院进行后期治疗。

注意：安全第一；评估现场环境；个人安全最为重要，保证个人安全后再救援他人；最好的救人方法是利用绳索等器材救生；及时拨打110或120。

（五）独自出行时的防范事项

“不要和陌生人说话”！一部反映家庭暴力的电视剧的片名，如今成为许多人的行为准则。朋友间彼此相互告诫：尽量防范与陌生人走得太近，不要随意和陌生人近距离搭讪聊天。预防灾祸的发生，需要谨慎、大胆，更需应急之变。多了解安全防范的招数，不仅让自己与家人平平安安，同时也为整个社会带来更好的治安。

1．防“袭击抢劫” 以抢劫为目的者，通常三四人为一伙，确定袭击对象后以棒或砖块等硬物猛击头部，然后抢包逃跑。对付他们的措施如下：

（1）外出能不拎包的，尽量不要拎包或不拎好包，以免引起亡命歹徒的注意。

（2）独走偏僻之地要谨慎，发现有可疑人员应绕道行走。如果发现有人跟随应立即避开，或在一个相对安全的地方等待其走过去。

（3）发现结伙的可疑人员接近自己时要机警避开。

（4）深夜归家时最好坐出租车，乘坐出租车时也要留意司机是否有不良举动。

（5）手机不要挂在腰上，尽量不要边走路边打手机。

2．防飞车抢夺 根据飞车抢夺的特点，受害人往往为单身夜行的女性。案犯作案手法有两种，一是两人骑摩托车，由坐在后座者实施抢夺；另一种是驾小车抢夺。两种作案方法的作案时间多为夜间10点至凌晨5点，一般晚上7点以后也有案犯下手的，作案地点多在小巷及便于逃脱的岔路口。为此应做到以下几点：

（1）夜间外出的女性要注意走在人多光线亮的地方，最好不要单独行走。

（2）对于悄悄驶近的摩托车、小车要特别注意防范。

（3）若要夜间独自外出，骑车者可把包带绕在自行车车头上。

（4）徒步行走的女性应把包背在靠墙的一边。

（5）若有人在身后打招呼，千万不要让包离开自己的视线。

3．乘车如何慧眼识别扒手

“一看眼睛二看手，三看衣着四看走，最后不忘嘴和口”。

一看眼睛：小偷的目光总是游移不定，面部表情紧张而专注，专盯别人放钱包的地方。

二看手：扒手在人群中，双手总是喜欢放在胸前下方，并且双肩忽高忽低，双臂时抬时放。

三看衣着：一般扒手会在不同的季节，用不同的东西做掩护。春秋两季喜欢用西装、风衣（衣服不扣扣子，敞开做掩护）；夏季大多用报纸、杂志、手提袋之类挡住他人视线。有些女性扒手还怀抱幼儿作掩护。

四看走：扒手习惯在车门外使劲向车上挤，但又不上车，有时卡在车门口不上不下。上车后，他们不往宽敞处走，专门跟乘客挤在一起，用手或胳膊触摸别人的衣兜，试探是否有钱或手机。扒手在人多的地方还喜欢不停改换位置，甚至有位不坐，好乘机行窃。

五听“行话”：扒手称上衣胸前口袋叫“天窗”，下面的口袋叫“平台”，裤子前面的口袋叫“底兜”，裤子后面的口袋叫“马后”。俗称“上天窗，下平台，掏底兜，插马后”。如果听到身边有人交流这些时，就要小心。

三、如何应对交通事故

（一）及时报警

当我们遭遇或目睹交通事故时，应及时将事故发生的时间、地点、肇事车辆及伤亡情况，通过电话或委托过往车辆、行人向附近的公安机关或值勤交警报案，在警察到来之前不能离开现场，不允许隐匿不报，并在来车方向设置警告标志，保护现场。交通事故的报警电话号码为“122”或“110”。在报警的同时也可向附近的医院、急救中心呼救、求援，拨打“120”。

（二）抢救伤者

当我们在交通事故中确认有受伤者后，在迅速报警、设法拦截过往车辆、将伤者送往医院抢救治疗的同时，能采取紧急抢救措施的，应尽最大努力抢救，包括止血、包扎、固定、搬运和心肺复苏等。

交通事故的自救或抢救办法：

症状一：胸部剧痛、呼吸困难。

怀疑伤情：肋骨骨折刺伤肺部。

在车祸中，撞击是驾驶员最易受到的伤害，被方向盘撞到胸部后，如果伤者感觉到剧痛和呼吸困难，应该怀疑肋骨发生骨折。肋骨骨折之后，如果碎骨进入肺叶，刺破肺泡，可能形成血气，引起肺栓塞，甚至导致死亡。如果车速过快、撞击力量过大，在撞车的瞬间，收紧的安全带也可能造成肋骨骨折。

处理方法：如果怀疑骨折，对伤者千万不要轻易移动身体，以避免碎骨对内脏造成新的伤害。

症状二：腹部疼痛。

怀疑伤情：肝脾破裂大出血。

大多数小客车的方向盘比较靠下，发生撞击时，肝脏和脾脏等器官最易受到伤害。肝脾破裂发生大出血时会有腹痛出现。但这种疼痛并非难以忍受，很多伤者的神志仍会清醒。

处理方法：要判断伤者呆在车里是否安全，如果车子有起火等隐患，则要缓慢地离开车。但最好不要长距离走动，同时动作要缓慢。

症状三：出血。

怀疑伤情：外伤。

撞击或其他原因可能会使司机或乘客的头颈部或胸部受外伤。颈部的血管是最重要的部分，最好先检查颈部是否出血。

处理方法：在大量出血时最好能用毛巾或其他替代品暂时包扎，以免失血过多。等到医务人员到来后再用三角巾等仔细处理伤口。

症状四：肢体疼痛、肿胀、畸形。

怀疑伤情：骨折。

骨折后最忌讳自己乱动或是被别人错误包扎，骨折后的每一次移动都有可能对以后的恢复造成损失。

处理方法：搬动伤者前一定要确定伤肢不会发生相对移动，否则血管和神经都可能在搬动时受到伤害，对以后的痊愈造成不良的影响。如果帮助伤者包扎伤肢，最好找木板或是较直而有一定粗度的树枝，同时用三根固定带将两至三块木板在伤肢的上中下三个部位横向绑扎结实。

症状五： 脖子疼。

怀疑伤情：颈椎错位。

车祸中，副驾驶座位乘员容易发生颈部损伤。如果感觉自己的颈椎或腰椎受到了冲击，应坚持请专业医护人员搬动。人的脊柱中有很多的神经，在不当的搬动中受伤的话，很有可能形成永久性的伤害，甚至瘫痪。

在搬动颈部损伤的病人时，要非常小心，要在有硬板担架的情况下用平铲的方式才能搬动，还要用颈托等固定。

坐车的人一般都比较放松，很少有人会系安全带。特别是坐在副驾驶座位上的乘员，司机会在遇到危险时本能地躲避，将副驾位置置于直接撞击的地方，发生车祸时的危险性更大。所以系好安全带对副驾乘员更重要。

处理方法：遇到这样的情况后，如果别人或自己没把握就不要乱动，可在原地等待急救中心的医务人员来处理。司机可在车上备几样急救物品以防不备之需，如木板、一些绷带和一块清洁的毛巾，药品只需准备心痛定和硝酸甘油就足够了。

（三）协助交警取证

遭遇或目睹交通事故，如发现肇事司机驾驶车辆正在逃逸，应尽可能记住肇事者的相貌、车辆特征以及车牌号码，然后尽快想办法报警。并请其他相关人员一起协助把伤者送医院救治，留下相关目击证人的姓名、电话等信息，并劝他们尽可能留在现场协助即将到来的交警取证。

附：我们必须知道的汽车性能

（一）汽车的“制动停车过程”和“制动停车距离”

在一般情况下，汽车在行驶中，如遇到危险情况，驾驶员踩刹车减速或停车就可能避免交通事故。但是，遇到紧急情况，如行人或骑车人在车辆临近时横穿马路，尽管驾驶员采取紧急刹车的措施，也难免发生撞车、撞人的事故。我们都知道惯性的原理，驾驶员从发现危险到采取紧急刹车到汽车完全停止，需要两个过程，即“制动停车过程”和“制动停车距离”。这就如同你在奔跑中突然停下来，还受惯性的作用，不由自主地向前冲击一样。汽车行驶速度越快，惯性力越大，制动停车距离越长。因此，汽车不是一刹车就能停止的。检测结果表明，当汽车以每小时 40 公里的速度行进时，从司机发现情况急刹车到制动有效，车会向前继续行驶 18.82 米才能停住；而在雨、雪天气，由于路面较滑，会向前继续行驶达 24 米。在日常生活中，有许多人不懂得汽车惯性的道理，以为汽车只要一刹车应立即停止，于是便毫无顾忌地在行驶着的汽车前横过马路或从停着的车头车尾突然走向车行道上，结果被汽车撞倒了。如果出现类似的交通事故，横穿马路的人往往要负责主要责任。

（二）汽车转弯的“内轮差”

当汽车的转向灯一闪一闪时，它告诫人们汽车要转弯。汽车在转弯时所占用的空间宽度大于车辆本身的宽度，这是因为汽车在转弯时，前后轮不会在同一条弧线上，而是有一定的距离差距的。这个差别就叫“内轮差”。由于这种“内轮差”，使汽车转弯时，前轮可能通过道路的某一物体，而后轮却不能通过。懂得了汽车转弯时的基本原理后，我们在道路上碰见转弯的车辆时，不能靠车辆太近，不要以为汽车的车头可以过去，就没有事情了。其实，如果你离转弯的汽车太近，就很可能被车尾撞倒。

一、判断题（判断正误）

1．在没有划分机动车道与非机动车道的道路上，非机动车靠近道路右边通行，机动车在道路中间或者靠近道路中心线右边通行。

2．在道路上发生交通事故时，乘车人、过往车辆驾驶人、行人应当予以协助。

3．严禁使用货运汽车、摩托车、三轮汽车、拖拉机等非客运车辆接送学生。

二、选择题

1．夜间当路交通路口红灯不停闪烁时，它表示的是什么含义？

A．车辆和行人必须让行

B．车辆和行人不准通行

C．车辆不准通行，但行人可以通行

2．骑自行车或电动自行车在路段上横过机动车道时，应当做到：

A．注意车辆，缓慢通行

B．示意车辆让行

C．下车推行

3．骑自行车应当在什么车道内通行？

A．在机动车道内

B．在非机动车道内

C．在人行横道上

4．丁字路口黄灯持续闪烁时表示：

A．有危险，车辆、行人不准通过

B．车辆、行人须注意瞭望，确认安全后通过

C．车辆、行人可以优先通过

5．当路口信号灯为红灯和黄灯同时亮时，它表示的是什么含义？

A．即将变为绿灯，做好起步准备

B．清理路口，不准通行

C．道路畅通，快速通过

6．机动车行驶时，除驾驶人应当按规定使用安全带外，同车还有哪些人要使用安全带？

A．前排乘车人

B. 后排乘车人

C. 全部乘车人

7. 当你需要乘坐出租车时，你可以：

A. 站在机动车道上拦乘

B. 站在路口拦乘

C. 站在人行道上拦乘

8. 当机动车停在机动车道上时，你应当怎样上下车？

A. 从机动车左侧上下车

B. 从机动车右侧上下车

C. 只要不妨碍其他车辆和行人通行，左右侧上下车都可以

9. 当你不慎在道路上发生交通事故时，你首先应该做的是：

A. 立即拨打 110 报警

B. 通知父母或其他亲属

C. 与对方当事论理

（任小民）

第三章　学习安全

第一节　实验实习

实验实习是中等卫生学校教育教学的一个重要环节。通过实验实习不仅可以培养学生的观察能力、思维能力，更重要的是能够培养学生的实践能力、职业能力和创造能力。然而学生在实验实习过程中需要使用各种实验和医疗器材，要接触酸、碱、电、火以及对人体有害的气体，甚至会面对细菌、病毒等。在实验实习过程中，稍有不慎，就有可能发生事故，如烧伤、电伤、割伤、爆炸伤、病菌或病毒感染等，甚至会造成重大财物损失及人员伤亡。另外，实习过程中的医疗事故的防范也是确保学生自身安全的内容之一。

一、实验实习安全知识

（一）实验安全知识

1. 做实验之前，应清楚了解实验的内容、实验规则和容易发生的事故，牢记预防的措施。

2. 在实验室内做实验时，不要奔走、跳跃或大声喧哗，否则容易造成意外事故。

3. 不要单独在实验室内做实验，因为一旦发生事故，则无法得到别人的施救或必要的协助。

4. 不可进行未经允许的实验，因为这些实验可能会导致危险的实验结果。

5. 正确使用生物、解剖、外科等实验课上的器具，切忌使用它们进行比划和玩耍，以免划伤、刺伤自己和同学。

6. 移动或开启大瓶液体药品时，不能将瓶直接放在坚硬（如水泥）地板上，最好用橡皮布或草垫垫好。若为石膏包封的，严禁锤砸、敲打，以防破裂。

7. 将玻璃棒、玻璃管、温度计等插入或拔出胶塞时，均应垫有棉布，且不可强行插入或拔出，以免折断伤人。

8. 当所做的实验安全受到质疑时，应立即停止。

9. 实验结束后，不要把实验用的器具或药品随意带出实验室，应当听从老师安排，进行妥善处理，以免发生事故。

10. 每次实验结束后，应检查并关好水、电、窗、门等，确保安全。

11. 防触电　不用潮湿的手触摸电器；实验前细查电源线路是否有裸露，用电仪器特别是大型用电仪器的接线端子是否设有绝缘套，所用电器的金属外壳是否接地，以防止触电事故；实验时，应先连接好电路后再接通电源，实验结束时，先切断电源再拆线路；修理或安装电器时，应先切断电源；不能用试电笔去试高压电，使用高压电源应有专门的防护措施；注意经常保持电线和电器设备的干燥，防止线路和设备受潮漏电。

12. 防火灾　使用的保险丝要与实验室允许的用电量相匹配；电线的安全通电量应大于用电功率；实验室内若有氢气、煤气等易燃易爆气体，应避免产生电火花；电器接触点（如电插头）接触不良时，应及时修理或更换；实验室中许多有机溶剂如，乙醚、丙酮、乙醇、苯等非常容易燃烧，大量使用时室内不能有明火、电火花或静电放电；实验室内不可存放过多的易燃药品，用后还要及时回收处理，不可倒入下水道，以免聚集引起火灾；有些物质，如磷、金属钠、钾、电石及金属氢化物等，在空气中易氧化自燃，这些物质要隔绝空气保存，使用时要特别小心；易燃溶剂加热时，必须在水浴或沙浴中进行，避免与明火接触；点燃酒精灯的火柴不要乱丢弃，切忌在酒精灯间点火，以免酒精外溢引发火灾，酒精灯一定用灯盖熄灭。

13. 防中毒　实验前，应了解所用药品的毒性及防护措施；操作有毒气体应在通风橱内进行；苯、四氯化碳、乙醚、硝基苯等的蒸气会引起中毒，它们虽无特殊气味，但久嗅会使人嗅觉减弱，所以应在通风良好的情况下使用；有些药品（如苯、有机溶剂、汞等）能透过皮肤进入人体，应避免与皮肤接触；氰化物、高汞盐、可溶性钡盐、重金属盐（如镉、铅盐）、三氧化二砷等剧毒药品，应妥善保管，使用时要特别小心；开启易挥发试剂瓶之前，应将试剂瓶在自来水中冷却几分钟，开启时瓶口不要对人，最好在通风橱中进行；禁止在实验室内喝水、吃东西；饮食用具不要带进实验室，以防毒物污染，离开实验室及饭前要洗净双手。

14. 防爆炸　实验前一定要弄清各种物质的物理、化学性质及混合物的成分、纯度等，详细了解设备的材料，实验的温度、压力等条件；实验中要远离其他发热体的明火、火花等；将气体充入预先加热的仪器内时，应先用氮或二氧化碳排除原来的气体，以防意外；当几个部分组成的仪器中的物质有可能形成爆炸混合物时，应在连接处加装保险器，或用液封的方法将几个器皿组成的系统分隔为各个部分；在任何情况下，对于危险物质，必须用能保证实验结果精确性或可靠性的最小用量进行实验，绝对禁止用火直接加热；实验中要记住并创造条件去克服光、压力、器皿材料、表面活性等因素的影响；在有爆炸性物质的实验中，不要用带磨口塞的磨口仪器；使用干燥爆炸性物质时，绝对禁止关闭烘箱门，有条件时，最好在惰性气体保护下进行或采用真空干燥、干燥剂干燥等方法；加热干燥时应特别注意加热的均匀性、消除局部自燃的可能性；必须注意，当可燃气体与空气混合，两者比例达到爆炸极限时，受到热源（如电火花）的诱发，就会引起爆炸；使用可燃性气体时，要防止气体逸出，室内通风要良好；操作大量可燃性气体时，严禁同时使用明火，还要防止发生电火花及其他撞击火花；有些药品，如乙炔银、乙炔铜、高氯酸盐、过氧化物等受震或受热都易引起爆炸，使用要特别小心；严禁将强氧化剂和强还原剂放在一起；久藏的乙醚使用前应除去其中可能产生的过氧化物；进行容易引起爆炸的实验，应有防爆措施；做比热测定，温度计应先插入冷水中，逐渐加温，而不应直接插入热水中，以防温度计爆裂而发生事故；严格分类保管好爆炸性物质，实验剩余的残渣余物要及时妥善销毁。

15. 防灼伤　强酸、强碱、强氧化剂、溴、磷、钠、钾、苯酚、冰醋酸等都会腐蚀皮肤，特别要防止溅入眼内；液氧、液氮等低温时也会严重灼伤皮肤；稀释酸液时，必须在硬质耐热的容器中进行，一定要将酸液慢慢注入水中，边倒入边搅拌，温度高时，应冷却或降温后再继续进行，决不能把水注入到酸液中，以免酸液溅出伤人。

16. 防辐射　有些射线被人体组织吸收后，对人体键康是有害的。一般晶体 X 射线、衍射分析用的软 X 射线（波长较长、穿透能力较低）比医院透视用的硬 X 射线（波长较短、穿透能力较强）对人体组织伤害更大。如果长期接触，轻的可造成局部组织灼伤，重的可造成白细胞下降、毛发脱落，发生严重的射线病。但若采取适当的防护措施，上述危害是可以防止的。最基本的一条是防止身体各部（特别是头部）受到 X 射线照射，尤其是受到 X 射线的直接照射。因此，要注意 X 射线管窗口附近用铅皮（厚度在 1 毫米以上）挡好，使 X 射线尽量限制在一个局部小范围内，不让它散射到整个房间。在进行操作（尤其是对射线）时，应戴上防护用具（特别是铅玻璃眼镜），操作人员站的位置应避免直接照射。操作完后，应及时用铅屏把人与 X 射线机隔开；暂时不工作时，应及时关好窗口；非必要时，人员应尽量离开 X 射线实验室。X 射线实验室内应经常保持良好的通风，以减少由于高电压和 X 射线电离作用产生的有害气体对人体的影响。

对于放射性物质，虽然我们接触较少，但其安全知识应当略知。不要在放射性物质（特别是 β、γ 射线）的附近做不必要的停留，尽量减少被辐射的时间。努力创造条件设置隔离屏障，一般比重较大的金属材料，如铅、铁等对 γ 射线的遮挡性能较好；比重较轻的材料，如石蜡、硼砂等对中子的遮挡性能较好。β 射线、X 射线的遮挡，一般可用铅玻璃或铅塑料遮挡。隔离屏蔽可以是全隔离，也可以是部分隔离；可以做成固定的，也可做成活动的，依各自的需要选择设置。力求避免放射性物质进入体内和污染身体，力争减少人体接受来自外部辐射的剂量，尽可能减少甚至杜绝放射性物质扩散造成危害。同时，对放射性的废物一定要储存在专用污物桶中，定期按规定严格处理。

17. 高压钢瓶的使用　高压钢瓶使用前注意观察气体钢瓶的颜色等标记，选用合适的钢瓶；使用中的钢气瓶每三年应检验一次，装腐蚀性气体的钢瓶每两年检验一次，不合格的气瓶决不可继续使用；钢瓶搬运应装上防震垫圈，旋紧安全帽，小心轻放，绝不允许用手握着开关阀移动；使用时应装减压阀和压力表，并检查减压阀是否关紧，方法是逆时针旋转调压手柄至螺杆松动为止；打开钢瓶总阀门时，不要将头或身体正对总阀门，防止阀门或压力表冲出伤人；调压手柄应慢慢地顺时针转动，至低压表显示出实验所需压力为止；不可把气瓶内气体用光，以防重新充气时发生危险；停止使用时，先关闭总阀门，待减压阀中余气逸尽后，再关闭减压阀；钢瓶应存放在阴凉、干燥、远离热源的地方，并分类、分处直立放置保管，可燃性气瓶应与氧气瓶分开存放；氢气瓶应放在远离实验室的专用储藏室，用紫铜管引入实验室，并安装防止回火的装置。

（二）实习安全知识

1. 实习之初，要及时了解并掌握实习医院情况、科室特色、实习医院规章制度、医德法规及实习医院制定的《实习生管理办法》等，尽快熟悉实习环境，及早适应职业角色的转换。

2. 高尚的职业道德，良好的工作作风是防范医疗纠纷的根本所在。为此，要认真学习《医务人员医德规范》，树立爱岗敬业、“一切以病人为中心，急病人之所急，想病人之所想”的思想，为患者提供人性化、个性化的服务。

3. 通过学习《中华人民共和国执业医师法》、《中华人民共和国护士管理办法》及《医疗事故处理条例》等法律法规，增强自身的法律意识、风险意识、安全意识。深知依法行医的重要性，了解医疗差错的危害性，懂得如何尊重、保护病人，也懂得如何运用法律武器来保护自己。

4. 积极参加科内小讲座、教学查房、病例讨论、手术示教、床边指导等活动，使基础理论、基本知识、基本技能的训练贯穿于整个实习的全过程，只有对“三基”熟练掌握、运用自如，才能保证医疗质量。

5. 医院的各项规章制度是保证医院工作秩序、提高医疗质量、防止医疗差错事故的措施，应当熟知在心，并在工作中严格执行。

6. 要严格遵守检测标本和实验室病菌、毒株的管理，严格执行操作规程，防止医院感染和实验室的感染及传播。

7. 认真学习《病历书写规范》等有关知识，虚心向带教老师求教，规范书写病历。所写的病历等医疗文件必须由带教老师审核、签字。

8. 在实习过程中要不断摸索、尽快掌握医患沟通技巧，以良好的服务态度，严谨、恰当的语言与患者及亲属交谈；遵守保护性医疗制度和履行对患者的必要告知义务；工作中要学会换位思考，当技术操作不成功时应及时向患者表达歉意，充分体现医务人员对患者的人文关怀，避免因沟通不当引发医疗纠纷。

9. 医疗规章制度和操作规程是长期医疗实践的结晶，只有严格遵守医疗规章制度、正确执行操作规程，方可有效预防医疗事故的发生。

10. 实习学生应当遵守宿舍管理制度，严守宿舍住宿纪律，搞好宿舍及环境卫生，防止垃圾污染。

11. 不能私自在宿舍私拉乱接电灯、电炉、插座等；较长时间离开宿舍或遇电源中断时，要切断电源开关，尤其是要注意切断加热电器设备的电源开关；熄灯后不要随意点蜡、点灯，更不能睡在床上点灯、点蜡看书；夏、秋季蚊香的支架不要放在纸箱、桌面、木制地板、床前、蚊帐等有易燃物的地方，也不要放在窗台等容易被风吹倒的地方，应放在金属盘、瓷盘及水泥地砖上。否则，就会引起火灾。

12. 严禁乱喷、乱洒毒性太大的药水消灭蚊蝇等。发现有中毒或异常现象，应立即报告食宿管理人员或送医院进行救治。

13. 冬季取暖，特别是用煤生火取暖的，窗户要留有缝隙，注意通风换气；经常注意检查烟筒接口是否严实、烟道是否畅通，如有裂缝、破损，要及时更换或修补；晚上睡觉，封火煤炭不要压得太多，以防流通不畅，发生煤气中毒；同学之间要互相照应，一旦发生中毒，要及时处理、进行抢救。

14. 离开宿舍或晚上睡觉前要关好门窗，以免钱物被盗，钱的数额较大时，应及时存入银行；宿舍被盗时要保留现场，及时告知管理人员，并向公安机关报案。

15. 不吃“三无”食品，注意饮食安全；不要在没有食品卫生执照的饭店、商店、小卖部等处吃饭和购买食品，以免食物中毒。

16. 慎交际、择良友，增强安全防范意识；洁身自好，做好自身安全防范。如果遇到坏人进行抢劫、盗窃、行骗、耍流氓等违法乱纪行为时，要机智灵活、巧妙周旋，凭借智慧摆脱危险，然后立即告知老师或向公安部门报警。报警电话“110”。

17. 出外行走要遵守道路交通法规，注意交通安全；路经高楼时要防止玻璃、花盆等其他饰物因风坠落伤人；远离施工工地，防止建筑用物伤人；如遇到大风大雨，要迅速寻找结实安全可靠的物体、房间进行躲避，不要急于赶路，免得发生危险；遇到雷雨天气，一定要注意躲避雷击，千万不要在高耸的物体，如旗杆、高树、尖塔、烟囱、电杆下躲避，这种地方最危险；雷雨交加时，如在野外无处躲避，应立即蹲下，双脚并拢，双臂抱膝，头部下俯，尽可能降低身体的高度，手中若有金属物，要迅速抛到较远处，千万不要拿着金属器物等在旷野奔跑；如在屋内躲雨，不要靠近门窗，也不要靠近暖气片和自来水管；电视机或收音机要停止收看、收听，切断电源；不要接打电话，更不要接打手机。

二、实验实习安全事故应对措施

（一）实验安全事故应对措施

如果发生实验安全事故，应该冷静处理，掌握以下处理方法。

1. 实验中出现安全事故时，不要惊慌失措，要听从老师的指导与安排。

2. 如果发生触电，应立即关闭电闸，切断电源，用绝缘体把触电者与电线分开；如果触电者心跳、呼吸停止，应立即进行人工呼吸，并立即送医院救治。

3. 如遇电器设备或带电系统起火，应立即切断电源，用沙或二氧化碳、四氯化碳灭火器灭火，禁止用水或泡沫灭火器等导电液体灭火。

4. 金属钠、钾、镁、铝粉、电石、过氧化钠着火，应用干沙灭火；比水较轻的易燃液体，如汽油、苯、丙酮等着火，可用泡沫灭火器灭火；有灼烧的金属或熔融物的地方着火时，应用干沙或干粉灭火器灭火。

5. 如果是酒精灯引发的火灾，一定不要用水浇，应立即用湿毛巾、衣物等覆盖扑灭；如果人员衣服着火，要用毯子之类的物品压盖灭火或就地打滚使火熄灭，不宜慌张跑动，避免气流加快流向燃烧的衣服，使其火焰增强。

6. 如果酸液等腐蚀液溅在皮肤上，应立即用水冲洗，可减轻灼伤，不要直接擦拭，以免扩大灼伤面积；如果溅入眼睛，除了立即用干净水（最好是蒸馏水）冲洗外，必要时还应急送医院进行治疗。

7. 加热试样或实验过程中小范围起火时，应立即用湿石棉布或湿抹布扑灭明火，并拔去电源插头，关闭总电闸、气阀等。易燃液体、固体（多为有机物）着火时，切不可用水去浇。范围较大的火情，应立即用消防砂、泡沫灭火器或干粉灭火器来扑灭。如精密仪器起火，应用四氯化碳灭火器进行灭火。

8. 急救措施

（1）烧伤的急救：①普通轻度烧伤，可用清凉乳剂擦于创伤处，并包扎好；略重的烧伤可视烧伤情况立即送医院处理；遇有休克的伤员应立即通知医院前来抢救、处理。②化学烧伤时，应迅速解脱衣服，首先清除残存在皮肤上的化学药品，用水多次冲洗，同时视烧伤情况立即送医院救治或通知医院前来救治。③眼睛受到任何伤害时，应立即请眼科医生诊断。化学灼伤时，应分秒必争，在医生到来前即抓紧时间，立即用蒸馏水冲洗眼睛，冲洗时须用细水流，切记不能直射眼球。

（2）创伤的急救：①小的创伤可用消毒镊子或消毒纱布把伤口清洗干净，并用3.5%的碘酒涂在伤口周围，粘贴“创可贴”等办法进行处理。若出血较多时，可用压迫法止血，同时处理好伤口，扑上止血消炎粉等药，较紧地包扎起来即可。②较大的创伤或者动、静脉出血，甚至骨折时，应立即用急救绷带在伤口出血部上方扎紧止血，用消毒纱布盖住伤口，立即送医务室或医院救治。若止血时间长时，应注意每隔1～2小时适当放松一次，以免肢体缺血坏死。

（3）中毒的急救：在把患者送往医院或者医生到达之前，尽快将患者从中毒物质区域内移出，同时，尽量弄清致毒物质，以便协助医生排除中毒者体内毒物。如遇中毒者呼吸停止、心脏停止跳动时，应立即施行人工呼吸、心脏按摩，直至医生到达或送到医院为止。

（4）触电的急救：有人触电时，应立即切断电源或设法使触电者脱离电源；患者呼吸停止或心脏停跳时，应立即施行人工呼吸或心脏按摩。特别注意出现假死现象时，千万不能放弃抢救，应尽快送往医院救治。

（二）实习安全事故应对措施

1. 饮食安全事故处理　参阅第一章第二节。

2. 交通安全事故处理　参阅第二章第二节。

3. 交际安全事故处理　参阅第四章。

4. 火灾事故处理　参阅第五章第一节。

5. 煤气中毒的处理　一旦发生煤气中毒，救护者不要慌张地冲进煤气浓度很高的室内，以防止自己中毒。进入室内必须先打开门窗通风，千万不能开灯、点火，使用打火机、火柴等，谨防引起爆炸。进入溢满煤气的室内抢救中毒者时，先吸一大口空气，然后用湿毛巾或手帕等捂着鼻子进入室内，查找煤气泄漏的原因，尽快排除隐患。抢救时，要先解开中毒者的衣服，放松皮带，按下面所述顺序做检查：脸色、意识、呼吸、心跳、肢体抽搐、麻木、呕吐等情况，具体措施如下。

（1）在注意保暖的前提下迅速将病人转移到通风良好、空气新鲜的地方，或打开门窗通风换气。因为新鲜的空气中氧含量较高，而且空气中含少量的二氧化碳，这对刺激呼吸中枢有良好作用。特别是冬季，将病人转移到户外时应穿好衣服，包好被子，注意保暖，以防继发呼吸道感染，甚至发生肺炎。

（2）病人如穿有衣服，应解开上衣领扣和腰带，使头后仰，清除口鼻内的分泌物，以便保持呼吸道的通畅。

（3）若有条件应立即对中毒者进行吸氧，吸氧不仅可使病者尽快苏醒，还可使后遗症减少。吸入的氧气浓度越高，一氧化碳的排出速度越快。

（4）若条件许可，应立即进行针刺治疗，取穴为太阳、列缺、人中、少商、十宣、合谷、涌泉、足三里等穴位。轻、中度中毒者，针刺后可以逐渐苏醒。

（5）对昏迷不醒、皮肤和黏膜呈樱桃红或苍白、青紫色的严重中毒者，应立即送往医院，及时给予高浓度氧气吸入抢救。

（6）对已深度昏迷或休克者，在通知急救中心后或送医院急救前，以就地抢救为原则，及时进行人工呼吸，并做心脏体外按摩。同时，须做好一切准备，争取尽早把患者送往医院进行救治。

案例一：为制煤油、二甲苯溶剂，将煤油经硫酸洗涤并与碱中和，再进行蒸馏，收集200～300℃的馏出物，再同二甲苯混合配成5：3的溶剂。但在蒸馏时有位学生急于求成，擅自为加快蒸馏速度，把电炉上的石棉网取下，而且烧瓶内的液体体积也超过烧瓶容积的2/3，当煤油沸腾后烧瓶忽然破碎，煤油在电炉上剧烈燃烧起来，顿时大火夹杂着浓烟笼罩整个化学实验室，众同学惊慌失措，大声喊叫。这时实验指导老师见状，马上组织同学使用灭火器将大火扑灭。事后发现，电炉导线绝缘皮被烧焦，附近一塑料桶和烘箱都被烧焦变形，近处同学只受轻伤，幸好没有酿成大灾。

事故原因：主要是这位同学为了加快蒸馏速度，违反操作规程，撤掉石棉网，使烧瓶不能均匀受热，加之烧瓶内盛液体过量，导致烧瓶破碎。

案例二：学校实验室在2005年5月收到一用矿泉水瓶装的甲醇样品，并且没有做任何标记，实验员接收后也没有立即送到实验室有关人员处妥善保管，而是放在办公室的窗台上。过了一会儿，另一名实验员进入办公室，误将样品当作饮用水喝了一口并咽下，发现不对劲，立即赶往医院进行洗胃处理。

案例三：2002年9月8日21时39分，北京某大学研究生公寓1号楼3层324室发生火灾，北京市公安局消防局119调度指挥中心迅速调集7个消防中队、38辆消防车前往现场进行扑救，火灾于当晚23时扑灭。火灾中共有3间宿舍被烧毁，2间宿舍部分被烧，过火面积80余平方米。经查，火灾原因系该宿舍学生姜某某，于当晚19时30分使用“热得快”在暖壶里烧开水，并请同学沈某某照看，随后就去教室看书，而沈某某洗完衣服后外出，将同学烧水一事遗忘，致使“热得快”长时间通电干烧，导致发生火灾，直接经济损失10万余元。

案例四：2003年9月12日夜，北京工商大学新宿舍楼三层701室，一位女生晚休时用从小商小贩处购得的劣质电池充电器为手机充电，夜深人静时突然爆炸，宿舍同学从睡梦中惊醒，惊慌中发现近处的一位同学面部已鲜血淋漓，劣质充电器成为罪魁祸首。

案例五：2003年12月14日，某校学生张某在实习期间，租住亲戚不足5平方米的小屋。由于冬季天寒，该生用煤炭生火取暖，紧闭门窗。凌晨8时许，该生亲戚发现勤奋好学、上班从不迟到的张某还未起床，便上前敲门喊叫，并无应答。情急中找来工具破窗而入，发现张某已倒伏室内门下，身躯僵硬，死去多时。

事故原因：主要是烟道不畅，门窗紧闭，空气不得流通，使其煤气中毒。中毒后该同学似有觉查，昏沉中爬向门口，但已无力求救、开门逃生。

案例六： 某校检验专业学生在医院化验室实习时，由于粗心将一肝炎病人血液标本与他人调换，误将他人诊断为肝炎患者，为此发生医疗事故，导致医疗纠纷。

1．某学校实验室刚竣工，由于室内地砖上存在建筑污垢，用普通方法难以清除干净，当时有人提议用浓硝酸清除污垢。于是有些同学就用拖布蘸上浓硝酸进行擦洗，很快将污垢处理干净，但是室内弥漫着大量刺激性气味，使得在场人员快速离开。大约1小时后，有人发现室内冒出浓烟，蘸有浓硝酸的拖布化为灰烬。幸亏室内尚空，没有其他可燃物，否则将酿成重大的火灾事故。试分析事故原因。

2．2001年3月10日晚自习，某校学生郝某在计算机室上机时吸烟，将烟缸中未熄灭的烟头倒入门后装有废纸屑的塑料纸篓后离开，约半小时后，烟头引燃废纸、书柜等物，烧毁天花板、两台计算机、三个柜子等物，价值数千元。火灾发生后，在隔壁上自习的黄某发现计算机室起火并报警。本事件对你有何警示？

3．试问案例一中应当使用哪种灭火器？

4．如何在实验中有效防止触电、火灾、中毒、爆炸、灼伤和辐射？若发生上述事故，将如何进行应急处理？

第二节　文体赛事

体育锻炼对健康的意义毋庸置疑，但在实际锻炼过程中，无论是选择锻炼方法与环境，还是确定运动负荷，都必须遵循科学的锻炼原则，符合人体运动的生理与心理规律，注意卫生与安全保障措施，懂得自我诊断与防治运动创伤的知识与处置方法，否则就无法达到体育锻炼的理想效果，甚至还会有损于机体，使健康受到不必要的伤害。另外，学校在教育教学活动中，还要经常举行一些大型集会，比如运动会、文艺演出、开学典礼和毕业典礼等各种集会活动，这类活动通常在礼堂、广场、操场等容纳人多的地方举行。人员高度集中，参加的人数多、规模大，这就有可能由于火灾、房屋坍塌、互相拥挤践踏等原因，引发烧伤、跌伤或挤压，甚至群死群伤的特大事故。因此，学生在参加学校集会活动时一定要有安全意识，在活动过程中，如果出现意外情况，切不可慌乱，要冷静应对，以确保自己及他人的人身安全。

一、文体赛事安全知识

（一）体育锻炼前要做好充分的准备工作

首先在思想上要对体育锻炼的安全价值及遵守运动安全常规的意义有足够的认识，

以便按体育卫生保健的需要，从不同项目的特点、场地设施的具体条件及气候变化等环节，做好锻炼前的各种物质准备。然后根据个人的身体健康状况、锻炼情绪及体力恢复等反馈信息，选择好力所能及的运动项目，并应事先对接受运动负荷的范围拟定一个大致的计划。

（二）科学合理地安排锻炼过程

锻炼过程包括准备活动、身体锻炼及整理活动等环节。要求在锻炼前有针对性地选用各种身体练习方法，做好身体预热、肢体活动、运动器官的调动等各项准备工作，并让内脏器官也有一个提前的适应过程；进入身体锻炼阶段时，运动量要安排合理，必须由小到大地曲线上升，然后再逐渐下降；锻炼结束前要有一个放松阶段，并做好整理活动。为了防止感冒，应按季节和气候变化，注意锻炼后的防寒保暖，采取必要的其他卫生防护措施。

（三）重视必要的安全保护措施

锻炼时要及时注意身体的各种反应，认真分析其原因，做好自我判断。对运动场地的设施情况和器械的安全程度要预先检查，不得违背常规做无把握的动作，特别在进行高难度的练习时，应有必要的保护措施。集体锻炼要以友谊为重，遵守规则，不做粗野动作，不相互打闹和乱开玩笑。对运动场地的使用要严格按规定进行；在设有保护装置的运动区锻炼，要避免来回走动；在田径场做跑步练习时应按逆时针方向进行。总而言之，要避免一切安全隐患，防止伤害事故的发生。

（四）注意身体锻炼的全面性

全面身体锻炼是预防身体损伤的积极性原则。由于任何形式的体育锻炼都是人体协同一致的运动结果，因此，为了预防损伤，就必须全面发展身体素质，加强易受伤部位的补充锻炼，做到大小肌肉及拮抗肌的协调发展，注意关节韧带的加固，有意识加强前后、左右肌肉力量的平衡。

（五）注意随身物品

体育运动，尤其是上体育课，大多是全身性活动，活动量大，还要运用很多体育器械，如跳箱、单双杠、铅球等等，所以，课前穿戴一定要检查，以下物品不可配戴。

1．衣服上不要别胸针、校徽、证章等。

2．头上不要戴各种发卡。

3．手腕、手指、耳垂、脚腕上不要佩戴各种金属的或者玻璃的、塑料的装饰物。

4．戴眼镜的同学，如果摘下眼镜可以上体育课，就不要戴眼镜；如果不可以，做动作时要加倍小心。做垫上运动时，必须摘下眼镜。

5．衣、裤的兜内不要装小刀、钩针等锋利的物品。

6．必须穿球鞋或一般胶布鞋，不要穿皮鞋或塑料底鞋。

（六）注意保护措施

1．在进行单、双杠和跳高训练时，器械下面必须备好厚度符合要求的海绵垫子。因为完成动作后跳下时，势能较大，如果直接跳到坚硬的地面上，会伤及腿部关节和后脑。做单、双杠运动时，要采用各种方法，使双手握杠时不能打滑。因为双手打滑，就容易在动作力度较大时，从杠上摔下来，使身体受伤。

2. 在做跳箱、跳马等跨跃训练时，器械前要有起跳板，器械下要有海绵垫，同时，老师要在器械旁站立保护。同学们不要在老师不在或器械前后缺乏保护设施时跳跃。因为跳箱、鞍马都有一定的高度，跳跃时，一旦不成功，就容易从器械上摔下，此时没有人保护是很危险的。

（七）规范行为，令行禁止

1. 进行投掷训练时，如投手榴弹、铅球、垒球、标枪等，一定要按老师的口令进行，令行禁止，不可以有丝毫的马虎。这些体育器材有的尖端锋利，有的是250 克 ~ 3 000 克的“铁疙瘩”，即便是垒球，飞出去也像个炮弹似的，如果不听命令，擅自投出或捡回，就有可能被击中而受伤，甚至有生命危险。

2. 跳远时，必须严格按体育老师的指导进行助跑、起跳。起跳的前脚要踏中木制的起跳板，起跳后要落入沙坑之中。这些要求不单纯是跳远训练的技术要求，也是保护身体安全的必要措施。

3. 垫上运动的项目，如后滚翻、俯卧撑、仰卧起坐等，做动作时要认真，要遵守纪律，不能打闹。人的颈部血管、神经连着人的神经中枢——大脑和脊椎。在做前后滚翻时，如果不认真、不严肃，一旦伤及颈部，就会牵连脊椎和大脑，即使是小的伤害也可能酿成严重的后果。做俯卧撑和仰卧起坐时，如果打闹，轻的会出现“岔气儿”，重的会伤及胸膜等。

（八）参加运动会注意事项

1. 运动会属于大型的和综合性的体育竞技活动。与体育课相比，运动会的竞赛项目多、持续时间长、运动强度大、人员流动频繁。所以，同学们在参加运动会时，不仅要努力赛出好成绩，更重要的是严格遵守纪律，一切听从指挥，注意赛事及赛场安全，避免各类伤害事故的发生。

2. 在运动会的竞赛活动中，要利用临赛前等待的这段时间做好热身准备，让身体的各个部位都得到充分活动。这不但是身体的一种适应，也是精神、心理上的一种准备。同时，也可以防止意外事故的发生。在赛前的等待和赛后的休息时间里，要注意身体的保暖。为了运动的方便，应穿上竞赛的运动衣裤，再披好防寒外衣。赛前的1小时内，可以吃些巧克力，以增加热量；夏天，还可以喝些冷饮，但都要适量，切不可进食太多、饮之过量。

3. 短跑、4 × 100 接力等项目要按照规定的跑道竞赛，不能随意串道。这不仅仅是竞赛要求，也是安全的保障。特别是快到终点的冲刺阶段，更要严格遵守规则。因为这时人体的冲力很大，人的精力又集中在竞技之中，思想上毫无戒备，一旦相互绊倒，就可能受伤严重。

4. 比赛刚完，一定要做好整理活动，如慢步走等。切不可立即坐下休息，哪怕是极度疲劳，也要强迫自己进行必需的活动，使剧烈跳动的心脏逐渐恢复平静。

5. 没有运动项目的同学不要在赛场内随意行走、玩耍打闹和观看比赛，以免被飞来器材等击伤，也可避免与正在比赛的运动员发生碰撞。

二、文体赛事安全事故应对措施

（一）集会安全事故应对措施

在集会活动中，一切行动听指挥，不得吵闹、拥挤和推搡，必须有秩序地进出集会场地。落座后，应明确知晓安全撤离通道位置，胸中明了安全撤离方向。

1. 集会中一旦发生骚动，要远离混乱的中心，千万不要受好奇心驱使去看热闹，以免发生踩踏伤人事故。

2. 集会中突发火灾等意外事故时，一定要保持冷静，要安全有序地应对。不要乱跑、乱动，要服从指挥，有秩序地从现场迅速撤离，做到遇危不惊、险而不乱（火灾逃生方法详见第五章第一节）。

3. 如果发现自己在混乱的人群中，应设法靠近并抓住墙壁或其他固定物；若被拥挤得站立不住，应蹲在墙壁或固定物旁，用双手在颈后抱紧，双腿向胸部弯曲，使身体成球状，保护身体最易受伤的部位。

（二）体育运动中出现身体不适的处置

体育运动中出现擦伤、拉伤、扭伤、骨折、溺水、脑震荡等运动损伤，应立即向老师报告，并及时进行应急处理，严重者在采取急救措施的同时要尽快送医院治疗。运动中出现的身体异样感觉有的是正常现象，有的则属于运动性病理状态。这往往是由准备活动不充分、运动方法不正确、锻炼水平不高或运动负荷超出机体承受能力等原因所致。由于这种现象具有突发性的特点，因此有必要运用初步的医学知识，甚至采取力所能及的医疗手段进行自我诊断并及时加以处理，以避免不必要的精神紧张或防止更严重的身体损伤。

1. 腹部疼痛　在体育锻炼中，有时会突然发生腹痛，痛感部位多为右上腹、左上腹、脐部周围及下腹部等处，一般表现为钝痛、胀痛或绞痛。其中既有功能性的，也有器质性的。因此，为了便于区分及对症处理，就必须根据疼痛的部位，了解产生疼痛的原因，以便采取必要的应急措施。

（1）右上腹部疼痛的原因与处置：右上腹部疼痛是由于剧烈运动引起血液循环不畅，而导致肝脏淤血并刺激神经引起的痛感。通常认为，肝脏淤血是因为剧烈运动而使心脏功能与肌肉活动失控，从而导致血液不能及时回流心脏，造成只能在这些器官中暂时滞留，或者是因为剧烈运动时肝糖原消耗增多，热量释放猛增，局部温度明显增高，使肝细胞膨胀，导致与横膈的摩擦加剧，神经受到刺激而引起的疼痛。

无论由何种原因引起，充分做好准备活动，有节奏地进行体育锻炼，合理增加运动负荷，使身体能有一个良好的适应过程，是防止这种现象发生的必要措施。如果在运动时突然产生疼痛，那么只要用手挤压肝区部位，适当降低运动强度，调整呼吸节奏并做些舒展练习，疼痛就会减轻或消失。经上述处理后，若疼痛仍未减轻，则应立即停止运动。在一般情况下，运动停止，疼痛即可消失，若数小时后仍继续疼痛，甚至有加剧的趋势，就应做进一步医学检查或处理。因为有时这种疼痛还可能由胆囊炎和胆石症引起，而为了避免贻误病情，自己就可根据疼痛方式和表现程度进行初步诊断。一般胆囊炎和胆石症表现为逐渐阵发性加剧的持续疼痛，并伴有恶心、呕吐等现象，右上腹可有压痛或叩痛，并有不同程度的肌紧张及反跳痛。

（2）左上腹部疼痛的原因与处置：左上腹部疼痛是运动时的一种常见现象，特别是在长跑锻炼中出现更多。疼痛的原因可能和右上腹肝区疼痛相同，是由脾脏淤血所引起的，也可能是由静止状态骤然转为剧烈运动状态时，由于内脏器官本身的惰性造成的。剧烈运动前必须使身体先有一段适应过程，使供氧系统与肌肉活动之间协调配合，才能更好地保证人体完成最紧张的肌肉活动。要想达到这一目的，最有效的手段就是充分做好运动前准备活动，使肺通气量水平提高。经验证明，一个充分做好准备活动的人，在运动时极少发生左上腹疼痛的现象。

如果运动中疼痛已经发生，可采用稍减慢速度，加深呼吸的方法克服它。只要呼吸肌的血液供应情况得到改善、供氧充分，疼痛即可消失。

（3）脐周疼痛的原因与处置：大家知道，人的胃肠靠腹膜牵挂在腹腔后壁上，在剧烈运动时，腹腔内部震动强烈牵拉腹膜，会刺激感受器引起脐周疼痛。因胃痉挛造成的疼痛多在上腹部，而肠痉挛引起的疼痛多在脐周，有时因蛔虫症或腹部受凉，也会在脐周产生疼痛。急性阑尾炎的早期疼痛部位也可能在上腹部或脐周围，应注意与其他症状严加区别。肠胃震动引起的疼痛，一般为牵拉性胀痛，可通过降低运动幅度得到缓解，或者休息一段时间后继续锻炼。胃肠痉挛引起的疼痛，轻者为不规则痉挛性钝痛、胀痛，重者为阵发性绞痛。蛔虫症引起的疼痛多为脐周阵痛，有时伴有腹泻感。

为避免这种现象的发生，饭后不应过早参加体育锻炼，锻炼前不要吃得过饱，喝水过多。另外，锻炼前最好少吃不易消化的食物，运动中应注意保暖，以免引起胃酸或冷空气对肠胃的不良刺激。至于器质性疼痛，则应去医院诊断治疗。

2. 头晕、呕吐　在体育锻炼中，还会突然发生头晕、呕吐现象。若排除器质性疾病，运动中发生的头晕、呕吐现象，实质是一种保护性反应，它往往是机体能力下降及对外界环境不适应的预示信号。产生头晕、呕吐的原因很多，例如，未充分做好准备活动即参加激烈的运动，由于支配内脏器官的自主神经系统的惰性，使机体的消耗与供应失调，这都会引起头晕、呕吐现象。这里所谈的不是头晕、呕吐本身，而是以它作为一种应急性判断指标，来预防有可能出现的身体损伤。

（1）警惕发生中暑：中暑的典型先兆就是头晕、呕吐，并伴有口渴、舌干、心慌、气喘及皮肤灼热等现象。产生中暑的原因，主要是闷热天气或在热而不通风的室内进行运动，体内更多的热量不能散发，从而造成中枢神经调节功能失调。人的体温一般维持在36.5℃左右，若锻炼环境温度过高，体温大幅度升高，往往先感觉头晕，继而全身无力，并伴有恶心、呕吐现象。此时，若不及时处理，则会出现高热、皮肤灼热无汗、面色发红，有时可发生鼻出血、呼吸急促，严重者会出现昏厥不醒、面色苍白、出冷汗、脉搏细弱、血压下降，呼吸表浅、瞳孔放大现象，甚至有死亡的可能。因此，当发现有头晕、呕吐现象时，应警惕这种中暑前兆症状的继续发展，可迅速离开炎热环境，到阴凉通风处暂时休息。头晕严重者，宜解衣宽带、静卧休息，适当通风降温，并用毛巾冷敷头部。如有呕吐现象，可适当饮些冷开水，或补充0.1%～0.25%的淡盐水。

（2）预防运动性晕厥：运动性晕厥可发生在运动中或运动后，其主要原因系脑部缺血所致。运动中产生的晕厥，多见于剧烈运动时因骤停或马上坐下来停止肌肉活动而出现的“重力休克”。大家知道，体育锻炼对下肢肌肉运动的强度要求较高，由此引起血液大量流向下肢。为了完成血液循环，此时唯有依靠心脏的有力收缩和腿部肌肉的交替收缩和放松，方能使压迫下肢末梢的静脉血顺利回到心脏。如果突然停止运动，失去肌肉压挤静脉的作用，加之受重力影响，腿部肌肉中的血管就易大量滞留血液，从而导致回心血量骤减，脑部暂时缺血。

运动后产生的晕厥现象往往出现在平时缺乏锻炼的人身上。由于缺乏锻炼的人机体适应能力本来就差，加之突然参加较大运动量的锻炼，心脏功能势必跟不上运动的需要，心脏输出血量的骤然减少，就会引起脑部暂时性缺血。上述两种因脑部缺血而出现的前兆症状，都会有明显的头昏头晕、全身乏力、面色苍白及恶心呕吐等现象。因此，一旦发生这种情况，就必须及时采取应急措施，如立即下蹲或躺卧休息片刻，以防止运动性晕厥的发生。

3．游泳寒战　游泳是一项很有益处的体育活动，也是一种很有价值的实用技能。进行游泳锻炼既需要懂得科学的锻炼方法，也要掌握游泳的安全知识。从以往的情况看，游泳中出现的“寒战”现象一般容易被人们所忽略。其实“寒战”本身是一种保护性信号，它往往预示锻炼者应加倍提高警惕，以防止身体有可能出现的损伤。

“寒战”的产生，主要由于人在低温水中呆的时间过长、而使体温调节功能发生障碍的缘故。从事游泳锻炼的人都有这样的感觉，开始入水后的最初几分钟，可反射性地引起皮肤毛细血管收缩，皮肤发白。此时散热减少，产热反而加强。之后，由于皮肤血管又反射性地舒张，使血液流向皮肤，逐渐开始有温暖感觉。如继续停于水中，即会产生第一次寒战，通常把第一次寒战称为保护性寒战。产生第一次寒战的原因，主要是身体失热过多。因此，肌肉只有依靠不自主收缩，小静脉舒张，使血液滞留于皮下静脉中，出现皮肤和嘴唇青紫，从而引起第二次寒战。如出现第二次寒战，应立即上岸休息，否则会因散热过多，产生过敏性反应，甚至头痛难忍，而导致感冒及其他事故的发生。

4．运动过敏性反应　随着体育锻炼的流行，参加体育锻炼的人日渐增多，种种新出现的过敏反应也开始多见。所谓运动过敏，是指在运动后出现皮肤瘙痒、荨麻疹、血管性水肿、腹部疼痛和腹泻等过敏反应。这种综合征的临床症状与食物、药品和昆虫叮咬所致的过敏反应极为相似。但从发生运动过敏反应的病例中，却极少找到典型的引起过敏的物质。因此，目前对运动过敏反应的原因尚不清楚。据估计，这可能是一种免疫与非免疫因子的共同作用，促使组胺释放而引起的。由运动引起的过敏反应一般持续 30 分钟至 4 小时，其表现特征先从瘙痒和荨麻疹开始，继而发展到手、足和面部肿胀。严重病例可出现呼吸困难、精神错乱、知觉丧失和低血压等症状。

迄今为止，对运动性过敏反应的预防，还只限于重视前期症状的诊断，一旦发现则应立即停止锻炼。过敏反应较为严重者，可用皮质激素、肾上腺素、氨茶碱等进行治疗，有些抗组胺药物也有一定的疗效。

5．肌肉痉挛　在对抗性激烈的运动项目中，有时突然会发生肌肉不听指挥的现象，特别是小腿腓肠肌、前脚掌和脚趾部位，有既酸又痛的感觉，继而不能活动。这种肌肉的强直性收缩就是肌肉痉挛，俗称抽筋。肌肉痉挛对身体没有什么直接危害，在几秒钟或几分钟之内即可消失。但在游泳时发生肌肉痉挛，如不及时采取措施，往往就会引起意外事故。因此，掌握如何防治肌肉痉挛的方法则显得十分重要。发生肌肉痉挛前，一般都会出现肌肉乏力现象、轻微的酸痛，并感到肌肉硬度增加、弹性减少。这一方面是因为运动时间过长，强度过大，或由于大量出汗带走许多盐分，致使身体失去钠、钙等物质，从而改变了肌肉的内环境；另一方面则可能是由于受较强的寒冷刺激，人体温度发生突然变化所致。有时身体非常疲劳时，支配肌肉活动的精神调节功能可能失调，而使肌肉发生挛缩，这时也有可能发生上述先兆现象。

为防止肌肉痉挛现象的发生，在体育锻炼中，要经常注意自己肌肉的不良反应。另外，准备活动的充分，冬季锻炼保暖的加强，运动中防止过于疲劳，游泳时注意体温变化等，也都是积极的预防措施。特别当大量出汗，感觉肌肉有紧张感时，就应及时喝些淡盐水来适当补充。如已经发生肌肉痉挛，主要是牵拉或重按正在挛缩的肌肉，促使其放松和伸长。如小腿后部肌肉或脚底抽筋时，只要脚趾背屈，脚跟用力前蹬，并施以局部按摩，肌肉痉挛现象一般即可消除。

6. *长跑“极点”现象* 进行长跑锻炼时，在途中会感到胸部发闷、呼吸困难、动作失调、两腿沉重、速度明显减慢，甚至有不想再继续坚持跑完全程的感觉，运动生理学称这种现象为“极点”。产生极点的原因是由于中枢神经系统工作的暂时失调。因为动员肌肉运动远比动员血液循环和呼吸系统进入工作状态要快，所以往往会因供氧不足、引起肌肉中酸性物质不断堆积，并向血液渗透，从而使血液也向酸性方向变化。正是由于这些酸性物质对神经的刺激，才引起上述一系列的异常反应。另外，来自肌肉、呼吸、心脏等内脏器官的刺激频数既快又多，大脑运动中枢对这些刺激也一时应接不暇，致使指挥失灵，导致各器官活动的暂时失调。

实践证明，出现极点现象，只要适当降低跑速、加深呼吸、调整跑的节奏，再稍为坚持一段时间，胸闷、气急等不舒服感就会全部消失，随后即转入“第二次呼吸”。“第二次呼吸”是运动生理学上的专用名词，它表示“极点”后，全身又增添了力量，动作开始感到轻松，呼吸又逐渐均匀。通常认为，当刚出现“极点”先兆感觉时，就应立即采取调节措施，一般转入“第二次呼吸”的时间就更快。“极点”可多次出现，至于出现时间的早晚，则是衡量与检查人们锻炼水平高低的标志。

7. *游泳溺水* 进行游泳锻炼时，不慎产生溺水现象大致有两种情况。其一是已掌握一定游泳技术者因误入不明水域，遇到杂物缠身、逆流漩涡等障碍，经挣扎后体力大量消耗或引起肌肉痉挛，往往造成水灌入肺部而导致窒息溺水；其二是初学游泳者由于方法不当或心情比较紧张，特别在学习呼吸时会不慎将水从鼻腔或口腔吸入呼吸道，从而阻塞呼吸道的某一部分造成呼吸困难；更有严重者，因喉头和气管受水刺激引起反射性痉挛，致使呼吸道梗阻而窒息，或水由呼吸道入肺，引起肺水肿、缺氧和循环衰竭而导致死亡。身体缺氧溺水者的面部常伴有肿胀、结膜充血、口鼻充满泡沫、肢体冰冷、神志昏迷、腹部胀大，呼吸、心跳停止等症状。

当溺水者被抢救脱离水面后，应立即打开口腔，清除口、鼻内分泌物及其他异物，并松开裤带、领扣和衣服，立即实施倒水术并及时施行人工呼吸和胸外心脏按摩措施。抢救现场要疏散人群、防止围观，动作应敏捷镇静，在医生和救护车未到达之前应尽量坚持抢救。判断真死和假死的标准是：呼吸是否停止、心跳是否停止、瞳孔对光反射是否消失、角膜反射是否消失（轻触角膜无眨眼反应）。

8. 潜泳休克　在进行潜泳锻炼时，如果在水中憋气时间过长，极易造成脑部缺血休克。产生休克的原因，一方面是潜泳者错误估计自己的能力、逞强好胜、相互比赛而盲目延长在水下的憋气时间；另一方面是对自身存在心血管系统或脑部的隐患性疾病事先不了解；或是在水质混浊、能见度低的水域下潜太深，因而未能正确估计起浮所需的必要时间。

为了防止意外事故的发生，在潜泳过程中，一旦发生头部剧烈发胀、自感心跳频率明显加快或伴有心绞痛现象，则应立即停止；如果当天睡眠不足，感到头痛眩晕，则不应进行潜泳锻炼。万一发生休克，应按“溺水”处置方法及时加以抢救。

（三）身体医检性诊断与处置

体育锻炼时，有时靠自我感觉难以做出准确判断的运动性疾病，就需要采取医学检查的方法来处置。但为了防止延误病情，科学地自我诊断是非常必要的。它既可以帮助医务工作者分析疾病产生的原因，又可以达到配合医检准确判断疾病的目的。

1. 低血糖症　若平时缺乏系统锻炼，或在患病期体力不佳，身体处于空腹饥饿状况下，从事强度过大、时间持续太长的体育锻炼，往往会因血糖大量消耗而导致头晕、心悸等不良感觉。特别是参加长距离运动比赛，如果靠个人意志强迫动员已有限的肝糖原贮备，还会产生神志不清、呼吸短促、面色苍白、冷汗淋漓及四肢发抖等严重症状。

通常认为，这种症状的产生是由低血糖引起的，应及时停止运动并补充含糖物质。运动中的低血糖症，需要检查血糖才能确定，如血糖浓度低于每升 5 毫摩尔时，就应该对运动量适当控制或暂停一段时间的锻炼。

2. 运动性贫血　产生运动性贫血的原因比较复杂，在医检中发现血液的红细胞及血红蛋白含量低于正常生理数值，如男性血红蛋白含量每升低于 120 克，女性每升低于 110 克，则可视为贫血。但是否由运动过度或运动后营养不良所引起，还必须在锻炼中经常注意有无头晕、乏力、食欲下降或运动后恢复状况不佳等现象发生。如果长期有这种不良感觉就应注意休息，积极补充蛋白质和含铁丰富的食物，并配合医检确诊和治疗。

3. 运动性血尿　运动性血尿产生的原因至今尚未完全明确。如无其他原发病灶，凡发现肉眼可见血尿的，则应停止运动并到医院做进一步检查。通常认为，出现运动性血尿的明显程度与运动负荷大小有关，其症状一般不超过三天即可消失。

4. 游泳性中耳炎　这种疾病是因不洁水质进入中耳，产生细菌感染而引起的。患者在未经医检之前，会感到耳内疼痛剧烈，并伴有听力减退、发热、恶心、呕吐、食欲不佳及便秘等症状，此时就必须立即到医院检查，确诊后应及时采取抗菌疗法。如鼓膜已破裂，可用双氧水洗涤，外用消毒剂或抗生素溶液滴耳，然后用消毒棉条填塞外耳，并可在乳突部做热敷及红外线治疗。

凡水经常进入耳道的游泳者，为了防止中耳炎的发生，可用凡士林棉球或橡皮耳塞将耳朵堵住。外耳道一旦进水，上岸后可采取以下方法进行处置。

（1）同侧单足跳：如右耳道存水，头偏向右侧，左腿弯屈提起，用右腿单脚原地跳几次，水即流出；左耳道内有水，头偏向左，用左脚跳。

（2）吸引法：应把头偏向积水的耳朵一侧，用手掌紧压在这个耳朵的耳孔上，屏住呼吸，然后迅速提起手掌，即可将水吸出。

（四）常见运动损伤的急救与治疗

在体育锻炼中，因缺乏卫生保健知识、违反运动生理规律或防护措施不当等原因造成的运动损伤多有发生。

1．闭合性软组织损伤　闭合性软组织损伤后的皮肤和黏膜仍保持完整，伤处无裂口与外界相通。在体育锻炼中常见的闭合性软组织损伤有挫伤、拉伤和扭伤。比如，因冲撞、打击、挤压、摔跌等钝力直接作用于人体，使局部软组织受损而造成的股四头肌和小腿前部挫伤；因主动肌收缩过猛，超过自身所能承担的能力，或被动肌受力牵伸超过弹性限度所引起的大腿前部伸肌、后部屈肌拉伤；因扭转、挤压使关节发生超常范围活动而引起的急性腰扭伤或膝关节外侧副韧带、踝关节外侧韧带扭伤等均属此列。

（1）损伤症状：这种损伤的主要症状是局部疼痛、发热、肿胀、活动受限。疼痛轻重与损伤程度有关，急性损伤的疼痛部位明确，肿胀是由于组织出血和渗液所致，局部有隆起或波动感。

（2）处理方法：①减少或停止局部活动。闭合性软组织损伤后，受伤肢体活动功能受到限制，如果继续勉强地进行活动，势必会加重组织的损伤和出血，不利于组织的修复。闭合性软组织损伤发生后，应视损伤的程度，减少或停止受伤肢体的局部活动或做局部固定，使受伤肢体得到休息，而另一侧肢体应尽可能保持必要的活动。②止血、防血肿。闭合性软组织损伤发生后，均有内出血发生，止血、防血肿是首要任务。因为出血越多，血肿越严重，受伤组织的修复就越慢，容易形成组织粘连，影响正常功能的恢复。急性软组织损伤发生后，应尽快止血，以防血肿的形成。止血的方法一般采用冷敷、抬高伤肢、加压包扎等。冷敷是对闭合性软组织损伤及时止血的有效手段。冷敷时可用冷水或冰水泡湿毛巾（或棉花）敷裹受伤部位，或用冰袋放于受伤部位，降低其温度，使局部血管收缩，减少出血，以达到止血的目的；也可将受伤肢体放入冷水中浸泡，同样能达到止血的目的。但切不可用自来水冲淋受伤肢体，因自来水冲击能使毛细血管扩张，不仅起不到止血的作用，反而会加快出血。③活血祛瘀，消肿止痛。闭合性软组织损伤经过24～48小时后，一般出血即可停止，这时可进行轻度推拿、按摩和热敷处理，以促进损伤局部的血液循环，解除肌肉痉挛，加速血肿和渗液的吸收，减轻疼痛和肿胀，以求达到活血祛瘀、消肿止痛的目的。④功能锻炼。功能锻炼能加速受伤肢体的血液循环，保证肢体血流量的增加，防止损伤组织的粘连与萎缩，促进损伤组织的愈合，促进活动功能的恢复。进行功能锻炼时，其活动的幅度、强度和数量应逐渐加大，并应以不致造成再度损伤为原则。

2．开放性软组织损伤　凡由运动造成的开放性损伤，伤后皮肤和黏膜的完整性均遭到不同程度的破坏，伤口与外界相通，皮肤出血或留有创口。常见的外伤有：因身体表面与粗糙物互相摩擦造成的皮肤擦伤；因受钝物打击引起的皮肤和软组织撕裂伤；因锐利器物刺入体内所造成的刺伤等。

处理方法：①任何开放性损伤均有可能发生伤口感染。初步处理时要特别注意保护伤口，可暂用干净的纱布或毛巾等物覆盖，并缠上绷带以防感染。如出血不止，则选择适当的方法及时止血。②对于轻度擦伤，可用生理盐水或用凉开水加适量的食盐进行冲洗，再用20%的红汞药水或1.2%的龙胆紫涂抹，不需包扎。③对于表浅的擦伤，可把伤口清净后，将备用的消毒玻璃纸压贴在伤口上，以便在创面外形成一层保护膜。④对严重的擦伤、撕裂伤和刺伤等，均需清洗伤口，并用抗菌药物治疗。对较大而又深的伤口应立即加压包扎，之后即送医院予以手术缝合，对有可能受污染的伤口，应注射破伤风抗毒素。

3. 应力性骨组织损伤　在跑、跳练习中，身体的重力和地面反作用力反复作用于胫骨，使骨组织内部产生的应力受到改变和破坏，因而引起小腿骨疼痛的损伤，多见于胫腓骨疲劳性骨膜炎。通常认为，骨膜炎是骨的反应性炎症，在急性炎症阶段，如能调整运动量、减轻局部负荷并予以适当治疗，就可以使炎症消退、组织修复，从而由不适应转化为新的适应。否则就会使病情进一步恶化，甚至发展为疲劳性骨折。

（1）损伤症状：①轻者在运动后骨膜局部出现疼痛，重者在行走或不运动时均有痛感，个别患者有夜痛，疼痛的性质多为隐痛、牵扯痛，严重的为刺痛。②压痛为骨膜炎的主要特征。其压痛点有的是局限性的，有的是发散性的。③如发生在胫、腓骨则有后蹬痛；如发生在尺、桡骨则有支撑痛。④早期可有局部皮肤发红，触之有灼热感，有的患者夜间灼热感更为明显。⑤X线检查，早期骨膜无明显改变，晚期可有骨膜增生，骨皮质边缘粗糙模糊、增厚、骨质疏松、骨纹理紊乱等。

（2）处理方法：①早期或症状较轻者，可用弹性绷带包扎，适当减少局部的负荷量，经过2~3周后可自行消失。②症状严重的患者，除减少局部负荷外，可用外伤药物或用温水浸浴患肢，休息时应将患肢抬高。③经过以上处理后，如局部症状仍无改善，则需做X线摄片，确诊是否属于疲劳性骨折。

（3）预防措施：身体锻炼应遵守循序渐进的原则，防止突然加大运动量，避免在过硬的场地长时间过分集中地做跑、跳、后蹬和支撑等练习。运动前充分做好准备活动，运动后可采取自我按摩，或关节肌肉的伸展运动，使肌肉放松，减少对骨膜的刺激。

4. 外伤性骨折损伤　骨折是运动损伤中较严重的伤害事故，分为闭合性骨折和开放性骨折。在运动中闭合性骨折较多，以四肢长骨骨折为多见，且多为完全性骨折。

（1）产生原因：①直接暴力。骨折发生在暴力直接作用的部位，如足球运动员受到对方足踢而发生胫骨骨折。②间接暴力。骨折发生在接触暴力较远的部位。如摔倒时手撑地而发生锁骨骨折。③肌肉强烈收缩。如提起杠铃时的突然翻腕动作，可因前臂屈肌强烈收缩而发生肱骨内上髁撕脱骨折。

（2）损伤症状：骨折发生后，肢体形态常发生改变。在骨折部出现畸形（肢体缩短或变形），患部疼痛剧烈。如果骨髓、骨膜及周围软组织损伤出血，还会在骨折周围形成血肿，出现局部肿胀等症状。由于骨的完整性遭到破坏，失去杠杆的支撑作用，局部出现异常的假关节活动及骨摩擦音，将导致功能障碍或丧失活动功能，而严重骨折因疼痛和出血又有可能发生休克，甚至危及生命。

（3）处理方法：①止痛、抗休克。如受伤者出现面色苍白、血压下降、血流缓慢、四肢发冷、体温下降、神志淡漠等症状，则为休克。应立即采取措施，止痛、抗休克。首先让伤者安静躺下，抬高下肢，以增加头部供血量。同时要注意保暖，保持呼吸道通畅，口服止痛药。若发生开放性骨折大量出血，应迅速用止血带止血。如受伤者昏迷不醒，可用指掐人中穴和合谷穴使其苏醒。②伤口处理。开放性骨折的伤口要用消毒敷料覆盖、包扎，但不得使骨折肢体发生位移。③固定制动。凡怀疑为骨折者，均按骨折做固定制动处理。固定制动的目的是避免在转送途中引起神经、血管的附加损伤，减少疼痛。固定制动时可就地取材，有夹板当然更好，如没有，可用木板、木棍、竹片及树枝等物临时代替。下肢骨折还可用健侧肢体固定，若不具备条件，切不可随意复位，以免加重损伤。固定时绷带包扎的松紧要适度，以夹板固定不活动为宜。

5. 外伤性关节脱位　关节脱位可分为完全脱位和半脱位，前者是关节面完全脱离原来的位置，后者为关节面部分错位。完全脱位常伴有关节囊撕裂、关节周围韧带和肌腱的损伤。

（1）产生原因：运动中发生的关节脱位大多是由于间接外力所致，如摔倒时手撑地，可引起肘关节脱位或肩关节脱位。

（2）损伤症状：①受伤关节剧烈疼痛，并有明显压痛。②关节功能丧失，受伤关节完全不能活动。③由于关节正常位置的改变，使关节隆起处塌陷，整个肢体常呈畸形状。④X线检查可发现脱位的情况及有无骨折存在。

（3）急救处置：受伤后应立即用夹板和绷带在脱位所形成的姿势下固定伤肢，并尽快送医院处理。若伤势严重，首先要止痛抗休克，然后固定脱位关节，不得使之移动，更不要随意使用整复手法。做简易处理后，应立即护送到医院治疗。

6. 跟腱断裂损伤

（1）产生原因：跟腱断裂主要为间接暴力致伤。不少学者认为，断裂前跟腱本身多已慢性损伤，如跟腱周炎引起腱周血液循环障碍、营养不良、退行性变化及纤维部分坏死等，加之过度疲劳或准备活动不充分，及运动中因为踝关节过度背伸又突然跖屈时，小腿三头肌被拉长且猛烈收缩等，都易造成跟腱断裂。

（2）损伤症状：受伤时跟腱部似有被钝物打击之感或断裂声，伤后局部疼痛，足跖屈无力、跛行。部分断裂者的伤部会肿胀、伴有压痛及产生皮下瘀斑，不能用足支撑站立。

（3）急救处置：一旦确诊为跟腱断裂，特别是完全断裂，最好不失时机地采用手术修复治疗。对于跟腱部分断裂的患者，如患者无特殊的功能要求，应在损伤处立即冷敷，并用推拿按摩手法将断裂的腱组织纤维给予理顺复平。然后用消肿散和消淤止痛膏等外伤药物局部外敷，并加压包扎；还可用普鲁卡因加麻黄素局部封闭，以止痛、止血。

7. 脑震荡昏迷　脑震荡系指头部受外力作用后，脑的神经细胞和神经纤维因被震荡而引起的一时性意识和功能障碍。

（1）产生原因：在体育运动中，头部被棒球等物打击，或在运动中从高处跌下时头部撞地，以及运动时头部相撞等，均可发生脑震荡。

（2）损伤症状：患者出现意识障碍，但一般意识障碍较轻，也有意识一时性丧失（昏迷）或神志恍惚等情况。但时间长短不一，短则几秒钟，长则几分钟，甚至20～30分钟。在意识丧失时，呼吸表浅，脉率稍缓，肌肉松弛，瞳孔稍大但对称，神经反射减弱或消失。患者出现逆行性遗忘，清醒后不能回忆受伤时的情况，此外还伴有头晕或头痛、恶心或呕吐等症状。

（3）急救处置：急救时应让伤员平卧、安静，不可坐起或立起。头部冷敷，身上保暖。若有昏迷，可用指掐人中穴和内关穴，当呼吸发生障碍时，可进行人工呼吸。

伤员昏迷的时间超过4分钟以上，或两瞳孔大小不对称，或耳、鼻、口内出血及眼球青紫，或清醒后剧烈头痛、呕吐，或再度昏迷者，都说明损伤较重，应立即送往医院处理。在转送医院时，伤员要平卧，头部两侧要用枕头或衣服垫起使之固定，避免颠簸振动。意识不清者，要注意保持呼吸道的通畅，使之侧卧，以防呕吐物吸入气管和舌头后坠而发生窒息。

8. 鼻出血的急救　青少年大多有过鼻出血的经历，鼻出血是一种常见现象。一方面因为鼻子里的血管丰富且浅表曲折；另一方面也因为鼻腔是呼吸道的门户，容易受病菌的侵袭。鼻子出血常见的原因有局部损伤、炎症、溃疡、肿瘤和静脉曲张等。当气压发生变化，如登山、潜水或乘飞机时也会引起鼻出血，因此青少年应学会自救或他救。

急救处置：

（1）让病人卧倒，用凉毛巾或冰块放在额上，手捏住鼻翼并进行按压。再用药棉蘸醋或明矾水塞进鼻孔，很快就可以止住鼻血。

（2）若是小孩遇有鼻出血，应立即用手捏住其双侧鼻翼片刻，并张口呼吸。坐下或半卧，用冷毛巾外敷鼻根部及额部，稍候片刻，用清洁棉花团，塞入出血的鼻孔内，再继续捏住双侧鼻翼，稍后即能止血。

（3）高血压引起的鼻出血，可危及生命，须慎重处理。先让患者侧卧，把头垫高，捏着鼻子用嘴呼吸，同时在鼻根部冷敷。如还出血不止，可用棉花或纱布塞进鼻孔，同时在鼻外加压，就会减少流血，然后迅速送往医院救治。经常有鼻出血的人，应到医院进行必要的检查。

9. 冻伤的急救　冻伤是一种累积型伤害，伤害程度主要由低温强度和在低温中停留时间决定。皮肤接触到非常冷的空气或物品，就会发生血管痉挛、淤血、肿胀。冻伤严重的可能起水疱，甚至发生溃烂坏死。全身冻伤时非常危险，几乎所有的病人都会出现发呆、嗜睡的症状。如果让病人睡下去，体温便渐渐降低，会就此冻死。

急救处置：

（1）发现皮肤有轻微冻伤时，应尽快采取措施对患处进行保暖，比如将受冻的手放在腋下升温，或将脚放在同伴的胃部等处取暖，或慢慢地用与体温一样的温水浸泡患部，使之升温，恢复正常温度。

（2）属于局部冻伤，可用手、干毛巾或蘸辣椒泡酒，对患部进行擦拭，直到发热。

（3）发现被冻僵的患者，应尽快用大衣、棉被等物包裹并送到温暖的地方，让患者服用姜汤等热性饮料进行恢复。

（4）属于全身冻伤，体温降到20℃以下就很危险。此时患者一定不要睡觉，应强打精神并进行一些活动，以保持体温不降，否则可能会出现生命危险。

（5）当全身冻伤者出现脉搏、呼吸变慢的时候，应保证呼吸道畅通，并进行人工呼吸和心脏按摩，使其身体逐渐恢复温度，然后快速送往医院救治。

（6）应当注意：①对局部冻伤进行救治时，禁止把患部直接泡入热水中或用火烤患部，这样反而会使冻伤加重。②按摩会引起感染，最好不要做按摩。③用茄子秸或辣椒秸煮水洗容易冻伤的部位，或用生姜涂擦局部皮肤，有预防冻伤的作用。

10. 扭伤的急救　扭伤是指由于关节过猛扭转，撕裂附着在关节外面的关节囊、韧带及肌腱造成的伤害。扭伤最常见于踝关节、手腕及下腰部。发生在下腰部的扭伤，就是平常说的“闪腰、岔气”。扭伤的常见表现是痛、肿及皮肤青紫、关节不能转动。

急救处置：

（1）手指扭伤：发现手指扭伤，应立即停止活动。首先冷敷，最好用冰。在无条件的情况下，可用水代替。将手指泡在水中冷敷 15 分钟左右，然后用冷湿布包敷。其次用胶布把手指固定在伸直位置。如果一周后肿痛没有好转，可能是发生了骨折，应去医院诊治。

（2）踝关节扭伤：发生踝关节扭伤，应停止活动静养。用枕头把小腿垫高。可用茶水或酒调七厘散敷伤处，外加包扎。为防止再度发生踝关节扭伤，要在鞋底外侧后半段垫高半公分（即在外侧钉一片胶皮或塑料），以保护韧带。

（3）腰部扭伤：发生腰部扭伤，要静养，应仰卧于硬板床上休息。床上垫一厚被，腰下垫一软枕，可减轻疼痛和缓解肌肉痉挛。还可在局部做冷敷，止痛后，最好找医生来家里治疗。腰肌扭伤的处理要及时得当，否则会反复发作，可能发展成椎间盘脱出。腰扭伤者最好睡硬板床，扎宽腰带，并注意锻炼腰肌。

（4）注意事项：①冰敷是第一要务，可直接用塑料袋装冰块或用冰敷袋放置疼痛处，以降低发炎反应并可有效止痛。冰敷可每两小时做 15 分钟，直至肿胀不再继续增加为止。②切记不要施予不当的推拿和按摩，否则反而加重发炎反应。

11. 脑卒中的急救　脑卒中就是我们常说的“中风”。一般分为两类：一是出血性脑卒中，如脑出血、蛛网膜下腔出血；二是缺血性脑卒中，如脑动脉血栓形成、脑栓塞。卒中病人大多由情绪波动、忧思恼怒、嗜烟酗酒、精神过度紧张、身心过度疲劳等因素诱发所致。在卒中发生之前常可出现一些典型或不典型的症状，即卒中预兆。

常见预兆如下：

（1）眩晕：呈发作性眩晕，自觉天旋地转，伴有吹风样耳鸣，听力暂时丧失，并有恶心、呕吐、眼球震颤。通常历时数秒或几十秒，多次反复发作，可一日数次，也可几周或几个月发作一次。

（2）头痛：疼痛部位多集中在太阳穴处，突然发生且持续数秒或数分钟，发作时常有阵阵胸闷、心悸。有些人则表现为整个头部疼痛或额枕部明显疼痛，伴有视力模糊、神志恍惚等。

（3）视力障碍：迅即发生视物不清、复视现象，有时一侧偏盲或短时间阵发性视觉丧失，但又在瞬间恢复正常。

（4）麻木：在面部、唇部、舌部、手足部或上下肢，发生局部或全部，且范围逐渐扩大的间歇性麻木，甚至短时间内失去痛觉或冷热感觉，但很快又恢复正常。

（5）瘫痪：单侧肢体呈短暂无力症状，活动肢体时感到力不从心、走路不稳似醉酒样、肢体动作不协调，或突然失去控制数分钟的感觉，同时伴有肢体感觉减退和麻木。

（6）猝然倒地：在急速转头或上肢反复活动时突然出现四肢无力而跌倒，但无意识障碍，神志清醒，可立即自行站立起来。

（7）记忆丧失：突然发生逆行性遗忘，无法回想起近日或近十日的事物。

（8）失语：说话含糊不清，想说又说不出来，或声音嘶哑，同时伴有吞咽困难症状。

（9）疼痛：多在闲坐或睡眠时发作，一侧手足的肌肉发生间歇性抽搐或疼痛现象。

（10）定向丧失：短暂的定向不清，包括时间、地点、人物不能正常辨认，有的则不认识字或不能进行简单的计算。

（11）精神异常：出现情绪不稳定，容易发怒或异常兴奋或精神紧张，有的表现为神志恍惚、手足无措。

一旦出现上述预兆，则是提示卒中之疾可能将在近期发生，这时就应提高警惕，积极采取预防措施，如下：

（1）远离施工现场、公路上、火炉旁、深水边等危险境地，以防卒中跌倒后发生其他意外事故。

（2）完全卧床休息，调节心境，保持冷静，避免情绪激动。坚持按医嘱服用相应药物，定时监测血压，及时调整用药剂量。

（3）有卒中预兆的人尽量不在高处就座，绝对不上高处作业，以避免卒中时摔伤。

急救处置：

（1）若病人坐在地上尚未倒伏，可搬来椅子将其支撑住，或直接上前将其扶住。若病人已完全倒卧在地，可将其缓缓拨正至仰卧位，同时小心地将其头偏向一侧，以防呕吐物误入气管造成窒息。

（2）发病时若病人正位坐着或躺着，则无需改变其体位。因为任何不必要的体位改变或搬动都会增加脑内的出血量，从而加重病情。

（3）尽可能避免搬动病人，更不能抱住病人又摇又喊，试图唤醒病人。反复摇晃会加重脑内出血。

（4）松解病人衣领，取出口内的假牙等，以保证其呼吸通畅。

（5）若病人鼾声明显，表明其气道被下坠的舌根堵住，此时应抬起病人下颌，使之成仰头姿势，同时用毛巾随时擦去病人的呕吐物。

（6）对于昏迷的病人，可从冰箱中取出冰块装在塑料袋内，小心地放在病人头上，因为低温可起到保护大脑的作用。

（7）对于因高血压引起的卒中，不能为了急于送医院而用颠簸剧烈的运输工具。如果条件许可的话，在发病当地进行抢救效果最好。

（8）卒中病人在现场急救的同时，应尽快请医生和救护车前来救治、救护。

12. *休克的急救* 休克是机体受到强烈刺激后，由于有效循环血量不足、微循环灌注不良，使组织器官缺血、缺氧，而造成全身性功能紊乱的综合征。

（1）休克的成因：造成休克的原因可以有多种情况，主要有：①外伤是发生休克的主要原因，如严重创伤、大出血、大面积烧伤等。②严重感染、过敏、中毒、心脏疾患等也是造成休克的常见原因。③饥饿、疲劳、严寒、高热、剧痛及精神过度紧张常为发生休克的诱因。

（2）休克的临床表现：休克在临床上通常分为早期（又称代偿期和兴奋期）和晚期（又称失代偿期和抑制期）。

早期：即休克开始时，病人有短时间的精神兴奋，后出现呻吟、烦躁不安、表情紧张、面色发白、脉快但有力、呼吸浅而急促的症状，血压可正常或略增，但脉压变小，四肢凉而多汗。这些症状可历时几分钟到几十分钟，若不注意观察，不及时抢救，可使休克转向晚期。

晚期：典型的症状是极端口渴、表情淡漠、反应迟钝、问话不答、眼球下陷、皮肤及口唇苍白，还有出冷汗，脉细速而微弱，浅表静脉不充盈，呼吸浅快或不规则，体温低于正常，血压不断下降，脉压小，尿量减少，瞳孔散大，意识不清等反应，甚至进入昏迷状态。

（3）休克的预防和急救：①若出现外伤，应及时、迅速救治，正确地进行止血、包扎和固定。②疼痛剧烈者，立即口服或肌注吗啡 0.01 克或哌替啶 0.05～0.1 克（颅脑及胸部伤禁用）。③做好思想工作，稳定伤员情绪，并注意安静，尽量减少搬动。④注意保温。如无昏迷及腹部伤者，应给饮姜汤热茶或热饮料等。⑤必要时注射中枢兴奋剂，如可拉明、苯钾酸钠、咖啡因等。⑥一般应取平卧位，或抬高下肢约 30°，使脑部能得到较多的血液供给。⑦对可能发生或已经发生休克的患者，经急救处理后，应尽快送往附近医院救治，途中应加强对患者的观察，注意体位、保温、止血、减轻震动等情况，以免加重伤情。⑧对感染休克者，有条件时，可静脉输液或静脉注射阿托品，阿托品剂量一般为每次 1～2 毫克，每 10～20 分钟一次，直至面色转红，四肢温暖，血压回升，脉搏有力后减量或停药。

案例一：某校体育课上，一位男生在自由活动时随手捡起地上的小块石子投向一起追逐嬉闹的伙伴，正好击中其中一位同学的左眼，造成该同学左眼失明。

案例二：某校一位女生在体育课进行前滚翻练习时，被其裤兜中装的钩针扎入小腹，造成重伤。经查，体育教师课前未对学生上课的装束、携带物品等做过必要的要求和提醒。

案例三：某校一位学生张某在400米跑的测试中突然倒地，昏迷不醒。教师及时将张某送往医院，但终因抢救无效而死亡。后经查明，张某患有先天性心脏病，但其为了顺利被某重点中学录取，故意隐瞒了病情，而且为了不使学校发觉，坚持参加了体育测验。

案例四：学生赵某，上体育课时与几位同学参加铅球投掷训练，在训练过程中随意拾捡铅球，这时同学张某已将另一铅球掷出，赵某查觉已晚，未来及躲闪。张某掷出的铅球直击赵某腿部，造成赵某腿部粉碎性骨折，落下终身残疾。

1. 运动中不慎摔倒出现骨折应怎样进行急救？
2. 如果出现扭伤能进行按摩吗？是热敷好还是冷敷好？
3. 脑卒中有哪些症状，对脑卒中如何急救？
4. 集会活动中出现安全问题，该如何处理才能保证自己的安全？
5. 本节案例对你有何警示？
6. 你认为体育锻炼中的自我诊断重要吗？想一想怎样才能做到安全锻炼？

（崔继元）

第四章　日常安全

第一节　慎交友

每一个人都离不开社会，离不开社会交友活动。伴随着改革开放的滚滚大潮，学校已经变成了“小社会”，中职生与社会的联系变得越来越密切，中职生社交活动的频度、广度和内容也在不断增加。这些变化必然带来了中职生在社会交友活动中不安全因素的增多，即交友安全问题增多。在现实生活中，由于一些同学缺乏社会经验和明辨是非的能力，思想比较单纯，书生气比较浓，只记得“世界充满了爱”，却忘记了世界的多样性和复杂性，忘记了美与丑、正义和邪恶并存，于是轻易地相信别人，轻率地结交朋友；还有的同学在交友中不是以平等、互谅、互信的原则去处理日常生活和学习中发生的问题，往往是用感情代替理智，这些都很容易发生人身和财物不安全问题，“善良的动机”换来的是不幸的结局；也有不少同学由于缺乏必要的交友安全知识，不能很好地把握自己，有的同学上当受骗，付出了沉痛乃至血的代价；有的同学因为一些琐事处理不好，结果同学之间反目成仇；更有甚者走上了违法犯罪的道路。这些都给个人、家庭、社会带来了极大的危害。

一、交友不慎带来的安全隐患

面对纷繁复杂的社会和形形色色的交友对象，其中难免有一些居心叵测、心怀不轨之徒，这给中职生交友带来不和谐音符的同时，也带来了交友中的一个重要话题——交友安全。交友不慎带来的安全隐患常见的主要有以下几方面。

（一）诈骗

诈骗，是指以非法占有为目的，用虚构事实或隐瞒真相的方法骗取款额较大的公、私财物的违法犯罪行为。由于它一般不使用暴力，并且具有隐蔽性，受害者往往会上当受骗。提防和惩治诈骗分子，除依靠社会力量和法治力量外，更主要的是要提高中职生的自我防骗意识，从而识别诈骗分子的诈骗手段，防止上当受骗。

1. 中职生在交友中容易上当受骗的原因

（1）不加选择地结交朋友：当今的中职生大多是从学校走进学校，进入中职学校后吃住在学校，每天过着宿舍—食堂—教室三点一线的生活。大多数学生喜欢结交朋友，但一些同学防范意识差，警惕性不高，容易听信陌生人的话，从而导致上当受骗。

（2）缺乏社会生活经验和判别能力：在中职校园里，每个学生都可能遇到一些来访的老乡、熟人、同学或同学的同学、老乡的老乡、朋友的朋友之类的人。然而，这其中有的是真，有的是假，可许多学生缺乏刨根问底的习惯，在不辨真伪的情况下宁可信其有而不信其无，而且有些学生常常把他人来访看作是自己的一种荣耀，这就给骗子以可乘之机。

（3）疏于防范：据资料显示，在校中职生被骗取钱物，绝大多数是疏于防范。事实上，很多中职生（特别是新生）热情奔放、性格直率，经历的事情很少，没有处事经验，防范能力也比较差，大多数人被骗后方知后悔莫及。

（4）求人办事，成事心切：当前中职生容易被利用的心态一般为急于求成、爱慕虚荣而无戒备之心，想经商助学而缺乏资金和经验，想找到理想的工作单位而又没有门路，不经过自己劳动而想摇身一变为富翁等等。这些都是导致上当受骗的心理因素。

2. 对中职生的常见诈骗手段主要如下

（1）伪装身份，骗钱骗色：诈骗分子往往利用假名片、假身份证行骗。冒充老板、公司经理，往往以招聘为名，骗取学生的钱财。有的假冒成功人士，骗取学生的感情。骗子为了不露马脚，通常采用游击流窜作案方式，财物到手后即行逃离。还有人用骗到的钱财、名片、身份证、信誉等作为资本，再去诈骗他人，重复作案，或冒充学校工作人员诈骗学生。

（2）真实身份，虚假合同：一些骗子利用学生经验少、法律意识差、急于赚钱补贴生活的心理，利用假合同或无效合同进行诈骗。如常以公司名义，让学生为其推销产品，或做一些文字工作，事后却不兑现诺言或酬金而使学生上当受骗。

（3）投其所好，引诱上钩：一些诈骗分子往往利用被害人贪图小便宜的心理，施以被害人小恩小惠或承诺某种好处，投其所好，施展诡计而骗取财物，或利用手机发中奖短信息诈骗。

（4）招聘为名，设置骗局：一些学生为了减轻家庭负担，或增长一些实践经验，希望开展一些勤工俭学活动或到校外找一些兼职。诈骗分子往往利用这一机会，以招聘的名义设置骗局，骗取介绍费、押金、报名费，使学生上当受骗。

（5）以次充好，恶意行骗：一些诈骗分子以物美价廉为借口，到学生宿舍推销产品而使学生上当受骗。更有一些骗子到学生宿舍推销产品时，一旦发现室内无人，就会顺手牵羊，偷窃物品，溜之大吉。

（6）借贷为名，骗钱为实：有的骗子，以高利集资为诱饵，使部分学生上当受骗。有些品行不端的学生常以“急于用钱”为借口向其他同学借钱，然后挥霍一空，要债的追紧了就再向其他同学借钱补洞，拖到毕业一走了之。

（7）骗取信任，寻机作案：诈骗分子常利用青少年单纯、容易接近的特点，寻找机会与学生拉近关系，称兄道弟，表现出相见恨晚的热情，并表现得十分慷慨，骗取信任后就寻机作案。有些骗子通过网上聊天交友，取得信任后，编造谎言进行诈骗。或假称自己发生意外；或利用同学的同情心理寻机诈骗；或以恋爱为名进行诈骗；或编造学生在学校受到意外伤害，对学生家长及亲属实施诈骗。

治安提示：犯罪嫌疑人利用学生警惕性不高、入学时间短、不熟悉情况、没有社会经验等弱点，轻易诈骗得手。在校生，尤其是新入学的同学们不要轻易相信任何陌生人进行的收费等事情，遇事要先和老师联系，待弄清情况后再做也不迟。目前手机在中职生中的使用相当普遍，短信业务也成了手机业务的重要组成部分。一些不法之徒乘机大量地往别人手机里发送代办文凭、证照及中奖之类的短信息，有些社会经验不足的同学便轻易相信，一步一步地走到犯罪分子事先设置好的陷阱中。俗语说“天上不会掉馅饼”，商品经济社会也不会有那样的好事发生，同学们在遇到类似情况时，千万不要相信，也不要去理会这类短信息。

3. 女生如何防止受骗

（1）具备法律意识，不仅是在事后知道要运用法律，更重要的是应将法律意识贯穿于事前和事中。事前要履行完备的书面法律手续，不作口头协议，书面手续要力求明细化。

（2）在与人交友中，对陌生人特别是陌生男性要时刻保持警惕，对其提出的问题或允诺不要轻易相信，不能把自己的身份、联系方式等轻易告诉他人，更不能随他人独往。

（3）当你面对诱惑时，千万不要急功近利。任何时候都得想一想：人家凭什么给我这么多好处？这样做是否符合常理？天上没有掉馅饼的事情，要注意把对方许诺给你的利益和让你做的事情做个对比，就会得出比较客观和是否可行的结论。

（4）有很多不法之徒专以“交友”、“恋爱”、“求助”为名，利用女性的爱心和情感来行骗。要当心甜言蜜语和情感行骗，以及“慷慨义举”后所隐藏的欺诈。

（5）一旦发现受骗，必须镇静，千万别慌，赶快想办法及时掌握对方的罪证，迅速报案，但要防止打草惊蛇。有人认为把钱追回来是关键，所以，在发现上当后便想私了，于是主动找上门去恳求骗子返还财产，这是很愚蠢的做法，这等于告诉对方骗局已经暴露，提醒骗子赶快逃匿。聪明的做法是，一面装作仍蒙蔽在鼓里，随时掌握对方行踪；一面查明对方所骗财产的使用流向，及时报告公安机关。

4. 中职生打工防骗

每年寒、暑假，许多同学会加入打工的行列。在这里，特别提醒广大同学：打工切忌赚钱心切，以防上当受骗。观察眼下的市场情况，上当受骗者主要有以下几种情况：

（1）白忙一场型：一些学生被个人或流动服务的公司雇佣，讲好的是以月为单位领取工钱，但雇主往往找个借口拖延一下，拖到学生开学时，就消失得无影无踪。

（2）先付押金型：这类骗局通常在招工广告上称有文秘、公关等轻松、体面的工作，求职者只需交纳一定的保证金即可上班。但往往是学生付钱以后，招聘单位又推说职位暂时已满，要学生等候消息，接下来便石沉大海。

（3）临时工型：一些小公司特别是个体建筑承包者利用暑假中职生挣钱心切，故意将一些苦、脏、累、险的工作交给他们，而又不与他们签订合同，一旦发生工伤等情况，打工的学生往往是索赔无门、欲哭无泪。

（4）直销、传销型：学生本来以销售人员名义来应聘，但到公司应聘后，公司先是连哄带骗地让其买下一些货品，然后再让应聘者如法炮制去哄骗他人，并用高回扣作诱饵。学生一旦上当，往往是白搭一笔钱。

（5）模特等特种行业型：这类招工通常称模特或歌星、影星培训班招聘学员，然后要学生花大价钱照艺术照参加遴选，最后再找借口说应聘者条件欠缺予以拒绝。也有的是以娱乐场所特种行业的高薪来吸引求职者，有的甚至逼她们做色情交易。同学们到这些场所打工，往往容易误入歧途。

治安提示：在求职择业中，注意尽可能通过正规途径组织的“人才招聘会”、“双向选择会”、“人才交流市场”等，以及由学校组织的各种活动选择自己满意的职业；对有疑问的聘用岗位或单位，应及时加强了解；在求职择业过程中遇到意外情况，应当及时根据情况分别向学校学生管理部门、保卫部门或地方公安机关反映，并注意保存所有的证据，以便在发生问题时提供有关线索协助调查；纠正择业中的心理偏差和克服心理障碍；适应形势发展，树立正确的就业观。

5. 学校诈骗案件的预防措施

(1) 提高防范意识，学会自我保护：社会环境千变万化，中职生必须尽快适应环境，学会自我保护。要积极参加学校组织的法制和安全防范教育活动，多知道、多了解、多掌握一些防范知识，对于自己有百利而无一害。在日常生活中，要做到不贪图便宜、不谋取私利。在提倡助人为乐、奉献爱心的同时，要提高警惕，不能轻信花言巧语。不要把自己的家庭地址等情况随便告诉陌生人，以免上当受骗，不能用不正当的手段谋求职业和出国。发现可疑人员要及时报告，上当受骗后更要及时报案、大胆揭发，使犯罪分子受到应有的法律制裁。

(2) 交友要谨慎，避免以感情代替理智：人的感情是主体与客体的交流，既是主观体验，也是对外界的反映，本身应该包含合理的理智成分。如果只凭感情用事、一味“跟着感觉走”，往往容易上当受骗。

(3) 服从学校管理，自觉遵守校纪、校规：为了加强校园管理，学校制定了一系列管理制度和规定。制度总是用来约束人们行为的，在执行过程中可能会给同学们带来一些不便，但是制度却是必不可少的。况且，绝大多数校园管理制度都是为了控制闲杂人员和犯罪分子混入校园作案，以维护学生正当权益和校园秩序而制定的。因此，同学们一定要认真执行有关规定，自觉遵守校纪、校规，积极支持有关部门履行管理职能，并努力发挥出自己应有的作用。

治安提示：发生被骗后的应对措施如下

1. 尽量不要露出自己已怀疑对方，尽力稳住对方，拖延时间。

2. 周围有同学的话，可以请他们协助把诈骗分子扭送学校保卫部门或拨打校园报警电话；如果在校外，可立即拨打 110 报警。

3. 配合公安机关、学校保卫部门调查情况。

（二）偷窃

偷窃是指以非法占有为目的，偷偷地或者趁人不备，窃取少量公、私财物的违法行为，这也是中职生中较为常见的一种不良行为。偷窃案在学校发生的各类案件中占 90% 以上。交友不慎很容易引起内盗和内外勾结偷窃作案的发生。学生偷窃与成年人盗窃犯罪有着较大的区别，学生的偷窃都是“小偷小摸”，偷窃的对象一般是本班学生或同寝室的同学；偷窃的物品往往是钱、饭卡、生活及学习用品，数额较小。虽然说中职生偷窃的数额比较小，价值比较低，构不上触犯刑法，但危害较大。不但会给被偷同学的学习、生活和老师的工作造成困难，还会破坏班级的形象和团结，损害学校的声誉。如果对中职生的这种行为听之任之，任其发展成为习惯，就会构成中职生人格上的严重缺陷，甚至导致犯罪，危害社会安全。

1. 学生偷窃的心理因素　①畸形的物质需求。受社会不良风气和拜金主义、享受至上思想的影响，许多学生的人生观、价值观严重扭曲。②家庭教育的缺陷。家庭教育是个性社会化的第一个重要场所，对个体人格塑造产生巨大的影响，有关调查表明，包括偷窃在内的不良行为中，相当一部分都是由于家庭教育功能异化或存在缺陷所致。如有些家庭教育功能失调，父母离异，家庭缺少温暖，对子女缺乏应有的关心，或父母对子女过分溺爱，造成子女道德观、价值观异化。③部分学生有变态心理。他们患有一种名叫“偷窃狂”的精神病或心理变态，在行窃时常伴有愉快的心理感受，这种学生人数不多，但还是存在的。④少数中职生对自己要求不严，人生观和价值观发生扭曲，法律意识淡薄，不顾家庭和自己的经济承受能力，追求时髦，盲目攀比，从而导致没有钱花就去偷，逐步走上了犯罪道路。这是导致学校偷窃案件不断上升的重要原因。

2. 学校偷窃案件的特点　一般偷窃案件都有以下共同点：实施偷窃前有预谋准备的窥测过程，偷窃现场通常遗留痕迹，如指纹、脚印、物证等；偷窃手段和方法常带有习惯性；有被偷窃的赃款、赃物可查。

由于客观场所和作案主体的特殊性，学校偷窃案件有以下特点：

（1）时间上的选择性：作案主体在有人的情况下是不会行窃的，作案者必然选择作案地点无人的空隙时间实施偷窃。例如，上课期间，同学们都去教室上课了，作案人便会“光顾”宿舍；下班以后或节假日期间，实验室、办公室、财会室、计算机室通常均处于无人状态，作案人便会乘虚而入。

（2）目标上的准确性：学校中内盗案件比较多。财会室、计算机室在什么位置，作案人会掌握得一清二楚；哪个学生有钱或贵重物品，常放在什么地方，有没有锁在箱子中或柜子里，钥匙放在何处，作案分子也基本上了解。不动手便罢，一旦动手，常会十拿九稳地得手。

（3）技术上的智能性：学校偷窃案件的作案主体，一般以高学历、高智商的人为多，有的本身就是中职生。他们的偷窃技能高于一般偷窃作案人员。他们经常会用你的钥匙开你的锁，或用易拉罐皮制作“万能”钥匙等，进行智能型违法犯罪活动。

（4）作案上的连续性：如上所述，正是由于作案人比较“聪明”，所以其第一次作案很容易得手。“首战告捷”以后，作案人往往产生侥幸心理，加之报案及破案的滞后，作案人极易屡屡作案而形成一定的连续性。

3. 学校偷窃作案的行窃方式

（1）顺手牵羊：作案分子趁主人不备将放在桌上、走廊、阳台等处的钱物信手拈来而占为己有。

（2）乘虚而入：作案分子趁主人不在、房门抽屉未锁之机入室行窃。这类偷窃手段要比“顺手牵羊”者毒辣，其胃口也比“顺手牵羊”者更大，不管是现金、存折、信用卡或者是贵重物品，只要一让他看到，就会统统被盗走。

（3）窗外钓鱼：作案人用竹竿等工具在窗外将被害人的衣服钩走。有的甚至把纱窗弄坏，钩走被害人放在桌上、床上的衣物。因此，住在一楼或其他楼层靠近走廊窗户的同学，如果缺乏警惕，很容易受害。

（4）翻窗入室：作案人翻越没有牢固防范设施的窗户入室行窃。入室窃得钱物后，常又堂而皇之地从大门离去，因此窃贼有时不易被发现。

（5）撬门扭锁：作案分子使用各种工具撬开门锁而入室行窃，或用学生随手乱丢的钥匙，趁学生不在宿舍时打开该生的锁，包括门锁、抽屉锁、箱子上的锁，从而偷走现金和贵重物品等。这类作案人大都是与学生比较熟悉的人。

4. 防盗的基本方法　防盗的基本方法有人防、物防和技防三种。人防，仍是目前预防和制止偷窃犯罪最为有效、可靠的方法；物防，是一种应用最为广泛的基础防护措施；技术防范，是可以及时发现入侵、能够替代人员守护且不会疲劳和懈怠，可长时间处于戒备状态的更加隐蔽可靠的一种防范措施。对于中职生来说，最重要的是加强防范意识，努力保护好自己和同学的财物不受侵害。做好宿舍和教室的财物防盗，要注意做到以下几点：

（1）最后离开教室或宿舍的同学，要关好窗户锁好门，千万不要怕麻烦。同学们一定要养成随手关窗、随手锁门的习惯，以防偷窃犯罪分子乘虚而入。

（2）不要留宿外来人员。如果违反学校学生宿舍管理规定，随便留宿不知底细的人，就等于引狼入室，而且后患无穷。

（3）发现形迹可疑的人应提高警惕、多加注意，做一个有心人。偷窃分子到教室或宿舍行窃时，见管理松懈、进出自由、房门大开时，便来回走动、伺机行窃，待摸清情况、瞅准机会后就撬门扭锁或明目张胆入室偷窃。遇到这种可疑人员，同学们应主动上前询问，如果来人确有正当理由，一般都能说清楚。但有的也会找各种借口进行搪塞，诸如找人、推销商品等。如果来人说不出正当理由又说不清学校的基本情况、疑点较多且神色慌张时，则需要进一步盘问，必要时可交值班人员处理。如果发现来人携带有可能是作案工具或赃物等证据时，则必须立即报告值班人员和学校保卫部门。

（4）同学们应积极参加教室和宿舍等部位的安全值班，协助学校保卫部门做好安全防范工作。通过参加值班、巡逻等安全防范工作实践，不仅可保护自己和他人财物的安全，而且还可增强安全防盗意识，锻炼和增长自己社会实践的才干。

（5）注意保管好自己的钥匙，包括教室、宿舍、箱包、抽屉等处的各种钥匙，不能随便借给他人或乱丢乱放，以防“不速之客”复制或伺机行窃。

5. *几种易盗物品的防盗措施*

（1）现金：最好的保管办法是将其存入银行。尤其是数额较大时，更应及时存入银行并加密码。密码应选择容易记忆且又不易解密的数字，千万不要选用自己的出生日期作密码。这是因为，一旦存折丢失，很容易被熟悉的人冒领。特别要注意的是：存折、信用卡等不要与自己的身份证、学生证等证件放在一起，更不应将密码写在纸上，与存折一起存放，以防被偷窃分子一起盗走后冒领。在银行存取款时，核对密码要轻声、快捷，切忌旁若无人、大声喊叫。

（2）各类有价证卡：目前，相当数量的中职生持有各种银行卡、食堂饭卡、电话卡等。对各类有价证卡最好的保管方法，就是放在自己贴身的衣袋内或锁在箱子里，袋口应配有钮扣或拉链。密码一定要注意保密，不要告诉他人。如果参加体育锻炼等活动必须脱衣服时，应将各类有价证卡锁在自己的箱子里，并保管好自己的钥匙。

（3）自行车：自行车要安装防盗车锁，养成随停随锁的习惯。骑车去公共场所，最好花钱将车停在存车处。如停放时间较长，最好加固防盗设施，如将车锁固定在物体上或者放在室内。自行车一旦丢失，应立即到学校保卫部门或当地派出所报案，并提供有效证件、证明及其他有关情况，以便及时查找。

（4）贵重物品：如手提电脑、手机、金银饰品、随身听等物品，较长时间不用的应该带回家中或托给可靠的人代为保管。暂不使用时，最好锁在抽屉或箱（柜）子里，以防被乘虚而入者顺手牵羊盗走。寝室的门锁钥匙不要随便乱丢。在价值较高的贵重物品、衣服上，最好有意地做上一些特殊记号，即使被偷走，将来找回的可能性也会大一些。

6. *偷窃案件的应对办法*　一旦发生偷窃案件，同学们一定要冷静应对，并做到：

（1）立即报告学校保卫部门或当地派出所，同时封锁和保护现场，不准任何人进入。不得翻动现场的物品，切不可急急忙忙地去查看自己的物品是否丢失。这对公安人员准确分析、正确判断侦察范围和收集罪证，有十分重要的意义。

（2）发现嫌疑人，应立即组织同学进行堵截，力争捉拿。在无法当场抓获窃犯的情况下应记住其体貌特征。

（3）配合调查，实事求是地回答公安部门和保卫人员提出的问题，积极主动地提供线索，不得隐瞒情况不报。学校保卫部门和公安机关有义务、有责任为提供情况的同学保密。

（4）如果发现存折被窃，应当立即到银行挂失。如手机等通讯设备丢失，应尽快办理停机手续。

（三）抢劫、抢夺

抢劫，是指以非法占有为目的，以暴力胁迫或者其他方法将公私财物据为已有的一种犯罪行为。抢夺，是指以非法占有为目的，乘人不备，公然夺取他人财物的一种犯罪行为。这两类犯罪行为都会侵害他人的人身权利，且容易转化为凶杀、伤害、强奸等恶性案件，比盗窃犯罪更具有社会危害性。

1．预防抢劫、抢夺的方法

（1）外出尽量和其他同学结伴而行，并及早返校。

（2）外出单独行动时，不要携带过多的现金或贵重物品。

（3）不要将随身携带的贵重物品轻易外露或向人炫耀。

（4）尽量不要去人员稀少、环境阴暗、偏僻的地方。

（5）单身外出时不要显露出过于害怕的神情。

（6）夜间应减少外出或尽量走在有人、有灯的地方。

2．应对抢劫、抢夺的主要措施

（1）尽力反抗：只要具备反抗的能力或有利时机，就应发动进攻，以制服或使作案人丧失继续作案的心理和能力。

（2）拖延时间：可利用有利地形和身边的砖头、木棒等足以自卫的武器与作案人形成僵持局面，使作案人短时间内无法近身，以便引来援助者并对作案人造成心理上的压力。

（3）伺机脱逃：实在无法与作案人抗衡时，可以看准时机向有人、有灯光的地方或宿舍区奔跑。

（4）麻痹案犯：已处于作案人的控制之下而无法反抗时，可按作案人的要求交出部分财物，并采用语言反抗，理直气壮地对作案人进行说服教育，晓以利害，从而造成作案人心理上的恐慌。切不可一味地求饶，应当尽力保持镇定，与作案人说笑斗口，采取默认方式表明自己交出全部财物并无反抗的意图，使作案人放松警惕，以便自己看准时机进行反抗或逃脱。

（5）间接反抗：趁其不注意时在作案人身上留下记号，如在其衣服上擦点泥土、血迹或在其口袋中装点有标记的小物件，在作案人得逞后悄悄尾随其后，注意其逃跑去向等。

（6）记住特征：注意观察作案人，尽量准确记下其特征，如身高、年龄、体态、发型、衣着、胡须、语言、行为等特征。

（7）及时报案：作案人得逞以后，很有可能继续寻找下一个抢劫目标，甚至会在作案现场附近的商店和餐厅进行挥霍。所有学校一般都有较为严密的防范措施，若能及时报案和准确描述作案人特征，有利于有关部门及时组织力量布控，抓获作案人。

（8）高声呼救：无论在什么情况下，遇到抢劫时只要有可能就要大声呼救，或故意高声与作案人说话，引起周围行人的注意。

（四）性骚扰与性侵害

一般认为，只要是一方通过语言的或形体的有关性内容的侵犯或暗示，从而给另一方造成心理上的反感、压抑和恐慌的，都可构成性骚扰。性骚扰和性侵害的对象常以女性为多。因此，女中职生了解一些性侵害和性骚扰的基本情况，掌握一些基本对付方法，是很有必要的。

1. 性骚扰侵害的主要形式

（1）暴力型性侵害：是指犯罪分子使用暴力和野蛮的手段，如携带凶器威胁、劫持女同学，或以暴力威胁加之言语恐吓，从而对女同学实施强奸、轮奸或调戏、猥亵等。暴力型性侵害的特点：①手段残暴。当性犯罪者进行性侵害时，必然受到被害者的本能抵抗，所以很多性犯罪者往往要施行暴力且手段野蛮和凶残，以此来达到自己的犯罪目的。②行为无耻。为达到侵害女中职生的目的，犯罪者往往会厚颜无耻地不择手段，比野兽还疯狂地任意摧残凌辱受害者。③群体性。犯罪分子常采用群体性纠缠方式对女学生进行性侵害。这是因为人多势众，容易制服被害人的反抗而达到目的，还会使原来单个不敢作案的罪犯变得胆大妄为，这种形式危害极大。④容易诱发其他犯罪。性犯罪的同时又常会诱发其他犯罪，如因争风吃醋，引发聚众斗殴或为了逃避制裁而杀人灭口等。

（2）胁迫型性侵害：是指利用自己的权势、地位、职务之便，对有求于自己的受害人加以引诱或威胁，从而强迫受害人与其发生非暴力型的性行为。胁迫型性侵害特点：①利用职务之便或乘人之危而迫使受害人就范。②设置圈套，引诱受害人上钩。③利用过错或隐私要挟受害人。

（3）社交型性侵害：是指在自己的生活圈子里发生的性侵害。与受害人约会的大多是熟人、同学、同乡，甚至是男朋友。社交型性侵害又被称为“熟人强奸”、“社交性强奸”、“沉默强奸”、“酒后强奸”等等。受害人身心受到伤害以后，往往出于各种考虑而不敢加以揭发。

（4）诱惑型性侵害：是指利用受害人追求享乐、贪图钱财的心理，诱惑受害人而使其受到性侵害。

（5）滋扰型性侵害：一是利用靠近女生的机会，有意识地接触女生的胸部，摸捏其躯体和大腿等处。在公共汽车、商店等公共场所有意识地挤碰女生等；二是暴露生殖器等变态式性滋扰；三是向女生寻衅滋事，无理纠缠，用污言秽语进行挑逗，或者做出下流举动对女生进行调戏、侮辱，甚至可能发展为集体轮奸。

2. 容易遭受性骚扰侵害的时间和场所

（1）夏天是女生容易遭受性侵害的季节。夏天天气炎热，同学们外出机会增多。校园内绿树成荫，罪犯作案后容易藏身或逃脱。同时，由于夏季气温比较高，女生衣着单薄，裸露部分较多，因而对异性的刺激增多。

（2）夜晚是女生容易遭受性侵害的时间。这是因为，夜间光线暗，犯罪分子作案时不容易被人发现。所以，女生应尽量减少夜间外出。

（3）公共场所和僻静处所是女生容易遭受性侵害的地方。这是因为：教室、礼堂、舞池、溜冰场、游泳池、车站、影院、宿舍、实验室等公共场所人多拥挤时，不法分子常乘机袭击女生；公园假山，树林深处、夹道小巷、楼顶晒台、没有路灯的街道楼边、尚未交付使用的新建筑物内、下班后的电梯内、无人居住的小屋、陋室、茅棚等僻静之处，若女生单独行走、逗留，很容易遭受到流氓袭击。所以，女生最好不要单独行走或逗留在上述这些地方。

3. 女生集体宿舍安全须知

（1）经常进行安全检查。如发现门窗损坏，及时报告学校有关部门修理。

（2）就寝前要关好门窗，在天热时也不能例外，防止犯罪分子趁自己熟睡时作案。

（3）夜间上厕所，要格外小心。如厕所照明设备损坏，应带上手电筒，上厕所前应仔细查看一下。

（4）夜间如有人敲门问讯，要问清是谁再开门。如发现有人想撬门砸窗闯进来，全室同学要一起呼救，并准备可供搏斗的东西，做好齐心协力反抗的准备。

（5）周末或节假日，其他同学回家，最好不要独自一人住宿。回宿舍就寝时，要留心门窗是否敞开，防止犯罪分子潜伏伺机作案。如遇异常情况，可请一两位同学同时进去，以确保安全。

（6）无论一人或多人在宿舍，当犯罪分子来侵害时，都要保持冷静，做到临危不惧，遇事不乱。一方面呼救，一方面与犯罪分子作坚决斗争。

4. 女生夜间行路安全注意事项

（1）保持警惕：如果在校园内行走，要走灯光明亮、来往行人较多的大道。对于路边黑暗处要有戒备，最好结伴而行，不要单独行走。如果走校外陌生道路，要选择有路灯和行人较多的路线。

（2）陌生男人问路，不要带路。向陌生男人问路，不要让对方带路。

（3）不要穿过分暴露的衣衫和裙子，防止产生诱惑；不要穿行动不便的高跟鞋。

（4）不要搭乘陌生人的机动车、人力车或自行车，防止落入坏人的圈套。

（5）遇到不怀好意的男性挑逗，要及时斥责，表现出自己应有的自信与刚强。如果碰上坏人，首先要高声呼救，即使四周无人，切莫紧张，要保持冷静，利用随身携带的物品，或就地取材进行有效反抗，还可采取周旋、拖延时间的办法等待救援。

（6）一旦不幸受侵害，不要丧失信心，要振作精神，鼓起勇气同犯罪分子作斗争。要尽量记住犯罪分子的外貌特征，如身高、相貌、体型、口音、服饰以及特殊标记等等。要及时向公安机关报告，并提供证据和线索，协助公安部门侦查破案。

5. 怎样摆脱异性的纠缠　在学生中的异性纠缠，主要是恋爱中的异性纠缠。这种纠缠来自两个方面：一是单恋者的纠缠，一方有情，另一方无意，有情者积极进攻，穷追不舍。如某中职生追求一同班女同学，遭到拒绝，竟不顾影响，在众目睽睽之下，跪在女学生面前求爱。二是原来有恋爱关系，因为某种原因，一方提出终止恋爱关系，另一方无法接受，因而苦苦纠缠。为摆脱恋爱中的异性纠缠，须做到如下几点：

（1）态度明朗：如果你并无谈恋爱打算，对于那种单恋的追求者，你应该明确拒绝。如果是正在恋爱中或曾经恋爱过的对象，你要冷静地考虑一下有无重归于好的希望，如果没有，也要明确告诉对方，让对方打消念头。你应当知道，态度暧昧，模棱两可，对对方来说就是有成功的希望，于是增加了幻想，因而也会带来更多的麻烦。

（2）遵守恋爱道德，讲究文明礼貌：在拒绝对方的要求时，要讲明道理，耐心说服。要尊重对方人格，不可嘲笑挖苦，更不能在别人面前揭露对方隐私。例如，不要公开对方追求你的情书，不要谈论对方曾经对你有过某种非礼行为等等。如果是中断恋爱关系，自己有责任的，也应主动承担责任，表示歉意。

（3）要正常相处，但要节制往来：恋爱不成，但仍然是好同学、好朋友，不可结怨，更不可反目成仇。在交往中，最好要节制不必要的往来，以免对方产生“物是人非”的伤感，让对方尽快消除由于失恋所造成的心理上的伤害。

（4）遇到困难，要依靠组织：在你认为向对方做了工作以后，可能效果不大，仍制止不了对方的纠缠，或者发现对方可能采取报复行为，就要及时向老师和领导汇报，依靠组织妥善处理，防止发生意外事件。

（5）女生要自爱自重：女生作风上要稳重，生活上要俭朴，不要刻意追求打扮，不要在和男生交往中占小便宜，要钱、要物，吃喝不分。要大方得体，不要随意向异性撒娇，流露出对异性的冲动，以免异性有非分之想。

6. *怎样处理好恋爱纠纷*　正确处理好中职生中的恋爱纠纷，对于安定中职生生活，帮助中职生创造良好的学习环境，预防和减少刑事、治安案件的发生都具有重要意义。对此问题，应注意以下几点：

（1）处理恋爱纠纷，应当以双方当事人协商处理为主。

（2）要有诚意：不管恋爱结局如何，都要有解决问题的诚意。只有这样，才能在协商调解中冲破障碍，求同存异，妥善解决争端问题。

（3）严以律己，宽以待人：恋爱纠纷双方多做自我批评，防止加剧感情裂痕，铸成难以收拾的僵局。

（4）对于中断恋爱关系的，要处理好善后事宜：一是对于寄来的恋爱书信，尽可能退还对方；二是在恋爱中，用于共同生活的款项，不管谁花了多少，以不结算为宜；三是互赠的礼品，按照民事法律关系中的赠予方面的规定，一般不索还。

7. *积极防范，避免发生性骚扰与性侵害*

（1）筑起思想防线，提高识别能力：女生特别应当消除贪图小便宜的心理。对异性的馈赠和邀请应婉言拒绝，以免因小失大。谨慎待人处事，对于不相识的异性，不要随便说出自己的真实情况；对自己特别热情的异性，不管是否相识都要加倍注意。一旦发现某异性对自己不怀好意，甚至动手动脚或有越轨行为，一定要严厉拒绝、大胆反抗，并及时向学校有关领导和保卫部门报告，以便及时加以制止。

（2）行为端正，态度明朗：如果自己行为端正，坏人便无机可乘；如果自己态度明朗，对方则会打消念头，不再有任何企图。若自己态度暧昧，模棱两可，对方就会增加幻想。在拒绝对方的要求时，要讲明道理，耐心说服，一般不宜嘲笑挖苦。中止恋爱关系后，若对方仍然是同学、同事，不能结怨成仇人，在节制不必要往来的同时仍可保持一般正常往来关系。参加社交活动与男性单独交往时，要理智地、有节制地把握好自己，尤其应注意不能过量饮酒。

（3）学会用法律保护自己：对于那些失去理智、纠缠不清的无赖或违法犯罪分子，女生千万不要惧怕他们的要挟和讹诈，也不要怕他们打击报复。要大胆揭发其阴谋或罪行，及时向领导和老师报告，学会依靠组织和运用法律武器保护自己。千万注意不能“私了”，因为“私了”的结果常会使犯罪分子得寸进尺，没完没了。

（4）学点防身术，增强防范能力：一般女性的体力弱于男性，防身时要把握时机，出奇制胜。“狠”、“准”、“快”地出击其要害部位，即使不能制胜对方，也可制造逃离险境的机会。同时，要注意设法在案犯身上留下印记或痕迹，以备追查、辨认案犯时作证。

（5）避免穿袒胸露怀或超短裙之类的衣服去人群拥挤或偏僻的地方。

（6）外出时，到陌生环境要提高警惕，注意那些不怀好意的尾随者，必要时采取躲避措施。

（7）不去歌舞厅、酒吧等公共场所，深夜不独自外出。

（8）一旦遭到骚扰，要沉着冷静，在适当的时机大声呼喊、抗争。

（五）校园滋扰

滋扰，从广义的角度讲，是指外部人员无视国家法律和社会公德而寻衅滋事、结伙斗殴、扰乱社会秩序等行为；从狭义的角度讲，滋扰主要是指对校园秩序的破坏扰乱，对中职生无端挑衅、侵犯乃至伤害的行为。滋扰是一个涉及学生、家庭、社会等方面的复杂的社会问题，中职生必须提高警惕，尽力预防和制止外部滋扰，以保证在校学习和生活的正常进行。

1. 校园滋扰常见的表现方式

（1）校外的不法青少年在与少数中职生进行交往时，一旦发生矛盾或纠葛，便有目的地进入校园寻衅滋事、伺机报复等。

（2）有的不法青年，在游泳、沐浴、购物、看电影、参加舞会、观看比赛，甚至走路等场合与学生偶然相遇，发生矛盾，进而酿成冲突。

（3）有的不法青年，专门尾随女同学或有目的地到学生宿舍、教室等处污辱、骚扰、调戏女生，甚至对女同学动手动脚，致使女生受到种种伤害。

（4）青少年犯罪团伙邀约到校园内斗殴滋事，从而使围观或路过的学生无端遭殃。

（5）外来人员或某些法纪观念淡薄的教职工子女与学生争抢活动场地，从而引发矛盾和冲突。

（6）一些游手好闲的青年，把学校变为玩乐场所，在校园内游逛时，或故意怪叫谩骂、吵吵嚷嚷，或有意扰乱秩序，以搅得鸡犬不宁为乐，显得旁若无人、不可一世，似乎“老子天下第一”。中职生作为学校的主人，与这类人员发生正面冲突的可能性很大。

（7）有的不法青年，喜欢在师生休息的时候不停地拨打电话，或者无聊地谈天说地，或者口吐污言秽语，以搅得别人不能入睡为乐，这就是电话滋扰。

（8）少数无赖之徒，千方百计地打听异性中职生的姓名和电话号码，然后不停地给其写信、打电话，不是低级庸俗地谈情说爱和造谣中伤，就是莫明其妙地恐吓和威胁，甚至敲诈勒索，从而造成被害人在精神上非常痛苦。

2. 中职生对付外部滋扰的方法　寻衅滋事是典型的流氓活动。在校园内故意起哄、强要强夺、无理取闹、追逐女学生或女教师等流氓行为，不仅直接危害师生员工的人身和财产安全，而且还会破坏整个校园的正常秩序。对此，除学校有关职能部门和公安机关等组织力量防范和打击外，师生遇到流氓滋事时，都有义务进行抵制和制止。只要有人挺身而出，发动周围的师生共同制止，流氓即使人多势众也不能不有所收敛。一般情况下，在校园内遇有流氓滋事，一方面要敢于出面制止或将流氓分子扭送有关部门，或及时向学校保卫部门报案，或打“110”电话报警，以便及时抓获犯罪嫌疑人，予以惩办；另一方面，要加强自身的修养，冷静处置，不因小事而招惹是非，积极慎重地同外部滋扰这一丑恶现象作斗争。具体地说，中职生在遇到流氓滋事时，应注意把握以下几点：

（1）提高警惕，做好准备，正确看待，慎重处置：面对违法青少年挑起的流氓滋扰，千万不要惊慌，而要正确对待。要问清缘由、弄清是非，既不畏惧退缩、避而远之，也不随便动手，一味蛮干。而应晓之以理，以礼待人，妥善处置。

（2）充分依靠组织和集体的力量，积极干预和制止外部滋扰行为：如发现流氓滋扰事件，要及时向老师或学校有关部门报告，一旦出现公开侮辱、殴打自己的同学等恶性事件，要敢于见义勇为，挺身而出，积极地揭露和制止。要注意团结和发动周围的群众，对滋事者形成压力，迫使其终止滋扰。

（3）注意策略，讲究效果，避免纠缠，防止事态扩大：在许多场合，滋事者显得愚昧而盲目、固执而无赖，有时仅有挑逗性的言语和动作，叫人可气、可恼而又抓不到有效证据。遇到这种情况，一定要冷静，注意讲究策略和方法。一方面及时报告并协助有关部门进行处理；另一方面采取正面的方法对其劝告，注意避免纠缠，目的就是避免事态扩大和免得把自己与无赖之徒置于同等地位。

（4）自觉运用法律武器保护他人和保护自己：面对流氓滋扰事件，既要坚持以说理为主，不要轻易动手，同时又要注意留心观察、掌握证据。比如，有哪些人在场，谁先动手，持何凶器，滋事者有哪些重要特征，案件大致的经过是怎样的，现场状况如何，滋事者使用何种器械、有何证件，毁坏的衣物和设施是什么，地面留有什么痕迹等等。同时要注意两个问题：一要坚持以理服人为主，在危及学校、他人和自身安全时，可以实行正当防卫，但要掌握分寸，不要防卫过当；二要加强自身修养，与人为善，不因小事而惹是非。

3. 遇到骚扰电话时应注意以下几点：

（1）不轻易向陌生人透露你房间的电话号码。

（2）感到陌生电话有骚扰嫌疑时，尽可能与其少搭茬。

（3）当一个晚上接连收到骚扰电话时，可索性将电话线拔掉。

（4）向学校保卫部门及时报案。

（六）网络暴力

随着生活方式的转变和社会节奏的加快，现代人交友的方式和途径也大大增加，尤其是网络越来越多地融入我们的生活，网上交友这种新鲜快捷的交友方式也得到了年轻人的认同。网上交友大大扩展了人们的交友圈，但网上交友也存在安全问题。

根据雅虎中国2008年的调查结果显示，在所有参加调查的网民中，64%的用户都曾经有过“网上交友”的经历，用户参与度非常高，同时显示出网上交友年轻化、成熟化的趋势。在调查对象中，18～21岁的青年占总人数的26.4%，位居第一，而随着年龄以3～4岁为一个阶段递增，逐步呈现出人数的明显减少，网络交友呈现年轻化趋势。可见在现代社会里，已经有相当多的人认可了网络交友。

不过雅虎中国此次的调查结果也同样显示了网络交友安全性的问题，主要表现在四个方面：对人员素质的不满意占39.1%、对交友资料欠缺度的不满意占19.2%、对隐私外泄的不满意占16.9%、对服务商乱收费的不满意占17%。特别是现实中针对未成年人及中职生的“校园暴力”行为，如今正大量向虚拟的网络转移。通过向未成年人发送邮件、文本信息以及在线聊天、交友等方式，以未成年人群体为目标的“网络欺凌”行为正显示出比现实欺压更大的危害性。

在许多国家的校园里，欺凌弱小现象都一直存在。但随着网络应用的进一步扩大，不少喜好欺凌弱小的学生开始上网作案，在网络中恐吓、欺凌同学。据调查，女生受到网络欺凌伤害的几率高于男生。约有38.3%女生曾在网络上被欺负，略高于男生的34.4%，不过有27.3%的女生表示，如果碰到这种状况会毫不犹豫地予以反击。女生成为“网络欺凌”施加方的比例与男生差不多，而女生的欺凌行为往往更狡猾、更具杀伤力。

1. *网络聊天交友应注意的问题*　中职生在互联网上聊天交友时，必须把握慎重的原则，不要轻易相信他人。

（1）在聊天室或上网交友时，尽量避免使用真实的姓名，不轻易告诉对方自己的电话号码、住址等有关个人真实的信息。

（2）不要轻易与网友见面。许多中职生与网友沟通一段时间后，感情迅速升温，不但交换真实姓名、电话号码，而且还有一种强烈见面的欲望。

（3）与网友见面时，要有自己信任的同学或朋友陪伴，尽量不要一个人赴约；约会地点尽量选择在公共场所，人员较多的地方；尽量选择在白天，不要选择偏僻、隐蔽的场所和夜晚，否则一旦发生危险情况时，将得不到他人的帮助。

（4）在聊天室聊天时，不要轻易点击来历不明的网址链接或来历不明的文件，往往这些链接或文件会携带聊天室炸弹、逻辑炸弹，或带有攻击性质的黑客软件，造成强行关闭聊天室、系统崩溃或被植入木马程序。

（5）警惕网络色情聊天与反动宣传。聊天室里汇聚了各类人群，其中不乏好色之徒，言语间充满挑逗，对不谙世事的中职生极具诱惑，或在聊天室散布色情网站的链接，换取高点击率，对中职生的身心造成伤害。也有一些组织或个人利用聊天室进行反动宣传，进行拉拢、腐蚀等活动，这些都应引起中职生的警惕。

2. *预防“网络欺凌”*　目前，我国政府有关部门开通了热线，鼓励举报涉及儿童色情、种族仇恨和其他非法内容的网址；并设立了专门网站，向社会提供最新的网络安全信息。政府公布了24小时的网络热线，同学们可随时就网络问题寻求帮助。中职生在面对现实或网络欺凌面前，要保持自信并敢于反抗。

3. *预防网络犯罪*　利用计算机信息与网络进行犯罪活动主要有以下四种类型：

（1）政治性犯罪：利用消息与网络系统从事危害国家、社会、国防安全等具有政治性质方面的犯罪统称为政治性犯罪。①用互联网造谣、诽谤，或发表、传播信息，煽动颠覆国家政权、推翻社会主义制度或者煽动国家分裂、破坏国家统一；②利用互联网盗取、泄露国家秘密、情报或者军事秘密；③利用互联网煽动民族仇恨、民族歧视，破坏民族团结；④利用互联网组织邪教组织、联系邪教组织成员，破坏国家法律、行政法规的实施。

（2）侵财性犯罪：凡是利用信息与网络系统从事侵犯公共或个人财产的犯罪活动统称为侵财性犯罪。主要有三种情况：①利用互联网进行诈骗、盗窃；②利用互联网编造并传播影响证券和期货交易的虚假信息；③利用互联网销售伪劣产品或者对商品、服务作虚假宣传。

（3）侵权性犯罪：凡是利用信息与网络系统进行侵犯他人的名誉权、姓名权、知识产权等方面的犯罪统称为侵权性犯罪。主要有四种情况：①利用互联网侮辱他人或者捏造事实诽谤他人。②利用互联网侵犯他人的知识产权。③利用互联网非法截获、篡改、删除他人电子邮件或者其他数据资料，侵犯公民通信自由和通信秘密。④利用互联网损害他人商业信誉和商品声誉。

（4）攻击性犯罪：凡是针对计算机信息与网络系统所实施的制造病毒、非法进入、黑客攻击等破坏犯罪统称为攻击性犯罪。主要有三种情况：①利用信息与网络系统，违反国家规定，侵入国家事务、国防建设、尖端科学技术领域的计算机信息与网络系统。②利用互联网制作、传播计算机病毒，设置破坏程序，攻击计算机信息系统和网络系统，致使信息与网络系统遭受损害。③采取非法手段，擅自中断计算机信息与网络系统，造成信息与网络系统不能正常运行。

（七）非法传销

传销，在国外称“金字塔式销售，链式销售”，在我国俗称“拉人头”、“老鼠会”。含义是指参加者加入网络时，必须付一笔高额入门费以获得介绍他人加入的资格（或取得晋升到更高层的机会）；加入者可以从其介绍的加入人员所缴付的费用中提取报酬；还可以从其下线发展的人员交纳的费用中再提取报酬；有明确的上下线关系，组成金字塔式的多层次人际网络。参加者收益的多少主要依据其发展人员的数量或其发展的人员再发展的人员的数量。传销的本质是欺骗，具有隐蔽性、流动性和群体性，它被国际社会称为“经济邪教”，为各国政府严厉打击和依法取缔。我国政府也采取果断措施，对传销和变相传销进行打击和清除。

近年来，非法传销和变相传销出现反弹势头，传销人员呈低龄化趋势。其中，在校生、应届毕业生的比重日益增大。不仅严重扰乱社会正常的经济秩序，而且还严重危害社会稳定。很多学生由于涉世未深，被所谓的朋友引诱哄骗上当，被骗入传销网络中，成为非法传销的牺牲品，他们的身心健康受到极大危害。特别是中职生，被以前的朋友以找工作为名而骗入传销网络的人很多。我国政府明确提出，“要严厉打击传销活动，学校要采取措施防止学生受骗参与传销活动”。

1. 抵制传销　中职生对传销的认识不够深入，对直销和传销的区别知之甚少，而青年学生社会接触面不广，往往急功近利，对生活的期望值过高，很容易被那些宣称能暴富的传销组织“洗脑”，上当受骗。所以中职生要了解非法传销的危害，揭露传销和变相传销的欺诈本质，认清传销组织的真实面目，从而远离传销组织并积极抵制传销。

2. 运用法律武器保护自己　培养青年学生的法律意识。在当今价值取向多元化的社会，中职生应当多学习一些法律知识，提高法律意识和辨别是非的能力，自觉运用法律武器来保护自己，抵御各种非法组织、腐朽思想观念和经济利益的诱惑。

3. 树立正确的价值观、人生观、择业观　随着社会环境的变化，各种思想和观念呈多元化的发展趋势，在这种复杂形势下，中职生要正确认识社会，提高抵御各种不良思想影响的能力，正确对待金钱，摒弃拜金主义、享乐主义的人生观，树立踏踏实实做人、认认真真做事的科学的人生观、价值观。

4. *加强自我防范意识* 中职生涉世不深，心理不成熟，很容易受一些不良思想的影响，而社会上的一些不法分子正是利用中职生的这一特点，向他们灌输不良思想，并煽动他们从事一些违法活动。所以，中职生一定要树立起自我防范意识，防止落入不法分子的圈套，避免在不法分子设置的迷局中越陷越深。

5. *及时举报非法传销活动* 一旦发现有人以招工，或朋友以帮忙找工作、合伙做生意等名义，要求交钱加入或发展人员加入，发展后可以提成，并许以高收入、高收益、高回报等情况时，一定要提高警惕。发现传销或变相传销时，应及时向工商、公安机关举报。

（八）黄赌毒

“黄赌毒”作为社会丑恶现象，是万恶之源，不仅败坏了校园风气，甚至还危及社会，历来被国人所深恶痛绝。在这个纷繁复杂的社会中，如果交友不慎，与不良青年交了朋友，很容易沾染“黄赌毒”。所以，涉世不深的中职生更应明辨是非，自觉、主动拒绝“黄赌毒”，杜绝这种不良社会风气的滋生、蔓延。

1. *拒绝“黄祸”* 所谓“黄祸”，即黄色淫秽物品，具体是指描写性行为，或露骨宣扬色情淫秽性的录像带、录音带、影片、电视片、幻灯片、照片、图画、书籍、报刊、抄本、印有这类图片的玩具、用品，以及淫药、淫具。黄色物品具有扩散快、毒害大、遗毒深的特点。近些年来，虽然全社会采取有力措施抵制“黄害”，但仍没有根绝。“黄祸”的泛滥严重毒化社会风气，腐蚀人们的灵魂，影响中职生身心健康，诱发强奸、抢劫、凶杀等犯罪，危害社会治安，有极强的社会危害性，特别是对涉世不深的中职生危害更大。在这股毒雾的熏染下，一些中职生会迷失自己的人生方向，从而走上犯罪道路。因此，中职生必须增强抵御“黄祸”的能力。

（1）树立正确的人生观、价值观，追求积极向上的人生目标，从思想上筑牢抵御“黄害”的防线。

（2）充分认识到“黄害”的危害性，远离黄色淫秽的书刊和各种音像制品，做到不买、不看、不藏，不受坏人的拉拢、利诱或胁迫。发现有其他同学和周围人员流传和播放的，要及时报告有关部门予以查处。

（3）自觉培养高尚的情操，参加有益的、健康向上的文娱活动，用积极的活动来充实自己的业余生活。

2. *拒绝赌博* 赌博是一种利用赌具，用财物作注、争输赢，以占有他人利益为目的的社会丑恶现象，也是一种国家法律禁止的违法犯罪行为，已经成为严重的社会公害。虽然我国的刑法明文规定了“赌博罪”，禁止任何以营利为目的的赌博行为，但这种不良行为在中职生中较为常见，且有在校园内蔓延的趋势。中职生参与赌博与当前社会上普遍存在的各种形式的赌博现象和家教的偏差有着密不可分的关系。许多中职生来自农村，其家长文化素养不高，农闲时三五成群聚众赌博，而且有些家长不但自己参赌，还宽容或纵容子女赌博。寻求娱乐刺激，喜欢冒险的个人心理因素是中职生赌博的重要因素。好奇心和冒险精神正是这个年龄段学生的心理特点。许多学生由于在初中阶段的片面追求升学率的压力下，在学业上得不到成功的体验，因而把兴趣爱好转到其他方面，如赌博等。

中职生参与赌博的危害性很大。大量事例证明，参与赌博的中职生都会有不同程度的学习成绩下降，而且陷入赌博活动的程度越深，学习成绩下降得就越严重。同时，还会严重损害身心健康，造成心理素质下降，道德品质败坏。中职生参与赌博不仅伤害身体健康，而且还会破坏学校正常的学习生活秩序，污染毒化社会风气，诱发暴力犯罪，有的由赌徒发展为罪犯。因赌博走上犯罪道路而断送前程的现象在中职生中并不鲜见。抵制赌博的正确方式是“坚持原则、灵活应对、加以制止”。

（1）坚持原则：在任何时候、任何场合、任何情况下，不管是同学、朋友、邻居，还是家长，凡是拉你去赌博，你就坚决不参加。要克服两种错误思想：一要克服“玩小不玩大”，即认为“输赢不多，没关系”。实则不然，赌徒往往都是以小赌上瘾到大赌的。二要克服“不好意思拒绝”，在关系到违法不违法的是非面前，不能糊里糊涂地犯错误，不能因为怕伤了感情而去犯错误，一定要克服“哥儿们义气”。

（2）灵活应对：别人在拉你参与赌博时，要找出各种理由，甚至是借口加以拒绝。是否被人拉下水，关键在自己，只要你有不参加赌博的决心，就能从容地对付拉你“下水”的人。

（3）加以制止：发现同学或朋友参与赌博，要从关心帮助的愿望出发，采取适当的方法进行劝阻，如无效果，可向老师和学校报告，对他们及时挽救。同时要：①自觉遵守校纪校规，养成遵纪守法的良好习惯；②充分认识赌博的危害，培养高尚的情操，多参加健康积极的文体活动，充实自己的业余活动；③要防微杜渐，分清娱乐和赌博的界限。

3. **拒绝毒品** 毒品是指鸦片、海洛因、甲基苯丙胺（冰毒）、吗啡、大麻、可卡因，以及国家规定管制的其他能够使人形成瘾癖的麻醉药品和精神药品。毒品危害是世界公认的与环境污染、青年学生犯罪并列的人类三大公害之一。毒品的危害概括起来主要有两个方面：一是直接影响，即对吸毒者本身的身心和躯体的残害，如使人体免疫力下降，各种生理功能受到严重破坏。毒品能破坏人的消化系统，使人的内分泌萎缩，功能紊乱。二是间接影响，即吸毒者为吸毒而对道德风尚和社会稳定造成的破坏。同毒品犯罪行为作斗争，是全社会的共同任务。预防青年学生吸毒要依靠全社会的共同努力。所以，中职生自己应采取以下措施，增强抵制毒品侵袭的自觉性，珍惜生命，远离毒品。

（1）加强人生观修养：根据统计资料显示，在吸毒的青年学生中，多数学习成绩差，自感前途渺茫，受师生歧视，自暴自弃。所以，中职生刻苦学习，树立积极向上的人生观是抵制毒品侵害的根本措施。

（2）充分认识毒品的危害性：弄清毒品对身心健康、事业前途、爱情婚姻、家庭幸福、社会安定的危害程度，提高对毒品的防御能力，绝不能在毒品及贩毒分子的诱惑面前存在一丝一毫的好奇心。

（3）慎交友：不要光顾低级趣味的娱乐场所，不要和不三不四的人交朋友，尤其不要轻易接受这些人有意送上的“好烟”。因为一些中职生是由于吸“好朋友”或贩毒分子送给的掺有毒品的香烟而成为吸毒者的，中职生要养成不吸烟的良好习惯。绝不能结交有吸毒恶习的朋友，更不能听其谎言，因一时冲动，出于好奇而尝试。一旦染上，难以自拔。

（4）要增强心理承受能力：中职生在学习、生活及家庭中遇到困难和挫折时，甚至遭遇重大打击时，都要正确对待，要以顽强的意志和理性战胜眼前的困难，做生活的强者，而不能因为一时无所适从和精神空虚去寻求不健康的精神刺激。如果涉足沾染毒品，要主动报告，自觉接受学校、家庭和社会的监督和帮助，及时戒除和治疗。

（5）中职生除了提高自身防毒能力外，还应为全社会禁毒工作作贡献，有责任向父母、兄妹、亲戚、朋友讲解毒品的危害，要敢于向禁毒机关或有关部门揭露毒品犯罪和吸毒行为，形成人人抵制毒品、远离毒品的社会环境。

二、如何慎重交友、确保安全

交友是人们通过各种不同的方式进行的人际联系和接触，交友的目的在于传达思想、交流感情。交友对中职生充满了诱惑，他们渴望了解他人，了解社会，同时也希望被别人所了解。所以中职生交友的特点表现为交友欲望强烈、交友频率高、交友面广等。那么，我们在日常生活中如何确保交友安全呢？

（一）择善而从，谨慎交友

交友对象是影响交友安全的主要因素，一个人的朋友如何，对自身的成长、发展往往起一定的作用。与正直、讲信用的人交友会收益匪浅；与心术不正、华而不实的人交朋友，会带来害处。正像孔子所说："益者三友，损者三友。友直，友谅，友多闻，益矣。友便辟，友善柔，友便佞，损矣。"所以，交友最基本的原则有四条：一是"择其善者而从之"；二是严格做到"四戒"，即戒交低级下流之辈，戒交挥金如土之流，戒交吃喝嫖赌之徒，戒交游手好闲之人；三是对于"初相识的朋友"，不要轻易"掏心窝子"，更不能言听计从、受其摆布利用；四是对于那些"来如风雨，去如微尘"的上门客，态度要热情、处置要小心，尽量不为他们提供单独行动的时间和空间，以避免给犯罪分子创造作案条件。

（二）坚持原则，明辨是非

在原则问题上，在大是大非面前，决不能含糊。不能因为是同乡、同学或好友，讲所谓的"义气"，感情用事，不分是非曲直，使自己误入歧途而断送前程。因此，分清善与恶、是与非，对交友安全有百益而无一害。

（三）交流沟通，虚心求教

在交友中，会遇到各种各样的人和事，也会出现许多自己把握不定的问题。在这种情况下，不要盲目听信他人，也不要自作主张自行其事，而要及时与老师和家长沟通，多征求他们的意见，取得他们的帮助，这样才会避免交友中的危险，使交友变得更加安全。

（四）严以律己，宽以待人

在交友中，要做到相互平等、严以律已、宽以待人、不卑不亢，一旦遇到自己不能处理或威胁到个人财产、人身安全的情况时，应该及时向老师和学校保卫部门报告，以便得到及时处置。切勿如同"哑巴吃黄连"一样闷在心中而不讲，更不可擅自寻求私了渠道，这样可能会产生更大的损失和伤害。另外，同学之间应该相互关心。在平时的交友中如果发现同学有异常的行为表现时，也应该及时向老师和学校保卫部门报告，这样可以及时有效地避免意外事件的发生。

（五）社团组织，慎重参加

在参与社团活动时，必须到学校负责学生社团管理的部门了解有关规定；向学校的社团管理部门提供相关的申请材料，包括社团名称、宗旨、活动内容及范围，社团章程、组织机构和负责人及成员情况、经费来源及其他需要说明的事项等；认清该社团组织是否合法及活动的目的、内容、方式、人数、地点及负责人，特别要防止别有用心的人利用学校合法社团从事非法活动和破坏校园的稳定。一旦发现问题，应当立即停止活动，并向学校保卫部门报告。

（六）认清本质，远离邪教

中职生在处理宗教问题上，应深入学习了解党和国家制定的宗教信仰自由政策，警惕境外敌对势力对我国的宗教渗透，任何宗教组织和教徒都不应当在宗教场所以外的地方进行宗教活动和布道、传教、宣传有神论，或者散发宗教传单和其他未经政府主管部门批准出版发行的宗教书刊。邪教并不是我们平常所说的宗教，邪教的“教”并不是指宗教的“教”，而是特指邪恶的说教、邪恶的势力。邪教组织不同于正常的宗教组织，它是冒用宗教、气功或其他名义建立的，神化首要分子，利用制造、散布迷信邪说等手段蛊惑人心，发展和控制成员，危害社会的非法组织。我们务必认清其邪恶本质，远离邪教。

案例

案例一：交友不慎遭抢劫

杜某16岁，原先学习成绩一直很好。在他初中毕业的那个暑假，与同学玩时认识了在社会上混的李某等一伙人。他见李某比自己才大两岁，却比自己潇洒得多，且李某出手大方，经常带杜某到网吧、游戏室等地方玩，他很羡慕李某，于是天天跟着李某玩。但是出去玩必须要有钱，李某口袋中的钱很快就用完了。李某就对杜某说：“我们现在没钱玩了，要玩就必须搞钱。”他们一合计，杜某决定到一个他认为有钱的同学家去抢钱。杜某带着李某等三人趁同学的父母上班、同学一人在家之时闯入同学家实施抢劫，同时还将该同学打成重伤。公安机关很快就破了案，将李某和杜某等人抓获归案。到了9月1号，杜某坐在牢房里悔恨交加，他痛哭道：“今天是开学的日子，我多么想背着书包去上学呀，当时我只是想到好玩，我没想到我的行为是犯法的，我后悔呀！”但是法律是无情的，谁触犯了它，谁就要受到处罚。

案例二：“网友”见面遭谋害

某职业学校的学生许某，在网上聊天时认识了在深圳打工的河北人冯某，两人甚是投机。许某把冯某当作知心朋友，却不料冯某存有歹心。交友中，冯某得知许某是职业学校的学生，由此认定许某的社会经验尚浅，可以从他那里搞一笔钱财。同年5月，冯某找到同乡钱某商量，两人决定对许某下手。22日，两人从深圳窜至广州，并于23日入住某酒店；当天下午14时许，按照事先的约定，冯某在学校门口找到许某，在冯某的花言巧语下，许某跟随冯某到了酒店房间。许某事后在酒店遭冯某和钱某杀害。

案例三：“网友”骗色

一女中学生险被“网友”强暴。某职业高中两名女学生倩倩（网名）、姗姗（网名），在网上聊天时结识某男网友。在相约见面后，男网友将二人骗至宾馆，一男青年对倩倩实施强奸，由于姗姗极力反抗强奸未遂。由于犯罪嫌疑人在与被害人见面时使用的都是网名，没有留下真实姓名，所留下的电话号码、传呼等都是假的，案件侦破陷入僵局。后来在市局刑警大队与计算机安全监察部门的缜密侦查下，才找到了在网上自称“大禹”的犯罪嫌疑人。最后民警在某网吧将其团团围住，而此时的“大禹”还在网上寻找新的“猎物”。

分析：可以看出由于青少年涉世不深，很容易被网络假象迷惑；而且好奇心强，遇事缺乏随机应变的处理能力，因此很容易被别有用心的人利用。出事时又缺乏自我保护能力。青少年应该认识到网络中的形象并不代表每个人的真实面目，参与网络活动中，应提高安全意识，加强自我保护，不要随便与网友会面，特别是不要单独与陌生的网友会面，以免发生不测。另外，青少年对感情问题处理缺乏经验，新鲜感强，容易沉迷网络交友，甚至发展网恋，一旦发生问题，又很难做到理性认识、正确看待。其实网络交友、网恋与现实生活中的交友和发展恋情存在着极大的区别，网友在现实生活中的缺点很容易被网络所掩盖。面对这类问题，青少年交友必须保持平常心态，把注意力集中到学习和工作中，做到客观分析，避免沉迷于网络，难以自拔。

案例四：大学生落入传销陷阱

江苏省某校一名应届毕业生为找一份满意工作，落入了不法分子设置的就业陷阱。这一事件敲响了防止青年学生落入非法传销陷阱的警钟。

小张是一名应届本科毕业生，一个偶然的机会遇到了高中女同学小冯。小冯出手的阔绰大方令小张大为吃惊。小冯见小张吃惊与羡慕的表情心中暗自高兴，便鼓其如簧之舌，称自己现在南方S市的“东方集团”工作，月收入数千元，如果小张愿意去应聘该公司，她将鼎力相助。

涉世未深的小张轻信了小冯的“美丽谎言”，在未告知学校老师和同学的情况下，只身赴“东方集团”应聘，不料一去即落入虎口。原来“东方集团”是个非法传销公司，小张一到该公司就失去了人身自由，并被迫向家中打电话，称正在接受“东方集团”的培训，急需交1万元保证金，并提供了“东方集团”的银行汇款账号。小张的家人将这一情况向学校反映，经与“东方集团”人力资源部联系，证实该集团近期并未招收男性职工，即使招聘录用也不需要缴纳1万元保证金。

保卫处和院系负责人共同分析后，认为小张很可能误入某传销组织，便立即向学校有关领导汇报。校领导高度重视，要求将此情况立即向省公安厅报告，请求支持，尽早将学生解救回校。

随后该院系领导和保卫处干部陪同小张的亲属赶赴S市。当地公安机关和有关部门经过缜密调查，采取联合行动，一举摧毁非法传销窝点，抓获涉嫌非法传销人员9名。小张同学获救，且对自己的幼稚行为悔恨不已。

这一案例发人深省。非法传销是通过发展人员组织网络或者以高额回报为诱饵招揽人员，上线从下线“业绩”中提取报酬，且参与者直接或变相交纳入门费，其传销手法、形式、人员具有欺骗性、隐蔽性和复杂性，严重扰乱了市场经济秩序，对社会稳定和青少年的身心健康构成了极大危害。因此，广大青少年特别是正面临毕业的青年学生，在择业时一定要理性、谨慎，提高择业过程中的安全防范意识，谨防受到不法侵害。首先要树立正确的择业观，调整好就业心态；其次要增强法制观念和辨别力，提高就业中的自我保护能力，警惕落入不法分子设置的陷阱。

案例五：都是毒品惹的祸

某中专学校学生小张，出身于一个较为富裕的家庭，在刚入学不久就染上了毒品，他染上毒品完全是因为好奇，没有识破对方精心为他设计的陷阱。一天，有人声称吸毒会带来灵感，并不会给身体带来伤害，并举例说像张学良将军、足球巨星马拉多纳都曾经吸毒。于是，小张跟那些不良青年一起服用迷幻药，然后发展到吸食海洛因。吸食毒品半年后，小张的尸体在一栋大楼的门洞里被发现。验尸结果表明小张的死因是过量吸毒引起心力衰竭。

1. 如何应对抢劫，抢劫发生时该如何处理?
2. 为防止性侵害，女同学要注意哪些事项?
3. 谈谈你对非法传销的认识，如果陷入非法传销组织，应如何应对?
4. 谈谈你对“黄赌毒”危害的认识，如何防范其侵害?
5. 如何慎重交友，从而确保安全?

第二节 守规矩

国有国法，校有校规，没有规矩不成方圆。邓小平同志非常重视对青年的纪律教育，并把青年的纪律教育放在同理想教育同等重要的位置，强调有了理想，还要有纪律。他说，在革命战争年代，加强纪律性，革命无不胜；今天搞社会主义现代化建设，在发扬民主的同时更是如此。中职生正是生理、心理、思想发生显著变化的时期，由于生理发育较快而心理发育滞后，出现了新旧交替时带来的比较强烈的不平衡状态，这种生理和心理上的不平衡使学生在学校和社会生活中既可以产生热情、积极进取、关心时事、掌握真才实学的强烈要求，也会产生情绪上的不稳定、感情用事、好冲动、跟着感觉走、没有目的的盲动和不计后果的蛮干等许多不规范的行为，而给自己带来不安全因素。

一、不守礼规的表现形式

近几年来，中职生人数迅速增长，但学生的文化素质却逐年下降，多数学生在初中阶段学习目的就不明确，组织纪律观念淡薄，经常违反校纪。进而导致一些治安案件的发生，危及青年学生人身财产安全，诱发中职生违法犯罪。

（一）语言不文明，满口脏话，不懂得尊重他人

这种不文明行为是造成学校不安定因素中很重要的一个方面。在校园中它直接影响构建和谐校园，破坏同学间的和睦，影响本应团结友爱的关系，容易引起同学间的争执，甚至打架斗殴等安全问题。

语言在一定程度上体现一个人的素质和修养，一个接受教育的学生，却满口脏话，出口伤人，这与其身份极不相称，对这种行为要坚决抵制和制止。

（二）随地吐痰，乱扔垃圾，缺乏环保意识

这些不文明行为对行为人来说是最方便的习惯，往往自以为这是小事，无伤大体，但这种行为实质上是缺少社会公德意识，是对中职生所应负的社会责任感意识不强，是忽视他人

健康、影响社会和谐发展的表现。这种不守礼规的行为会受到人们的鄙视和唾弃，给自身的前途带来严重的负面影响，甚至会受到严厉的行政处罚。

环保意识的缺乏是中职校园中的普遍现象，树立科学发展观，走可持续发展道路，我们任重而道远。摒弃“世上本无路，走的人多了就成路”的错误倾向，杜绝绿草地上延伸不和谐的小径、鲜花丛中落下不相称的脚印。

（三）毁坏公共设施，浪费水电和粮食

人们常说“浪费是最大的犯罪”，但这种不文明行为在校园里却颇为严重，很值得我们每一个人深刻反思。你若细心观察就会发现：学校的桌椅、门窗损害很严重，教室、图书馆内有多少桌椅被信手涂鸦，打油诗、爱的宣言、美女动画、考试答案等分布在桌椅板凳的各个地方，不少宿舍的垃圾桶内倒下的是剩饭剩菜；卫生间水龙头哗啦啦地流淌。这些不良行为会给社会安全带来严重隐患，如毁坏路灯会使行人不安全；毁坏消防栓，在发生火灾等紧急情况下无法使用，给社会和个人带来重大财产损失及人身安全隐患；浪费水电和粮食会使资源枯竭，影响人类生存；或用长明灯，可能酿成火灾等。

要杜绝此类现象，关键要从思想意识和行为规范上加以引导和约束，爱护公物，珍惜公共财产人人有责。希望大家可以从节约一滴水、一度电、一粒粮食做起，从身边的小事做起，为建设和谐社会、节约社会作出应有的贡献。

（四）上课迟到、旷课、逃课；上课睡觉、说话、吃东西；抄袭作业，考试作弊

这些在学生中本不应该存在的现象，却成了中职学校的常见现象。目前确实有一部分同学在学习目的、学习态度、学习方式上没有一个正确的认识，对待自己的学业不够认真，在遵守学校纪律和校规方面还存着自由散漫的恶习。上课迟到、旷课、逃课，上课睡觉、说话、吃东西，这不但是对自己学业的放弃，也是对老师、同学的蔑视，对学习环境产生一定干扰，致使老师不得不像对小学生那样来维持课堂秩序；抄袭作业、考试作弊作为一种现象，在中职学校也有流行的趋势，特别是网络给人们获取信息和资料带来方便的同时，也对人的诚信提出了巨大的挑战，许多同学将网络作为方便快捷应付老师的一种手段。

这些不良行为必须要纠正。否则，不仅荒废自己的学业，浪费大好时光，耽误前程，枉费家长心血，也会影响别人的学习，甚至会助长歪风邪气。俗语说：“浪费别人的时间，就是图财害命”。

（五）带手机进入会场、课堂或其他学习场所，并随意接听

手机是现代人际交流的一种重要工具，随着手机在校园的普及，一种新的不文明现象随之产生：带手机进入会场、课堂、图书馆或其他学习场所，并随意接听，肆意让手机铃声扰乱正常的教学秩序。这不仅会影响他人的正常工作和学习，甚至会遭到别人的鄙视和“教训”。

手机虽然是人们极其重要的个人用品，但不应该让它来影响大家的生活。这种方便自己、影响别人的行为，说到底还是素质低下的表现，我们应该坚决抛弃。

（六）以自我为中心，自私自利，不关心集体

在校的中职生大多数是独生子女，并且相当一部分是单亲家庭出身的学生，自我意识较

强，比较追求个性，在关心集体方面较差，在同学交往中往往以自我为中心，过多地考虑自己的得与失，不会换位思考，不考虑其他同学的感受和想法。现在许多老师，特别是班主任越来越感觉工作难做，特别是集体活动，学生参与热情不高，必须通过强行命令或制度加考核办法才能开展。这种不良意识非常不利于自身的发展，甚至会使自己变成“孤家寡人”，以后很难开拓自己的事业或取得成就。

集体主义精神是当代中职生最缺失的，现代社会需要个性发展，但更需有团队协作的精神，学会与集体合作也是人生成才的重要基础。

（七）食堂打饭菜不按秩序、乱插队

这是一个社会公德问题，是不讲规则的表现。有的同学认为，讲规则就要吃亏。只要达到目的，可以不讲手段。殊不知，这种不良行为会带来严重不良影响，容易引起别人的不满和效仿，导致食堂乱成一团，发生饭菜倾倒烧伤别人或引起打架斗殴事件，甚至发生踩踏事件，于人于己都不安全。

这种思想是最要不得的，我们是一个法制社会，遵守规则是我们为人处事的首要原则，一个不讲规则的人，是不能在社会中立足的。

（八）看淫秽书刊或声像制品

电脑是一件好东西，网络是一种好工具，但是把它用在不该用的地方就会出问题。目前中职生去网吧的人数越来越多，网络技术越来越发达，直接提供下载资料的工具为不良影片的传入提供了方便渠道，再加上中职生处于青春期，对爱的追求、对性的好奇很强烈，淫秽书刊或声像制品就会在校园中有一定市场。这会严重影响中职生的身心健康，分散学习注意力，使其荒废学业，甚至会诱发犯罪。

杜绝此种现象，要求同学们学习一些生理知识，正确认识并掌握青春期生理、心理规律，提高自制能力，将精力集中到学习上。

（九）在宿舍内影响他人休息

宿舍是供大家休息的地方，而很多同学把这里当成游乐场、健身房和运动场，酗酒、打闹、嬉戏、拍球等，严重影响了其他同学的休息和生活。这些不良行为不仅是素质低下的表现，还会导致发生打架斗殴等不安全事件。

孔子说：“己所不欲，勿施于人”。凡事一定要对照自己，照顾别人，多为他人想想，才能和睦相处，共建和谐校园。

（十）吸烟、酗酒

吸烟现象在中职生中十分常见。殊不知，吸烟是一种危害后果很大的现代社会性疾病，是严重威胁人类生命与健康的社会问题。中职生吸烟之后，一方面使得正常的人际交往出现障碍，受到亲友、老师和同学等人的排斥；另一方面则强化了他们与社会上不法分子交往的倾向，他们交上不良社会青年之后，吸烟的数量和“档次”也会越来越高，开销也越来越大，常常由于缺乏稳定的经济来源而走向偷盗、抢劫的犯罪道路。

酗酒也是一种社会性疾病，它会影响酗酒者的身体健康，造成人际关系和经济等方面的不良后果或造成自己的颓废、堕落，给家庭带来过多的经济负担，破坏家庭和睦关系，引发车祸和其他违法犯罪活动。中职生酗酒的后果更为严重，会导致他们身体功能损耗，记忆力

下降，无法坚持学习，进而流浪街头，诱发违法犯罪活动和过早死亡。

正因为吸烟和酗酒会给青年学生带来这么多的严重不良后果，所以我国相关法律都明文规定了青年学生不得吸烟和酗酒。我国《预防未成年人犯罪法》第十五条也规定："未成年人的父母或者其他监护人和学校应当教育青年学生不得吸烟、酗酒。"此外，我国借鉴美国、日本等国家保护未成年人的立法和实践经验，从掐断烟酒的来源上也切实保证了青年学生不得吸烟、酗酒。我国《预防未成年人犯罪法》第十五条规定："任何经营场所不得向未成年人出售烟酒。"如果经营场所肆意违反法律的规定，向未成年人兜售烟酒，有关部门可依法对其进行行政处罚，如取缔其营业执照、勒令其停业、罚款等。

（十一）打架斗殴

因琐事而打架斗殴，甚至造成人身伤害，在中职学校里成为不守礼规的常见现象。而且引发打架的原因有时甚至很可笑，如"不借手机"、"看不顺眼"等等，这反映出独生子女的报复心和欺人的势力。与其他不良行为相比，参与打架斗殴的学生比例并不高，但其危害性却很大。较轻的可以致使双方身心受到伤害，严重的还能致命。我们要知道生命是无法挽回的！如果真的闹出人命，施暴者还可能要偿命，最终害人害己。打架斗殴者做事都不理智，没有想过前因后果，不仅给人留下悲伤和阴影，还让自己背上罪名，在脑海中留下血的教训。然而最令人担忧的是，打架斗殴现象正向一贯被认为是柔弱、无力的女生中发展。

作为一名学生，遇事一定要冷静、克制，防止打架斗殴事件的发生，给学校留下一处安静和平的地方，供同学们快乐地学习，健康地成长。

二、不守礼规带来的安全隐患

（一）校园暴力

校园暴力是指在校园环境中发生的，利用身体力量或其他工具侵害他人身体或公、私财物的行为，它所侵害的对象是学生或公、私财物。暴力行为表现出明显的随意性、个别性、突发性等特点。职业学校发生校园暴力的比例要比普通中学高得多。

学生发生暴力行为的心理特征：①模仿性。学生受智力发展水平的限制，认识事物较为直观、肤浅，还不善于辨别事物本质，因而模仿成为这一年龄段的特点。学生的许多暴力行为都是模仿的结果，许多武打片的打斗镜头都是打不死、砸不烂的形象，学生看了很受"刺激"，在同学之间一用，结果就造成了伤害。②冲动性。中职生的暴力行为带有明显的冲动性，常常表现在行为者动机单纯，没有什么预谋，在外界刺激下突然发生。如某校两同学为一个口角而动手打起来，没想到造成了一死一伤的惨案。③义气型。学生经常模仿电影电视情景而讲江湖义气，拉帮结派，为朋友、为自己喜欢的女生两肋插刀，其后果往往不堪设想。校园内打群架基本上属于这几种类型。

学生发生暴力行为的成因：学生自身认识不高，分辨力、抵御能力差；部分学生思想早熟、反叛，不听家长、老师的话，思想行为严重偏差，而且部分家庭父母因工作忙、工作量大，在家很少与子女谈话，与子女感情淡漠，导致子女在校内与社会青年打交道多，学到一些劣习，但父母却毫不知情，无法控制子女。同时，部分学生法制意识淡薄，受许多不良习惯的影响，一旦形成了这样的习惯，在校内与同学发生摩擦时就习惯使用暴力来解决问题。

容易产生暴力倾向的学生有七类：①发形、衣着怪异；②有吸烟、吸毒、酗酒等一些劣习；③思想变态，心理扭曲；④常在校内拉帮结派，与社会青年一同活动；⑤没有学习兴趣，成绩低下；⑥在生活、学习中感到压力大；⑦单亲家庭的孩子。家长和老师要注意这几类学生。

（二）欺诈伤害

由于不守礼规，如下晚自习后无事单独外出等，有时会碰到各种各样的不法侵害，比如说被人敲诈、被人殴打、被人抢劫等等。一旦碰到了，怎么办呢？中职生要增强分辨能力，学会自我保护。国家的法律都是为保护一切合法权益、惩罚各种不法行为而制定的，也就是说在我们的合法权益受到罪犯的不法侵害时，我们要拿起法律的武器来保护自己，面临危险的时候，同学们要机智勇敢地同犯罪分子作斗争。如果畏惧罪犯的话，就会助长犯罪分子的嚣张气焰，使他们有恃无恐地实施犯罪行为。

（三）胁迫引诱

胁迫中职生违法犯罪是指用暴力或以其他暴力相威胁，逼迫中职生实施违法犯罪的行为。暴力常指用刀刺、拳打、绳绑、鞭笞等手段逼迫中职生参加违法犯罪活动；以其他手段相威胁包括以揭发中职生的隐私相威胁、以伤害其亲友相威胁、以损坏其财产相威胁等，以此迫使中职生实施违法犯罪活动。引诱中职生实施违法犯罪活动是指通过掩盖违法犯罪的真相，在中职生不知道自己是在实施违法犯罪活动的情况下骗其实施犯罪的行为，或向中职生许以甜头，诱使其实施违法犯罪活动。引诱中职生违法犯罪具有很大的危害性，使得中职生稀里糊涂地参与了违法犯罪活动却不知错或者为一点小甜头陷入违法犯罪的深渊而不能自拔。值得一提的是，胁迫、引诱中职生违法犯罪的人一般是成年人或社会闲散人员，在犯罪团伙中，往往是主犯、累犯教唆、胁迫、引诱青年学生参与违法犯罪活动。许多案件表明，中职生走向违法犯罪道路的原因往往是不守礼规，交友不善，受多次参与实施违法犯罪活动的“朋友”的影响而滑向堕落的深渊。

我国《预防未成年人犯罪法》第十八条规定：“未成年人的父母或者其他监护人和学校发现有人教唆、胁迫、引诱未成年人违法犯罪的，应当向公安机关报告。公安机关接到报告后，应当及时依法查处，对未成年人人身安全受到威胁的，应当及时采取有效措施，保护其人身安全。”所以，如发现有人教唆、胁迫、引诱中职生违法犯罪的，应当及时向公安机关报告，同时可以采取转学、迁居等方式避免中职生进一步参加违法犯罪活动。近年来，在有些中职学校形成一种不良风气，即高年级的学生教唆、胁迫、引诱低年级学生参加违法犯罪活动，并结成违法犯罪小团体，形成恶性循环。

（四）旷课、逃学

中职生不请假而缺课即为旷课，旷课是每个学校都不允许的违纪行为。旷课一方面使得中职生在应该学习知识的时候没有参加学习，从而跟不上正常的教学进度，妨碍其学习进步，影响学习成绩；另一方面许多中职生在旷课的时间里三五成群，流浪街头，参与违法犯罪活动，影响社会治安。也有一些学生骗老师，说家中有事，却逃学在外，整天上网玩游戏。现在逃学和上网这两种现象往往是联系在一起的。在中职学校，逃学的同学有所下降，但迷恋上网的同学却有增无减。学生沉迷于网吧，主要是把电脑当游戏机，玩游戏成瘾。另外，有的学生学习基础差，产生厌学情绪，无聊时在网络的虚拟社会中寻求精神寄托和发泄情感。上网本是现代中职生需要掌握的最重要的信息技术之一，网络教育资源丰富，具有信息量大、更新快、效率高的特点，但长时间沉溺于网络游戏和聊天室，使学生的学习兴趣、性格、行为习惯等受到巨大的影响。绝大多数中职生上网主要是玩游戏、聊天、交友，很多学生上网无节制，甚至达到沉迷的地步，这些学生上课经常睡觉、迟到、早退，学习成绩下降，甚至出现逃学现象。现在的学生逃学是为了上网，迷恋上网最终的结果是辍学，从而引发许多社会问题及安全问题。

确实有特殊原因旷课而未来得及请假的同学，事后一定要向父母和老师说明原因、真相，否则，将会受到校纪、校规的处罚。

（五）捏造谎言

捏造谎言是指诉说与事实不相符的情况的行为。中职生不守礼规，谋利性说谎的比例最大，危害最深。谋利性说谎是为了获得物质和其他利益而进行的说谎，其动机是为了骗取金钱、财物、名誉等以满足自己的需要。另外，学生的恶作剧说谎、报告性说谎也时有发生。中职生说谎现象中比较普遍的是从家中骗取钱财，有的同学谎称学校要交费，有的甚至把一学期上千元的学费挪作它用。骗老师家中没钱，迟点交；骗家长，学费已交。直到老师打电话核实，才不得不从实说出。不管是哪种说谎行为，都是违背道德要求的，刚开始可能只向父母说谎，骗取一点钱物，一旦养成大手大脚的花钱习惯，就会难以自制，骗同学、骗老师、骗朋友，最后滑向犯罪的深渊。我们从小必须养成诚实做人、老实做事的良好习惯。

（六）意外受伤

学校虽然是一个比较安全的地方，但如果不守礼规，往往容易造成意外伤害事件。

1. 在走廊、楼道里踢球、追逐打闹　校园是学习的地方，必须遵守礼规，创造一个相对比较“静”的学习环境。学校走廊都比较狭窄，在走廊、楼道里踢球、追逐打闹容易被撞倒而意外受伤。

2. 集体上下楼时，不讲秩序、互相拥挤　上下楼梯的时候要靠右行走。有些同学可能会想：不就走楼梯嘛，我随便哪边走会怎样。别小看走楼梯，这可是发生过很多的悲剧。我们经常会看到这样的现象：中午放学时，一些班级刚刚体育课结束，大家都往楼梯上赶；一些班级的同学又往食堂冲，于是大家挤到了一块。遇到这种情况需相互礼让，否则，等到悲剧发生就来不及了。

3. 打扫卫生时用劳动工具打闹　有些同学把劳动工具当成了武器打来打去，很容易造成意外伤害。

4. 趴阳台窗台，从楼房阳台窗口上往下扔东西　趴阳台窗台可能会掉下楼，发生危险；从楼上往下扔东西，很可能会砸到楼下行人，造成意外伤害。

5. 进食堂、进出校门拥挤　或许你会以为学校是个安全的港湾，根本不会有什么交通事故发生，而恰恰就在放学时，同学又往往不顾车辆，自己走自己的路，这其实也是非常危险的。其实只要我们能让一让，等一等，悲剧就不会发生。

6. 上体育课时在教室里逗留　当你生病或者身体不适不能参加体育课时，一定要请假。当你一个人留在教室里时，可以多看一些有益的书，不要做危险的动作。

（七）携带刀具

为了保障公民人身安全，防止不法分子利用刀具作为凶器进行违法犯罪活动，我国法律对部分刀具进行管制，任何人不得非法携带管制刀具。

根据公安部《对部分刀具进行管制的暂行规定》第二条规定，管制刀具的范围包括匕首、三棱刀（包括机械加工用的三棱刮刀）、带有自锁装置的弹簧刀（跳刀），以及其他相类似的单刃、双刃、三棱刮刀。只有依法规定的人员才能持有上述刀具。匕首，除中国人民解放军和人民警察作为武器、警械配备的以外，专业狩猎人员和地质、勘探等野外作业人员必须持有的其他人员，须由县以上主管单位出具证明，经县级以上公安机关批准，发给《匕首佩带证》，方准持有佩带。佩带匕首人员如果不再从事原来的职业，应将匕首交还配发单位，将《匕首佩带证》交回原发证公安机关。三棱刮刀，只能由机械加工的工作人员在工作场所使用，不得随意带出工作场所。

由于携带管制刀具容易发生人身伤亡事件，所以法律严禁非法携带管制刀具。根据《对部分刀具进行管制的暂行规定》第九条规定，严禁任何单位和个人非法制造、销售和贩卖匕首、三棱刀、弹簧刀等属于管制范围的各种刀具。严禁非法携带上述刀具进入车站、码头、公园、商场、影剧院、展览馆或其他公共场所和乘坐火车、汽车、轮船、飞机。违反规定非法携带管制刀具进入上述场所的，由公安机关没收其刀具，并依据我国《治安管理处罚法》第二十条之规定，处以 15 日以下拘留，200 元以下罚款。

因为管制刀具都用于某种特定目的，所以绝大部分的中职生都没有携带管制刀具的合法理由。另外，由于携带管制刀具容易导致人身伤亡，中职生携带管制刀具要么可能伤害别人，要么可能被伤害，导致违法犯罪活动的发生，所以中职生不得携带管制刀具。一旦发现中职生携带管制刀具，应予以没收，交公安机关处理。公安机关除没收管制刀具和教育中职生以外，还要查清该管制刀具的来源，依法追究有关当事人的责任。

对于少数民族的中职生，由于风俗习惯而需要佩带的刀具，由民族自治区制定具体办法进行管理。少数民族的中职生佩带的藏刀、腰刀、靴刀等只能在民族自治地方（自治区、自治州、自治县）销售。

（八）夜不归宿

夜不归宿是指中职生未经其父母或者其他监护人或学校管理人员的同意，到深夜还不归家（宿舍）的行为，是中职生不守礼规而产生的一种不良行为。日本的《青少年保护条例》规定夜不归宿是少年非行为的一种，其中深夜的时间界定为晚十一时。在美国，夜不归宿是指青年学生在宵禁之后还在街头游荡的行为。

导致中职生夜不归宿的原因很多，如参加同学的生日晚会；或在外迷路未归；或因逃学和考试成绩不好而不敢回家；或在外参加违法犯罪活动等等。从事青少年犯罪原因研究的许多学者指出，离家出走、夜不归宿是“犯罪的温床”。夜不归宿者往往身无分文、吃住无着落，夏天还可在街头、公园露宿，冬天则往往因寒夜难熬，迫不得已时便滋生偷盗的念头；或者纯粹是因为闲得发慌，从破坏公、私财物中寻找乐趣，如破坏路灯、公园的椅子等。多次夜不归宿的青年学生往往也不到学校上课，彻底游荡街头，容易与其他流浪者产生“同命相怜”的感觉，开始结成团伙，甚至是违法犯罪集团。夜不归宿一方面使得中职生很容易成为堕落者；另一方面则因中职生势单力薄而易处于被欺负、被侵害的境地，夜深人静遇到坏人时难以求救，很容易成为抢劫、伤害等违法犯罪活动的被害人。而女孩子则往往成为强奸犯罪的被害人，她们被强奸之后，若产生“破罐子破摔”的念头，则易走上卖淫的道路。因此，中职生绝不能夜不归宿。

我国《预防未成年人犯罪法》第十六条第二款规定："青年学生擅自外出夜不归宿的，其父母或者其他监护人、其所在的寄宿制学校应当及时查找，或者向公安机关请求帮助。收留夜不归宿的未成年人的，应当征得其父母或者其他监护人的同意，或者在24小时内及时通知其父母或者其他监护人、所在学校或者及时向公安机关报告。"所以，宿舍室长要担负起检查报告的职责，当发现本宿舍成员在规定时间仍没有回宿舍，要及时向班主任报告，协助寻找，必要时请求公安机关协助寻找。

（九）勒索财物

勒索财物是指利用轻微暴力、以暴力相威胁或者以其他手段相要挟的方法迫使财物所有人或者保管人交出财物的行为。勒索财物是中职生不守礼规而产生的不良行为之一，这种行为有如下特征。

第一，在主观意图上，明知是他人的财物而强行索取，具有故意的心态。

第二，在行为上表现为将殴打、轻微伤害等轻微暴力手段加之于财物的所有人或者保管人；也可以是将要对财物的所有人或者保管人或其亲友实施暴力威胁，或者以将要破坏其财产相威胁或者以揭发被索要人的隐私相威胁等。

第三，这种行为一般是情节轻微，勒索财物的数额很少，使用暴力的手段性质不算恶劣，也没有导致严重后果，社会危害性不大而不构成犯罪。

中职生勒索他人财物一般表现为向其他同学索要少量的饭菜票的行为等。例如，黄某14岁，张某13岁，他们在同一所中学上学。某日，黄某见到张某的新书包很漂亮，便想占为已有，于是向张某索要，张某不肯，黄某便开始揍张某，张某还是不妥协。于是黄某对张某说，如果张某不将书包给他的话，他将买一包砒霜放到张某家的水缸里，把他们家的人全毒死。张某听了很害怕，于是将书包给了黄某。黄某的这种行为便是强行向他人索要财物的行为。

治安提示：法律在规定加强对青年学生不得实施强行向他人索要财物的行为教育的同时，还规定了给予违法人一定的处罚措施，我国《治安管理处罚法》第二十条规定，对抢夺少量公私财物、敲诈勒索公私财物，尚不够成刑事处罚的，处15日以下拘留或者警告，可以单处或者并处200元以下罚款。

（十）不良团伙

不良团伙是指一种有核心成员或骨干分子，其成员的范围不是固定的，而只是一定地域内的、自愿结合的，具有反社会倾向，多次实施一种或多种不良行为的落后分子所结合的群体。这种团伙一般拥有三名以上的学生，围绕一个学校或街区而组成。中职生参加这种团伙一般靠"哥儿们义气"聚集在一起，并没有牢固的组织纪律，实施不良行为也往往没有明确的计划、方案，而是一哄而上、一哄而散。中职生实施不良行为的团伙常是犯罪团伙的雏形，很容易向犯罪团伙发展。组织实施不良行为团伙的中职生一般都是核心成员，而参加实施的则视其参与程度和所作所为来判定其是否为骨干分子。如果是被胁迫参加，中职生应告知家长、学校，寻求他们的保护；如果是被教唆和引诱参加，则应明辨是非，分清黑白，不要再被教唆和引诱到这种团伙中去。必要时，中职生可以考虑转学，以摆脱周围不良团伙的影响。

治安提示：我国《预防未成年人犯罪法》第十七条规定："未成年学生的父母或者其他监护人和学校发现未成年学生组织或者参加实施不良行为的团伙的，应当及时予以制止。发现该团伙有违法犯罪行为的，应当向公安机关报告。

三、如何遵礼守规保安全

（一）内省言行，防微杜渐

学生的不良行为产生之前和产生之初往往都会出现一些征兆，无任何征兆而突然出现不良行为的情况是很少见的。每天多次反省自己，可以有效预防不良行为的产生。根据中职生的不良行为特点，可以从以下几个方面内省自己的思想行为动向。

1. 心理异常　心理学研究表明，眼神是非语言沟通的最重要方式之一，是用来传递感情的最重要手段。有不良行为的学生的眼神有以下几种特点：①上课不断窥视教师的眼神。上课做小动作，为了防止被教师发现，经常要不断偷看教师，试图从教师的眼神中判断教师是否注意或发现自己。②不敢正视教师的眼神。当教师在班上有针对性地批评时，有意躲避或不敢正视教师的眼神，说明该学生已“对号入座”。③长时间地冷眼凝视。一旦出现了这种眼神就意味着该生有了与教师抗拒的态度，产生了敌对情绪。在认为自己的不良行为已被教师发现，免不了要遭受惩罚的情况下，也可能对教师的做法、讲法持蔑视态度。

2. 消费异常　零用钱是反映学生行为变化和生活变化的标志之一。一般来说，每周都回家的同学，每周零用钱在10~20元（不包括生活费及来往车票），若零用钱突然变得不够用，却又说不出原因，说明有不正当的消费。

3. 异常交往　不正常的交往容易形成不良团伙。俗话说，物以类聚，人以群分，中职生不要参加固定的小团体，应广泛交流，与每位同学和睦相处，防止结交一些社会上的不良青年。

4. 经常违纪　如身不由己地不按时离校、不按时到校及经常迟到、旷课，经常违纪，或结伙出玩，夜不归校；有些同学周五经常不回家，喜欢留在学校里，白天睡觉，夜间上网。这些时间都是学校管理与家庭管理的交接期，很容易造成管理的真空。如自我要求不严，很容易发生不良行为。

（二）以德立命，文明诚信

中职生要做到重礼节、守规矩、勤学习、保安全，必须要在平时认真学习《学生日常行为规范》，树立正确的世界观、人生观和价值观，不断提高自身的综合素质。做到遵纪守法，品行端正，自觉抵制各种非法诱惑。养成良好的学习习惯，正确处理学习和娱乐的关系。树立健康的竞争意识和团队意识，建立良好的人际关系，增强对不良心理因素的化解能力，保持良好的心态。提高自我防范能力，勇于同违法犯罪行为作斗争。

1. 以规范言行为突破点，继承传统美德　纠正自身思想中的错误倾向和不良行为，提高思想道德水平的方法：一是“堵”，即用“守则”、“纪律”去约束自己，规定自己什么可做，什么不可做。每学年初，一定要认真学习各科室规章制度，规范自己的言行。二是“导”，用正确的观念、标准去引导自己正面发展。中华传统美德博大精深，具有生生不息、历久弥新的品质，是永不枯竭的道德教育资源。中职生应继承发扬以“孝”、“仁”、“勤”、“诚”为核心的中华传统美德。“孝”为人的基础，就是孝敬父母、尊敬长辈，实质是知根溯源、感恩图报思想，这是做人的最基本的道理。一个无孝心、目无长者的学生只能是一个不守规矩的学生。学生只有在家孝父母，在外才能尊师长，关心社会，成为一个有责任的人。“仁”是人的根本。就是仁爱、仁慈，具有爱心；是在处理个人与他人的关系时，关心他人，把他人利益放在首位的思想；在今天看来，就是为人民服务。学雷锋做好事，扶助残疾人等都是有爱心的表现，是仁者之为，是崇高品质的表现。“勤”是获得人生成功的保证。古语说“一年之计在于春，一生之计在于勤”。现在学生有一个很大的问题就是“懒”，虽然还不到“衣来伸手、饭来张口”的地步，但是遇事不努力，只有良好的愿望，没有实际行动，与“勤”的要求背道而驰。“诚”是一种人格境界，它要求人们真实无妄，诚实无欺。诚信是一种修养，也是一种道德行为。古时诚信的例子比比皆是，现在要求建立诚信社会，必须培养诚信之人，“失信不立”是亘古不变的人生哲理。

2. *充分发挥课堂学习的主阵地作用，在学习中培养健康人格*　不良行为的矫正，是一项复杂的工程。健康人格的养成是在学习过程中一点点积累起来的。因此，要充分发挥课堂学习的主阵地作用，将不良行为的矫正溶入到整体学习中，才能起到事半功倍的效果。

3. *学习社会公德，培养良好品质*　社会公德是人们在日常生活中应当遵守并得到社会公认的最基本、最起码、最简单的道德行为，它是人类社会千百年以来逐步积淀起来的公共生活规范。社会公德的功能在于维持和保障社会生活的正常秩序，促使人们相互尊重，友好相处，协力办事。中职生的许多不良行为是因为没有很好地遵守社会公德而引起的，如校园暴力，就是中职生在处理这类问题上感情用事，缺乏最起码的礼貌和谦让，以至酿成大错。良好社会公德的养成要从细微处着手，从小事做起，这样才能养成良好的生活习惯、行为习惯、卫生习惯，也才能传承中华民族传统美德，遵守社会公共道德。

4. *正确对待“争强好胜”心理*　“争强好胜”心理往往是学生做出暴力行为的重要原因之一，但作为学习知识与发展能力的每一个人来说，这种心理又必不可少，大凡成功人士，哪一个不是在争强好胜中取得进步与成功的？因此，学生需要争强好胜，关键是看如何正确对待自己的这种心理，将其变为动力，在互帮互助中取得更大的进步。反之，将会是校园暴力的引子。

5. *多参加有益活动，促进自身个性发展*　学校组织的各类活动，是校园文化的重要组成部分，是一种精心设计的育人环境，它对学生的知识、行为、情感、能力发生潜移默化的影响。有益的活动能促进学生身心素质和谐的发展。这几年来，各中等职业学校既注重校园文化的硬件建设，为此投入许多人力、物力、财力，建起了宽敞的教学楼，校园内种植了花草树木，逐步走向花园式的学校，用优美的环境熏陶学生；又十分重视校园精神文化建设，定期开展各种比赛，让学生在丰富多彩的校园活动中展示自己的能力和特长，使学生的个性在活动中得到充分地张扬，感情得到宣泄和放松，也享受到了成功的喜悦；同时还充分运用宣传阵地，如板报、特色专栏、名言警句栏等，引导学生学会怎样生活、怎样做人、怎样学习。所以，中职生要积极参加学校组织的各类活动，在活动中体验，在活动中提升情感。

6. *建立科学的评价体系，不断完善自我*　客观准确地评价自己是进行不良行为矫正的重要一环。中职生不良行为的转变具有复杂性和长期性，有时行为转化工作可以“立竿见影”，及时反馈出来，但大多却要经过潜移默化、熏陶渐染，才能产生预期效果。因此，每一次适时的评价不仅是对自己前一阶段行为的总结，更是下一阶段进步的起点、向导和动力。①自我评价。参照《学生日常行为规范》标准，通过自评，全面剖析自我、客观公正地评价自我、在肯定和否定自我的心理过程中不断完善自我，在自我认识、自我比较、自我反省中自觉矫正自己的行为。②同学评价。班干部负责与同学督促相结合，充分发挥班干部作用，对全班学生一天的学习、生活、常规等情况进行记载总结，指出存在的不良行为现象，及时协助教师进行处理。③教师点评。学校老师通过观察中职生的行为变化，作出描述性评价。这对中职生改正不良行为有极为重要的促进作用，特别是对遵纪守法学生的表扬性评价，对中职生有极为重要的榜样示范作用。④家长评价。家庭是学生成长的基本单位，父母亲是子女成长的第一任老师。家长的积极参与和客观评价，将直接影响中职生心理健康的发展和学校矫正教育的效果。家长参与学生的行为评价，从某种程度上可以加强和优化家庭教育，有利于形成共同参与、齐抓共管的育人合力。

（三）严于律己，远离陷阱

中职生要严于律己，杜绝以下严重不良行为：

1. 公然侮辱他人或者捏造事实诽谤他人，调戏、猥亵妇女等侮辱妇女的行为；通过递条子、情书等方式干扰异性正常学习、生活的行为。

2. 隐匿、毁弃，或者私自拆开他人信件的行为。

3. 骗取他人少量财物、伪造食堂饭菜票等侵犯他人公私财物的行为。

4. 制造玩具弹药枪，故意损毁、移动车辆通行地方沟井坎穴的覆盖物、标志、防围等危害公共安全的行为。

5. 偷开他人机动车辆，在禁火区玩火，在禁放烟花区玩弄烟花、爆竹等危害社会管理秩序的行为。

6. 私刻他人印章，故意污损国家保护的景物、名胜古迹，破坏草坪、花卉等行为。

中职生的身心特点决定着其更容易模仿他人的行为，具有较强的环境敏感性，特别是某些特定场所对中职生走向违法犯罪道路具有较多的负面影响。我国《预防未成年人犯罪法》第十四条规定："未成年人的父母或者其他监护人和学校应教育未成年人不得进入营业性歌舞厅等法律、法规规定未成年人不适宜进入的场所。"《未成年人保护法》第二十三条规定："营业性歌舞厅等不适宜未成年人活动的场所，有关主管部门和经营者应当采取措施，不得允许未成年人进入。"所以，中职生一定要严于律己，远离陷阱，禁止进入下列场所：①营业性歌舞厅、酒吧、夜总会、通宵影剧院。②带有赌博性的娱乐室、游戏场。③营业性台球房。

（四）遵守制度，服从管理

1. 门卫制度

（1）出入校门应主动出示学生证或出入证（节假日期间和夜间要进行抽查）。

（2）骑自行车出校门应主动下车推行。

（3）携带物品或运载大件物品出校门要交验"持物出门证明"方可带出。

（4）校门开放时间：持出入证的，休息时间正常出入；其他学生只有在周末和节假日自行出入。无特殊情况不准出入。有些学生在熄灯后外出吃夜宵是不允许的，因为不安全。

2. 举办大型活动规定　学生举办大型活动要提前申请，并在学生科和保卫部门备案。一般不允许邀请校外人员参加。

3. 关于禁止经商的规定　学校禁止任何单位和个人私自在校园任何场所从事营利性经商活动，也不得在校园内张贴、散发商业性广告。同学们如发现校外人员串楼、串宿舍推销商品，要立即扣留，通知管理部门处理。

4. 要树立国家安全意识和维护稳定意识　中职生在涉外活动中，要保守国家机密，维护国家安全和利益，遵守外事纪律。中职生还要自觉维护学校的政治稳定。中职生如果对教学、伙食、住宿等方面有意见，可通过正当渠道向学校反映，不能采取过激行为。一是这种行为本身是违法的；二是过激行为也无助于问题的解决，反而会破坏安全稳定。

5. 遵守双休日管理制度　很多违纪违规事情发生在双休日留校的时间，这往往是学校管理的空挡，所以必须严格落实双休日管理制度，由班主任把关，确定哪些同学可留校，哪些同学不应留校，且留校学生逐个登记，由学生管理部门审批，值班教师要根据留校学生名单，每晚要逐个检查，防止留而不登、登而不留现象，从时间、空间上减少或杜绝学生不良行为的发生。

（五）遵纪守法，预防暴力

1. 学法知法，预防犯罪　校园暴力行为已愈演愈烈，且行为手段日益残忍，究其根源还在于学生的法律意识淡薄，法律知识缺乏，不懂得用法去约束自己。校园暴力是青少年走向犯罪道路的前奏。所以，预防暴力，中职生必须学法、懂法，用法律来约束自己的行为。只有这样，才能更好地树立青年学生的法制观念，养成依法办事、依法维护自身权益的良好习惯，也才能更好地预防校园暴力的发生。

2. 加强团结，预防斗殴　由于在校学生大多年纪较轻、血气方刚，遇到矛盾或纠纷时，有时不够冷静，处置不当，于是常常引发斗殴，甚至是结伙群殴，这对学生身心造成较大伤害，严重的还会导致犯罪，对其未来的前途也会因此而蒙上阴影。

校园内防止斗殴的办法：首先，应做到冷静细心，遇到纠纷和矛盾时，尽量化解和平息，而不要激化矛盾，致使事态扩大，以致无法收拾；其次，在日常生活中，遇到一些小的矛盾，应妥善处理，避免小的矛盾纠纷引起大的冲突打斗；第三，还应养成良好习惯，注意语言文明，从而减少斗殴发生的可能性；第四，慎重交友，择善而从，不要被一些品行不端的“朋友”拉下水，不要轻易“为朋友两肋插刀”，而应说服劝导，寻找其他途径予以解决。

（六）热爱生命，珍惜生命

青年学生正处在人生的黄金季节，肩负着重大的历史使命，要热爱生命，珍惜生命。只有认真学习现代科学技术，注意包括身体素质在内的综合素质的全面提高，才能使自己成长为一个对祖国有用、人民需要的人才。然而，完美的人生旅程需要安全和健康相伴。中职生的每一步成长，家庭、社会、祖国和人民付出了很多心血，又寄予很大的希望和期盼。任何轻视生命的行为都是对家庭、社会、祖国的不负责任，都是对自己、对亲人、对社会的不负责任！

著名哲学家艾伯特·史怀哲说：“不论在什么情况下，毁灭和伤害生命都如同恶魔一样有罪”，“善是保存和促进生命，恶是阻碍和毁灭生命。”我们既要珍惜肉体的生命，也要珍惜精神的生命；既要珍惜生命的结果，更应珍惜生命的过程；既要珍惜人类自身的生命，也要珍惜世界万物生灵的生命。珍惜生命需要中职生尽可能多地学会应对各种突发事件的技巧，具有珍惜生命的智慧和信念。每个人的生命属于自己，但同时也属于父母、亲人，属于社会。尊重生命就是尊重生命的价值，就是尊重自己，尊重父母亲友，尊重社会。

对生命是否尊重主要表现在对生命过程的态度上。平庸无为，不思进取，浪费时间，虚度年华是浪费挥霍生命；自甘堕落，游戏人生，制造危机，走进危险是轻视生命。珍惜生命就是要珍惜每一天，就是要让生活的每一天都有价值、有收获。每一天都要防范和远离各种危险，生活在文明、健康、安全的环境之中。

（七）防范外人，消除侵害

1. 学校内遇有不法人员袭击、行凶等暴力侵害时，应迅速向公安机关报警求助；同时在可能的情况下制止不法侵害行为，制服不法侵害人员；或采取其他有效措施延缓、减少不法侵害后果的发生。

2. 及时对受伤师生进行救治或送医院救治。

（八）居安思危，警钟长鸣

在日常生活中，我们要牢固树立安全第一的意识，要居安思危，警钟长鸣。在任何时候、任何地方、任何情况下，干任何事情都要有安全防范和安全危机意识，都要把确保安全放在首位。

目前，威胁到校园学生安全的危机事件大致包括自然灾害、事故灾难、公共卫生事件、社会安全事件等几大类。青年学生要通过各种渠道加强学习，积极参加学校和社会有关机关组织的相关学习和应急演练。具备应有的安全防范意识和能力，已经是社会发展对每个公民提出的新要求。如果我们应对危机的相关知识多一些，素质高一些，就会大大减少各种突发性危机带来的伤亡和财产损失。一个人的脑子里有了安全应急这根弦，懂得必要的生存知识和逃生技巧，危险来临时才能抓住宝贵的机会获取生存，否则，就会不知所措，应对失当，小灾也可能会酿成大祸。

（九）交流沟通，共建和谐

同学之间要相互沟通、相互帮助。在学校里，无论哪个专业，班集体都是校园中一个最基本的组织形式。在这个集体中，大家向往着同一个学习目标，生活和学习是统一的、同步的，同学间、师生间的友谊比什么都珍贵，因此相互间应该加强沟通、互相帮助。有些同学习惯于把个人之间的交往看作是个人隐私，但必须明白，既然是交往，就不存在绝对保密。有些交往关系，在自己认为适合的范围内适当透露或公开，更适合安全需要，特别是在自己觉得可能会吃亏上当时，与同学有所沟通或许就能得到一些帮助并避免受害。

校园，是我们成长的摇篮，是我们学习的乐土。可危险的陷阱也可能就潜伏在其中某一角落。请同学们从自身做起，遵守纪律，规范行为，提高警惕，让安全隐患从我们身边消失，让我们的校园生活只有快乐！

案例

案例一：小事不忍酿大祸

小明、小刚、小军是某中等职业学校学生。有一天，他们在操场上上活动课，突然，一个足球“嘭”的一声打在小明的头上。小明问：“谁扔的，想找死！”这时，有两个同学跑过来忙向小明道歉：“对不起，请原谅。”小明说：“对不起就行了？”不由分说，上去就对这两个同学拳打脚踢。一边打还一边对小刚、小军说：“给我打，反正打人不犯法。”打人果真不犯法吗？其实不然，小明、小刚、小军的行为是不对的，都是违法行为。根据社会危害性大小，打人程度，可分为一般违法行为和严重违法行为，即犯罪两种。根据《治安管理处罚法》规定，殴打他人，造成轻微伤害的，处15日以下拘留，200元以下罚款或者警告。根据刑法第二百三十四条规定，故意伤害他人身体的，处三年以下有期徒刑、拘役或者管制。如果把人打成重伤，则会判更重的刑罚。打架斗殴是违法行为，既害人又害己。所以同学之间如果有矛盾或者有分歧，一定要遵礼守规，一定要冷静和相互谅解；如果同学之间难以解决，可找老师帮助协调，决不能打架斗殴。

案例二：心术不正、害人害己

这是一个发生在一名十四岁的小学生身上的投毒案。这起案件发生在2008年的4月份某天下午，该学生将自己买来未吃的冰袋咬破一口，再灌入一点老鼠药，然后放入某教室的一张课桌抽屉里。第二天，坐该课桌的小学生喝了这有毒的冰袋后，很快就死了。这起案件侦破后，该投毒的学生后悔不已，他说自己没有想害死人，以为同学吃了只会拉肚子。但是严重的后果已经造成，该学生的后悔不能代替法律的惩罚。根据《刑法》的规定，投毒致人重伤、死亡的，处十年以上有期徒刑、无期徒刑或死刑。事后该同学被判处有期徒刑十年。

案例三：沉迷网吧、抢劫获刑

被告人刘某年仅15周岁，原是某中学的学生，在一次偶然的情况下进网吧玩了一下，觉得挺好玩，以后就经常到网吧玩，以致沉迷于玩网吧和游戏机。但父母不给钱，怎么办呢？他想到了向同学下手敲诈。一天，他在某中学操场玩时，看见同学方某，刘某就走上前要方某给他钱，并威胁方某说，你以前跟别人打过架，被打的人叫我来拿医药费，我认识许多社会上的人，不给钱就叫人来打死你。方某很怕，将自己身上仅有的五元钱给了刘某。以后刘某陆续向方某要了三次，共计六十余元。其中有一次，刘某逼方某带他到方某父亲那儿骗借了三十元。最后一次，被告人刘某逼方某拿五十元，方某不给，刘某便将方某带到一偏僻地方，用玻璃刮方某手掌，用烟头烫方某，并要求方某第二天中午把钱交到手中。在这种情况下，方某才将这件事告诉其父亲。方某父亲马上到公安机关报案，并配合公安人员将被告人刘某抓获归案。刘某在接受审判时说道："我以为只是敲诈同学的钱好玩，不知道会有这么严重的后果。"刘某事后被判处有期徒刑二年六个月。

案例四：不守规矩、溺水身亡

肖某，男，溺水身亡前系贵州某高校在校大专学生。根据同行的几位同学的讲述及提供的书面材料介绍，2005年9月3日下午14点，肖某同本班学生杨某、某高校职业技术学院学生唐某、贵阳某学院数学系女学生袁某、杨某结伴到位于贵阳市郊阿哈湖游玩。租船划到湖中央时，肖某身穿牛仔裤下湖游泳，游到离船十几米时，湖面忽然刮起大风，浪也很大。肖某大喊："救命！"船上几位同学都不会游泳，惊慌失措地将小船划向肖某。无奈风大浪急，船划不动。他们又将划船的木浆，奋力甩向肖某，但是肖某够不到。几位同学又大声呼喊："救命！这里有人落水啦！"可是附近水面没有人，同行的女生袁某、杨某吓得晕了过去……就这样，肖某的头沉了下去。几分钟后，过来一位在湖中小岛卖小吃的渔民将船划到肖某溺水的位置，打捞了一阵，不见人影。

事情发生后，阿哈湖水上派出所、110、海事、贵阳消防特警均到了现场，贵州某高校学生处领导、原建管学院的领导、辅导员均在第一时间赶到现场，并立即请当地的农民进行了两天半的打捞，但是终究未见到肖某的遗体。

肖某出生在贵州省思南县思林乡普兰头一个农民家庭，肖某5岁时，母亲就去世了，现已年过半百的父亲含辛茹苦将肖某抚养大，供其到省城上了大学，待他学业有成，也好有个依靠，安度晚年。不曾想，由于肖某不遵守学校的纪律，不顾学校三令五申“严禁学生到湖泊、水库、河流及有警示标志的水域区游泳”的规定以及老师的教育告诫，擅自到早已明示为“贵阳市饮用水源”的阿哈湖游泳，酿成溺水身亡的严重后果。同学们都清楚，生命对每一个人是多么的可贵。在成长的道路上，每一个人都应当学会遵纪守法、管理自己、关爱他人、珍惜生命、严于律己、奉献社会。

溺水身亡的学生肖某至今仍沉在位于贵阳市郊阿哈湖底，不见踪影。让老师、家长、同学感到非常痛心和惋惜。

警示：珍惜生命，遵纪守法。

1. 遵规守纪对中职生有何重大意义？
2. 不守礼规会给中职生带来哪些安全隐患？
3. 如何做到以德立命，文明诚信？
4. 校园暴力的表现有哪些？如何预防校园暴力？

（常平福）

第五章　灾害防范

第一节　火　灾

火是人类的朋友，它给人们带来了光明和温暖，也带来了人类的文明和社会的进步；但是，失去控制的火，就会给人类造成灾难，所以说人类使用火的历史与同火灾作斗争的历史是相伴相生的。在人类历史漫长的发展进程中，人们在用火的同时，也在不断总结火灾发生的规律，并积极采取对策，以尽可能地减少火灾及其对人类造成的危害。在我国古代，人们就总结出“防为上、救次之、戒为下”的宝贵经验。然而随着社会的不断发展，在社会财富日益增多的同时，导致发生火灾的危险性也在不断增多，火灾的危害性也越来越大。据统计，我国20世纪70年代火灾年平均损失不到2.5亿元，80年代火灾年平均损失不到3.2亿元，进入90年代，特别是1993年以来，火灾造成的直接财产损失上升到年均十几亿元，年均死亡人数达2 000多人。据不完全统计，目前全国每天发生火灾约900起，其中人为因素（如用火、用电不慎，违反操作规程等）占80%，许多火灾都是因疏于防范和管理造成的。因此，在以人为本、构建和谐社会的今天，我们很有必要让青少年学生学习了解防火知识，从而不断提高他们的防火意识，增强他们的防火能力。这项工作对全民预防火灾和扑救火灾，减少国家和人民生命财产的损失具有重要的现实意义。

一、火灾发生的原因与预防

（一）火灾的概念、分类与等级

1. 火灾的概念　火灾是指在时间和空间上失去控制的燃烧所造成的灾害。燃烧是可燃物与氧化剂作用发生的放热反应，通常伴有火焰、发光或发烟的现象。

2. 形成火灾的三要素　火灾是因失去控制的燃烧形成的，而燃烧不是随意发生的，但凡发生燃烧，就必须同时具备三个条件，即可燃物、助燃物、温度（引火源），这是形成火灾的三要素，缺一不可。火灾预防，也就是人类利用各种工具和手段，在时间和空间中控制或阻止这三个条件的同时出现，从而达到预防火灾发生的目的。

3. 火灾的分类　火灾分为A、B、C、D、E五类。

（1）A类火灾：指固体物质火灾。这种物质往往具有有机物性质，一般在燃烧时能产生灼热的余烬。如木材、煤、棉、毛、麻、纸张火灾等。

（2）B类火灾：指液体火灾和可以熔化的固体火灾。如汽油、煤油、原油、甲醇、乙醇、沥青、石蜡火灾等。

（3）C 类火灾：指气体火灾。如煤气、天然气、甲烷、乙烷、丙烷、氢气火灾等。

（4）D 类火灾：指金属火灾。如钾、钠、镁、钛、锆、锂、铝镁合金火灾等。

（5）E 类火灾：指带电物体和精密仪器等物质的火灾。

4. 火灾等级　根据国家《生产安全事故报告和调查处理条例》规定的生产安全事故等级标准，火灾的等级分为特别重大火灾、重大火灾、较大火灾和一般火灾四个等级。

（1）特别重大火灾：是指造成 30 人以上死亡，或者 100 人以上重伤，或者 1 亿元以上直接财产损失的火灾。

（2）重大火灾：是指造成 10 人以上 30 人以下死亡，或者 50 人以上 100 人以下重伤，或者 5 000 万元以上 1 亿元以下直接财产损失的火灾。

（3）较大火灾：是指造成 3 人以上 10 人以下死亡，或者 10 人以上 50 人以下重伤，或者 1 000 万元以上 5 000 万元以下直接财产损失的火灾。

（4）一般火灾：是指造成 3 人以下死亡，或者 10 人以下重伤，或者 1 000 万元以下直接财产损失的火灾（注："以上"包括本数，"以下"不包括本数）。

（二）学校火灾发生的原因与预防

从全国来看，近年来学校火灾频繁发生，火灾已成为威胁学生生命和学校财产安全的重要因素，在学校的安全工作中，防火安全已经成为一项非常紧迫和重要的任务。因此，了解学校发生火灾的原因，掌握预防火灾的措施是非常必要的。

1. 学校火灾发生的原因　概括起来主要有以下几方面：

（1）学生使用明火不慎引起火灾：具体讲，一是违章点蜡烛。一般学校都有规定，学生宿舍晚上都统一停电熄灯休息，但个别学生在熄灯后违章点蜡烛看书，结果因睡着或其他原因，烛火引燃附近的可燃物造成火灾。二是违章点蚊香。点燃的蚊香温度有 700℃左右，而布匹的燃点为 200℃，纸张燃点为 130℃，若这类可燃物品靠近点燃的蚊香，极易引起燃烧而发生火灾。三是违章吸烟。大家都知道，烟头的表面温度为 200～300℃，中心温度为 700～800℃，一般可燃物的燃点大多低于烟头表面温度，若点燃的烟头遇到燃点低于烟头温度的可燃物，就能引起火灾。学生因违章吸烟而引起的火灾已屡见不鲜，因此，学生在宿舍、教室、试验室、图书馆、防火重点区域及其他公共场所都不能吸烟。四是违章使用灶具。个别学生图省事、方便，使用煤油炉或者酒精炉做饭，而煤油和酒精均是易燃液体，特别是酒精（乙醇），是一种极易燃液体，其燃点为 12.78℃，如果使用不当，最易引起火灾事故。五是违章烧废物。有的学生习惯在宿舍内烧废纸等物品，如果靠近书籍、衣被等可燃物，或者火还没有彻底熄灭人就离开，火星飞溅到这些可燃物上，也极容易引起火灾。六是树林草坪违章点火。如在树林草坪吸烟、玩火、野炊、烧荒等，都容易引发火灾。因为树林地下有较多落叶、枯草，特别是在冬季，草坪枯萎，天气干燥，一旦遇到火种，极易燃烧而引发火灾。

（2）学生违规使用电气引起火灾：电气火灾，除少数是设备上的原因外，大多数都是人为因素造成的。学校因人为因素引起电气火灾的原因主要有以下几方面：一是违章使用大功率电器。学校建筑物的供电线路、供电设备，都是按照实际的使用标准设计的，在宿舍内如果使用大功率电器（如电炉、电饭锅、电吹风、电热水瓶等），那么供电线路就会因超载而发热，从而加速线路老化引起火灾。二是违章乱用保险丝。如果任意加粗保险丝或者用铁丝、铜丝来代替保险丝，就会造成整个线路超负荷而发生短路，短路时却又不能迅速熔断代替的保险丝，其结果是引起线路燃烧而发生火灾。三是违章乱拉乱接电线。如果任意乱拉乱接电线，就很容易损伤线路的绝缘层，从而引起线路短路而发生火灾。四是使用电器不当。如60瓦以上的灯泡靠近纸等可燃物，长时间烘烤容易起火；又如，学生们经常使用交直流两用而不带交流开关的录音机时，总以为录音机开关已关就没有什么问题，实质上关的是直流电而已，而交流电还在工作，也就是说电源变压器还处在工作状态，长期这样使用下去，变压器的绝缘性能就会降低，变压器就会聚热引起燃烧而发生火灾；充电器长时间充电，如果被衣被等物覆盖时，因散热不良，也能引起燃烧。五是不及时关闭电源。如果不及时关闭用电器电源，特别是在定时供电或者因故障而停电的情况下，不能够做到及时关闭用电器电源，就会容易引发火灾。因此，学生在使用完毕电器后，特别是在停电时，切记必须关闭电源，以免发生火灾。

（3）学生违反实验室操作规程引起火灾：学生在实验中用火、用电、用危险物品时，若违反规程规定，也能引起火灾。具体讲，一是违规使用实验设备。如使用有电感的实验设备时，用物品覆盖在散热孔上，会使设备迅速聚热，从而导致设备燃烧发生火灾。二是违规用火。在实验中用火或在实验过程中产生火时，如果将周围的可燃物未清理干净，火星飞溅到可燃物上，便会引起燃烧而发生火灾。三是违规操作。如在化学实验时，将相互抵触的化学试剂混在一起，试验温度过高或操作不当，就能引起火灾。在实验室中不按操作规程进行实验是极易发生火灾事故的。

2. *学校火灾预防措施*　针对学校发生火灾的原因与特点，制定具体科学、切实可行的防火措施是十分必要的，这完全有利于提高我们的防火意识，增强我们的防火能力，并能促使我们自觉养成良好的防火习惯。

（1）学校常见的火灾隐患：没有或缺少紧急疏散标志；疏散通道堵塞（如通道堆放杂物），消防通道不畅；紧急出口上锁；占用防火间距（如搭建违章建筑等）；电线老化不更换；铜、铁丝替代保险丝；易燃、易爆物品保管、使用不当。

（2）学生宿舍内的火灾预防措施：要求学生做到十不准，即不准携带易燃、易爆物品进入宿舍，不准擅自变动电源设备，不准私拉乱接电线，不准使用“热得快”等电热设备，不准离开宿舍不关电源，不准使用酒精炉等明火器具，不准吸烟和乱扔烟头，不准在楼内焚烧杂物，不准占用、堵塞疏散通道，不准损坏灭火器和消防设施。

（3）学校图书馆内的火灾预防措施：要求学生做到六不准，即不准吸烟，不准使用火柴、打火机等点火物品，不准点烧废纸，不准在疏散通道聚集看书，不准破坏电器线路，不准破坏消防设施、消防器材。

（4）学校实验室内的火灾预防措施：要求学生做到按实验规定使用实验设备和器材，按实验规定使用火具，按实验规定进行实验操作，不准聚集堵塞疏散通道，不准破坏电器线路，不准破坏消防设施和消防器材。

（三）家庭火灾发生的原因与预防

近几年来，家庭火灾已成为危害人民生命财产的重要因素之一。在我国，尽管城乡居住条件逐渐得到改善，住宅小区也大量涌现，但并没有完全消除和减少各类住宅的火灾隐患。相反，随着人民生活水平的不断提高，城乡居民的家庭物质条件有了很大的改善，致使家庭用火、用电量急增，而由此引发的家庭火灾更是接连不断。据近几年的火灾统计，城乡居民家庭火灾占有相当的比例，人员伤亡和经济损失都不容忽视。

1. 家庭火灾发生的原因　概括起来有以下三方面：

（1）用火不慎：具体讲有两种情况，一是厨房用火不慎引起的火灾。这主要是指由于人们在使用柴和煤灶时不慎，或者在用汽油、煤油等易燃液体引火时不慎，或者将未完全熄灭的炉灰倒在其他可燃物附近等而引起的火灾；在使用煤气、液化气、石油气灶时，锅、壶盛水过满，加热时水溢出熄灭火焰，而燃气照常放出，从而导致火灾爆炸事故；在使用煤油炉时，却用汽油作燃料而引燃发生火灾；在家庭做饭热油时，油锅过热起火而导致火灾。二是生活照明用火不慎引起的火灾。在日常生活中，大家夏季用灭蚊器、蚊香或者燃烧草谷壳驱蚊时，由于蚊香摆放不当或者点火生烟时无人照管而导致火灾；冬季在家中使用火炉、火盆时因疏忽大意造成火灾；在停电时用油灯或者蜡烛照明，因粗心大意，靠近可燃物而导致火灾。

（2）电气火灾：据我国火灾的统计资料表明，引起住宅火灾的另一个主要原因是电气故障。近年来，由于我国国民经济的迅猛发展，人民生活消费水平的不断提高，电器产品的投入使用量也随着急剧增加。但是由于人们对电气线路和电器产品的安全要求认识不足，因安装使用操作不当而引起的火灾事故明显增多。电气故障引起的火灾有两种情况。一是电气线路引起的火灾。电气线路引起火灾比率较高的是那些临时住宅、旧房子和乡村住宅，因为这些住宅建筑的线路问题较多，临时性住宅存在私拉乱接导致电线短路、接触不良等问题；旧房子由于在建筑布线时设计用电量相对较少，电线截面选择较小，再加之经过长时间的使用，使电线绝缘层已经老化破损而导致电气线路短路、超负荷引起火灾；乡村住宅则由于村民缺乏用电常识，私拉乱接电线时电线的截面、种类选择不当，电线的布置、使用不合理导致电线起火。所以，在家中接入使用电线时应有专业人员操作或监督指导，以防电气线路火灾事故的发生。二是电器设备引起的火灾。如果对电器设备选择不当，使用不合理，也极有可能发生火灾。如家用电热器具长时间通电使用会产生高温，从而引燃靠近的可燃物，或者引起自身燃烧；违反操作规程使用家用电器，也能导致家用电器出现故障而引起火灾。

（3）吸烟：我国火灾统计资料表明，引起住宅火灾的一个主要原因就是吸烟。燃烧的烟头虽小，却能引起许多可燃物质燃烧。因为燃烧的烟头其表面温度有 300～450℃，中心温度可达 700～800℃。一支香烟的燃烧时间为 4～15 分钟，这么长的时间为火灾发生提供了隐蔽的潜伏期，而且吸烟时还要使用打火机或者火柴等点火器具，而点着的香烟、划过的火柴、点火的打火机都是火源，稍有不慎就可能引起火灾。吸烟引起火灾的主要原因：一是在家中乱扔烟头、火柴梗，致使未熄灭的烟头和火柴梗引燃家中的可燃物；二是由于人们饮酒后或者睡觉时躺在床上、沙发上吸烟时，烟未熄灭人已睡着，结果烧着被褥或者沙发等物品造成火灾；三是由于在家中使用易燃、易爆物品时，或者使用的煤气、液化石油气泄漏时因吸烟而引起火灾。

除了以上分析的三种导致住宅火灾的主要原因以外，其他如小孩玩火、人为纵火、精神病患者放火或自然灾害（如雷击、自燃、静电）也有可能引起住宅火灾。

2. 家庭火灾预防措施　为了给自己和亲人营造一个安全祥和的家，我们青少年学生应该主动消除家中的各种火灾隐患，平时在使用明火时应该时刻注意防火。下面具体讲讲家庭防火的基本措施。

(1) 把好装修关，杜绝火灾隐患：一是严把材料关，尽量不用或少用易燃、可燃材料，若必须用时，应做好防火处理；二是把好通道关，保持方便快捷的通路；三是把好电气线路关；四是把好施工队伍关；五是把好施工中的管理关。

(2) 经常检查家中的各种电器和线路，杜绝电气火灾：电暖器、取暖炉等要远离家具、电线、电器设备等；家中无人时，要切断电视机、收录机、电风扇等家用电器的电源；不要把衣物、纸张等易燃物品靠近电灯、电暖气和炉火等；如果发现墙上电闸盒保险丝熔断，灯光闪烁，电视图像不稳，电源插座发烫，开关或电源插座冒火星等，要立即请电工进行检查修理，因为这些迹象都说明可能是电气线路超负荷或是配线有误；电插座、开关附近也不要堆放可燃、易燃物品；另外，买回新的电器之后，应认真阅读其使用说明书，正确使用电器非常重要；晚上睡觉前，应检查电视机、电暖器、微波炉等电器开关是否已切断；及时清理电视机、空调、电冰箱等各种家用电器散热板上的灰尘，防止灰尘堆积，堵住散热孔引发事故。只要我们平时注意检查各种电器及线路的使用状态，发现隐患及时处理，就能有效降低家庭电气火灾的发生危险。

(3) 管理好厨房煤气和灶具，杜绝厨房火灾：多数家庭火灾发生在厨房，所以做饭时人尽量不要离开，灶具在开火时不能长时间无人看管；不要把食品、毛巾、抹布等放在煤气炉等炉具上；烧水做饭时注意不要让溢出物浇灭炉火；要经常清除炉具上的油污和溢出的食物；学会用锅盖或大盘子扑救较小的油火，千万不要在油火上泼水；看管好小孩，不要让小孩随便玩火和摆弄煤气炉；煤气炉的火星易引燃汽油、油漆、干洗剂等的挥发气体，所以应避免把这些东西放在厨房内，更不要把它们放在炉具上；晚上睡觉前，或者白天出门前，一定要检查炉灶，关好煤气，以免煤气泄漏发生火灾和爆炸。

(4) 管理好明火的使用：在使用明火时要时刻小心，做到不躺在床上吸烟，不随便乱扔未熄灭的烟头；吸剩的烟头一定要放在烟灰缸里，而且烟灰缸要经常清理，每次清理后，放入少量的水；点燃的蜡烛不能放在可燃物上，更不能点着蜡烛就离开家门；火柴、打火机等东西应放在小孩拿不着的地方，平时应给小孩讲解防火知识，教育他们不要玩火。

(5) 管理好家中的可燃、易燃油品，避免油品火灾：一是禁止使用塑料容器储存汽油，塑料容器属绝缘性材料，向塑料桶灌装汽油很容易引起静电着火；二是油品不能存放在厨房、卧室，以及小孩子易于拿到的地方，不能与其他易燃物放在一起；三是汽油、煤油不混合用作煤油炉的燃料；四是禁止直接往火炉炉膛、炉口倒汽油、煤油；五是不宜用汽油擦拭化纤衣物上的油渍，使用溶剂汽油擦拭衣服，如摩擦剧烈，会产生静电火花，形成火险；六是切忌与明火接触；七是及时清理洒落的油品。

(6) 保持楼道清洁整齐：不在出口走道内或者楼道内堆放杂物，以免影响疏散的顺利进行。如有必要，家庭可以配备灭火器，有条件的家庭可安装火灾报警器，并定期检查。

(7) 用于防盗的防盗门、窗户和阳台护栏往往成为逃生的障碍物，因此，在安装护栏、防盗门等的时候，不但要考虑防盗，还应考虑逃生。防盗门应易于开启，窗户和阳台护栏应在适当地方留下活动开口，便于在紧急情况下开启逃生。

家是让人身心放松的地方，是安全的港湾。守好我们的家园，让家庭远离火灾，应该是我们每个人的追求。愿大家携起手来，共建我们美好的家园。

（四）公共场所火灾发生的原因与预防

公共场所是工作、生活、学习、娱乐等人员高度集中的地方。一旦发生火灾，便会造成人员伤亡大、经济损失大、政治影响大的严重后果。因此，公共场所的火灾防范，是消防安全工作中的重中之重，切不可麻痹大意，等闲视之。

1．公共场所发生火灾的原因　公共场所发生的火灾绝大多数都是人为造成的，其主要原因是以下十个方面：

（1）用电设备和用电量变化无常而导致的火灾。为了临时用电，经常在原有的线路上接入大功率的电热设备，使其长期超负荷运行，结果就会破坏线路的绝缘层而引起火灾。

（2）对线路缺乏维护和检修，致使年久使用的线路绝缘层破损后发生漏电或者短路而引起火灾。

（3）有的火灾是铜铝导线连接时，因接触不良或使用时间过长，造成接触电阻过大，打出火花或接点温度过高引起的。

（4）使用大功率的照明灯具，如果位置与可燃物的距离过近，也会因温度过高而烤燃，引起火灾。

（5）人们使用熨烫服装的电熨斗、修整发型的电吹风、焊接仪器设备的焊接烙铁等，用后忘记切断电源，搁置在可燃的基座上；或者用完后，余热未散，立即装入可燃的包裹内，都会因温度过高而引起火灾。

（6）公共场所人们使用的电热杯、电炉子、电褥子等电热设备长期通电，或者忘记关闭电源开关，也容易造成火灾事故。

（7）公共场所人们随意吸烟，乱扔烟头或者火柴梗，也是造成火灾的主要原因。

（8）有的火灾是影剧院、俱乐部在演出时，为了增强演出效果，使用鞭炮、烟火等易燃易爆物品不慎而引起的。

（9）有的火灾是在维修公共场所设施时，使用电焊或者气焊时，不采取安全措施，使火花落在可燃物上引起的。

（10）有些场所停电时，一些人便使用蜡烛照明，且忽视了安全，引燃可燃物或动用明火找东西不慎等引燃可燃物而引发火灾。

2．公共场所火灾预防措施

（1）在公共场所使用电热设备时，要远离可燃物。如使用的红外线取暖器等，因它表面的温度很高，若靠近易燃物质，很容易引起火灾。

（2）使用的大功率照明灯具要与可燃物质保持一定的安全距离，否则，照明灯具若紧贴在木板或其他可燃物上，其危险性也是很大的。因为灯泡的表面温度很高，比如 60 瓦的白炽灯，表面温度可达 135～180℃；100 瓦的白炽灯，表面温度可达 170～220℃，所以灯泡与可燃物接触时间一长，就会引燃起火。

（3）人们使用电熨斗熨烫服装，或者使用电吹风修整发型时，用完后应及时将电源切断，并放置在不燃的基座上，等余热散尽后，再收存起来。不要用完后立即装入纸箱内，那样余热会引燃纸箱等可燃物品而发生火灾。

（4）在公共场所人们维修电器设备使用的电烙铁，用完后也应先拔掉电源插头，然后放在不燃的基座上或放在水泥地上，千万不要放在地板上和书桌上，以防温度过高而引起地板和书桌等可燃物起火。

（5）住在宾馆和饭店内时，尽可能不要使用电热杯和电褥子等电热用具，如确因身体所需，就一定要注意看管。电褥子的连续使用时间一般不超过 4 个小时。特别注意不要将电热杯等电器放在床下烧水或者煮饭，那样一旦遇有急事而外出办事，如果忘记切断电源，使电热杯长时间通电，杯里的水烧完后会造成线路燃烧而起火。

（6）在收听收看完收音机、电视机节目后，要及时关闭电源，当人们离开房间时，要将电源插头拔掉。

（7）在参加公共场所活动时，尽可能不要吸烟，假若要吸烟的话，烟头或火柴杆一定不要随便乱扔，要放在烟灰缸或痰盂内，否则扔掉的烟头或火柴杆如遇可燃物质，就会引起火灾。吸烟时烟头或火柴杆乱扔是十分危险的，特别是扔在电梯井、垃圾井、电缆井中危险性则更大，因为这些部位可燃物质很多，极易引起火灾事故。

（8）住在宾馆、饭店时，一定不要躺在床上吸烟，特别是酒后卧床吸烟，以防止入睡后烟头掉在被褥上引起火灾。年纪大的老人和病人卧床吸烟时，应有人照看。

（9）剧场、俱乐部因剧目需要演员吸烟时，要有专人管理，以防将烟头扔到幕布或布景上引起火灾。

（10）当参加公共场所活动时，要禁止将易燃易爆物品带入，因为易燃易爆物品一旦遇到明火，即可起火爆炸。如剧场、俱乐部演出时，使用的发令枪、鞭炮、烟火等易燃易爆物品应有专人监护，其存放一定要远离可燃物。

（11）公共场所停电后，使用蜡烛等照明时一定要远离可燃物，并将其固定在非燃烧体的材料上，同时现场不能离人。工作人员要离开现场时，必须将蜡烛熄灭，以防止蜡烛燃烧到最后时点燃其他可燃物而造成火灾事故。

（12）安装电器设备时，一定要按照额定电流安装，切不可超容量安装。

总之，在现实生活中，火灾发生的直接原因是很多的。概括起来，可以分为三个方面：第一，由于人们的思想麻痹、用火不慎、不遵守操作规程或者电气设备不良、安装不当而引起的火灾；第二，由于自然的、化学的或生物的作用而引起自燃起火；第三，纵火。只要我们大家从思想上高度重视，增强防火意识，提高防范能力，从现在做起，从自己做起，从身边做起，养成良好的防火习惯，就可以减少或避免火灾在我们身边发生。

二、如何应对火灾

在各类灾害中，火灾是一种对社会发展和人民生命财产威胁最大、破坏性最严重的灾害之一，它具有经常性和普遍性的特点。随着经济建设的快速发展，新能源、新材料的广泛开发利用以及人民物质文化生活水平的提高，火灾发生的因素明显增多，然而，由于人们防火意识淡薄，更缺乏火场逃生自救的常识，导致近年来群死群伤事故频繁发生。据统计，2008年全年共发生火灾13.3万起（不含森林、草原、军队、矿井地下部分火灾），死亡1 385人，受伤684人，直接财产损失15亿元，火灾成了不亚于战争、地震和洪涝灾害的人类劫难。大火曾吞没了我们多少草原、森林，毁坏了我们多少家园、工厂和学校，夺取了我们多少亲人的健康和生命。血的教训让我们刻骨铭心，刺骨的伤痛和遗憾使我们觉醒，“天有不测风云，人有旦夕祸福”，生活中谁也不能预料何时发生火灾，但谁都可能遇到火灾，如果我们掌握了必要的防火、救火与逃生的本领，就可以把火灾造成的损失降到最低限度。

（一）灭火的基本方法

灭火是为了破坏已经产生的燃烧条件，只要有效地去掉任何一个条件，火即可熄灭。根据这个原理，人们从灭火斗争实践中，总结出了以下几种基本的灭火方法。只要我们了解并掌握了这些方法，就可以结合实际情况，创造出多种多样而行之有效的灭火方法，可为救火、灭火发挥重要作用。

1. 隔离法　将着火地方或物件与周围可燃物隔离或移开，没有可燃物，燃烧就会中止。

（1）将燃烧点附近可能成为火势蔓延的可燃物质迅速搬走。

（2）关闭有关阀门，切断电源，中止和减少可燃物质进入燃烧区域。

（3）打开有关阀门，将已经燃烧的容器或受到火势威胁的容器中的可燃物质通过管道转移到安全地带。

2. 冷却法　冷却的主要办法是喷水或将灭火剂直接喷射到燃烧物上，以降低燃烧物的温度。当燃烧物的温度降低到该物的燃点以下时，燃烧就会停止。或者将灭火剂喷洒在火源附近的可燃物上，使其温度迅速降低，以防止辐射热的影响而再次起火。冷却法是灭火的主要方法，主要用水和二氧化碳冷却降温。但必须注意，对禁忌用水的物资和部位则切不可用水进行扑救。

3. 窒息法　窒息法是一种简易常用的灭火应急方法，其原理是阻止空气流入燃烧区或用不易燃烧的物质冲淡空气，使燃烧物得不到足够的氧气而熄灭。实际运用时，如用石棉毯、湿棉被、黄沙、泡沫等一时不易燃烧的物质迅速覆盖在燃烧物上；用水蒸气或二氧化碳等惰性气体灌注容器设备；用沙土覆盖燃烧物或封闭起火的建筑设备的门窗、孔洞等。应该注意的是，运用窒息法灭火，要动作快捷，当火苗压住以后，应该检查火源是否彻底熄灭，如有余烬，应补以其他灭火措施，以防止覆盖物未能到位而引燃更大的火种。窒息法在容器失火时使用较为有效，如油锅着火，只要立即盖上锅盖，火就可熄灭。

4. 抑制法　这种方法是用含氟、溴的化学灭火剂（如 1 211）喷向火焰，让灭火剂参与到燃烧反应中去，使燃烧链反应中断，以达到灭火的目的。

经验告诉我们，灭火方法是多种多样的，在具体场合中应该根据实际情况灵活运用，不拘一格，这样才能收到灭火的预期效果。譬如人们常用的扑打灭火方法也很管用，但是这种灭火方法对容易漂浮的絮状粉尘等物资着火则不可使用，因为它会加速着火物飞扬，反而会扩大灾情。

（二）常用灭火器的使用方法

1. 干粉灭火器的使用方法

（1）右手握住压把，左手托着底部，从墙上轻轻地取下灭火器。

（2）提着灭火器迅速赶到火灾现场。

（3）除掉铅封，拉出插销。

（4）左手握着喷管，右手提着压把。

（5）在距离火源 2 米的地方，右手用力压下压把，左手拿着喷管对着火焰根部喷射，并不断推前，直至把火焰扑灭。

灭火适用范围：适用于扑救各种易燃、可燃液体和易燃、可燃气体火灾，以及电器设备火灾。

2. 二氧化碳灭火器的使用方法

（1）右手握住压把，提着灭火器迅速赶到火灾现场。

（2）除掉铅封，拉出插销。

（3）站在距火源两米的地方，左手拿着喇叭筒，右手用力压下压把。

（4）对着火焰根部喷射，并不断推前，直至把火焰扑灭。

灭火适用范围：主要适用于各种易燃、可燃液体、可燃气体火灾，还可扑救仪器仪表、图书档案、工艺品和低压电器设备等初起火灾。

3. 泡沫灭火器的使用方法。

（1）轻轻地从墙上取下灭火器。

（2）提着灭火器迅速赶到火灾现场。

（3）右手按住喷嘴，左手执筒底边缘，把灭火器颠倒过来呈垂直状态，用劲上下晃动几下，然后放开喷嘴。

（4）右手抓住筒耳，左手抓住筒底边缘，把喷嘴朝向燃烧区，站在离火源 8 米的地方喷射，并不断前进，直至把火扑灭。

（5）灭火后，把灭火器横放在地上，喷嘴朝下。

灭火适用范围：主要适用于扑救各种油类火灾、木材、纤维、橡胶等固体可燃物火灾。

4. 推车式干粉灭火器的使用方法

（1）把干粉车迅速推到或拉到火灾现场。

（2）右手抓住喷粉枪，左手顺势展开喷粉胶管，直至平直，不能弯折或打圈。

（3）除掉铅封，拔出保险销。

（4）用手掌使劲按下供气阀门。

（5）左手持喷粉枪管的托手，右手把持枪把，用手指扣动喷粉开关，对准火焰根部喷射，不断靠前，左右摆动喷粉枪，把干粉笼罩在燃烧区，直至把火扑灭为止。

灭火适用范围：主要适用于扑救易燃液体、可燃气体和电器设备的初起火灾。本灭火器移动方便，操作简单，灭火效果好。

（三）如何正确报火警

《中华人民共和国消防法》规定：任何单位和个人在发现火灾的时候，都应当迅速准确地报警，并积极参加扑救。起火单位必须及时组织力量，扑救火灾。邻近单位应当积极支援。消防队接到报警后，必须速到火场，及时扑救。那么一旦遇到火灾，应如何及时报火警，为大家赢得更多宝贵的时间扑火、救火呢？

1. 要牢记火警电话“119”，请记住消防队救火不收费。

2. 接通电话后要沉着冷静，向火警中心讲清失火单位的名称、地址、什么东西着火、火势大小，以及着火的范围。同时还要注意听清对方提出的问题，以便正确回答。

3. 把自己的电话号码和姓名告诉对方，以便联系。

4. 打完电话后，要立即到交叉路口等候消防车的到来，以便引导消防车迅速赶到火灾现场。

5. 迅速组织人员疏通消防车道，清除障碍物，使消防车到火场后能立即进入最佳位置灭火救援。

6. 如果着火地区发生了新的变化，要及时报告消防队，使他们能及时改变灭火战术，取得最佳效果。

7. 在没有电话或没有消防队的地方，如农村和边远地区，可采用敲锣、吹哨、喊话等方式向四周报警，动员乡邻来灭火。

（四）应对初起火灾的基本方法

火灾初起阶段有燃烧面积不大、火焰不高、辐射热不强、火势发展比较慢的特点，如发现及时，扑救方法得当，较少的人力和简单的灭火器材就能很快地把火扑灭。这个阶段是灭火的最好时机，而人们往往发现火灾后到处去找灭火器来灭火，遇到在家中或工作单位没有配灭火器的情况，就想不出任何办法，惊慌失措，结果贻误了灭火的最佳时机，使小火酿成大灾。那么如何应对初起火灾？下面讲讲可采用的几种有效的灭火方法。

1. 湿布灭火法　如果家庭厨房的液化石油气瓶起火，初起火势不是很大，这时可用湿毛巾、围裙、湿抹布等，直接将火焰盖住，将火闷死，然后关闭气瓶的阀门。

2. 锅盖灭火法　当锅里的食油因温度过高起火时，千万不要惊慌，更不能用水浇。因为用水一浇，燃着的油就会溅出来，引燃厨房的其他可燃物。这时首先应关掉火源，然后迅速盖上锅盖，使火熄灭。如果没有锅盖，可从侧面倒入冷食油，这样同样也能灭火。

3. 杯盖灭火法　酒精火锅在加酒精时如果突然燃烧起来，就会燃着装酒精的容器。这时不能慌，千万不能把容器摔出去，如果把容器丢出去，酒精流到哪里，溅到哪里，火就会烧到哪里，灭火时也不要用嘴去吹，这时可用茶杯盖或小碗碟盖在酒精盘上，火就会因缺氧而自动熄灭。

4. 食盐灭火法　食盐在日常生活中既是不可缺少的调味品，又是一种扑救初起火灾行之有效的灭火剂。食盐的主要成分是氯化钠，在高温火源下，迅速分解为氢氧化钠，通过化学作用，就会抑制燃烧的进行。食盐在高温下吸热快，可破坏火苗的形态，同时可以“夺走”燃烧点的一些氧气，所以可以使火很快熄灭。

5. 沙土灭火法　野外电器设备发生火灾时，在没有灭火器而用水灭火危险性又较大的情况下，可用沙土覆盖到电器设备上，使火窒息而自动熄灭。

总之，只要人人都积累掌握了各种各样正确的灭火方法，即使在没有灭火器的情况下，我们也能充分地利用周围的一些物品和器具，让它们发挥最大的灭火效能，就能把火灾消灭在初起阶段，就可以避免人民生命财产的更大损失。

（五）应对突发火灾的基本措施

1. 熟悉环境，暗记出口　当你处在陌生的环境时，为了自身安全，务必留心观察疏散通道、安全出口及楼梯方位等情况，以便关键时候能尽快逃离现场。

2. 扑灭小火，惠及他人　当发生火灾时，如果发现火势并不大，且尚未对人造成很大威胁时，应当充分利用周围的消防器材，或者采用行之有效的灭火方法，奋力将小火控制扑灭，千万不要惊慌失措地乱叫乱跑，置小火于不顾而最终酿成大灾。

3. 保持镇静，迅速撤离　突遇火灾，面对浓烟和烈火时，首先要强令自己保持镇静，然后迅速判断危险地点和安全地点，再快速决定逃生的办法，尽快撤离险地。千万不要盲目地跟从人流而相互拥挤、乱跑乱窜。撤离时要注意，尽量朝明亮的地方或者外面空旷的地方跑。若前行的通道已被烟火封阻，则应背向烟火方向迅速离开，设法通过阳台、气窗、天台等向室外逃生，如果在楼上，切记不要跳楼。

4. 不入险地，不贪财物　在火场中，人的生命是最重要的。身处险境，应尽快撤离，不要因害羞或顾及贵重物品，而把宝贵的逃生时间浪费在穿衣或者寻找搬离贵重物品上。已经逃离险境的人员，切莫重返险地寻找钱财而自投罗网。

5. 简易防护，蒙鼻匍匐　逃生时如果经过充满烟雾的路线，切记要防止因吸入大量烟气而中毒窒息的危险，为此可采用毛巾、口罩蒙鼻匍匐撤离的办法。因为烟雾较空气轻而飘于上部，贴近地面撤离是避免吸入烟气、滤去毒气的最佳方法。穿过烟火封锁区，应配戴防毒面具、头盔、阻燃隔热服等护具，如果没有这些护具，那么可向头部、身上浇冷水或者用湿毛巾、湿棉被、湿毯子等将头部和身体裹好，再冲出去。爬行时要将手、肘、膝盖紧靠地面，并沿着墙壁边缘逃生，以免跑错方向。

6. 火已及身，切勿惊跑　经过火焰区域时，要先弄湿衣服，或者用湿棉被（湿毛毯）裹住头和身体，以防止身上着火，然后迅速通过火焰区域。万一身上着火，千万不可因害怕而乱跑或者用手拍打，因为奔跑或者拍打时会形成风势，促旺身上已燃的火势。正确的做法是应该赶紧设法脱掉衣服或者就地打滚扑压身上的火苗；如果近旁有水源，可用水浇燃烧的衣服或者跳入水中；如果同伴身上着火，可用衣被等物覆盖的方法灭火，或者用水浇来灭火。

7. 善用通道，莫入电梯　按规范标准设计建造的建筑物，都会有两条以上的逃生楼梯通道或安全出口。发生火灾时，就要根据情况选择进入相对较为安全的楼梯通道或安全出口来逃生。除可以利用的楼梯通道或安全出口外，还可以利用建筑物的阳台、窗台、屋顶等攀到周围的安全地点，然后沿着落水管等物体滑下楼来脱险。火灾发生时，高层建筑中的电梯供电系统随时会断电，电梯也会因巨热作用随时变形，从而失去输送功能，如果此时走进电梯就会被困在电梯内。另外，由于电梯井直通各楼层，火灾时有毒的烟雾瞬间便会弥漫到电梯内而直接威胁人的生命。因此，切记火灾发生时，千万不要乘普通的电梯逃生。

8. 缓降逃生，滑绳自救　高层或者多层公共建筑内一般都设有高空缓降器或者救生绳，火灾时人员可以通过这些设施安全地离开危险的楼层。如果没有这些专门设施，在安全通道又已被堵死，救援人员也不能及时赶到的情况下，你可以迅速利用身边的绳索设法逃生。如果没有绳索，可利用床单、窗帘、衣服等自制简易救生绳，然后用水打湿，从窗台或阳台沿绳索缓滑到下面楼层或地面快速逃生。

9. 避难场所，固守待援　一旦发生火灾，如果逃生通道已被火焰与浓烟切断，而且短时间内无救援人员到达时，可采取自创避难场所而固守待援的办法。首先应迅速关紧迎火的门窗，再打开背火的门窗，接着用湿毛巾、湿布堵塞迎火门窗的门窗缝，或者用湿棉被直接蒙上门窗，以防止烟火渗入，然后不停地用水淋湿房间，降低温度，固守房内，直到救援人员到达。

10. 急发信号，寻求援助　火灾时被烟火围困而暂时无法逃离的人员，应尽量呆在阳台或窗口等易于被人发现的地方。在白天，可以向窗外晃动鲜艳衣物，或者向外抛耀眼的东西；在晚上可以用手电筒不停地在窗口晃动或者重敲东西，来及时发出有效的求救信号，以引起救援者的注意。消防人员进入室内都是沿墙壁摸索行进，所以一旦被烟气窒息而失去自救能力时，应最大努力滚到墙边或门边，这样便于消防人员寻找营救；此外，滚到墙边也可防止房屋塌落砸伤自己。火灾中被困人员只有充分暴露自己，才能给营救者争取到宝贵的时间，也才能及时拯救自己。

概括讲，面对突如其来的火灾，只要坚持“三要”、“三救”、“三不”的原则，就能够化险为夷，绝处逢生。

“三要”：一是要熟悉自己住所的环境；二是遇火灾时要保持沉着冷静；三是要警惕烟毒的侵害。

“三救”：一是选择逃生通道自救；二是结绳下滑自救；三是向外界求救。

“三不”：一是不乘普通电梯；二是不轻易跳楼；三是不贪图财物。

（六）消防专家提示火灾逃生中的五种错误行为

1. *原路脱险* 这是人们最常见的火灾逃生行为模式。因为大多数建筑物的内部平面布置、道路出口一般不为人们所熟悉，一旦发生火灾时，人们总是习惯沿着进来的出入口和楼道进行逃生，当发现此路被火烟封死时，才被迫去寻找其他出入口。殊不知，此时已失去最佳逃生时间。因此，当我们进入一个新的环境（如商场、宾馆、大厦等）时，一定要对周围的环境和出入口进行必要的了解与熟悉。多想万一，以备不测。

2. *向光朝亮* 这是在紧急危险情况下，由人的本能、生理、心理所决定的。在灾难面前，人们总是习惯向有光亮的方向逃生，人们习惯地认为光和亮就意味着生存的希望，它能为逃生者指明方向，而殊不知，这时的火场中，90%的可能是电源已被切断，或者线路因火灾已造成短路，光和亮的地方正是火魔逞威之处。因此，在火场中一定要保持镇静，辨明情况再做决定，切记盲目行动。

3. *盲目追随* 当人的生命突然面临危险状态时，极易因惊惶失措而失去正常的判断思维能力，当听到或看到有什么人在前面跑动时，第一反应就是盲目地紧随其后。常见的盲目追随行为模式有跳楼、跳窗、躲进卫生间、浴室、门角等。只要前面有人带头，追随者就会毫不犹豫地跟随其后。克服盲目追随的最好方法就是平时要多了解掌握火灾自救与逃生的知识，只有这样，才能避免大难临头时没有主见而随波逐流的错误行为。

4. *自高向下* 俗话说：人往高处走，火焰向上飘。当高楼大厦发生火灾，特别是高层建筑一旦失火时，人们总是习惯地认为，火是从下面往上着的，越高越危险，越下越安全，只有尽快逃到一层，跑出室外，才有生的希望。殊不知，这时的下层可能已是一片火海，盲目地朝楼下逃生，岂不是自投火海吗？随着消防装备现代化程度的不断提高，在发生火灾时，有条件的可登上房顶，或者在房间内采取有效的防烟防火措施，然后等待救援也不失为明智之举。

5. *冒险跳楼* 人们在开始发现火灾时，会立即做出第一反应，这时的反应大多还是比较理智的分析与判断；但是，当自己选择的路线逃生失败时，或者发现因自己的判断失误而逃生之路又被大火封死时，人们就会很容易失去理智。此时要切记，万万不可盲目采取跳楼的冒险行为，以避免摔伤或者摔死，而应另想比较安全的逃生办法。

尽管火灾对人民的生命财产有着巨大的威胁，然而只要我们平时积累掌握了必要的防火救火知识和自救逃生的本领，就可以完全避免火灾的发生，就可以让火灾远离我们自己，远离我们的家园，就可以把火灾造成的损失降到最低限度。

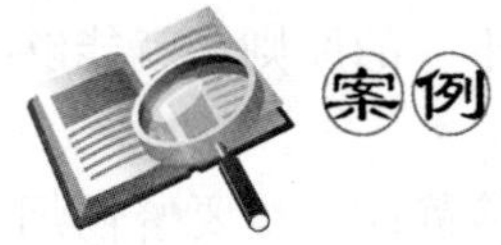

吉林市中百商厦特大火灾

2004年2月15日中午11时25分，吉林省吉林市中百商厦发生特大火灾。吉林市公安消防指挥中心接到报警后，立即调集消防官兵赶赴现场扑救。13时45分，火势得到初步控制。15时30分，大火被扑灭。在扑救火灾的同时，消防人员通过三部云梯对2楼、3楼、4楼被困人员进行紧急搜救，截至16时30分，共救出120人，受伤的71人被马上送往各大医院进行抢救。这次大火造成54人死亡、70人受伤、直接经济损失400余万元。是一次典型的特别重大火灾事故。

事故原因：经国务院调查组勘察确定，火灾系中百商厦伟业电器行雇工张某某，于当日9时许向3号库房送包装纸板时，将嘴上叼着的香烟掉落在仓库中，引燃地面上的纸屑、纸板等可燃物引发的。

火灾教训：一是中百商厦没有认真落实自身消防安全责任制，消防安全法律责任主体意识不强，没有依法履行消防安全管理职责。火灾发生后，没有及时报警，也没有在第一时间组织人员疏散。二是违章搭建仓房，最终导致火灾的扩大与蔓延。三是没有对从业人员认真开展消防安全宣传教育和培训，员工缺乏防火、灭火常识，致使符合规范标准的消防设施、设备没有充分发挥作用。

1. 什么是火灾？发生火灾的三要素是什么？
2. 学校火灾发生的原因有哪些？应如何预防学校火灾的发生？
3. 一旦发生火灾，自己应如何正确报火警？
4. 应对突发火灾的基本措施有哪些？

第二节　地　震

地震是全世界范围内影响最大的一种地质灾害。我国位于世界两大地震带——环太平洋地震带和欧亚地震带的交汇部位，受太平洋板块、印度洋板块和菲律宾海板块的挤压，地震断裂带十分活跃。大地构造决定了我国必然会地震频繁、震灾严重。在20世纪里，全球共发生了3次8.5级以上的强烈地震，其中两次发生在我国，全球发生的两次导致20万人以上死亡的强烈地震也是发生在我国。一次是1920年的宁夏海原地震，造成23万多人死亡；一次是1976年的唐山大地震，造成24万多人死亡，震惊世界。近期来，台湾、云南、西藏、贵州、四川等地区也多发地震，有的地震还造成了较大的人员伤亡和巨大的经济损失。因此，大力开展地震科普知识宣传、地震科学知识普及和地震应急自救互救技能训练活动，提高广大同学们的防震减灾意识，增强同学们安全防范能力与自我保护能力，是学校的一项十分紧迫而意义深远的工作。

一、地震发生的成因及预报

（一）地震的概念、分类与我国地震带分布情况

1. 地震的概念　地震就是地球表层的快速振动，在古代又称为地动。它就像刮风、下雨、闪电、山崩、火山爆发一样，是地球上经常发生的一种自然现象。地震是极其频繁的，全球每年发生地震大约500万次，平均约7秒就有一次。这些地震中99%以上震级都很小，有的只有零点几级，一般人感觉不到，只有仪器才能探测得到。人们能够感觉得到的不到1%，其中造成灾害的仅有万分之二左右。全球85%的地震是发生在海洋中，只有15%发生在大陆。一般说来，地壳内部积累的能量越多，地震时释放的能量也就越大，地震的震级也就越大，造成的地面建筑破坏程度也就越严重。

2. 地震的分类　地震根据成因分为天然地震和人工地震。天然地震包括构造地震、火山地震、陷落地震三类。构造地震是由于地下深处岩层错动、破裂所造成的地震。这类地震发生的次数最多，破坏力也最大，占全世界地震的90%以上。火山地震是由于火山作用，如岩浆活动、气体爆炸等引起的地震。只有在火山活动区才可能发生火山地震，这类地震只占全世界地震的7%左右。陷落地震是由于地下岩洞或矿井顶部塌陷而引起的地震。这类地震的规模比较小，次数也很少，即使有，也往往发生在溶洞密布的石灰岩地区或大规模地下开采的矿区。因人为因素直接造成的振动是人工地震，如工业爆破、地下核爆炸引起的地面振动；在深井中进行高压注水及大水库蓄水后增加了地壳的压力，有时也会诱发地震。我们一般所说的地震，多指天然地震，它是一种经常发生的自然现象，是地壳运动的一种特殊表现形式。

3. 我国地震带分布情况　地震带就是指地震集中分布的地带。在地震带内，地震分布密集，在地震带外，地震分布零散。地震带常与一定的地震构造相联系。全球最大的环太平洋地震带和横贯欧亚的地震带（喜马拉雅—地中海地震带），是全球六大板块间的接触带，其他的地震带与地壳的转换断层、大陆裂谷或大断裂带有关。我国地震活动主要分布在五个地区的二十三条地震带上。这五个地区是：一是台湾省及其附近海域；二是西南地区，主要是西藏、四川西部和云南中西部；三是西北地区，主要在甘肃河西走廊、青海、宁夏、天山南北麓；四是华北地区，主要在太行山两侧、汾渭河谷、阴山—燕山一带、山东中部和渤海湾；五是东南沿海的广东、福建等地。我国的台湾省位于环太平洋地震带上，西藏、新疆、云南、四川、青海等省区位于喜马拉雅—地中海地震带上，其他省区处于相关的地震带上。地震带的分布情况是地震部门确定地震重点监视防御区的重要依据。

（二）地震的成因、震级与烈度

1. 地震的成因　由于地球不断运动和变化，地壳的不同部位受到挤压、拉伸、旋扭等力的作用，逐渐积累了能量，在某些脆弱部位，岩层就容易突然破裂，引起断裂、错动，于是就引发了地震。

地球的结构就像鸡蛋，可分为三层。中心层是“蛋黄”——地核；中间是“蛋清”——地幔；外层是“蛋壳”——地壳。地震一般发生在地壳之中。地球在不停地自转和公转，同时地壳内部也在不停地变化，由此而产生力的作用，使地壳岩层变形、断裂、错动，于是便发生地震。地下发生地震的地方叫震源。从震源垂直向上到地表的地方叫震中。从震中到震源的距离叫震源深度。震源深度小于70公里（千米）的地震为浅源地震，在70～300千米之间的地震为中源地震，超过300公里的地震为深源地震。对于同样大小的地震，由于震源深度不一样，对地面造成的破坏程度也不一样。震源越浅，破坏越大，但波及范围也越小，反之亦然。

某地与震中的距离叫震中距。震中距小于100千米的地震称为地方震，在100～1 000千米的地震称为近震。大于1 000千米的地震称为远震。震中距越远的地方，受到的影响和破坏越小。

地震所引起的地面振动是一种复杂的运动，它是由纵波和横波共同作用的结果。在震中区，纵波使地面上下颠动；横波使地面水平晃动。由于纵波传播速度较快，衰减也较快，横波传播速度较慢，衰减也较慢，因此离震中较远的地方往往感觉不到上下跳动，但能感到水平晃动。

当某地发生一个较大的地震时，在一段时间内，往往会发生一系列的地震。其中最大的一个地震叫做主震，主震之前发生的地震叫前震，主震之后发生的地震叫余震。

地震具有一定的时空分布规律。从时间上看，地震有活跃期和平静期交替出现的周期性现象；从空间上看，地震的分布呈一定的带状，主要集中在环太平洋和地中海—喜马拉雅两大地震带。太平洋地震带几乎集中了全世界80%以上的浅源地震、全部的中源和深源地震，所释放的地震能量约占全部能量的80%。

2. *地震震级* 震级是表示地震本身大小的等级，它与震源释放出来的能量多少有关。能量越大，震级就越大；震级相差一级，能量相差约30倍。按震级大小，地震可分为超微震、弱震、有感地震、中强震、强震、大震六类。

超微震：震级小于1级的称为超微震。

弱震：震级等于或大于1级，小于3级的为弱震。超微震和弱震一般人们不易觉察。

有感地震：震级等于或大于3级，等于或小于4.5级的为有感地震，人们容易感觉到，一般不会造成破坏。

中强震：震级大于4.5级，小于6级的为中强震，属于可造成破坏的地震，但破坏轻重还与震源深度、震中距等多种因素有关。

强震：震级等于或大于6级的为强震。

大震：震级等于或大于8级的称为巨大地震，强震和巨大地震都会给人们的生命财产构成巨大威胁，给社会造成巨大危害。

3. *地震烈度* 地震发生后在地面上造成的影响或破坏的程度叫地震烈度。我国将地震烈度分为12度，烈度描述如下：

1度：无感——仅仪器能记录到。

2度：微有感——个别特别敏感的人在完全静止中有感觉。

3度：少有感——室内少数人在静止中有感觉，悬挂物轻微摆动。

4度：多有感——室内大多数人，室外少数人有感觉，悬挂物摆动，不稳器皿作响。

5 度：惊醒——室外大多数人有感觉，家畜不宁，门窗作响，墙壁表面出现裂纹。

6 度：惊慌——人站立不稳，家畜外逃，器皿翻落，简陋棚舍损坏，陡坎滑坡。

7 度：房屋损坏——房屋轻微损坏，牌坊、烟囱损坏，地表出现裂缝及喷沙冒水。

8 度：建筑物破坏——房屋多有损坏，少数路基塌方，地下管道破裂。

9 度：建筑物普遍破坏——房屋大多数破坏，少数倾倒，牌坊、烟囱等崩塌，铁轨弯曲。

10 度：建筑物普遍摧毁——房屋倾倒，道路毁坏，山石大量崩塌，水面大浪扑岸。

11 度：毁灭——房屋大量倒塌，路基堤岸大段崩毁，地表产生很大变化。

12 度：山川易景——一切建筑物普遍毁坏，地形剧烈变化，动植物遭毁灭。

震级与烈度，两者虽然都可反映地震的强弱，但含义并不一样。同一个地震，震级只有一个，但烈度却因地而异，不同的地方，烈度值不一样。例如，1990 年 2 月 10 日，常熟—太仓发生了 5.1 级地震，有人说在苏州是 4 级，在无锡是 3 级，这是错误的说法。无论在何处，只能说常熟—太仓发生了 5.1 级地震。但这次地震，在太仓的沙溪镇地震烈度是 6 度，在苏州地震烈度是 4 度，在无锡地震烈度是 3 度。地震烈度是经常使用的一个名词。划分烈度有定性和定量标准。在中国地震烈度表上，对人的感觉、一般房屋损坏程度和其他现象作了描述，可以作为确定烈度的基本依据。

4. *地震现象* 地震发生时，最基本的现象是地面的连续振动，主要是明显的晃动。极震区的人在感到大的晃动之前，有时首先感到上下跳动。这是因为地震波从地内向地面传来，纵波首先到达的缘故。横波接着产生大振幅的水平方向的晃动，是造成地震灾害的主要原因。1960 年智利大地震时，最大的晃动持续了 3 分钟。地震造成的灾害首先是破坏房屋等建筑物，造成人畜的伤亡。如 1976 年中国河北唐山地震中，70% ~80% 的建筑物倒塌，人员伤亡惨重。地震对自然界的景观也有很大影响。最主要的后果是地面出现断层和地裂缝。大地震造成的地表断层常常绵延几十至几百千米，往往具有较明显的垂直错距和水平错距，能反映出震源处的构造变动特征。但并不是所有的地表断裂都直接与震源的运动相联系，它们也可能是由于地震波造成的次生影响而形成。特别是地表沉积层较厚的地区，坡地边缘、河岸和道路两旁常出现地裂缝，这往往是由于地形因素所致。大地震能使局部地形改观，或隆起，或沉降，使城乡道路坼裂、铁轨扭曲、桥梁折断。在现代化城市中，大地震能使地下管道破裂和电缆被切断，造成停水、停电和通讯受阻，使煤气、有毒气体和放射性物质泄漏，导致火灾和毒物、放射性污染等次生灾害。在山区，大地震还能引起山崩和滑坡，常造成掩埋村镇的惨剧。因此，做好地震预报工作极其重要。

（三）地震预报、预报类型与地震前兆

地震预报是一个十分复杂的世界性难题。我国虽被联合国教科文组织认定为唯一对地震做出过成功短临预报的国家，但是当前预报还是经验性的，科学工作者对地震发生的基本规律虽然有所认识，但还没有完全认识。此外，地震预报是一门预测性科学，任何一门预测性科学都不可能做到百分之百的准确，在这种情况下，我们学习地震知识和防震知识就显得尤为重要了。

1. *地震预报* 所谓地震预报，顾名思义，是指用科学的思路和方法，对未来地震（主要指强地震）的发震时间、地点和强度（震级）做出预报。地震发生的时间、地点和震级

是地震预报的三要素，三要素预测准确与否直接关系到减灾的效果。

2．地震预报的种类　地震预报包括地震长期预报、地震中期预报、地震短期预报和临震预报四种类型。

（1）地震长期预报：是指对未来10年内可能发生破坏性地震地域的预报。主要依据是对历史地震活动资料的统计分析，对现今地质构造活动（尤其是断层）背景、地震活动背景、其他地球物理场的变化背景、地壳形变（幅度、速率、方向等）的观测研究，并考虑到天体运动、地球自转等因素，通过断层活动与其他这些因素的组合特征及发展趋势，对区内的发震可能性及其变化方式进行分析，提出长期性的趋势预报意见。

（2）地震中期预报：是指对未来一二年内可能发生破坏性地震的地域和强度的预报。主要依据各种前兆趋势异常的时空分布特征圈定危险区，并据经验公式判断发震时间与强度。

（3）地震短期预报：是指对3个月内将要发生地震的时间、地点、震级的预报。

（4）临震预报：是指对10日内将要发生地震的时间、地点、震级的预报。

地震和刮风下雨一样，都是一种自然现象，在它来临之前是有前兆的，特别是强烈地震，在孕育过程中总会引起地下和地上各种物理及化学变化，给人们提供信息。如地下水的变化：突然升降或变味、发浑、发响、冒泡；气象的变化：如天气骤冷、骤热、大旱、大涝；电磁场的变化；临震前动植物的异常反应等等。根据这些反应进行综合研究，再加上专业部门从地震机制、地震地质、地球物理、地球化学、生物变化、天体影响及气象异常等方面，利用仪器观测的数据进行处理分析，可以对发震的时间、地点和震级进行预报。如海城1975年的7.3级地震的成功预报，就是一例。但是，由于地震成因的复杂性和发震的突然性，以及人们现时的科学水平有限，直到目前，地震预报还是一个世界性的难题，在世界上尚无一个可靠途径和手段能准确预报所有破坏性地震。为此，各国的地震工作者和专家都在不断地努力探索，我们相信准确的地震预报总有一天会实现的。

3．地震前兆　岩体在地引力作用下，在引力应变逐渐积累、加强的过程中，会引起震源及附近物质发生物理、化学、生物、气象等一系列异常变化。我们称这些与地震孕育、发生有关联的异常变化现象叫地震前兆（也称地震异常）。它包括地震宏观异常和地震微观异常两大类。

（1）地震宏观异常：人的感官能直接觉察到的地震异常现象称为地震的宏观异常。地震宏观异常的表现形式多样且复杂，异常的种类多达几百种，异常的现象多达几千种，大体可分为动物异常、地声异常、地光异常、地下水异常、电磁异常、气象异常等。

动物异常：许多动物的某些器官感觉特别灵敏，它比人类能提前知道一些灾害事件的发生，例如海洋中的水母能提前预知风暴，陆地上的老鼠能事先躲避矿井崩塌或有害气体等等。伴随地震而产生的物理、化学变化（振动、电磁、气象、水氡含量异常等），往往能使一些动物因某种感觉器官受到刺激而发生异常反应。如一个地区的重力发生变异，某些动物可能会通过它的平衡器官感觉到；一种异常振动，某些动物的听觉器官也许能够察觉出来。地震前地下岩层早已在缓慢活动，呈现出蠕动状态，而断层面之间又具有强大的摩擦力，在摩擦的断层面上会产生一种低于人的听觉所能感觉到的低频声波。人对每秒20次以上的声波才能感觉到，而动物则不然。那些感觉十分灵敏的动物，在感触到这种声波时，便会惊恐万状，于是就会出现冬蛇出洞、鱼跃水面、猪牛跳圈、狼嚎狗吼等异常现象。动物异常的种类很多，有穴居动物、冬眠动物、鱼类、大牲畜、家禽等等。我国劳动人民在长期的生活实践中，对震前动物的反常情形总结出了生动的谚语。如下：

震前动物有预兆，群测群防很重要。

牛羊骡马不进厩，猪不吃食狗乱咬。

鸭不下水岸上闹，鸡飞上树高声叫。

冰天雪地蛇出洞，大鼠叼着小鼠跑。

兔子竖耳蹦又撞，鱼跃水面惶惶跳。

蜜蜂群迁闹轰轰，鸽子惊飞不回巢。

家家户户都观察，发现异常快报告。

地声异常：地声异常是指地震发生前从地下传来的声音。其声有的如炮响雷鸣，也有的如重车行驶、大风鼓荡等多种多样。当地震发生时，有纵波从震源辐射，沿地面传播，使空气振动发声，由于纵波速度较快但势弱，人们只闻其声，而不觉地动，需横波到后才有动的感觉。所以，震中区往往有“每震之先，地内声响，似地气鼓荡，如鼎内沸水膨涨”的记载。如果在震中区，3 级地震往往可听到地声。地声是地下岩石的结构、构造及其所含的液体、气体运动变化的结果。大部分地声是地震的征兆，掌握地声知识能对地震起到较好的预防效果。

地光异常：地光异常是指地震前从地下产生的光亮，其颜色多种多样。可见到日常生活中罕见的混合色，如银蓝色、白紫色等，但以红色与白色为主，其形态也各异，有带状、球状、柱状等。一般地光出现的范围较大，多在震前几小时到几分钟内出现，持续几秒钟。我国海城、龙陵、唐山、松潘等地在地震前后，都曾出现过丰富多彩的发光现象。地光多伴随地震、山崩、滑坡、塌陷或喷沙冒水、喷气等自然现象出现，常沿断裂带或一个区域作有规律地迁移，其成因总是与地壳运动密切相关。

地下水异常：地下水包括井水、泉水等。主要异常有发浑、冒泡、翻花、升温、变色、变味、突升、突降、井孔变形、泉源突然枯竭或涌出等现象。人们在长期的生活实践中总结出了震前井水变化的谚语。如下：

井水是个宝，地震有前兆。

无雨泉水浑，天干井水冒。

水位升降大，翻花冒气泡。

有的变颜色，有的变味道。

电磁异常：电磁异常是指地震前家用电器，如收音机、电视机、日光灯等出现的异常。最为常见的电磁异常是收音机失灵，有的地区日光灯在震前自明也较为常见。1976 年 7 月 28 日唐山大地震前几天，唐山及其邻区很多家中的收音机突然失灵，声音忽大忽小，时有时无，调频不准，有时连续出现噪音。同样是唐山地震前，市内有人见到关闭的荧光灯夜间先发红后亮起来；北京有人睡前关闭了日光灯，但灯仍亮着不息。电磁异常还包括一些电机设备工作不正常，如微波站异常、无线电厂受干扰、电子闹钟失灵等。

气象异常：人们常形容地震预报科技人员是“上管天，下管地，中间管空气”，这的确有道理。地震之前，气象也常常出现反常。主要有震前天气极其闷热，久旱不雨或霪雨绵绵，黄雾四起、日光晦暗、怪风狂起、六月冰雹等异常现象。

地震宏观异常在地震预报尤其是短临预报中具有重要的作用，1975 年辽宁海城 7.3 级地震和1976年松潘、平武7.2级地震前，地震工作者和广大群众曾观察到大量的宏观异常现象，为这两次地震的成功预报提供了重要资料。不过也应当注意，上面所列举的多种宏观现象可能由多种原因造成，不一定都是地震的预兆。例如，井水和泉水的涨落可能和降雨的多少有关，也可能受附近抽水、排水和施工的影响，井水的变色、变味可能因污染引起，动物的异常表现可能与天气变化、疾病、外界刺激等有关，还要注意不要把电焊弧光、闪电等误认为地光，不要把雷声误认为地声，不要把燃放烟花爆竹和信号弹当成地下冒火球。一旦发现异常的自然现象，不要轻易做出马上要发生地震的结论，更不要惊慌失措，而应当弄清异常现象出现的时间、地点和有关情况，保护好现场，向政府或地震部门报告，让地震部门的专业人员调查核实，弄清事情真相。

（2）地震微观异常：人的感官无法觉察，只有用专门的仪器才能测量到的地震异常称为地震的微观异常，主要有以下几种情况：

地震活动异常：研究证明，大小地震之间有一定的关系。一段时间里，大地震虽然不多，如果中小地震却不断发生，那么研究中小地震活动的特点，就有可能帮助人们预测未来大地震的发生。

地形变异常：大地震发生前，震中附近地区的地壳可能发生微小的形变，某些断层两侧的岩层可能出现微小的位移，借助于精密的仪器，可以测出这种十分微弱的变化，分析这些资料，可以帮助人们预测未来大地震的发生。

地球物理变化：在地震孕育过程中，震源区及其周围岩石的物理性质可能出现一些变化，利用精密仪器测定不同地区重力、地电和地磁的变化，也可以帮助人们预测地震。

地下流体的变化：地下水（井水、泉水、地下岩层中所含的水）、石油和天然气，地下岩层中可能还产生和贮存一些其他气体，这些都是地下流体。用仪器测定地下流体的化学成分和某些物理量，研究它们的变化，可以帮助人们预测地震。

4. *发布地震预报的规定* 国家规定地震预报发布权限属于一定级别的人民政府，而不是其他单位和个人，即使各地地震部门也无权向社会发布地震预报意见。对于不同类型的地震预报意见的发布，国家的具体规定如下：

（1）地震长期预报：由国家地震局组织，有关地震部门提出，向国务院报告，为国家规划和建设提供依据。

（2）地震中期预报：由国家地震局和省或自治区、直辖市地震部门提出，经有关省、自治区、直辖市人民政府批准，并对本行政区内的重点监视防御区做出防震工作部署。

（3）地震短期和临震预报：国务院1995年发布的《破坏性地震应急条例》中规定："地震临震预报，由省、自治区、直辖市人民政府依照国务院有关发布地震预报的规定统一发布，其他任何组织或个人不得发布地震预报"。

（四）识别地震谣言的方法

地震谣言就是毫无事实根据，从非正规途径进行传播的捏造的地震传闻。地震谣言一旦流传，在社会上就会造成人心恐慌的不良后果，于是人们就不能安心学习、生产和工作，从而会严重扰乱社会秩序，影响人们的正常生活，有时这种地震谣言造成的损失不亚于一个破坏性地震灾害造成的损失，所以地震谣言也是地震灾害之一。因此，正确识别地震谣言，对于稳定社会秩序，保持社会安定，确保人们生产和生活正常进行有重大的现实意义。下面具体讲讲识别地震谣言的方法，如下：

1. 由政府发布的地震预报应该完全相信　因为它是地震监测预报部门的科技人员通过收集监测到的大量地震异常信息，经过认真仔细综合性的研究，参照以往的成功经验，非常慎重地提供给政府决策部门，由政府依据防震减灾有关法规，本着为人民生命财产安危、社会稳定着想而做出的。

2. 不是政府发布的预报，即使预报地震的时间、地点、震级非常准确，仍不可信　因为地震是一种非常复杂的自然现象，虽然科学家们对地震预测做出了不懈的努力，也取得了一些进展，但目前还缺乏对地震产生的原因和发生规律的科学揭示。目前的地震预报仅处于探索阶段，不可能做得非常精确。因此，那种时间精确到某天，甚至到某时某分，地点在某个很小的范围，震级也很准确的地震预报超越了目前的科学水平。

3. 是某某专家预报的，不可信　根据我国《地震预报发布的管理规定》，任何个人都无权擅自向社会发布地震预报意见或消息，不管他是谁。由于地震预报处于探索阶段，因而，科学家的预测意见只能提供给地震部门作参考。将个人的预测意见向社会散布本身就是违法的。

4. 国外科学家预报我国地震，不可信　地震预测是世界性的科学难题，我国的地震预报水平处在世界领先地位，在地震预测方面，国外水平不比我国高多少。国外科学家预测我国地震必须按照我国法律进行。除省、自治区、直辖市政府可以发布地震预报外，任何个人、组织都无权发布，外国人也如此。

5. 听亲戚朋友说要发生地震了，不可信　一般社会上的地震谣言都不应相信，否则会造成不良社会影响，甚至破坏社会安定。听到传言后应迅速与当地区、县地震部门联系，禁止传言传播。

6. “迷信”绝不可信　听到带有迷信色彩的或别有用心的人散布的有关发生地震的消息，不仅不要相信，而且要主动迅速地报告公安机关。

7. 明白地震宣传工作的意义　看见或听说地震部门在做地震宣传或其他相关工作，那么是否可断定要地震了？不是。让广大社会公众了解地震科普知识，提高减灾意识和能力，做好防震减灾工作，在任何时期都是地震工作部门的神圣职责。

我们只要掌握地震谣言具有的特征，再对我国和世界当今地震预测的真实水平及我国关于发布地震预报的法规有所了解，就能够正确地判断和识别地震谣言。事实越来越证明，地震谣言是完全可以杜绝的，关键一点是要不信谣、不传谣，用防震减灾知识消除恐震心理，用科学代替封建迷信，用地震预报法规约束我们每一个人的言行，谣言就会不攻自破、失去市场。

二、如何应对震灾

大地震是一种破坏性极大的自然灾害，是人类生存、生产和建设的大敌。但是地震中人员的伤亡和财产的损失程度并不是唯一由地震的震级大小确定的，至关重要的是人们在地震前是否能做到有效防范，地震中是否能采取有效的应对措施。如果我们做到了有效防范，采取了有效的应对措施，那么地震灾害的程度就会明显减小，地震造成的损失也就会降到最低。因此，在青少年学生中积极开展防震教育，让青少年学生学习掌握地震灾害的防范措施与地震中逃生自救常识是十分必要的。

（一）地震前的防范措施

1．家庭防范措施

（1）住房位置应避开断裂带和不均匀沉陷地基，以及易滑动山坡、水库区等地势。

（2）房屋设有抗震结构；楼房建筑不要任意违法加盖，或者任意拆除墙、柱、梁、板等，以免破坏房屋结构。

（3）定期检查房子，如发现大裂缝，应请专业人员及时维修。

（4）系紧或加固悬挂物，如灯具、挂钟镜框和厨房用品等。

（5）高大的衣柜要和墙体固定在一起，以免倾倒砸人或堵塞逃生之路。

（6）室内陈设重心尽量降低并不乱堆、乱放。

（7）卧室，尤其是老人或儿童的卧室，尽量少放家具和杂物，尤其不要放高大物品。

（8）正门、通道不要堆放杂物，以便疏散。

（9）屋内装饰尽量不用或少用易燃品。

（10）不要把易燃、易爆物品或农药、有毒物品放在屋内。

（11）每个家庭成员都要熟悉电、水、气阀门的位置，并掌握正确的关闭方法。

（12）有条件的家庭，可设计一个室内避震空间。如重点加固一间居室或在床上增设结实的抗震框架等。

（13）准备一个防震包，能够装一定数量的生活用品（如水、食品等）、急救药品和简单工具、个人证件等。

2．学校防范措施

（1）宣传普及防震减灾科学知识。

（2）评估、加固校舍，消除地震隐患。

（3）定期进行紧急避震训练。

（4）师生熟悉并记住教学楼、公寓楼等的通道疏散标志，了解掌握学校场地及周围的环境情况。

（5）合理选择疏散避震的安全场地。场地应就近、宽敞，避开电线杆、砖墙、路灯和变压器等高大建筑物。

（6）掌握距学校最近的医院、急救中心、消防队所在地。

（7）制订地震应急方案。如疏散措施、药品储备及与有关部门联系办法等。

（8）学生们千万不要听信和传播地震谣言。

（二）地震时的紧急避震措施

根据我国历史上大震的经验，在大震临近前，往往有地光和地声出现，有的伴有一些小震。这段时间有十几秒到几十秒钟不等，我们称之为大震预警，这十几秒是人们紧急避震、减少伤亡的最佳时机。只要掌握一定的避震知识，事先有一定准备，震时又能抓住预警时机，选择正确的避震方式和避震空间，就有生存的希望。

1．应急的三个原则　一是不要惊慌：地震来临时，千万不要惊慌失措而六神无主，而是要强令自己镇定，人只有在镇定时，才能想出对策。二是伏而待定：在大地震来临时首先要保持冷静，然后作出正确判断，迅速躲到附近安全的地方“伏而待定”。三是定后转移：在主震之后相对平静的一段时间内，迅速离开藏身之处，转移到更安全的地方。

经验告诉我们，惊慌“逃震”害处多：例如，山东省苍山县宣塘镇 1995 年 9 月发生 5.2 级地震，震级不大，震中烈度仅 6 度弱，却因中小学生惊慌跳楼、拥挤，造成 300 余人受伤，50 余人重伤。1994 年 12 月、1995 年 1 月北部湾 6.1 和 6.2 级地震时，广东、广西、海南部分地区有震感，因学生缺乏防震知识，惊慌逃离教室，互相冲撞、践踏、拥挤而致伤 300 余人，重伤数十人。惨痛的教训警示我们，掌握一定的紧急避震措施十分必要。

2. 家中如何避震

（1）在楼房，地震突发时：应迅速选择最近的安全地点躲避。比如，牢固的床下或桌下；整体性好的小跨度的房间（储藏室、厨房、卫生间、承重墙角）；已准备好的室内避震空间。正确躲避姿势是：身体尽量蜷曲或头尽量向胸部靠拢，双手交叉放在脖后，保护头部和颈部；或卧倒、闭眼、随手用物件护头并捂住口鼻，以免砸伤头部或口鼻被尘土所呛。如地震引起火灾，发生烟尘弥漫或有毒气体泄漏时，要尽量用衣服或湿手巾等掩住口鼻，以防止窒息和中毒，然后逆风匍匐逃离火场。

（2）在平房，地震突发时：因为平房周围所占空间较楼房开阔，所以地震时可迅速逃出房外，外逃时最好头顶被子、枕头以此保护头部；如确实来不及，最好也在跨度小、地震后容易形成三角空间的地方（坑沿、桌旁、墙角等）避震，但要远离窗户和屋顶大梁，不要靠近碎砖墙体；为防止地震时门框变形打不开门，在防震期间，房门最好不要关闭。

（3）家中避震应必须避免的行为：不要乘电梯；不要到窗户边；不要到阳台上；千万不要跳楼；不要因为找衣物或贵重物品贻误逃生时机；正在用火、用电时，要立即灭火断电，如有可能，要立即切断电源，关闭燃气总开关。

3. 学校如何避震

（1）在教室，地震突发时：学生要听从老师的统一组织和安排，在老师的指挥下迅速抱头、闭眼、躲在各自的课桌下，不准乱跑和擅自离开教室。在躲避的过程中，老师要大声用“卧倒”、“闭眼”、“躲到桌下”、“别动”等口令指挥学生，直到震动停止时再组织学生有序移转到更安全的地方。

（2）在操场或室外，地震突发时：可原地不动蹲下，双手保护头部。注意避开高大建筑物或危险物，此时不要回到教室去，震动停止后应当有组织地撤离。

（3）必要时应有组织地安排学生在室外上课。

4. 公共场所如何避震

（1）听从现场工作人员的指挥，不要慌乱，不要拥向出口，要避免拥挤，要避开人流，避免被挤到墙壁或栅栏处。

（2）在影剧院、体育馆等处，应就地蹲下或趴在排椅下；注意避开吊灯、电扇等悬挂物；用包等随手拿的东西保护头部，等地震过去后，听从工作人员指挥，有组织地撤离。

（3）在商场、书店、地铁、展览馆等处，应选择结实的柜台、柱子旁边或内墙角等处就地蹲下，用手或其他东西保护好头部，避开玻璃门窗、玻璃橱窗等有玻璃的地方，以防被破碎的玻璃片割伤；避开高大不稳易倒的货架、广告牌、大吊灯等物件，以免被砸伤。

（4）在行驶的车内，要抓牢扶手，以免摔倒或碰伤；尽量降低重心，躲在座位附近，地震过后再下车。

5. 户外如何避震

（1）就地选择开阔的地方避震，或蹲下或趴倒，双手保护头部，不要乱跑，不要随便返回室内。

（2）避开楼房、高烟囱、立交桥、水塔等高大建筑物。

（3）避开变压器、电线杆、路灯等危险物。

（4）避开狭窄的街道、危旧房屋、危墙、砖瓦木料的堆放处等危险场所。

6. 野外如何避震

（1）避开山脚、陡崖，以防山崩、滚石、泥石流等的伤害。

（2）避开陡峭的山坡、山崖，以防地裂、滑坡等的伤害。

（3）遇到山崩、滑坡，要向垂直于滚石前进的方向跑，切不可顺着滚石方向往山下跑；也可躲在结实的障碍物下，或蹲在地沟坎下，此时特别要保护好头部。

（三）震后自救与互救

自救互救是指地震发生后外部救援人员尚未赶到现场时，灾区开展的自我救助和相互救助。

1. 自救　自救指地震时被埋人员自己创造条件保存生命、脱离险境的救助。大地震中被倒塌的建筑物压埋的人，只要神志清醒，身体没有重大创伤，都应该坚定获救的信心，尽最大努力保护好自己，积极实施自救。自救的措施如下：

（1）保持镇静，努力克服恐惧心理，坚定生存信念。

（2）要尽量用湿毛巾、衣物或其他布料捂住口鼻，以防止灰尘堵塞口鼻发生窒息。

（3）尽量活动自己的手脚，及时清除脸上的尘土和压在身上的东西。

（4）用周围可以挪动的物品支撑身体上方的重物，避免再次塌落；扩大活动空间，保持足够的空气。

（5）寻找和开避通道，设法逃离险境，朝着有光亮、更安全、更宽敞的地方移动。一时无法脱险，就要尽量节省气力。如能找到食品、水，一定要计划着节约使用，千方百计延长生存时间，等待救援。

（6）不要盲目大声呼救，而要保存体力。在周围十分安静，或听到上面（外面）有人活动时，再用砖、铁管等物敲打墙壁，及时向外界传递信息；或者当确定不远处确有人时，再呼喊救助。

（7）几个人同时被压埋时，要互相鼓励，共同计划，团结配合，必要时采取脱险行动。

2. 互救　指在地震灾害中幸免于难和自救脱险的人员对仍被埋人员进行的救助。为了最大限度地营救遇险者，应遵循以下原则：

（1）先抢救学校、医院、旅社、商场等人员密集地方的人员及青壮年和医务人员，以及时增加救援力量和救援的医护力量。

（2）救援时要讲究科学性，首先应快速使被埋者的头部和胸部暴露，然后及时清除口鼻的尘土，保持呼吸畅通，再进行抢救。对已经窒息的人应立即进行人工呼吸。

（3）严禁用利器刨挖，以免伤人。应保护支撑物，以防止房屋进一步倒塌。

（4）对于埋在废墟中的幸存者，首先应输送食物和饮料，然后边挖掘，边支撑，边抢救，此时一定要注意保护好幸存者的眼睛。

（5）对于埋压过久的幸存者，救出后应蒙上眼睛，避免阳光刺激使眼睛受损。注意不可突然呼吸大量新鲜空气，也不可一下进食过多，同时还要给予必要的护理。

（四）震后救人的科学方法

地震发生后，救灾工作一定要根据震后环境的实际情况作出科学的分析，在营救过程中只有采取科学而行之有效的施救方法，才能最大限度地将被埋人员安全地从废墟中救出来，才能取得良好的营救效果。

1. 借助现代先进的科技检测设备，积极搜寻、确定废墟中被埋压人员的位置，及时向他们传递营救信号。

2. 营救中一定要注意，不要破坏被埋压人员所处空间周围的支撑物，以免引起新的垮塌，使被埋压人员再次遇险。

3. 营救过程中，要特别注意被埋压人员的安全，使用的工具不要伤及被埋压人员。

4. 应尽快打通封闭的空间通道，使新鲜空气及时流入，挖掘中如尘土太大，应喷水降尘，以免被埋压者吸尘过多而窒息。

5. 如果被埋压时间较长，一时又难以救出，可设法向被埋压者输送饮用水、食品和药品，以维持其生命。

（五）地震后的卫生防疫工作

地震发生后，由于大量房屋倒塌，下水道堵塞，会很容易造成垃圾遍地、污水流溢的恶劣环境，再加上畜禽尸体腐烂变臭，就极容易引发一些传染病，并且会迅速蔓延，历史上就有“大灾后必有大疫”的说法。因此，在震后救灾工作中，认真搞好灾区的卫生防疫是一项非常重要的工作。

1. 搞好水源卫生　地震后饮用的水源要设专人保护，水井要及时清掏和消毒。饮水时，先要进行净化、消毒，尽量创造条件喝开水。

2. 搞好食品卫生　要派专人对救灾食品的储存、运输和分发进行保管和监督。救灾食品、挖掘出的食品应检验合格后再食用。对机关食堂、营业性饮食店要加强检查和监督，督促他们做好防蝇、餐具消毒等工作。

3. 管好厕所和垃圾　震后因厕所倒塌，人们大小便无固定地点；垃圾与废墟不分，于是蚊蝇孳生严重。所以震后应有计划地修建简易防蝇厕所，固定地点堆放垃圾，并组织清洁队按时清掏运送，要运到指定地点统一处理。

4. 消灭蚊蝇　蚊蝇是乙型脑炎、痢疾等传染病的传播者。地震后由于环境的特殊性，蚊蝇就成了疾病的主要传播者，因此地震后要派专人组织负责消灭蚊蝇工作，既要重视公共场所的灭蚊蝇工作，也要重视居民室内的灭蚊蝇工作，对公共场所和居民生活区，每天要喷洒消毒液进行消毒，不给蚊蝇留下孳生的场所。

5. 保持良好的卫生习惯　地震灾区的每一位公民，在抗震救灾期间，都应力求保持乐观向上的生活情绪，要讲究卫生，做到饭前便后勤洗手，不乱扔乱堆垃圾，不饮不干净的水，不吃过期变质的食品。要从小事做起，从自己做起，既要搞好个人卫生，又要搞好公共卫生，自觉养成良好的卫生习惯。同时，应根据气候的变化随时增减衣服，注意防寒保暖，预防气管炎、流行性感冒等呼吸道传染病。夏季要多喝一些凉开水，多吃一些咸菜，来补充体内因大量出汗而损失的盐分和水分，以防中暑。冬季应注意头部和手脚的保暖，防止冻疮。每一位公民都要自觉加强身体锻炼，增强身体素质。

辽宁海城大地震

1975年2月4日19点36分，我国辽宁省海城、营口一带（北纬40°41′、东经122°50′）发生了一次强烈地震。震级7.3级，震源深度16.21千米，震中烈度为9度强。

这次地震发生在经济发达、人口稠密的辽东半岛中南部。在地震烈度7度区域范围内，有鞍山、营口、辽阳三座较大城市，人口167.8万；还有海城、营口、盘山等11个县，人口667万。其中城市人口占20%，人口平均密度为每平方公里1 000人左右。该区交通方便，公路、铁路网络密集，是东北交通运输的重要枢纽。

海城地震是该区有史以来最大的一次地震。震时地光闪闪，地声隆隆。震区90%的人都看到了低空发光现象。远近所见光色不尽相同，近处可见一道道长的白色光带，远处则见红、黄、蓝、白、紫的闪光。此外，还有人看到从地裂缝直接射出的蓝白色光，以及从地面喷口中冒出的粉红色光球。在海城、营口、盘锦一带普遍听到了闷雷似的响声。

预防和抗震经验教训：

1. 成功进行了短临预报，有效地减少了人员伤亡。

海城地震前，我国地震部门曾经做出中期预报和短临预报。1970年，全国第一次地震工作会议根据历史地震、现今地震活动及断裂带活动的新特点，曾确定辽宁省沈阳—营口地区为全国地震工作重点监测区之一。1974年6月，国家地震局提出渤海北部等地区一二年内有可能发生5~6级地震。1975年1月下旬，辽宁省地震部门提出地震趋势意见，认为1975年上半年，辽东半岛南端发生6级左右地震的可能性较大。与此同时，国家地震局也提出了辽宁南部可能孕育着一次较大地震。2月4日0点30分，辽宁省地震办公室根据2月1日至3日营口、海城两县交界处出现的小震活动特征及宏观异常增加的情况，向全省发出了带有临震预报性质的第14期地震简报，提出小震后面有较大的地震，并于2月4日6点多向省政府提出了较明确的预报意见。4日10时30分，省政府向全省发出电话通知，并发布临震预报。由于震前做出了中期预测和短临预报，省政府和震区各市、县采取了一系列应急防震措施，因而大大减少了地震造成的人员伤亡。据估计，海城地震预报拯救了10万余人的生命。

2. 震前广泛开展了防震减灾的宣传教育，使广大干部群众掌握了应急防震知识，有效降低了伤亡和损失的程度。

由于发布了短临预报，震区的各级政府组织群众积极预防，使全区人员伤亡共18 308人，仅占7度区总人口数的0.22%。其中，死亡328人，占总人口数的0.02%；重伤4 292人，轻伤12 688人，轻重伤占总人口数的0.2%。震前成功的预防，还带来了其他一系列的社会、经济效益。震后大部分地区在10天内恢复了生产，全区在2个月内就全部恢复了生产。如果没有预报和预防，按半年生产的时间计算，将损失30~40亿元。另外，震前对一些要害部门进行了加固和处理，从而避免了可能发生的重大次生灾害。

3. 有效地组织抗震救灾，进一步减轻了地震灾害损失。

海城地震刚过，辽宁省政府就连夜在海城县成立了省抗震救灾指挥部，下设办公室、医疗卫生、物资供应、抢险维修、治安保卫、地震测报等机构，立即指挥实施救灾对策方案。省内未受灾的地、市，分别在海城、营口两县设立支援救灾工作站，分工包干救援。沈阳、辽宁军区也在震区设立了指挥部，指导当地驻军进行抗震救灾。北京、吉林、河北、天津等全国的兄弟省市给以大力支援和热情帮助，灾区人民在全国人民的大力支持下，在党和国家的亲切关怀下，在各级政府的正确领导下，发扬自力更生、艰苦奋斗精神，较快恢复了生产，重建了家园，进一步减轻了地震灾害损失。

4. 对地震次生灾害的防治重视不够。

这次地震发生在严寒刺骨的冬季，震后的次生冻灾、火灾严重。震前，气温逐月回升，但震后气温突然急剧下降，漫天大雪，最低温度达零下20℃以下。气温的冷热巨变，加上多数人住在不具备防寒的简易防震棚内，结果造成了严重的冻伤。另外，防震棚多为易燃材料搭成，冬季严寒取暖再加之做饭、照明等，由此造成的火灾也很严重。据统计，火灾及冻灾共伤亡8 271人。其中，冻死372人，冻伤6 578人；震后共发生防震棚火灾3 142起，烧死341人，烧伤980人。上述次生灾害伤亡人数占总伤亡人数的32%，比例相当惊人，这是值得我们吸取的一条血的教训。今后在预报防震的同时，我们一定要考虑并重视不同条件下次生灾害的预测与预防工作。

1. 什么是地震？地震有哪几类？
2. 地震前家庭和学校应如何做好防范工作？
3. 地震时应急的三个原则是什么？
4. 地震后应如何开展自救与互救？

（陈维忠）

第六章　疾病防治

第一节　重大疫情

世界卫生组织（WHO）在2007年8月23日表示，现在传染病在全球暴发和快速传播是前所未有的。该组织还发出警告说，在未来的十年中，极有可能出现类似艾滋病、“非典”或是埃博拉出血热这样的新型致命传染病。由于人类在地球上的生存方式发生了深刻变化，疾病形势也在随之发生变化。世界人口的增加、荒地开发、城市化进程迅速、农业密集、环境污染、滥用抗生素制剂等多种因素，打破了微生物世界的平衡，从而每一年都有一种新疾病出现。

当今世界是快速流动、相互依赖和相互关联的，这又为传染病的快速传播提供了无数机会。据统计，每年有超过20亿人次搭乘飞机前往世界各地，这同时也为传染病的跨大陆传播提供了“交通工具”。如在某一地区暴发或传播的疾病，在“短短几个小时后”，极有可能会威胁到另一地区的居民。因此，对一些高致病性、高流行性的传染病进行有效的防治不仅仅是一个国家或地区的事，而是关系到全人类共同的安全和利益。

一、什么是重大疫情

世界卫生组织（WHO）在一份名为《2007年世界卫生报告——构建安全未来：21世纪全球公共卫生安全》的年度报告中指出，新传染病正以每年1~2种的“惊人速度”出现；与此同时，旧传染病也改头换面，卷土重来。过去5年，各类传染病暴发和流行已超过1 100多起。新病种出现的同时，霍乱、黄热病、疟疾、鼠疫、肺结核等旧病种也在20世纪末死灰复燃。在撒哈拉以南的非洲国家，1/5~1/4的成年人为艾滋病人；1976年出现的埃博拉病毒不断肆虐刚果、加蓬、乌干达等非洲国家，这种致命病毒的感染者死亡率达到50%~90%。1976年美国退伍军人协会在费城一家旅馆聚会，1个月之后就有221名与会代表和当地居民得了一种酷似肺炎的病，后来被称为军团病。致病的元凶是嗜肺军团菌，主要寄生在中央空调的冷却水和管道系统中，可经通风口无声无息地入侵建筑物内的每个房间；1997年香港发现一名男童死于本来是家禽才得的禽流感，这场禽流感导致18人感染、6人死亡。以上数据更进一步说明如何有效地防治重大传染病疫情，保护人类生命与财产安全是全球共同关注的问题。

（一）什么是重大疫情

由以上事例可以看到重大疫情的传播速度之快与范围之广，也看到它的暴发与流行对人类生命财产安全的威胁。那么什么才是重大疫情呢?

重大疫情是指某种具有暴发性、流行性，造成或可能造成社会公众健康严重损害的重大传染病和有扩散趋势的群体不明原因的疾病。

重大传染病疫情是指某种传染病在短时间内发生，波及范围广泛，出现大量的病人或死亡病例，其发病率远远超过常年的发病率水平的情况。

群体不明原因疾病是指在短时间内，某个相对集中的区域内同时或者相继出现具有共同临床表现的病人，且病例不断增加，范围不断扩大，又暂时不能明确诊断的疾病。群体不明原因疾病在后来的研究中经科学证实多为传染性疾病。

（二）重大疫情的范围

1. 我国法定重大疫情范围

甲类传染病：鼠疫、霍乱。

乙类传染病：传染性非典型肺炎、艾滋病、病毒性肝炎、脊髓灰质炎、人感染高致病性禽流感、麻疹、流行性出血热、狂犬病、流行性乙型脑炎、登革热、炭疽、细菌性和阿米巴性痢疾、肺结核、伤寒和副伤寒、流行性脑脊髓膜炎、百日咳、白喉、新生儿破伤风、猩红热、布鲁菌病、淋病、梅毒、钩端螺旋体病、血吸虫病、疟疾。

丙类传染病：流行性感冒、流行性腮腺炎、风疹、急性出血性结膜炎、麻风病、流行性和地方性斑疹伤寒、黑热病、包虫病、丝虫病，除霍乱、细菌性和阿米巴性痢疾、伤寒和副伤寒以外的感染性腹泻病。

2. 特别重大疫情

（1）肺鼠疫、肺炭疽在大、中城市发生并有扩散趋势，或肺鼠疫、肺炭疽疫情波及2个以上省份，并有进一步扩散趋势。

（2）发生传染性非典型肺炎、人感染高致病性动物流感病例（如禽流感、甲型H1N1流感），并有扩散趋势。

（3）涉及多个省份的群体不明原因疾病，并有扩散趋势。

（4）发生新传染病或我国尚未发现的传染病发生或传入，并有扩散趋势，或发现我国已消灭的传染病重新流行。

（5）发生烈性病菌株、毒株、致病因子等丢失事件。

（6）周边及与我国通航的国家和地区发生特大传染病疫情，并出现输入性病例，严重危及我国人民健康的事件。

（7）国务院卫生行政部门认定的其他重大疫情。

（三）重大疫情对社会、经济和人类健康造成的影响

传染病的暴发和流行都会对社会造成很大的影响，特别是对经济和人类健康产生重大影响。传染病可以导致经济萧条、人均期望寿命减少，甚至会引发社会动荡。从下面几个案例中可以了解到重大疫情对社会、经济和人类健康的影响。

1. 西班牙流感　发生在1918～1919年的西班牙流感也是一个很好的例证。据考证，该次流感流行的传播路线依次是：1918年2月首发于美国堪萨斯州，很快传播至底特律等3个城市，3月因美国远征军乘船将病毒带至欧洲前线，4月传播至法国军队。然后传至英国和其他国家军队，5月达意大利、西班牙、德国、非洲、印度孟买和加尔各答，6月由英国

远征军传播至英国本土，然后传至俄罗斯、亚洲达中国、菲律宾、大洋洲至新西兰，1919年1月病毒传播至澳大利亚。在不到1年的时间里，席卷全世界。本次流感造成的灾难是流感流行史上最严重的一次，也是历史上死亡人数最多的一次。估计全世界患病人数在5亿以上。美国死亡人数50万，仅1919年10月10日，费城就有759人死于流感；西班牙800万人患病，马德里三分之一的市民受感染，一些政府部门被迫关门，电车停运；英国乔治五世也未幸免，英格兰和威尔士死亡人数达20万，皇家舰队3周无法入海，影响作战；印度孟买死亡700万人。许多国家尸体堆积如山，南非一个小镇因缺乏棺木，人们用毯子裹尸体草草下葬，白天满街出殡，夜晚救护车穿梭。

2. *口蹄疫* 口蹄疫是非常容易传播的疾病，可以通过风、人的衣物、汽车轮胎，以及通过患病动物接触传播，2001年2月英国证实发现第一例口蹄疫，随即传播至30多个国家，据估计，此病在英国使400万只牲畜被杀，直接经济损失约90亿英镑，而且英国肉类遭封杀带来的间接经济损失难以估量。

3. *艾滋病* 从1981年美国在同性恋人群中发现卡氏肺囊虫肺炎及卡波济肉瘤开始至今，目前全球共有3 320万名艾滋病病毒感染者。其中2 250万名感染者分布在撒哈拉沙漠以南的众多非洲国家；亚洲有近500万名感染者；东欧和中亚地区约150万名；拉美地区约170万名；北美、西欧和中东欧地区约200万名，其中美国约120万名。时钟每转动24小时，全球就产生15 000例新的艾滋病病毒感染者，同时有8 000人因艾滋病而死亡。最严重的艾滋病流行地带是非洲，这个富饶美丽的大陆，已经有7个国家的成人感染率超过了20%，成年人5人中就有一个艾滋病病毒感染者！据世界卫生组织预测分析，今后亚洲将是继非洲之后又一严重流行的地区，其流行速度将大大超过全球其他地区。过去，艾滋病仅限于特定群体的传播，但现在，艾滋病的传播已逐渐向普通人群蔓延。

艾滋病在中国的播散过程：1982年，艾滋病病毒随血液制品传入中国；1983~1985年，带有艾滋病病毒的血液制品感染4例中国血友病病人；1985年，一名美籍阿根廷艾滋病人来华旅游，死于北京；1989年10月，云南瑞丽吸毒人群中发现146例艾滋病感染者，系从境外传入；随后，全国各地在性病患者、暗娼、归国人员中发现少量经性接触传播的艾滋病病毒感染者；1995年，中国艾滋病感染人数一直呈上扬趋势，我国中部一些地区的有偿供血人员中发现了为数不少的艾滋病病毒感染者；2001年，艾滋病病毒感染者为60万人，2002年10月，这个数字被改成100万人，它意味着，近13亿中国人中间，每1 300人中就有一个艾滋病病毒感染者。

艾滋病正在给人类造成巨大的和日益严重的损害。艾滋病对人类所造成的最明显的影响是对期望寿命和健康的影响。1950~1990年，人类在与传染病的斗争中取得了巨大的成绩，使发展中国家的期望寿命从40岁提高到63岁，把发展中国家与工业化国家的期望寿命的差距从25岁缩短到13岁，但艾滋病的出现使这一趋势发生了逆转，艾滋病使一些非洲国家的人均期望寿命减少了5.3~22.2岁。据世界银行估计，到2020年，发展中国家HIV（艾滋病病毒）/AIDS（艾滋病）占传染病所致损失的比例要巨增，它所导致的死亡率将从现在的2%上升到14%。艾滋病导致非洲一些非常贫困的国家人均国内生产总值呈负增长态势，而且随着艾滋病的流行，这一趋势会进一步恶化。

艾滋病的流行减缓了经济增长速度。艾滋病造成医疗费用增加，降低国家劳动力质量，减少劳动人口数量；艾滋病降低了人类健康水平；艾滋病诱发了大量的社会问题和大量的艾滋病病人死亡，使艾滋病所致孤儿的数量显著增加，形成了严重的社会问题。

目前，艾滋病对人类构成了严重威胁，防制艾滋病成为全世界范围内的重要工作。

二、如何应对重大疫情

在旧传染病复燃、新传染病滋生、人类安全受到严重威胁的情况下，如何进行防制，如何应对重大疫情的发生、发展，保护人类生命财产安全，是目前全世界范围内卫生工作人员研究的重要课题。

（一）疫情传播的基本知识

1．传染病的基本特征　传染病是由病原微生物引起的能够在人与人、动物与动物和动物与人之间相互传播的疾病。传染病具有以下基本的特征：

（1）传染病是由病原微生物引起的，任何传染病都有特异的病原体：细菌、病毒、立克次体、螺旋体、真菌、衣原体、支原体和寄生虫等都可以作为传染病的病原体。病原体是一种寄生物，它必须从其他生物体内获取生存繁殖的条件。传染病是病原体和生物体在一定条件下相互作用的结果。因此，在理论上，任何传染病都应该有其确定的病原体。人类已知的传染病都有其明确的病原体。对于新出现的传染病，人类利用先进的科学技术也能够逐渐发现和阐明其病原体。如非典型肺炎疫情发生时，还不明其病因，后来在病人的救治中，才发现其病原体是变种冠状病毒。

（2）传染病能够在宿主之间直接或通过媒介相互传播，即具有传染性：传染病的传播实际上是一个不断更换宿主的过程，也就是病原体从一个被感染的机体通过适当的途径进入另一个易感者机体并造成其感染的过程。传染病的传染性是此类疾病的最主要特征。病原体虽然是引起传染病发生的必要条件，但由病原体引起的疾病并不都具有传染性，也就是说并不都会传染。因此，应该强调，由病原微生物引起的疾病应该称为感染性疾病，传染病是感染性疾病中的一部分。

（3）传染病具有流行病学特征：传染病在流行过程中受到自然和社会因素的影响，可以表现出不同的特征，大体上可以分为外来性和地方性两种。外来性传染病是指在国内或地区内原来不存在，而从国外或外地传入的传染病，如2003年春天北京地区发生的传染性非典型肺炎。地方性传染病是指在某些特定的自然或社会条件下，在某些地区中持续发生的传染病，如血吸虫病。血吸虫分布于亚洲、非洲及拉丁美洲的76个国家和地区，估计有5～6亿人口受威胁，患病人数达2亿（1990年）。我国仅有日本血吸虫病。

（4）人群感染后可能产生免疫：人体感染病原体后，无论是显性或隐性感染，都能够产生针对病原体及其产物的特异性免疫。在感染者的血液中可能检测到特异性的抗体。感染后免疫持续时间在不同的传染病中有很大差异。一般来说，病毒性传染病感染后免疫持续时间较长，有的可保持终身，如麻疹、脊髓灰质炎、乙型脑炎等。细菌、螺旋体、原虫性传染病感染后持续时间较短，多为数月至数年，如细菌性痢疾、钩端螺旋体病、阿米巴病等。蠕虫感染后通常不产生保护性免疫，因而往往产生重复感染，如血吸虫病、钩虫病等。

2．传染病流行过程的生物学基础

（1）传染源：传染源是指在体内有病原体生长、繁殖并能排出病原体的人和动物，即受感染的人和动物。传染源有传染病病人、病原携带者和受感染的动物。

传染病病人是最重要的传染源。因其体内病原体数量多，有利于病原体的排出和传播；病人常需他人的护理与照顾，增加了传播机会。轻型或非典型病人，由于症状轻，照常在人群中活动，很容易被误诊或延误治疗并不受隔离，而向外界排出病原体，因此这一类患者不容忽视。

病原携带者是指无任何临床症状而能排出病原体的人。病原携带者作为传染源，其传染性的大小，不仅取决于携带的病原体类型、排出病原体的数量、持续时间等因素，还取决于携带者的职业、个人卫生习惯、社会活动范围，以及环境卫生、生活条件和卫生防疫措施等因素。

受感染的动物作为传染源，其危险程度主要取决于人们与受感染动物接触的机会和接触的密切程度，另外，与动物传染源的种类及与密度有关。

（2）传播途径：是指病原体从传染源排出后，侵入新的宿主前，在外界环境中所经历的全过程。病原体的传播过程可经空气、食物、水、接触传播及经虫媒传播、经土壤、医源性、经血传播、垂直传播（即病原体通过母体传给子代）。

（3）易感人群：对某种传染病易感的人群整体。易感者是对某种传染病缺乏特异性免疫力而容易被感染的人群整体中的某个人。易感者的抵抗力越低，其易感性就越高。易感者的比例在人群中达到一定水平，又有传染源和合适的传播途径时，就很容易发生传染病的流行（图6-1）。

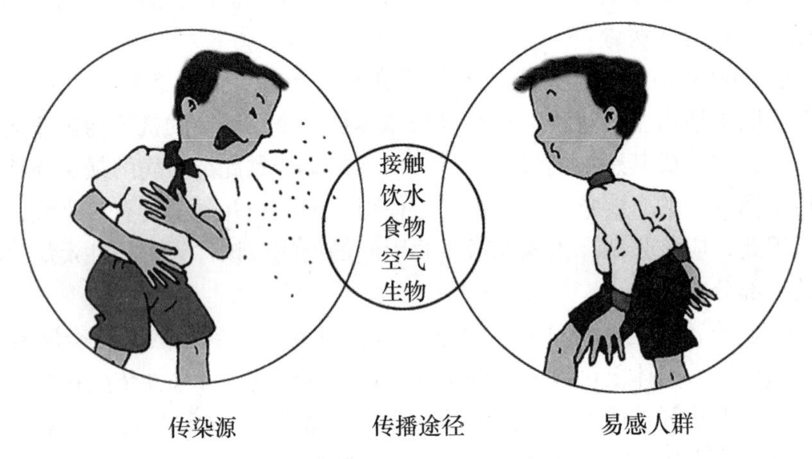

图6-1　传染病流行过程生物学基础示意图

3．传染病的临床特点

（1）病程发展的阶段性：急性传染病的发生、发展和转归，通常分为四个阶段。

潜伏期：从病原体侵入人体起，至开始出现临床症状为止的时期，称为潜伏期。

前驱期：从起病至症状明显开始为止的时期称为前驱期。

症状明显期：急性传染病患者度过前驱期后，某些传染病（如麻疹）患者则绝大多数转入症状明显期。

恢复期：机体免疫力增长至一定程度，体内病理生理过程基本终止，患者症状及体征基本消失，临床上称为恢复期。

（2）复发与再燃：有些传染病患者进入恢复期后，已稳定退热一段时间，由于潜伏于组织内的病原体再度繁殖至一定程度，使初发病的症状再度出现，称为复发。见于伤寒、疟疾、细菌性痢疾等病。有些患者在恢复期时，体温未稳定下降至正常，又再发热时，称为再燃。

(3) 后遗症：传染病患者在恢复期结束后，机体功能仍长期未能复常者称为后遗症，多见于中枢神经系统传染病，如脊髓灰质炎、脑炎、脑膜炎等。

(4) 常见的症状与体征

发热：发热可以由感染性原因引起，也可以由非感染性（如肿瘤、结缔组织疾病、血液病）原因所引起。在感染性发热中，急性传染病占重要地位。传染病的发热过程可分为三个阶段：①体温上升期：体温可骤然上升至39℃以上，通常伴有寒战，见于疟疾，登革热等、亦可缓慢上升，呈梯形曲线，见于伤寒、副伤寒等。②极期：体温上升至一定高度，然后持续数天至数周。③体温下降期：体温可缓慢下降，几天后降至正常，如伤寒、副伤寒；亦可在一天之内降至正常，如间日疟和败血症，此时多伴有大量出汗。

发疹：许多传染病在发热的同时伴有发疹，称为发疹性感染。发疹包括皮疹（外疹）和黏膜疹（内疹）两大类。疹子的形态可分为四大类：①斑丘疹。②出血疹。③疱疹或脓疱疹。④荨麻疹。

毒血症状：病原体的各种代谢产物，包括细菌毒素在内，可引起除发热以外的多种症状，如疲乏、全身不适，厌食，头痛，肌肉、关节、骨骼疼痛等。严重者可有意识障碍、谵妄、脑膜刺激、中毒性脑病、呼吸及外周循环衰竭（感染性休克）等表现，有时还可引起肝、肾损害，表现为肝、肾功能的改变。

单核-巨噬细胞系统反应：在病原体及其代谢产物的作用下，单核-巨噬细胞系统可出现充血、增生等反应，临床上表现为肝、脾和淋巴结的肿大。

(5) 临床类型：根据传染病临床过程的长短、轻重及临床特征，可分为急性、亚急性、慢性，轻型、中型或重型，暴发型，典型及非典型等。典型相当于中型或普通型，非典型则可轻可重，极轻者可照常工作，又称逍遥型。

（二）疫情的预防与控制措施

针对传染病的基本特征，进行有效的预防和控制是防止传染病疫情进一步扩散、流行的重要措施。学校是传染病易感人群集中的场所，也是传染病的集散场所。因此，通过对以下卫生知识的学习，使同学们能在平时的生活及以后的工作中更好地落实贯彻相关措施，积极预防与控制传染病的传播。

1. 经常性预防措施

(1) 开展预防传染病的卫生健康教育，普及传染病的防治知识。

(2) 深入开展以“除四害、讲卫生”为中心的爱国卫生运动。

(3) 建立良好的卫生习惯。如注意饮水卫生，不喝生水；不乱倾倒污水、污物；不随地大小便；不随地吐痰；饭前、便后要洗手等。

(4) 注意食品卫生，防止病从口入。

(5) 按规定进行预防接种，提高免疫力。

(6) 出现传染病症状时，应及时向家长、老师或学校报告，及时到医院进行治疗，并自觉进行隔离，避免传染病的传播与扩散。

(7) 传染病病人接触过的用品及居室均应严格消毒。

(8) 宿舍、教室等人群集中的地方要注意多通风换气，定期进行消毒。

（9）加强体育锻炼，增强体质，提高抗病能力。

2. 管理传染源的措施

（1）针对传染病病人的措施

第一，加强疫情和疾病监测，做到早发现、早诊断。早期发现和诊断传染病病人，是尽快采取防疫措施、控制疫情、防止蔓延和尽快隔离治疗病人的前提。

第二，传染病疫情报告。迅速、及时、准确、完整的传染病报告，不仅可使防疫部门掌握该地传染病分布特征，对疫情作出正确判断，从而制定控制、消灭的对策与措施，而且可使疫源地及时得到处理。传染病报告是我国《传染病防治法》所规定的，是医药卫生人员应尽的法律责任。对法定报告传染病作出诊断或疑似诊断后均应迅速向卫生防疫部门和有关机构报告。①报告人与报告方式：执行职务的医疗保健、疾病预防控制和兽医防治人员均为责任疫情报告人。责任报告人应加强责任心，如实报告疫情，不得瞒报、假报。其他人员，如病人的亲属、同事等，发现传染病病人和疑似病人时，也有义务就近向医疗保健或疾病预防控制机构报告。报告方式可采用口头、书面、电话、电报、电子邮件等方式。②报告时限：甲类为强制管理传染病，发现甲类传染病及疑似病人时，城镇最迟不得超过6小时，农村不得超过12小时。当地卫生行政部门核实疫情后立即向上一级卫生防疫机构及当地卫生行政部门报告，省级政府卫生行政部门接到发现甲类传染病和发生传染病暴发、流行的报告后，应于6小时内报告国务院卫生行政部门。乙类为严格管理传染病，发现乙类传染病病人及疑似病人时，要求城镇应于12小时内上报，在农村应于24小时内向发病地区所属的卫生防疫机构报出疫情。乙类传染病中的伤寒与副伤寒、细菌性和阿米巴性痢疾、梅毒、淋病、乙型肝炎、白喉、疟疾的病原携带者，应按病人的报告规定报出疫情报告卡，并注明是病原携带者，经当地卫生防疫机构复查确认后，进行管理和诊验。丙类为监测管理传染病，其中肺结核、血吸虫病、丝虫病、包虫病、麻风新发病例、流行性感冒、流行性腮腺炎、风疹、新生儿破伤风，应在24小时内向发病所在地所属的卫生防疫机构报出疫情报告卡，除霍乱、痢疾、伤寒和副伤寒以外的感染性腹泻病、急性出血性结膜炎为仅在监测点进行监测的传染病，在监测点内按乙类传染病方法报告。2003年4月中央卫生部通知，将传染性非典型肺炎列入法定传染病管理。

第三，早隔离和早治疗。隔离病人是控制传染病传播的重要措施。它是将处于传染期内的病人安置在一定的场所，使其不与健康人或其他病病人接触，以减少引起其他人感染的机会。但有些传染病，如细菌性痢疾、白喉、流行性脑脊髓膜炎（流脑）、病毒性肝炎等因有大量轻型病人和病原体携带者，故单纯依靠隔离不能完全防止其传播，还需同时采取其他防疫措施，如注意个人卫生习惯等。有些疾病则不在人之间相互传播，可不必隔离。①隔离方式：根据《中华人民共和国传染病防治法》规定，鼠疫、霍乱病人及病原体携带者，艾滋病、肺炭疽病人，必须住院隔离，由医生负责治疗。如拒绝或不治疗、隔离期未满擅自离院或脱离隔离，诊治单位可提请公安部门责令患者强制住院或重新隔离继续治疗。乙类传染病患者，住院或隔离由医生指导治疗。淋病、梅毒患者必须根治，医务人员不得扩散患者的病史。病人出院或解除隔离后，如病情需要，医疗、保健机构或卫生防疫专业机构可继续随访、管理。除上述必须住院隔离的病种以外，一些传染病可采取在机关单位、居民点、学校建立临时隔离室或家庭隔离的方式进行隔离，由医护人员诊治、护理，并指导有关人员消毒与照顾。②隔离期限：隔离期限应根据该病种的传染期确定。在病人临床症状消失后，经

2~3 次病原学检查（每次间隔 3 天）为阴性时，即可停止隔离。

（2）针对病原体携带者的措施

第一，病原携带者的发现。主要通过对从事某些职业的重点人群（如饮食、宾馆等），某些传染病（如艾滋病、流行性脑脊髓膜炎、伤寒、白喉等）病人的密切接触者，某些传染病恢复期病人（如伤寒、痢疾、病毒性肝炎等），某些地方性传染病（如疟疾）疫区人群，新生入学、新兵入伍、团体体检以及婚前检查等人群，进行定期或不定期实验室检查，分离出病原体、检测出特异性抗原或特异性抗体才能发现。

第二，病原体携带者的管理。①登记和随访：对检出的潜在传染源应登记造册，定期随访。随访内容主要为询问一般症状，进行常规体检、化验检查和了解周围接触者的健康状况。如发现病情加重者应隔离治疗，病原体携带者在治愈之前不得从事易使该传染病扩散的工作。②卫生教育：对慢性传染病病人和病原携带者应加强卫生教育，使其养成良好的卫生习惯，以减少向周围人群传播的机会。③职业限制：霍乱病原体携带者在病原体携带期间，强制对其隔离治疗。直至病原检查转阴之前，不得从事食品、饮用水的生产、管理及教师工作。乙型肝炎病原体携带者，e 抗原转阴之前，不得从事生物制品、献血、饮食、托幼机构、服务行业等工作。艾滋病病原体携带者不得从事生物制品、血站（库）、医疗、美容、整容、托幼机构、服务行业等工作。伤寒和副伤寒病原体携带者，在停止排菌前，不准从事饮食行业生产、加工、贩卖、服务和保管工作，也不得从事饮用水的生产、管理和供水及托幼机构和游泳池等工作。活动性肺结核排菌者，经临床、痰检证明停止排菌之前，不得从事教师工作。④禁止供血：可经血液传播的病原携带者（如肝炎患者、肝炎病毒携带者、艾滋病病毒携带者和疟疾带虫者）应禁止作为献血源。⑤隔离治疗：病原携带者的传染几率不仅与病原体的排出量、期限和频度有关，还与他们的职业和个人卫生习惯密切相关。因此，除重点进行定期或不定期随访检查和指导外，还要给予积极治疗。必要时，应住院隔离治疗。

（3）对接触者的措施：接触者是指接触过病人、受感染人员、动物或污染的环境并有可能受到感染的人。他们是潜在的传染源。对接触者采取的管理措施称为检疫。检疫的目的在于早期发现病人，给予相应的处置。

检疫的方式：按传染病的性质，有以下三种方式。①医学观察：即对接触者每日进行视诊、问诊和测量体温，注意早期症状的出现，有发病征象时进一步做临床检查和实验室检验，当发病或疑似发病时应立即隔离。在接受医学观察时，接触者日常活动不受限制，可照常参加工作和活动。医学观察适用于乙类和丙类传染病的接触者。②留验：也称隔离观察。是将与甲类传染病病人接触者隔离于专门场所，限制其活动，不准与其他人员接触，并同时进行医学观察。③集体检疫：又称集体留验。受检疫单位或社区全体人员不得与外界人员接触。在检验期间，除对全体人员进行医学观察外，可在单位内进行日常活动。

检疫措施：在检疫期间，对接触者除进行医学观察和必要的病原学、免疫学、血清学检验外，尚可根据传染病的性质进行卫生处理、整顿和健康教育等措施。

检疫期限：检疫期限一般为该传染病的最长潜伏期，但有下列情况可延长或终止检疫。如接触者已接受过自动或被动免疫，应适当延长检疫期；如确实证明接触者未受到传染，或具有充分免疫力或用人工方法已获得免疫者，可提前终止检疫；在检疫期间，如受检疫者中有该传染病新病人发生，其余人员应从该病人隔离之日起，再延长一个检疫期。

（4）对动物传染源的措施：具有经济价值的动物同时又患有烈性传染病的，可以进行治疗。对家畜的输出与进口应建立严格的检疫制度，防止瘟疫蔓延。疫区的家畜、畜产品或动物原料，必须经过检疫准许才能外运。

对绝大部分的野生动物或染病后失去经济价值的家畜，应采取杀死、消灭的措施。例如，消灭狂犬、野犬、狼等，是消灭狂犬病的重要措施。患炭疽的家畜应采取杀死、焚烧或深埋等措施，严禁屠宰后食肉或用皮。

3. *切断传播途径的措施* 切断传播途径是防制传染病传播的重要环节，对经不同传播途径传播的传染病，分别采取不同措施。

（1）呼吸道传染病传播途径的控制：隔离病人，防止与他人接触；流行期间暂停集会和集体娱乐活动，不串门；保持室内通风，空气清新，必要时采取空气消毒措施，如紫外线消毒，3%过氧化氢溶液或者2%过氧乙酸喷雾消毒，食醋蒸熏等；病人衣物和排泄物消毒处理。

（2）肠道传染病传播途径控制：饮用水管理，尤其对水源和出水口的卫生管理，严格防止污染。饮用水必须消毒，饮用开水，做到生活用水和饮用水分开。粪便和排泄物无害化处理，按照要求管好人畜粪便，霍乱等传染病流行季节尤其要严格管理、消毒，无条件时要深埋。加强食品管理：把好病从口入关，疾病流行季节禁止吃生冷食品，防蝇、防污染。炊事从业人员要定期体检，有可疑感染或带菌者要调离工作岗位。

（3）自然疫源性传染病传播途径的控制：自然疫源性疾病大都由媒介生物传播，应根据不同媒介的生态习性采取针对性的防治措施。包括药物杀虫和孳生的处置；鼠类等小型哺乳动物是多种自然疫源性疾病病原体的保菌宿主，要应用有效药械进行杀灭，营区内要定期灭鼠，不要直接触摸野外的病死动物。

（4）血源性传染病感染途径的控制：血源性感染途径的传染病，可由分泌物、痰和黏液等带病原物质经机体破损处，或由微量血污染等途径获得感染，因而要从这些方面保护机体免受感染；对供血血源要严格检测，排除一切可能随血液传播的病原体；各类外科手术用器械，包括注射针头，均应严格灭菌消毒；避免与这类传染病的病人、带菌者密切接触。

4. *针对易感人群的措施*

（1）免疫预防：又称预防接种，它是指用具有抗原或抗体活性的免疫制品给易感者接种，使人体获得对传染病的特异性免疫。它是防制传染病的最经济、有效及方便的措施。

（2）药物预防：也称预防服药，即给易感的人群服某种药物，防止传染病在该人群中发生和传播。它是一种控制传染病流行的应急措施。当传染病暴发流行时，可以对接触者或易感者进行药物预防。

（3）个人防护：在某些疾病流行的季节，对易感者可采取一定的防护措施，以防止其感染，如应用蚊帐或驱避剂防止蚊虫叮咬，以防疟疾、登革热、流行性乙型脑炎感染；在进入有血吸虫尾蚴的疫水之前，可在皮肤裸露部位涂擦防护剂，或者穿用氯硝柳胺浸渍过的布料缝制成的防蚴的裤、袜，以避免尾蚴感染；使用安全套预防艾滋病病毒感染。

重大疫情的防制是一项需要常抓不懈的工作。进行广泛的健康教育，提高人们对疫情的认识；落实卫生检查检疫，切断传播源与传播途径；遵守相关法律法规，执行传染病防治管理要求；做到主动免疫，提高人体抵抗力，都是有效控制疫情传播、发展的重要措施，也是保护人类生命财产安全的关键所在。

SARS（**传染性非典型肺炎**） 2002年11月开始的传染性非典型肺炎（“非典”）侵袭了全球32个国家和地区，据世界卫生组织在2003年8月的报告，全球累计发生传染性非典型肺炎8 422例，死亡916例。发生在我国的传染性非典型肺炎疫情，共波及24个省，266个县（区），累计报告非典型肺炎临床诊断病例5 327例，死亡349例。这场突如其来的疫病灾害，严重威胁了人民健康和生命安全，也影响了我国的经济发展、社会稳定和对外交往，造成了巨大的损失。党中央、国务院高度重视“非典”防制工作，明确提出把人民群众身体健康和生命安全放在第一位，将防制“非典”列为各项工作的重中之重，采取了一系列重大决策和部署，直接领导了这场波澜壮阔的抗击“非典”斗争。经过全国各级政府上下的共同努力和艰苦工作，防制“非典”工作取得了重大胜利，全国经济和社会秩序恢复正常。

流感 1 510年，英国发生有案可查的世界上第一次流感。1 580年、1675年和1733年，在欧洲均出现大规模流感。1889～1894年，“俄罗斯流感”席卷整个西欧。最致命的是席卷全球的1918～1919年流感。它可能源于美国，1918年3月11日美国的一个军营中107名士兵首次发病，不到两天即有522名士兵被感染，一周之内各州均出现病例，数月传遍全国，但未被引起高度重视。4月，流感相继传至欧洲、中国、日本。5月，流感遍布非洲和南美。9月疫情达到高峰。10月，流感使美国的死亡率达到了创纪录的5%。当年，近1/4的美国人得了流感，67.5万人死亡。全球有2 000万～5 000万人在这场流感灾难中丧生。18个月后，这场疾病离奇地消失。1957年的“亚洲流感”和1968年的“香港流感”也波及世界多个地区。“亚洲流感”在美国导致7万人死亡，“香港流感”使美国3.4万人因感染死亡。1977～1978年的“俄罗斯流感”始流行于前苏联，后又波及美国及其他许多国家。

1. 传染病传播的基本环节是什么？
2. 如何进行传染病的预防与控制？

第二节 个人疾病

个人疾病发生的原因是多样化的，如理化因素、环境因素、生物因素、遗传因素等的影响。无论疾病的大小与轻重，在疾病发生的过程中，它总是给人们的身体带来不适，有时会造成难以修复的损害，甚至还会威胁到人的生命，破坏人的生活质量。而在疾病发生、发展的研究中，人们逐渐认识到，改变不良的生活习惯、改善人的心理变化、做好自我保健才是降低疾病发生的关键所在。

一、如何预防疾病的发生

疾病的发展是有其过程的，大多数人是经历了健康、亚健康后才患有某种疾病的。因此，要预防自身疾病的发生，就要对健康、亚健康及疾病产生的过程有一定的了解，才能根据疾病发展的自然规律，对其发生、发展的相关环节作出调整或纠正，从而阻止疾病的发生及对人身体的损害。

（一）健康、亚健康与疾病

1. 健康　正常生物机体的生命活动是有序及和谐的，基于这种有序与和谐才使得机体内部各器官系统之间及机体与外界环境之间相互协调。健康是生活质量的支柱，是人类最宝贵的财富。随着社会的发展，人们生活水平的提高，医学模式的转变以及疾病谱与死亡谱的变化，人们的健康观念发生了根本的转变。我国在解放初期，威胁人民生命安全的疾病是急性传染病、呼吸系统疾病与肺结核，进入20世纪90年代以后，疾病死因排在前三位的是心脏病、脑血管病和癌症。而心脑血管疾病、糖尿病与癌症则被称为人类健康的“三大杀手”，又被称为生活方式病。1948年，世界卫生组织（WHO）在其《宪章》中提出的健康定义是：“健康不仅是没有疾病和衰弱，而是保持体格方面、精神方面和社会方面的完美状态。”30年后的1978年，国际初级卫生保健大会在《阿拉木图宣言》中又重申：“健康不仅是疾病体弱的销声匿迹，而是身心健康、社会幸福的完美状态。”这个概念不仅阐明了生物学因素与健康的关系，而且强调了心理、社会因素对人体健康的影响。1990年，世界卫生组织（WHO）关于健康的概念有了新的发展，把道德修养纳入了健康的范畴。

健康包括躯体健康、心理健康、社会适应和道德健康四个方面。

（1）躯体健康：一般指人体生理的健康。身体健康包含了两个方面的涵义，一是主要脏器无疾病，身体形态发育良好，体型匀称，人体各系统具有良好的生理功能，有较强的身体活动能力和劳动工作能力，这是身体健康的最基本的要求；二是对疾病的抵抗能力，即维持健康的能力。

（2）心理健康：一般有以下三个方面的标志。

第一，完整的人格，良好的自我感觉，稳定的情绪，积极情绪多于消极情绪；有较好的自控能力，能保持心理上的平衡；有自尊、自爱、自信心，而且有自知之明。

第二，一个人在自己所处的环境中，有充分的安全感，且能保持正常的人际关系，能受到别人的欢迎和信任。

第三，健康的人对未来有明确的生活目标；能切合实际地、不断地进取；有理想和事业的追求。

（3）社会适应良好：指一个人的心理活动和行为，能适应当时复杂的环境变化，为他人所理解，为大家所接受。

（4）道德健康：最主要的是不以损害他人利益来满足自己的需要；有辨别真伪、善恶、荣辱、美丑等是非观念；能按社会认为规范的准则约束、支配自己的行为；能为人的幸福作贡献。

世界卫生组织提出的健康的十条标准：①精力充沛，能从容不迫地应付日常生活和工作的压力而不感到过分紧张。②处事乐观，态度积极，乐于承担责任，事无巨细不挑剔。③善于休息，睡眠良好。④应变能力强，能适应环境的各种变化。⑤能够抵抗一般性感冒和传染病。⑥体重得当，身材均匀，站立时头、肩、臂位置协调。⑦眼睛明亮，反应敏锐，眼睑不发炎。⑧牙齿清洁，无空洞，无痛感；齿龈颜色正常，不出血。⑨头发有光泽，无头屑。⑩肌肉、皮肤富有弹性，走路轻松有力。

人体的健康具体可用“五快”（机体健康）和“三良好”（精神健康）来衡量。“五快”是指：①吃得快。进餐时，有良好的食欲，不挑剔食物，并能很快吃完一顿饭。②便得快。一旦有便意，能很快排泄完大小便，而且感觉良好。③睡得快。有睡意时上床后能很快入睡，且睡得好，醒后头脑清醒，精神饱满。④说得快。思维敏捷，口齿伶俐。⑤走得快。行走自如，步履轻盈。“三良好”是指：①良好的个性人格。情绪稳定，性格温和；意志坚强，感情丰富；胸怀坦荡，豁达乐观。②良好的处世能力。观察问题客观现实，具有较好的自控能力，能适应复杂的社会环境。③良好的人际关系。助人为乐，与人为善，对人际关系充满热情。

2. 亚健康　亚健康是个新名词，但却是21世纪最重要的概念之一。是由前苏联学者布赫曼于20世纪80年代中期提出来的。

亚健康是指非健康、非患病的中间状态。这是一类次等健康状态，是介于健康与疾病之间的状态，故又有“次健康”、“第三状态”、“中间状态”、“游离（移）状态”、“灰色状态”等称谓。世界卫生组织关于健康状态的调查表明，人群中真正健康者约占5%，患疾病者约占20%，而处于亚健康状态者约占75%。中年人是亚健康的高发人群。

虽然目前对亚健康状态的确认尚未达成共识，没有一定的标准，但已有人提出，在排除疾病之后，在以下30个项目中，有6项者即可初步认定是处于亚健康状态。

这30个项目是：精神紧张，焦虑不安；孤独自卑，忧郁苦闷；注意力分散，思考肤浅；容易激动，无事自烦；记忆减退，熟人忘名；兴趣变淡，欲望骤减；懒于交往，情绪低落；易感乏力，眼易疲倦；精力下降，动作迟缓；头昏脑胀，不易复原；久站头昏，眼花目眩；肢体酥软，力不从心；体重减轻，体虚力弱；不易入眠，多梦易醒；晨不愿起，昼常打盹；局部麻木，手脚易冷；掌腋多汗，舌燥口干；自感低热，夜有盗汗；腰酸背痛，此起彼伏；舌生白苔，口臭自生；口舌溃疡，反复发生；味觉不灵，食欲不振；发酸嗳气，消化不良；便稀便秘，腹部饱胀；易患感冒，唇起疱疹；鼻塞流涕，咽喉疼痛；憋气气急，呼吸紧迫；胸痛胸闷，心区压感；心悸心慌，心律不整；耳鸣耳背，易晕车船。它涵盖了躯体性亚健康状态、心理性亚健康状态及人际交往性亚健康状态。

亚健康可由多种原因引起。如工作、学习负荷过重致人身心疲惫；家庭、社会及个人的麻烦事过多致人烦躁、忧虑；环境污染致人体质下降；生活及工作方式不科学破坏人体正常的稳态（即正常状态下，机体通过神经、体液的精细调节，各系统器官、组织、细胞之间的活动互相协调，机体与自然及社会环境也保持适应关系）等等，某些遗传因素也在亚健康的发生中具有一定的作用。

亚健康状态处于动态变化之中。如加强自我保健、调节饮食结构，减轻工作负担，积极开展体育锻炼，并配合心理治疗、音乐或生物反馈疗法，亚健康状态可向健康转化。《内经》曰："圣人不治已病治未病，夫病已成而后药之，乱已成而后治之，譬犹渴而穿井，斗而铸兵，不亦晚乎？"由此可见，我们的祖先早已认识到"未雨绸缪、防患未然"的重要性。如长期忽视亚健康状态的存在，不予处理，则亚健康可向疾病状态转化。故现代人应当充分认识亚健康的危害，重视疾病预防，促使亚健康向健康转化（图6－2）。

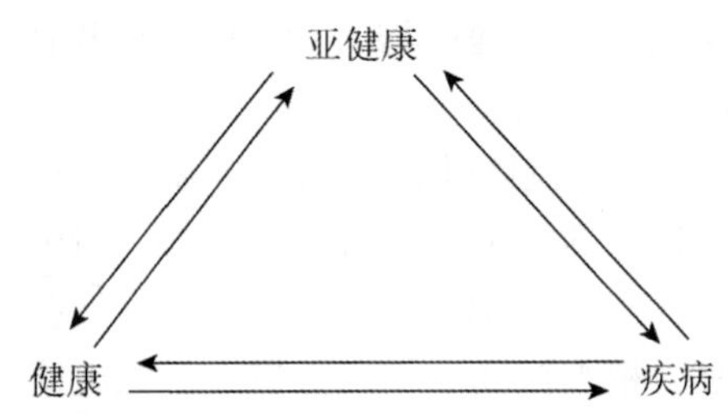

图6－2　健康、亚健康与疾病的关系示意图

从方法讲上，预防亚健康应从纠正病因开始，从平时的生活抓起，要从思想上重视自身健康。做到科学健身，营造良好的生活环境和人际关系。也就是从生物－心理－社会的角度全面加以预防。

3．*疾病*　目前一般认为，疾病是在一定病因作用下，机体稳态调节紊乱而导致的异常生命活动过程。在此过程中，躯体、精神及社会适应方面的完好状态被破坏，机体进入内环境稳态失衡及与环境或社会不相适应的状态。

疾病发生的病因有以下因素：①生物性因素。指病原微生物及寄生虫引起的各种感染性疾病，其致病性取决于病原体侵入的数量、毒力及侵袭力，也与机体本身的防御及抵抗力大小有关。②理化因素。包括高温、寒冷、电流、辐射、机械力、噪声、强酸、强碱及毒物等，其致病性主要取决于因素本身的作用强度、部位及持续时间等，而与机体的反应性关系不大。③营养因素。糖、脂肪、蛋白质、维生素、微量元素、纤维素等是人体必需的营养素，氧气、水则是生命必需的基本物质，上述物质摄入不足或过多都可引起疾病，如脂肪、糖、蛋白质等摄入不足可致营养不良，而摄入过量又可导致肥胖；维生素D缺乏可致佝偻病，而摄入过多可致中毒。④遗传因素。指染色体畸变或基因突变等遗传物质缺陷。染色体畸变包括数目畸变和结构畸变两类，其中常染色体畸变通常可导致先天性智力低下，生长发育迟缓，伴五官、四肢、皮纹及内脏等多发畸形。性染色体畸变表现为性特征发育不全，有时伴智力低下等。基因工程突变包括突变、缺失、插入或倒位等突变类型。这些突变通过改变DNA碱基顺序，致使蛋白质的结构、功能发生变化而致病。如凝血因子Ⅷ可因基因缺失、插入突变、点突变等而失活，从而导致甲型血友病的发生。⑤先天性因素。指影响胎儿发育的有害因素。某些先天性因素可以遗传，因此也属于遗传性因素，如多指（趾）、唇裂等。某些先天性因素不会遗传，如母体在妊娠早期受风疹病毒感染导致的先天性心脏病或无脑儿。⑥免疫因素。免疫反应过强、免疫缺陷或自身免疫反应等因素均可对机体造成影响。如青霉素过敏导致的过敏性休克；某些花粉、食物引起支气管哮喘。人类免疫缺陷病毒感染可破坏T淋巴细胞，导致获得性免疫缺陷综合征，即艾滋病。当机体对自身抗原发生免疫反应时，可导致自身组织损伤，如系统性红斑狼疮、类风湿性关节炎等。⑦社会、心理因素。随着医学模式的转变，社会、心理因素在疾病发生发展中的影响日益受到重视。这类因素包括紧张的工作，不良的人际关系，恐惧、焦虑、悲伤、愤怒等情绪反应，以及自然灾害、生活事件的突然打击等。它们通过影响精神、心理而导致机体功能、代谢紊乱及形态变化。如高血压、冠心病、溃疡病、植物神经功能紊乱及某些肿瘤的发生、发展都与精神心理因素密切相关。

（二）如何预防疾病发生

1. 疾病的三级预防　疾病在不受任何治疗和干预的情况下，从发生、发展到结局的整个过程可分为三个阶段，即发病前期、发病期和发病后期，也称疾病的自然史。

在发病前期，虽未发病，但已存在各种潜在的危险因子。如受病原微生物污染的环境是许多传染病的危险因子；血清胆固醇高是冠心病的危险因子；性混乱是艾滋病的危险因子；胃酸分泌过多是胃溃疡的危险因子；肝炎病毒是肝癌的危险因子等。发病期则因病种不同、致病因素不同而临床表现轻重不一。在发病后期，其结局可能是痊愈或死亡，也可能会留下后遗症以至病残等。

在疾病发生的每个阶段，我们都可采取措施防止疾病的发生或恶化。预防措施也可以根据这三个阶段分为三级，这便是疾病的三级预防。第一级为病因预防；第二级为“三早”预防；第三级预防为对症治疗、防止伤残和加强康复工作。

第一级预防——病因预防。又称初级预防，主要是针对致病因子或危险因子采取措施，也是预防疾病的发生和消灭疾病的根本措施。

（1）自我保健与健康教育：自我保健是指在发病前就进行干预，以增强人的健康状况，其目的是促进健康。它是个人为其本人或家庭利益所采取的大量有利于健康的行为。如不吸烟、不饮酒、加强体育锻炼、减少紧张、注意合理营养和饮食卫生等，以利于提高机体生理和心理的免疫力和适应能力。一些发达国家的经验显示，提高自我保健意识，建立文明、健康、科学的生活方式，能增进健康，降低恶性肿瘤、心血管病等各种疾病的发病率。分析显示，影响健康长寿的因素分别是：遗传15%、社会10%、医疗8%、气候7%、自我保健60%，以上数据说明，健康就在自己手中。自我保健是维护健康的重要方法。健康教育是以教育手段促使人们主动采取有利于健康的行为，从而消除危险因素，预防疾病，促进健康。据卫生部2006年相关资料显示，目前威胁我国人群的前四位疾病是恶性肿瘤、脑血管疾病、心脏病、呼吸系统疾病，其中恶性肿瘤的死亡率较2005年有所上升。而这些疾病的发生与行为和生活方式密切相关，因此可以通过改变行为方式而达到预防的目的。尤其是有些疾病，如艾滋病，在目前尚无有效疫苗预防的情况下，健康教育是唯一行之有效的办法。将卫生知识，通过教育的方式和力量传授给人们，使人们选择健康的生活方式，其最终目标是让每一个受教育者能发挥最佳的潜能，成为身心健康的人。据美国疾病控制中心的报道，如美国男性不吸烟、不过度饮酒，注意保持更健康的饮食和有规则的运动，就可以平均增加寿命10年。而美国多年用于提高临床医疗技术投资，每年以几十亿美元计，却难以使美国成人平均每人增寿1年。因而开展健康教育是极为经济而有效的保健对策，是任何国家都能承担得起的，也是使更多人能自觉、自愿地进行自我保健的前提。

（2）环境保护和监测：保护和改善环境，旨在保证人们生产和生活的环境不受“工业三废”（废气、废水、废渣）和“生活三废”（粪便、污水、垃圾），以及农药、化肥等的污染。做好环境保护与监测是保证人民不受致病因子危害的基本措施。

（3）特殊保护：特殊保护措施在预防及消除病因方面起到重要作用。如对已明确病因的传染病，特别是已有特异性预防手段的传染病，可采用预防接种、计划免疫来实现。地方病中的地方性甲状腺肿大可用长期供应碘盐来预防。龋齿高发区可通过增加饮水中的含氟量来预防儿童龋齿的发生。

一级预防的双向策略：即指对全体居民的预防和对危险性较高的人员、家庭和集体作为特殊重点的预防。

第二级预防：又称“三早”预防，即早发现、早诊断、早治疗，它是发病期所进行的防止或减缓疾病发展的主要措施。

目前，很多慢性疾病病因不明者居多，因此要完全做到一级预防是不可能的。由于慢性疾病的发生和发展时间较长，做好早期发现、早期诊断并加以早期治疗是可行的。例如，冠状动脉硬化性心脏病，根据病理观察，动脉粥样硬化过程始于早年，经过一个长的静止期，于中、老年发病。由此可知，采取“三早”预防措施是完全可以收到成效的。为保证“三早”措施的落实，可通过普查、筛查、定期健康检查、高危人群重点项目检查，以及设立专科门诊等办法。达到“三早”预防的主要方法是广泛宣传、提高医务人员诊断水平和发展微量及灵敏的诊断方法和技术。

第三级预防：对症治疗，防止病情恶化，减少疾病的不良作用，防止复发转移，预防并发症和伤残的发生；对已丧失劳动力或残废者，通过康复医疗，促进其身心方面早日康复，使其恢复劳动力，使病而不残或残而不废者，保存其创造经济价值和社会劳动价值的能力。

康复工作主要包括社会康复和职业康复。社会康复是指从社会的角度而言，采取各种有效措施为残疾人创造一种适合其生存、创造、发展、实现自身价值的环境，并使残疾人享受与健全人同等的机会，从而达到全面参与社会生活的目的。

职业康复是为残疾人谋求并维持适当的职业，并设法给予其职业咨询或指导、职业训练，改善其工作环境、帮助其就业等。

不同疾病有不同的三级预防策略和措施。预防接种作为控制某些传染病的措施，已成为典型的第一级预防。对其他疾病的三级预防应以哪一级为主，应视具体情况而定。以冠心病为例，目前公认冠心病的三大危险因素是高血压、吸烟和高胆固醇血症。故第一级预防首先要预防和控制高血压，控制影响高血压的因素，如盐摄入量和体重等；鼓励不吸烟，特别是宣传教育青少年不要吸烟，劝导已吸烟者戒烟；并且要检测和控制血胆固醇水平，注意改变不良的饮食习惯，调整膳食结构。此外，还应对其他的危险因素采取相应措施，如改变静坐的生活方式，提倡适当的体力活动和运动，避免过量饮酒，注意心理卫生等等。在冠心病的第二级预防为“三早”预防，即对有胸部疼痛者要及早作出诊断，积极治疗，防止病情发展，并预防复发。针对影响预后的因素，除了要求病人彻底戒烟、适当活动、合理膳食外，还应按临床指征处理糖尿病、高血压等其他疾患。第三级预防指对患者个人的治疗，包括重症抢救，以预防并发症的发生，如对急性心肌梗死病人治疗时预防其严重的心律失常、心力衰竭等并发症，同时也要做好社会康复和职业康复工作。

2. 三级预防与疾病自然史的关系

表 6-1 疾病自然史和三级预防措施的关系图

发病前期		疾病自然病史 发病期（早、中期）		发病后期	
第一级预防		第二级预防		第三级预防	
增进健康	特殊保护	早期发现、诊断	早期治疗	防止病残	康复工作
社会卫生教育	预防接种	定期检查	早期用药	防止病残	康复工作
保护环境	消除病因	群众自我检查	合理用药	防复发转移	社会康复
合理营养	减少致病因素		防止成为携带者	力求病而不残	职业康复
良好的生活方式	保护高发人群		防止成为慢性者	力求残而不废	
体育锻炼	提高免疫功能				

二、如何预防与应对自身患病及意外伤害

（一）如何预防与应对自身患病

如前所述，疾病的预防重在贯彻落实“三级”预防，因此，学习与掌握相关医学知识，提高自我保健意识是预防自身疾病发生的关键。以下将介绍几种常见疾病的预防，以提高同学们的自我保健能力。

1. 龋齿 俗称虫牙或蛀牙，是牙齿硬组织被龋蚀所致。龋齿是少年儿童最常见的疾病之一，也是世界范围内的疾病。儿童患龋齿后不仅引起疼痛，而且影响食欲、咀嚼和消化功能，以致影响生长发育。如不及时处理，还可因细菌侵入继发牙髓炎、齿槽脓肿、颌骨骨髓炎等，造成一种进行性、破坏性的损害，导致患牙全部破坏，甚至局部病灶引发全身疾患。为此，世界卫生组织将龋齿列为世界范围内需重点防治的第三位疾病。

人的口腔中有很多细菌，而口腔的温度、湿度又极利于细菌的生长繁殖。人若吃完食物不漱口、不刷牙，牙缝里会留有一些食物残渣。这些食物残渣被口腔内的细菌分解、发酵，就会产生酸性物质。特别是口腔中的变形链球菌、乳酸杆菌所产生的酸，可使口腔内的 pH 达到 4.0～5.0。这些酸性物质就会对牙齿产生腐蚀作用。久而久之，就形成了龋齿。儿童的身体正处在生长发育阶段，牙齿发育尚不成熟，含钙质较少，耐酸蚀程度远不及成年人；由于孩子大多偏爱甜性食物，如果家长对孩子又十分溺爱，让其过多地吃糖果、糕点等甜食，早晚不刷牙、饭后不漱口，是最容易导致儿童发生龋齿的。龋齿的发病率虽然较高，又是口腔常见病、多发病，但事实证明，龋齿是可以预防的。

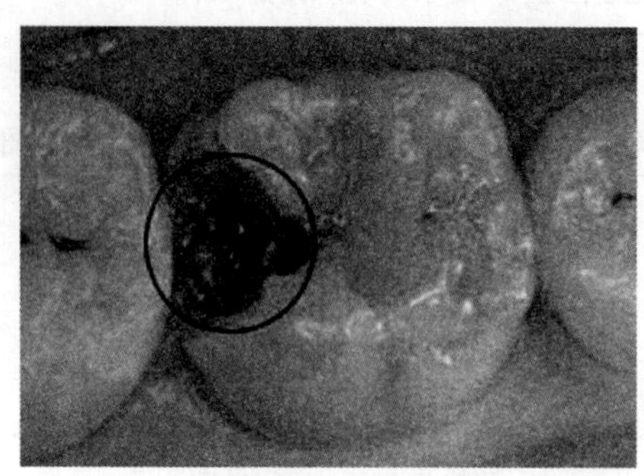

图6-3　龋齿

预防措施：①注意口腔卫生。要从小养成早晚刷牙、饭后漱口和睡前不吃甜食的习惯，以减少口腔中的致病菌，消除食物残屑，保持口腔清洁卫生。要正确刷牙（竖刷法），确保每次刷牙时间达到三分钟，牙刷3个月更新一次，以免牙刷上附有细菌。②合理营养和锻炼身体。孕妇（乳牙的钙化开始于胎儿期第五个月）和儿童在日常饮食中，应当摄入足够的蛋白质、维生素和矿物质，多吃些豆制品、肉骨头汤、海带、鱼虾、蛋黄、牛奶、鱼肝油、新鲜蔬菜和水果等，这些食物能够促进牙齿的发育和钙化。加强锻炼，使身体和牙齿得到正常发育，增强抗龋齿能力。要限制糖类的食用量，尤其不宜多吃黏稠的甜食、奶糖等，因为它们在牙齿表面停留的时间很长，致龋作用大。③采用氟化物防龋。氟化物除具有抗菌、抗酶作用外，在与牙齿作用后还能提高牙齿的抗酸能力。也可使用含氟牙膏刷牙，这是最简便易行的方法（高氟地区除外）。还可采用0.2%氟化钠液含漱，每周漱口一次，每次2分钟，再用清水漱口。④定期检查口腔。早期发现，早期治疗，防止龋齿的发生和发展；及时恢复咀嚼功能并防止并发症。

2. 沙眼　沙眼是由沙眼衣原体引起的一种慢性传染性结膜角膜炎。因其在睑结膜表面形成粗糙不平的外观，形似砂粒，故名沙眼。沙眼常侵犯双眼，它的传播面广，根据调查，有一半以上的沙眼患者是在儿童期染上的，因此预防沙眼要从儿童期开始。

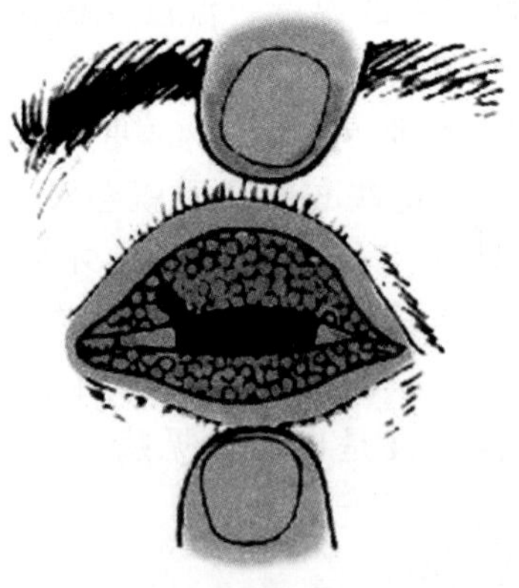

图6-4　睑结膜上的沙眼滤泡

沙眼早期多数没有症状或症状很轻微，表现为眼内有异物感、畏光、流泪及黏性分泌物等症状。一旦发展，症状将很严重，常因并发症而导致视力障碍，严重时可导致失明。沙眼主要通过接触传染，凡被沙眼病原体污染了的手、毛巾、脸盆、水及其他公用物品，都可以传播沙眼，儿童沙眼多数由父母或其他家庭成员传染。所以预防沙眼关键是切断传播途径，防止接触感染。

预防措施：①治疗现有病人。儿童沙眼多数是比较轻的，只要及早治疗，勤滴眼药水，如用 10% ~30% 磺胺醋酰钠液，0.1% 利福平，酞丁胺液或 0.5% 新霉素液等。每日滴 3 ~4 次，以 2 ~4 周为一个疗程，一般几个月就能治愈。在治疗儿童沙眼的同时，有症状的家长和保教人员也应抓紧治疗。②切断传播途径。学校、托幼机构等公共场所的毛巾要严格消毒，提倡一人一巾；家庭提倡分巾、分水洗脸，不共用毛巾和脸盆。③培养卫生习惯。教育儿童从小养成爱清洁、讲卫生的习惯，使用的手帕、毛巾要清洁，勤洗手，不用手揉眼，不用不洁衣物和手帕擦眼。④普查与普治。沙眼的普查普治是防治工作的重要一环。学校、托幼机构应建立定期普查普治、复查复治制度。最好每年普查 1 ~2 次，对沙眼患者应及时治疗，对基本痊愈者应定时复查复治。

3. *贫血* 循环血液中血红蛋白量低于正常时称为贫血。我国正常人红细胞数男性为 $(4.5 \sim 5.5) \times 10^{12}/L$，女性为 $(3.5 \sim 5.0) \times 10^{12}/L$；血红蛋白男性为（120 ~160）g/L；女性为（110 ~150）g/L。一般认为，男子红细胞数低于 $4.5 \times 10^{12}/L$，血红蛋白量低于 120g/L为贫血；女性红细胞数低于 $4.0 \times 10^{12}/L$，血红蛋白量低于 110g/L 为贫血。

贫血的发病率极高。它包括有巨幼红细胞性贫血、地中海贫血、再生障碍性贫血及缺铁性贫血，最常见的是缺铁性贫血，尤其多发于儿童、青少年。贫血后可发生全身组织缺氧症状，如头晕、乏力、食欲不振、心悸、活动后气急等。如不注意防治，贫血还可引起抵抗力下降而易致感染多种疾病及贫血性心脏病等。

预防措施：①合理营养，加强铁的摄入或促进其吸收。铁是制造血红蛋白的主要原料。在一般情况下，成年男性每天约需铁 1 毫克，生育期妇女每天需铁 1.5 ~2 毫克，妊娠和哺乳期需铁量更多。因此，平时应多吃含铁丰富的食物，如瘦肉、猪肝、蛋黄及海带、发菜、紫菜、木耳、香菇、豆类等。要注意饮食的合理配合，如餐后适当吃些水果，水果中含有丰富的维生素 C 和果酸，能促进铁的吸收。而餐后饮用浓茶，则因铁与茶中的鞣酸结合生成沉淀，影响铁的吸收。叶酸和维生素 B_{12}也是造血必不可少的物质。新鲜的绿色蔬菜、水果、瓜类、豆类及肉食中，含有丰富的叶酸；肉类及肝、肾、心等内脏中，含有丰富的维生素 B_{12}，但经高温烹调后，可使 50% 以上的叶酸和 10% ~30% 的维生素 B_{12}遭到破坏。因此，生活中既要注意饮食多样化，又要讲究烹饪技术，尽量避免过度蒸煮食物。②要保护好“造血工厂”。机体的“造血工厂”是骨髓，但许多化学性和物理性因素都可损伤骨髓。化学因素，如苯、有机砷、抗肿瘤药物、某些抗生素（如氯霉素、链霉素）、磺胺类药物、抗癫痫药物、抗风湿药（如保太松、吲哚美辛）等；物理性因素，如 X 线、γ 射线、中子等，均可损害骨髓，是造血的大敌。因此，应严格执行防护措施，遵守操作规程，尤其不可滥用对造血功能有害的药物，还应避免不必要的 X 线照射。③防止失血。失血也是导致贫血的重要原因，因此，对各种失血性疾病，如钩虫病、痔疮、功能性子宫出血等，应积极进行治疗。

4. *青少年肥胖* 医学意义上的肥胖，是指一定程度的明显超重与脂肪层过厚。在我国，由于人民生活水平提高，独生子女受到家庭宠爱，挑食、洋快餐等因素的影响，造成青少年营养过剩及热量摄入高；又由于受升学等压力的影响，孩子又很少参加体育活动等，使我国内地大城市7~18的儿童青少年中，100个男生中就有12个超重、5个肥胖，100个女生中就有7个超重、3个肥胖。超重和肥胖的发生率近年呈快速上升趋势，而学生体质却呈下降趋势。

肥胖的发生与遗传、内分泌失调、中枢神经系统的某些疾病（如下丘脑或垂体病变）、不良饮食习惯、缺少运动及药物副作用等因素有关。由于人们对肥胖的错误认识，使得青少年时期的肥胖为这些孩子们带来了许多不良影响。

肥胖对青少年的危害如下：

（1）身体方面的危害：首先表现是体重增加，增加了机体负担和耗氧量，致使他们身体笨重，行动迟缓，活动能力差。不少肥胖青少年有扁平足、膝内弯、下肢弯曲、脊柱和椎间软骨损害等症状；肥胖青少年的血脂偏高，免疫系统受到抑制，抗病能力较差，易患呼吸道感染，还容易导致一些“成年疾病”年轻化，如糖尿病、高血压、脂肪肝、冠心病等；肥胖儿童存在性发育障碍，如男孩性发育滞后，女孩性早熟、初潮早、多伴有月经紊乱。

（2）心理方面的危害：青春期是塑造体型的良好时机，由于肥胖，给人以“臃肿、疲软、懒散、笨拙”等印象，从而影响体型美。由于肥胖青少年在集体活动中显得笨拙、迟缓，常成为被嘲笑的对象，使得这些孩子产生自卑感和精神压力，从而逐渐变得性格孤僻，不愿与人交往，形成“自闭症”。而健康心理的形成在青春发育期是一个重要时期，对人的一生来说，心理上的影响本质上比生理上的影响更为关键。

（3）对智力发展的影响：食物中的苯丙氨酸过多，常引起氨基酶的不足，从而使大量氨基酸堆积在脑细胞中，形成“脂肪脑”，影响脑细胞活动，致使智力落后于同龄人。还因为肥胖青少年体内脂肪过多，耗氧量比正常人高，体内氧气“入不敷出”，从而使肥胖青少年儿童表现为无精打采，也容易疲劳嗜睡，精神不易集中，从而影响学习效率，致使成绩下降。

青少年肥胖的预防如下：

（1）合理的饮食结构和饮食习惯：饮食要多样化，不偏食、不择食，以获得全面营养。对零食要防止过多食用，并注意适当选择。

（2）要增强运动：每天不仅要增加运动量，而且要延长运动时间。只有较长时间的运动才能消耗贮存的脂肪。因此，每天运动时间一般不少于30分钟，而且要选择消耗性较大的运动，如长跑、跳绳、打篮球、踢足球、游泳、爬山等活动，要经常坚持，持之以恒。

5. *病毒性肝炎* 病毒性肝炎属于传染性疾病，是由于各种肝炎病毒经过各种方式和途径进入人体，而后到达肝脏，在肝脏内繁殖并通过机体的免疫活动，损伤肝脏组织和细胞，从而产生一系列症状。

现已明确，肝炎病毒至少有五种（还有其他非肝炎病毒如，巨细胞病毒、EB病毒等也可致肝炎），在人体分别引起甲、乙、丙、丁、戊五型肝炎。

甲、戊两型肝炎系经肠道传染，即人们常说的“病从口入”。患这两种肝炎的病人，不断有病毒从粪便或其他部位排出体外，排泄物污染物品、食品或水源，就有可能再传播给他人，甚至导致大流行。传播或流行的方式主要有下述三型：

（1）水源型：粪便污染水源，尤其是饮用水被污染，如自来水管破裂被粪池污染，洪水爆发、粪便四溢等均有可能发生甲、戊肝流行。如我国新疆地区的几次戊肝流行均与洪水泛滥有关。

（2）食物型：指吃了某种被病毒污染的食物后发病。如上海1989年甲肝大流行，即因市民食用污染了病毒的毛蚶所致。

（3）接触型：日常生活中接触了肝炎病人用过的物品，即有染病的可能性。流行病学调查发现，有肝炎接触史者发生戊肝的危险性比无肝炎接触史者高18倍。人与人之间的接触传染，包括粪—口和口—口两个途径，这也是肝炎病人家庭集聚的原因。

乙、丙、丁型肝炎系经肠道外途径传染，可经血液、母婴及性传播。其中以血液途径传播为主，乙型肝炎就曾有过“血清型肝炎”之称。输入含病毒的血液或血制品，如白蛋白、冻干血浆、丙种球蛋白、凝血因子等，或使用了被污染的注射用品或针灸针，或长期作血液透析者均可患病。另外，由于病毒还存在于病人的唾液、泪液、乳汁、精液、阴道分泌物等，家庭成员之间有可能因密切接触这些含病毒的体液，经齿龈或其他伤口入血而相互染病。因此，它们具有家庭聚集性的特点。更严重的是乙、丙、丁型肝炎易慢性化，且可进一步发展成为肝硬化和肝癌。

病毒性肝炎的主要症状是身体疲乏、食欲减退、恶心、腹胀、肝脾肿大及肝功能异常，部分病人可能出现黄疸。乙肝、丙肝病毒携带者可能会无任何肝炎症状。

学校由于人群较聚集，师生之间、同学之间接触密切，因此要通过定期体检等方式，对病毒性肝炎的传播做好预防与控制。

病毒性肝炎的预防措施如下：

（1）管理传染源：对急性甲型肝炎病人，应采取早期隔离措施。隔离是病人暂时不与外界接触，单独在家休息治疗。病人应自觉进行隔离，不要把肝炎病毒传染给别人，防止肝炎的传播、蔓延。急性黄疸型肝炎病人如不能住院治疗，应在医生指导下，在家严格隔离治疗。一般从发病日期起隔离3周（不能确知发病日者，可从确诊日期算起）。隔离时必须做到：①病人与健康人不在一个床上睡眠，病人的被、褥、衣物要与健康人分开，并进行消毒。②病人的食具、漱口用具、水碗、脸盆、毛巾、便盆等也与健康人分开使用。病人要单独吃饭，剩余的食物不要给他人吃。也不要给其他人拿直接入口的食物和东西，如香烟等。③病人的书报、刊物、物品、玩具等不要借给他人传阅、玩耍，必须经过消毒处理后才能传借别人。④在病人隔离期间，不要到病人家串门，尤其儿童不要与病人一起玩耍。⑤病人在患病期间不要串门，不要到公共场所，更不要到饮食部门用餐。

慢性肝炎也有传染性，应同样注意隔离。对甲型肝炎病人的密切接触者要注意观察，一般观察45天，没有发病的才可视为健康人。另外，加强对学校食堂内工作人员、教师的检查也是控制传染源的重要环节。

（2）切断传播途径：①提倡用流动水洗手，注射时要一人一针一管，用后高压或煮沸消毒；不使用他人生活用具，搞好个人卫生。②非必要时不输血及不使用血制品；输血员要依据血液检查进行筛选。③消毒也是切断传播途径，控制、消灭传染源的另一方法。肝炎病人确诊后，病人家属应及时做一次较彻底的消毒，食具、漱口用具、毛巾等要煮沸30分钟，家具、物体表面、地面要用3%漂白粉液擦拭。病人的粪便要用漂白粉（粪便4份，漂白粉1份）或生石灰（粪便1份，生石灰1份）搅拌后放2小时倒掉。病人使用的便器要专用，使用后，用3%漂白粉水浸泡2小时后再洗刷。病人和大家应做到饭前、便后用2%过氧乙酸溶液浸泡洗手2分钟。

（3）保护易感人群：①注射人体免疫球蛋白，这适用于接触甲型肝炎的儿童，注射越早越好。②注射乙肝疫苗和乙肝免疫球蛋白，用于阻断母婴传播。以上两种措施都最好在医生指导下应用。③儿童缺乏对甲型肝炎的免疫力，在甲肝流行季节注射多价免疫球蛋白或甲肝疫苗也是有效的预防方法。至于丙型肝炎的预防，目前尚无疫苗问世，故更应注意加强自我保护及保健意识。④提高全民卫生水平，加强宣传教育。卫生条件越差，肝炎患病率越高，这是一个不容忽视的事实。

6. 流行性感冒　流行性感冒简称流感，是由流感病毒及其变异菌株引起的急性呼吸道传染病。与普通感冒不同，流感的传染性强，尤其是甲型流感容易发生变异，并已引起多次世界范围的大流行。流感通过飞沫传播。流感的潜伏期一般为数小时至4天。发病常见急起高热，表现为畏寒、发热、头痛、乏力、全身酸痛等。体温可达39～40℃，一般持续2～3天后渐退。全身症状逐渐好转，但鼻塞、流涕、咽痛、干咳等上呼吸道症状较显著，少数患者可有鼻衄、食欲不振、恶心、便秘或腹泻等轻度胃肠道症状。体检病人呈急性病容，面颊潮红，眼结膜轻度充血和眼球压痛，咽充血，口腔黏膜可有疱疹，肺部听诊仅有粗糙呼吸，偶闻胸膜摩擦音。症状消失后，仍感软弱无力，精神较差，体力恢复缓慢。

流感的危害主要有以下三个方面：

（1）由于流感病毒易发生变异，若人群对变异菌株缺乏免疫力，易引起暴发流行，因此在世界各地，每年都会发生范围或大或小的流行。流感流行期间，很多人同时患流感，不仅妨碍了人们的工作、学习，严重时甚至会影响人们正常的社会生活。迄今世界发生过五次大流行和若干次小流行，造成数十亿人发病，数千万人死亡，严重影响了人们的社会生活和生产建设。

（2）流感起病急骤，病人会突然出现高热、头痛、全身肌肉酸痛等严重症状，且持续时间长达1周以上。患者不得不中断学习和工作，需卧床休息。

（3）流感本身症状重，它还可能引起患者原有疾病的加重或引起严重的危及患者生命的并发症。如流感患者原有心脏病，患流感后，可能发生心力衰竭；流感可以引起肺炎、心肌炎等并发症。并发症是导致流感患者死亡的主要原因。

流感的传播方式如下：

（1）传染源：病人是主要传染源，自潜伏期末即可传染，病初2～3日传染性最强，体温正常后很少带毒，排毒时间可长达病后7天。病毒存在于病人的鼻涕、口涎、痰液中，并随咳嗽、喷嚏排出体外。由于人群中部分人已获得免疫，感染后可不发病，成为隐性感染，其携带病毒时间虽短，但在人群中易引起传播。

（2）传播途径：主要通过空气和病人的飞沫传播，病毒存在于病人或隐性感染者的呼吸道分泌物中，通过说话、咳嗽或喷嚏等方式散播至空气中，其活性可保持30分钟，易感者吸入后即能感染。传播速度取决于人群的拥挤程度。通过污染食具或玩具的接触，也可起传播作用。

（3）易感人群：人群对流感病毒普遍易感，与年龄、性别、职业等都无关。但60岁以上人群、慢性病患者人群及体弱者，托幼机构儿童及在校大中小学学生易感，免疫力低下者更易感染。

由于流感具有很强的传染性，所以遵循传染病防治规律，预防与控制流感对于减少流感带来的人群大面积感染及危害具有积极而重要的意义。目前仍没有有效的药物治疗流感，因此预防尤为重要。

流感预防措施如下：

(1) 管理传染源：对病人做好隔离。对密切接触者进行医学观察，如出现症状，立即隔离。不住院者外出应戴口罩，病儿宜在家休养，集体托幼机构发病人数多时可就地隔离休养，减少散播机会。单位流行应进行集体检疫，并要健全和加强疫情报告制度。

(2) 切断传播途径：在流行期间减少或暂停大型聚会、集会和集体文体活动。凡是到公共场所或与流感病人接触的应戴口罩。尽量避免儿童到人群拥挤的公共场所，或少去医院门诊部集中的地方就诊，必要时甚至停课、停去托幼机构，提倡小儿外出戴口罩。不到病人家串门。室内应阳光充足，经常通风，可用食醋、乳酸、过氧乙酸或环氧乙烷密闭熏蒸。由于流感病毒不耐热，对紫外线和常用消毒剂很敏感，所以可以经常消毒。①个人防护口、鼻洗漱法。食醋一份加开水一份等量混合，待温，于口腔及咽喉部含漱，然后用剩余的食醋冲洗鼻腔，每日早、晚各一次，流行期间连用 5 天。②空间消毒法。这种方法适用于家庭住房，将食醋一份与水一份混合，装入喷雾器，于晚间休息前紧闭门窗后喷雾消毒。新式房屋或楼房以每立方米空间喷雾原醋 2 ~5 毫升，老式房屋每间按 50 ~100 毫升为宜，隔天消毒一次。在流行严重期间或家庭内部已出现病员的情况下可喷三次，食醋的用量要增至每间房 150 ~250 毫升。③住宅熏蒸（煮）法。将门窗紧闭，把醋倒入铁锅或砂锅等容器，以文火煮沸，使醋酸蒸气充满房间，直至食醋煮干，等容器晾凉后加入清水少许，溶解锅底残留的醋汁，再熏蒸，如此反复 3 遍；食醋用量为每间房屋 150 毫升，严重流行高峰期间可增加至 250 ~300 毫升，连用 5 天。④另外，流感病毒还可通过接触污染食物或玩具传播。在流感流行期间若无意中用手触摸被污染物体，并在不经意间用手摸自己的鼻子或眼睛，就很可能被感染，所以勤洗手是一种比较有效的方法。

(3) 保护易感人群：在流行期间，对易感人群及尚未发病者，可给予药物预防。目前已较肯定金刚烷胺或金刚乙胺对甲型流感有预防作用，对乙型流感则无效。对易感者，一般在接触病毒后立即服用金刚烷胺或金刚乙胺，效果最好，保护率可达 50% ~70%。但由于金刚烷胺对中枢神经系统有副作用，服用时偶可引起兴奋、失眠、头昏或共济失调，故老年人及血管硬化者慎用，患癫痫、心血管病、中枢神经系统病者以及孕妇、乳母忌用。此外，中草药贯众、大青叶、板蓝根、紫草、金银花等也可用于预防。而接种流感疫苗是预防流感更好的办法和基本措施，对降低发病率有一定作用。

除吃药预防以及实行个人口、鼻腔消毒预防，环境空气消毒，疫苗预防外，还要注意体育锻炼，保证休息，增强体质。提高自己的身体抵抗力也是预防流感的重要措施。

7. *艾滋病*　艾滋病全称为获得性免疫缺陷综合征，英文缩写为 AIDS。艾滋病之所以引起世界人民的恐慌，因为它是目前世界范围内尚无有效治愈方法的具有强传染性的传染病，而且在全球的蔓延速度很快。此病毒能攻击并严重损伤人体的免疫系统，特别是损伤 T 淋巴细胞的免疫功能，从而使人体免疫功能受损。艾滋病初期的临床表现为持续性发热、夜间盗汗、食欲不振、精神疲乏、全身淋巴结肿大等。此后，相继出现肝、脾肿大，并发恶性肿瘤，体重锐减，极度消瘦，腹泻便血，呼吸困难，中枢神经系统麻木，直至最后死亡。艾滋病患者的死亡率很高，发病 1 年内死亡的概率约为 50%，3 年内约为 75%，5 年内约为 90%。可见，艾滋病对人类的生命和健康危害极大。近些年来，亚洲地区成为继非洲之后的又一感染严重地区。加强艾滋病的预防已成为世界性的目标。

感染艾滋病病毒的人是本病的唯一传染源，包括艾滋病患者和无症状的艾滋病病毒（HIV）感染者。HIV 感染者和 AIDS 患者的各种体液均具有传染性。血液、精液、唾液、宫颈分泌液、脑脊液、眼泪、乳汁及尿液中均可分离出 HIV。但主要是通过精液、宫颈分泌液和血液经破损的皮肤或黏膜传播。无症状但 HIV 血清抗体阳性的感染者，因活动不受限，其作为传染源的意义很大。

HIV（艾滋病病毒）的传播途径有以下三种：

（1）性接触传播：这是最常见的传播途径。全世界的 HIV 感染约 75% 是通过此途径传播的。性接触传播包括同性间和异性间的性接触传播，同性恋者、异性恋者和双性恋者均可因接触而相互传染。

（2）血液及血制品传播：HIV 通过血液和血制品传播具有很高的传播概率，几乎达到了 100%。输血感染与受血者的年龄、受血量有密切关系。感染 HIV 可因疾病输血；也可因静脉注射毒品者共用未消毒的注射器而感染；也可因器官移植而传播。

（3）母婴传播：感染了 HIV 的妇女，当她们怀孕时，HIV 可以通过胎盘而使宫内胎儿感染。在分娩时，HIV 可以通过产道感染婴儿，婴儿也可以通过母乳喂养而感染 HIV。

艾滋病的高危行为如下：

（1）通过性途径的高危行为有：无保护性性接触、多个性伙伴、同性性行为等。

（2）通过血液途径的高危行为有：静脉注射吸毒；与他人共用注射器或共用其他可刺破皮肤的器械；使用未经检测的血液或血制品。

（3）通过母婴途径的高危行为有：艾滋病病毒阳性的女性怀孕并生育，艾滋病病毒阳性的母亲哺乳，都可能引起孩子的艾滋病病毒感染。

（4）其他可以引起血液传染的途径：理发、美容、纹身、扎耳朵眼、修脚等用的刀具被 HIV 污染并未消毒；与其他人共用刮脸刀、电动剃须刀、牙刷；体育运动外伤和打架斗殴引起的流血；救护伤员时，救护者破损的皮肤接触伤员的血液。

艾滋病虽然目前尚无治愈的方法，但它也并不可怕。正确认识艾滋病，了解其疾病的发生过程，针对其传播途径、高危行为做到有效预防是目前避免 HIV 感染的最重要的措施。

（二）如何应对意外伤害

意外伤害是指因意外导致身体受到伤害的事件。人们在生活中难免会发生一些意外事故，如车祸、火灾、损伤、中毒等等。而青少年则是受意外伤害最大的一个群体。因他们天性活泼，缺乏危险意识，身体弱，抵抗疾病和保护自己的能力弱，这些特点使他们成为最易受伤害的人。意外伤害也成为包括我国在内的世界上大多数国家儿童致残、致伤、致死的最主要原因。据报道，2008 年中国儿童死亡原因中的 26.1% 属意外伤害。每年我国有 1.6 万多名中小学生因中毒、溺水、交通事故、自杀等原因非正常死亡，平均每天有一个班的学生因意外事故而早早离开了人世。而且这个数字还在以每年 7% ~10% 的速度增加。全国死亡监测网的报告也显示，无论城市或农村，意外死亡均为 1 ~4 岁儿童的第一死亡原因。这给独生子女占相当比例的中国父母带来极大忧虑。

据国家有关部门统计，我国仅 15 岁以下的青少年每年因各种原因造成的意外伤亡的人数就接近 50 万。关心青少年生命安全，预防各类意外伤害事故，已成为全社会共同关注的话题。因此，学校要加强学生在校内的安全管理，同时要求同学们也要自觉遵守校规，以免造成意外伤害。如避免因爬窗台、跳窗户、楼梯打闹而造成的伤害等。

如何预防和应对意外伤害事故：

1. 培养遵守交通规则的良好习惯，形成主动避让车辆的意识（见第二章）。

2. 提高自我保护意识，了解私自到野外游泳等活动的危害；学习预防和处理溺水、烫烧伤、动物咬伤、异物进气管等意外伤害的基本常识和方法。

（1）了解私自到野外游泳等活动的危害：室外是我们活动的好去处，但有时也有危险，尤其是私自到野外游泳等活动很危险。到野外游泳，往往会出现以下危险情况，如误踩淤泥导致溺水死亡；水下的尖石致人受伤或死亡；误入漩涡导致溺水死亡；血吸虫的幼虫致人生病；被污染的河水致人生病；被水草缠绕导致溺水死亡等等。野外游泳如果缺乏可靠的安全防护和救生设备，一旦在水中发生险情，就很难得到及时的救助。

（2）预防和处理溺水意外伤害的基本常识和方法

溺水的预防和救护：溺水又称淹溺，常因失足落水或游泳中发生意外事故所致。淹溺的进程很快，一般4～5分钟或6～7分钟就可因呼吸、心跳停止而死亡，必须及时抢救。要预防溺水事故的发生，首先要坚持做到不在无家长或其他监护人陪伴下私自下水游泳，不擅自与同学结伴游泳，不到无安全保障的水域游泳。如外出游泳时应特别注意安全。要记住以下几点：①游泳前要了解自己的健康状况，不适宜游泳的不要下水。②选择好游泳地点，了解浴场情况，是否有救生条件、是否卫生、水的深浅是否适宜、水下是否平坦、有无暗礁暗流等。③下水前要先活动身体，如水温低，应先在浅水处用水淋洗身体，适应水温后再下水游泳。④不要冒然潜泳，不要在水中嬉戏打闹。⑤正确估计自己的水性，不要逞能。⑥不要在急流、漩涡处游泳，禁止酒后游泳。⑦游泳过程中，如感身体不适，应立即上岸或呼救。

溺水的救护措施：①自救。在水中发生危险时，一定要冷静。具体方法是采取仰面，头顶向后，口向上方，努力使口鼻露出水面进行呼吸。呼气浅而吸气深，稍浮于水面待救。也可憋住气尽量不吸气，以免呛水。抽筋时若在浅水区可马上站立并用力伸蹬，或用手把足拇指往上掰，并按摩小腿可缓解。一旦被卷入漩涡，要立即使身体平卧在水面，用爬泳迅速冲出漩涡。切不可直立踩水或潜入水中。不可将手上举或挣扎，因为举手反会使人下沉。若因腓肠肌痉挛而致淹溺，自己将拇趾屈伸，并采用仰面位，浮出水面待救。②他救。水性好者应尽量脱去外衣、裤及鞋袜，迅速游至溺水者附近，从其背后用左手握其右手或拖住头部用仰泳方式拖向岸边，也可从其背部抓住腋窝推出。不会游泳者切忌用手直接拉溺水者，而应在现场找一根竹竿或绳索，让他拽住再拖上岸，否则溺水者会把救护人员拖入水中。

（3）烫烧伤的预防和救护：烫伤是人体触及沸水、滚汤等湿热所致；烧伤是人体触及火、热炉、热锅、热烫斗等干热物所致。强酸、强碱可致化学烧伤。防止烫伤应注意不要用手摸在火上烤的东西，从微波炉中取出东西要戴手套，倒开水时要小心，吃东西要小心烫伤口腔。防止烧伤应注意不要靠近火炉或煤气炉。

烫烧伤的救护措施：①立即让伤员脱离伤源，离开烧（烫）伤环境，除去被热液浸透或化学物质污染的衣服，以及指环、手镯、皮带、皮靴等束缚性物品。身上仍着火时，切勿乱跑，可浇水或跳入水中，或在地上滚动，或用浸湿后的棉被、大衣包裹，以便灭火。灭火后要立即脱去衣服，必要时可以将衣物剪开。烫伤部位与衣服相连时，不要脱下衣服，应连衣服一同冷却后，再轻轻脱去。必要时可将衣物剪开。②小面积的轻度烧（烫）伤在家处理时，可用流动的清洁水或冷开水、盐水冲伤处以降温，如果烫伤部位出现水疱，不要挑破，可用干净纱布覆盖，再用绷带包扎好，这样可以保护皮下组织并预防感染。大面积烧烫伤病人，创面不要涂药，用消毒敷料或干净被单简单包扎后立即送医院治疗。③强酸、强碱烧伤时，可用清水反复冲洗伤处，强酸烧伤可用小苏打水等碱性溶液冲洗，以中和余酸。强碱烧伤可用稀盐酸或食醋冲洗，以中和余碱后包扎伤处。误服强酸、强碱时，不得催吐、洗胃，可服相应的中和溶液、牛奶、鸡蛋清、豆浆、植物油等流汁，以保护食管和胃黏膜。④一般烧（烫）伤病人，尤其是化学烧伤的病人，应立即送医院治疗，不应留在家中自行处理。

（4）动物咬伤的预防和救护：近几年来家庭养狗现象明显增多，被狗咬伤的事件也时有发生，如果被疯狗咬伤就会引起狂犬病，这是一种急性传染病。对狗的饲养应加强管理，发现疯狗一律捕杀并将尸体深埋或焚烧。森林、山区、草地是蛇出没的地方，每年4～11月是蛇类活动的季节。如果人们在旅游、田间劳动，甚至日常生活中不注意，随时有可能被蛇咬伤。进入有蛇区应着厚靴及厚帆布绑腿。夜行应持手电筒照明，并持竹竿在前方左右拨草将蛇赶走。野外露营时应将附近的长草拔除；避开泥洞、石穴，以防蛇类躲藏。平时应熟悉各种蛇类的特征及毒蛇咬伤时的急救法。

被狗咬伤或抓伤后的一般救护：首先在咬伤处近端缚一止血带，促使血流出，再用杏仁6克、雄黄0.6克、鲜韭菜30克、甘草6克，捣烂外敷伤口。或用20%肥皂水和温水彻底冲洗伤口，擦干后，继续用棉花签蘸浓硝酸或碳酸烧灼，再用95%的酒精中和多余的酸液。处理伤口应争取时间，愈早愈好，咬伤在2小时以内，单用20%肥皂水冲洗20分钟也可。假使条件许可，可切除伤口附近部分组织，再以火罐拔毒。同时可用大青叶、野菊花、半边莲各30克煎服，或乌韭鲜根茎180克左右，用铜器水煎，空腹服，连服数日。要特别注意，疯狗咬伤后单用红汞擦伤口等一般性外伤处理是不够的，应该立即到医院进行救护，注射狂犬病疫苗和破伤风抗毒素。

毒蛇中毒的救护措施：①保持冷静。千万不可以紧张乱跑，奔走求救，这样会加速毒液散布。尽可能辨识咬人的蛇有何特征，不可让伤者使用酒、浓茶、咖啡等兴奋性饮料。②立即缚扎。为防止蛇毒扩散和吸收，应早期环扎。方法是立即在伤口上方5厘米处靠近心脏的一端，用布带、细绳、橡皮管成环形结扎；如咬伤手指，在指根处结扎；咬伤前臂，在肘关节上方结扎；咬伤小腿，在膝部以上结扎。避免毒素随血流到心脏。环扎后伤肢放低，每隔15分钟放松1～2分钟。待伤口处理后解除。③冲洗并切开伤口，适当吸吮。在将伤口切开之前必须先予生理盐水、蒸馏水，必要时也可用清水清洗伤口。将伤口用消毒刀片切开成“十”字型，用吸吮器将毒血吸出，施救者宜避免直接用口吸出毒液，若口腔内有伤口，可能引起中毒。蛇药片（如南通季德胜蛇药片）口服，或将蛇药片用清水溶成糊状涂在创口四周。④立即送医院。除非肯定是无毒蛇咬伤，否则还是应视作毒蛇咬伤，并送至有抗蛇毒血清的医疗单位（山区卫生所或县医院）接受进一步治疗。

（5）异物进气管的预防和救护：小弹球、硬币、纽扣、别针、戒指等小玩具，儿童、青少年常爱放在口中含弄；豆子、花生米、瓜子等是青少年爱吃的食物。偶一失误，这些都很可能滑入呼吸道而突发窒息，甚至造成猝死。

异物进气管的防范措施：吃东西的时候，要细嚼慢咽；不要说话或大笑；吃表面光滑的东西更要小心，尤其是果冻等胶状食物；吃口香糖、泡泡糖要小心，不要误吞；不要将扣子、硬币、曲别针等物品放在嘴里，以防危险。

异物进气管的应急处理措施：用力咳嗽排出异物；可以求助别人帮忙，如患者仰卧，救护者两腿分开，跪于其大腿两侧，并且将双手叠掌放在患者上腹部，向其背部和头部方向（即向后向上）挤压，压后随之放松。以上手法须重复多次，直到异物排出气道为止。如果上面的方法不能让患者吐出异物，应马上去医院就诊，以免发生危险。

3. 了解与学习和生活密切相关的特种设备的安全知识，提高对存在危险隐患的设施与区域的防范意识。

青少年们活泼好动，而活动的范围越多，危险也会随之增加。那么，有哪些设施和区域会存在危险隐患呢？

（1）建筑工地的危险角落：如塔吊坠物可能砸伤我们；电焊的强光可能伤害我们的眼睛；建筑垃圾可能划伤我们；拆迁现场的倒塌物可能砸伤我们等等。因此，建筑工地常警示人们："施工重地，闲人免进"。

（2）容易忽视的危险场所：①游乐场所。目前，我国游乐设施的种类层出不穷，且不断向高空型和快速型发展，如过山车、滑道、溜索、飞行塔等游乐设施一般都是架空运行，速度较快，富有挑战与刺激，同时也具有一定的危险性。如管理不善，易造成断裂、坠落等安全事故，给游客特别是青少年造成人身伤害。②掀起井盖的井。在马路上、公园里，有些窨井被掀掉井盖却没有做好防范措施，路人一不小心就会跌落受伤。③高压线附近。在高压线附近，如有漏电，很可能伤人。④铁路。铁路是火车的通道，在铁路上，火车的速度很快，如果在铁路上玩耍或随意穿行，往往会忽视了火车的到来，而造成伤亡事故。这些都是容易发生危险的地方，我们一定要小心，以免受到伤害。

（3）安全使用特种设备：特种设备与我们的生活紧密相关，其安全隐患不容忽视。只有了解了它们的正确使用方法，才能避免危险的发生。如：①正确使用电梯。使用电梯前应查看检验电梯的有效期。乘客乘电梯，首先应看看电梯里有没有挂"安全检验合格"的不锈钢牌子；其次看上面有没有电梯的注册号、注册机构、检验单位、检验有效期，过了有效期属无证运营，这是最要紧的。乘客遇见不亮证或无证使用电梯的，都可以向质量技术监督局举报。万一电梯发生故障，中途卡住，乘客怎么办？首先要保持镇静，按铃呼救或大声呼救都可以，电梯里应该都有警铃之类的警报器。好的电梯里还有远程监控设备，维修人员会通过通话设备安抚乘客。最重要的是乘客不要自己拉门，自己跳下来，自救是很危险的，最安全的是他救。②严格按规定使用游乐设施。当你决定要玩某一游乐设施时，应仔细阅读"乘坐须知"及相关"警示牌"。我们必须提高警惕，增强防范意识，有效地保护自己。

（4）遵守规矩，不做冒险行为：青少年儿童的特点是单纯幼稚、活泼好动、充满好奇、有强烈的求知欲与探究欲。这种成长特点对自身的发展来说是好的，但这种个性特点如不加以引导，在生活中也会带来负面影响。如因好奇而产生的冒险行为；因好动而不遵循要求，发生违规行为；因单纯而对一些行为所存在的危险无预见性等。因此，在青少年儿童的安全教育中应加强自我保护教育，使其不逞强、遵守规矩、提高鉴别能力、拒绝诱惑；使其从小就具有自我保护意识，防患于未然。这才是减少意外伤害发生的有效手段。

总之，生活中的意外伤害事故还很多，但只要我们每一个人都心存安全意识，遵守法律法规，遵守生活中的规范要求，家长们也能完全履行自己的监护职责，相信意外伤害将会远离青少年，远离我们。

案例一：某中等职业学校一名学生，在晚自习结束离开教室的时候，与同班好友在讲台处推搡玩耍。在推搡中一同学不慎从讲台边沿处滑落坠地，造成左侧肱骨骨折。这两位同学不遵守学校规章制度，在教室内打闹玩耍，对可能出现的危险无预见性，在玩耍时不注意分寸，从而造成了意外伤害。且因意外事件的发生，不仅对身体带来了一定的伤痛，而且还造成了一定的经济损失，并因此而使其间的友谊受到了伤害。

案例二：男孩，10 岁，家住农村，家养一条看家大型母犬。平时母犬性情还算温顺，但在产崽之后变得十分暴烈。一次，男孩在试图抱小狗崽时惹怒了母犬，于是母犬将小男孩扑倒在地，疯狂撕咬。幸亏男孩父母及时赶到，才救下自己的孩子。但孩子浑身上下已没有一处好地方，有大大小小十几处伤。

1. 如何进行流感与艾滋病的预防？
2. 如何预防和救护异物进入气管？

（赵小红）

下　篇

安全法规教育

中华人民共和国食品安全法

第一章　总　则

第一条　为保证食品安全，保障公众身体健康和生命安全，制定本法。

第二条　在中华人民共和国境内从事下列活动，应当遵守本法：

（一）食品生产和加工（以下称食品生产），食品流通和餐饮服务（以下称食品经营）；

（二）食品添加剂的生产经营；

（三）用于食品的包装材料、容器、洗涤剂、消毒剂和用于食品生产经营的工具、设备（以下称食品相关产品）的生产经营；

（四）食品生产经营者使用食品添加剂、食品相关产品；

（五）对食品、食品添加剂和食品相关产品的安全管理。

供食用的源于农业的初级产品（以下称食用农产品）的质量安全管理，遵守《中华人民共和国农产品质量安全法》的规定。但是，制定有关食用农产品的质量安全标准、公布食用农产品安全有关信息，应当遵守本法的有关规定。

第三条　食品生产经营者应当依照法律、法规和食品安全标准从事生产经营活动，对社会和公众负责，保证食品安全，接受社会监督，承担社会责任。

第四条　国务院设立食品安全委员会，其工作职责由国务院规定。

国务院卫生行政部门承担食品安全综合协调职责，负责食品安全风险评估、食品安全标准制定、食品安全信息公布、食品检验机构的资质认定条件和检验规范的制定，组织查处食品安全重大事故。

国务院质量监督、工商行政管理和国家食品药品监督管理部门依照本法和国务院规定的职责，分别对食品生产、食品流通、餐饮服务活动实施监督管理。

第五条　县级以上地方人民政府统一负责、领导、组织、协调本行政区域的食品安全监督管理工作，建立健全食品安全全程监督管理的工作机制；统一领导、指挥食品安全突发事件应对工作；完善、落实食品安全监督管理责任制，对食品安全监督管理部门进行评议、考核。

县级以上地方人民政府依照本法和国务院的规定确定本级卫生行政、农业行政、质量监督、工商行政管理、食品药品监督管理部门的食品安全监督管理职责。有关部门在各自职责范围内负责本行政区域的食品安全监督管理工作。

上级人民政府所属部门在下级行政区域设置的机构应当在所在地人民政府的统一组织、协调下，依法做好食品安全监督管理工作。

第六条 县级以上卫生行政、农业行政、质量监督、工商行政管理、食品药品监督管理部门应当加强沟通、密切配合，按照各自职责分工，依法行使职权，承担责任。

第七条 食品行业协会应当加强行业自律，引导食品生产经营者依法生产经营，推动行业诚信建设，宣传、普及食品安全知识。

第八条 国家鼓励社会团体、基层群众性自治组织开展食品安全法律、法规以及食品安全标准和知识的普及工作，倡导健康的饮食方式，增强消费者食品安全意识和自我保护能力。

新闻媒体应当开展食品安全法律、法规以及食品安全标准和知识的公益宣传，并对违反本法的行为进行舆论监督。

第九条 国家鼓励和支持开展与食品安全有关的基础研究和应用研究，鼓励和支持食品生产经营者为提高食品安全水平采用先进技术和先进管理规范。

第十条 任何组织或者个人有权举报食品生产经营中违反本法的行为，有权向有关部门了解食品安全信息，对食品安全监督管理工作提出意见和建议。

第二章　食品安全风险监测和评估

第十一条 国家建立食品安全风险监测制度，对食源性疾病、食品污染以及食品中的有害因素进行监测。

国务院卫生行政部门会同国务院有关部门制定、实施国家食品安全风险监测计划。省、自治区、直辖市人民政府卫生行政部门根据国家食品安全风险监测计划，结合本行政区域的具体情况，组织制定、实施本行政区域的食品安全风险监测方案。

第十二条 国务院农业行政、质量监督、工商行政管理和国家食品药品监督管理等有关部门获知有关食品安全风险信息后，应当立即向国务院卫生行政部门通报。国务院卫生行政部门会同有关部门对信息核实后，应当及时调整食品安全风险监测计划。

第十三条 国家建立食品安全风险评估制度，对食品、食品添加剂中生物性、化学性和物理性危害进行风险评估。

国务院卫生行政部门负责组织食品安全风险评估工作，成立由医学、农业、食品、营养等方面的专家组成的食品安全风险评估专家委员会进行食品安全风险评估。

对农药、肥料、生长调节剂、兽药、饲料和饲料添加剂等的安全性评估，应当有食品安全风险评估专家委员会的专家参加。

食品安全风险评估应当运用科学方法，根据食品安全风险监测信息、科学数据以及其他有关信息进行。

第十四条 国务院卫生行政部门通过食品安全风险监测或者接到举报发现食品可能存在安全隐患的，应当立即组织进行检验和食品安全风险评估。

第十五条 国务院农业行政、质量监督、工商行政管理和国家食品药品监督管理等有关部门应当向国务院卫生行政部门提出食品安全风险评估的建议，并提供有关信息和资料。

国务院卫生行政部门应当及时向国务院有关部门通报食品安全风险评估的结果。

第十六条 食品安全风险评估结果是制定、修订食品安全标准和对食品安全实施监督管理的科学依据。

食品安全风险评估结果得出食品不安全结论的，国务院质量监督、工商行政管理和国家食品药品监督管理部门应当依据各自职责立即采取相应措施，确保该食品停止生产经营，并告知消费者停止食用；需要制定、修订相关食品安全国家标准的，国务院卫生行政部门应当立即制定、修订。

第十七条 国务院卫生行政部门应当会同国务院有关部门，根据食品安全风险评估结果、食品安全监督管理信息，对食品安全状况进行综合分析。对经综合分析表明可能具有较高程度安全风险的食品，国务院卫生行政部门应当及时提出食品安全风险警示，并予以公布。

第三章 食品安全标准

第十八条 制定食品安全标准，应当以保障公众身体健康为宗旨，做到科学合理、安全可靠。

第十九条 食品安全标准是强制执行的标准。除食品安全标准外，不得制定其他的食品强制性标准。

第二十条 食品安全标准应当包括下列内容：

（一）食品、食品相关产品中的致病性微生物、农药残留、兽药残留、重金属、污染物质以及其他危害人体健康物质的限量规定；

（二）食品添加剂的品种、使用范围、用量；

（三）专供婴幼儿和其他特定人群的主辅食品的营养成分要求；

（四）对与食品安全、营养有关的标签、标识、说明书的要求；

（五）食品生产经营过程的卫生要求；

（六）与食品安全有关的质量要求；

（七）食品检验方法与规程；

（八）其他需要制定为食品安全标准的内容。

第二十一条 食品安全国家标准由国务院卫生行政部门负责制定、公布，国务院标准化行政部门提供国家标准编号。

食品中农药残留、兽药残留的限量规定及其检验方法与规程由国务院卫生行政部门、国务院农业行政部门制定。

屠宰畜、禽的检验规程由国务院有关主管部门会同国务院卫生行政部门制定。

有关产品国家标准涉及食品安全国家标准规定内容的，应当与食品安全国家标准相一致。

第二十二条 国务院卫生行政部门应当对现行的食用农产品质量安全标准、食品卫生标准、食品质量标准和有关食品的行业标准中强制执行的标准予以整合，统一公布为食品安全国家标准。

本法规定的食品安全国家标准公布前，食品生产经营者应当按照现行食用农产品质量安全标准、食品卫生标准、食品质量标准和有关食品的行业标准生产经营食品。

第二十三条 食品安全国家标准应当经食品安全国家标准审评委员会审查通过。食品安全国家标准审评委员会由医学、农业、食品、营养等方面的专家以及国务院有关部门的代表组成。

制定食品安全国家标准，应当依据食品安全风险评估结果并充分考虑食用农产品质量安全风险评估结果，参照相关的国际标准和国际食品安全风险评估结果，并广泛听取食品生产经营者和消费者的意见。

第二十四条 没有食品安全国家标准的，可以制定食品安全地方标准。

省、自治区、直辖市人民政府卫生行政部门组织制定食品安全地方标准，应当参照执行本法有关食品安全国家标准制定的规定，并报国务院卫生行政部门备案。

第二十五条 企业生产的食品没有食品安全国家标准或者地方标准的，应当制定企业标准，作为组织生产的依据。国家鼓励食品生产企业制定严于食品安全国家标准或者地方标准的企业标准。企业标准应当报省级卫生行政部门备案，在本企业内部适用。

第二十六条 食品安全标准应当供公众免费查阅。

第四章　食品生产经营

第二十七条 食品生产经营应当符合食品安全标准，并符合下列要求：

（一）具有与生产经营的食品品种、数量相适应的食品原料处理和食品加工、包装、贮存等场所，保持该场所环境整洁，并与有毒、有害场所以及其他污染源保持规定的距离；

（二）具有与生产经营的食品品种、数量相适应的生产经营设备或者设施，有相应的消毒、更衣、盥洗、采光、照明、通风、防腐、防尘、防蝇、防鼠、防虫、洗涤以及处理废水、存放垃圾和废弃物的设备或者设施；

（三）有食品安全专业技术人员、管理人员和保证食品安全的规章制度；

（四）具有合理的设备布局和工艺流程，防止待加工食品与直接入口食品、原料与成品交叉污染，避免食品接触有毒物、不洁物；

（五）餐具、饮具和盛放直接入口食品的容器，使用前应当洗净、消毒，炊具、用具用后应当洗净，保持清洁；

（六）贮存、运输和装卸食品的容器、工具和设备应当安全、无害，保持清洁，防止食品污染，并符合保证食品安全所需的温度等特殊要求，不得将食品与有毒、有害物品一同运输；

（七）直接入口的食品应当有小包装或者使用无毒、清洁的包装材料、餐具；

（八）食品生产经营人员应当保持个人卫生，生产经营食品时，应当将手洗净，穿戴清洁的工作衣、帽；销售无包装的直接入口食品时，应当使用无毒、清洁的售货工具；

（九）用水应当符合国家规定的生活饮用水卫生标准；

（十）使用的洗涤剂、消毒剂应当对人体安全、无害；

（十一）法律、法规规定的其他要求。

第二十八条 禁止生产经营下列食品：

（一）用非食品原料生产的食品或者添加食品添加剂以外的化学物质和其他可能危害人

体健康物质的食品，或者用回收食品作为原料生产的食品；

（二）致病性微生物、农药残留、兽药残留、重金属、污染物质以及其他危害人体健康的物质含量超过食品安全标准限量的食品；

（三）营养成分不符合食品安全标准的专供婴幼儿和其他特定人群的主辅食品；

（四）腐败变质、油脂酸败、霉变生虫、污秽不洁、混有异物、掺假掺杂或者感官性状异常的食品；

（五）病死、毒死或者死因不明的禽、畜、兽、水产动物肉类及其制品；

（六）未经动物卫生监督机构检疫或者检疫不合格的肉类，或者未经检验或者检验不合格的肉类制品；

（七）被包装材料、容器、运输工具等污染的食品；

（八）超过保质期的食品；

（九）无标签的预包装食品；

（十）国家为防病等特殊需要明令禁止生产经营的食品；

（十一）其他不符合食品安全标准或者要求的食品。

第二十九条 国家对食品生产经营实行许可制度。从事食品生产、食品流通、餐饮服务，应当依法取得食品生产许可、食品流通许可、餐饮服务许可。

取得食品生产许可的食品生产者在其生产场所销售其生产的食品，不需要取得食品流通的许可；取得餐饮服务许可的餐饮服务提供者在其餐饮服务场所出售其制作加工的食品，不需要取得食品生产和流通的许可；农民个人销售其自产的食用农产品，不需要取得食品流通的许可。

食品生产加工小作坊和食品摊贩从事食品生产经营活动，应当符合本法规定的与其生产经营规模、条件相适应的食品安全要求，保证所生产经营的食品卫生、无毒、无害，有关部门应当对其加强监督管理，具体管理办法由省、自治区、直辖市人民代表大会常务委员会依照本法制定。

第三十条 县级以上地方人民政府鼓励食品生产加工小作坊改进生产条件；鼓励食品摊贩进入集中交易市场、店铺等固定场所经营。

第三十一条 县级以上质量监督、工商行政管理、食品药品监督管理部门应当依照《中华人民共和国行政许可法》的规定，审核申请人提交的本法第二十七条第一项至第四项规定要求的相关资料，必要时对申请人的生产经营场所进行现场核查；对符合规定条件的，决定准予许可；对不符合规定条件的，决定不予许可并书面说明理由。

第三十二条 食品生产经营企业应当建立健全本单位的食品安全管理制度，加强对职工食品安全知识的培训，配备专职或者兼职食品安全管理人员，做好对所生产经营食品的检验工作，依法从事食品生产经营活动。

第三十三条 国家鼓励食品生产经营企业符合良好生产规范要求，实施危害分析与关键控制点体系，提高食品安全管理水平。

对通过良好生产规范、危害分析与关键控制点体系认证的食品生产经营企业，认证机构应当依法实施跟踪调查；对不再符合认证要求的企业，应当依法撤销认证，及时向有关质量监督、工商行政管理、食品药品监督管理部门通报，并向社会公布。认证机构实施跟踪调查不收取任何费用。

第三十四条 食品生产经营者应当建立并执行从业人员健康管理制度。患有痢疾、伤寒、病毒性肝炎等消化道传染病的人员，以及患有活动性肺结核、化脓性或者渗出性皮肤病等有碍食品安全的疾病的人员，不得从事接触直接入口食品的工作。

食品生产经营人员每年应当进行健康检查，取得健康证明后方可参加工作。

第三十五条 食用农产品生产者应当依照食品安全标准和国家有关规定使用农药、肥料、生长调节剂、兽药、饲料和饲料添加剂等农业投入品。食用农产品的生产企业和农民专业合作经济组织应当建立食用农产品生产记录制度。

县级以上农业行政部门应当加强对农业投入品使用的管理和指导，建立健全农业投入品的安全使用制度。

第三十六条 食品生产者采购食品原料、食品添加剂、食品相关产品，应当查验供货者的许可证和产品合格证明文件；对无法提供合格证明文件的食品原料，应当依照食品安全标准进行检验；不得采购或者使用不符合食品安全标准的食品原料、食品添加剂、食品相关产品。

食品生产企业应当建立食品原料、食品添加剂、食品相关产品进货查验记录制度，如实记录食品原料、食品添加剂、食品相关产品的名称、规格、数量、供货者名称及联系方式、进货日期等内容。

食品原料、食品添加剂、食品相关产品进货查验记录应当真实，保存期限不得少于二年。

第三十七条 食品生产企业应当建立食品出厂检验记录制度，查验出厂食品的检验合格证和安全状况，并如实记录食品的名称、规格、数量、生产日期、生产批号、检验合格证号、购货者名称及联系方式、销售日期等内容。

食品出厂检验记录应当真实，保存期限不得少于二年。

第三十八条 食品、食品添加剂和食品相关产品的生产者，应当依照食品安全标准对所生产的食品、食品添加剂和食品相关产品进行检验，检验合格后方可出厂或者销售。

第三十九条 食品经营者采购食品，应当查验供货者的许可证和食品合格的证明文件。

食品经营企业应当建立食品进货查验记录制度，如实记录食品的名称、规格、数量、生产批号、保质期、供货者名称及联系方式、进货日期等内容。

食品进货查验记录应当真实，保存期限不得少于二年。

实行统一配送经营方式的食品经营企业，可以由企业总部统一查验供货者的许可证和食品合格的证明文件，进行食品进货查验记录。

第四十条 食品经营者应当按照保证食品安全的要求贮存食品，定期检查库存食品，及时清理变质或者超过保质期的食品。

第四十一条 食品经营者贮存散装食品，应当在贮存位置标明食品的名称、生产日期、保质期、生产者名称及联系方式等内容。

食品经营者销售散装食品，应当在散装食品的容器、外包装上标明食品的名称、生产日期、保质期、生产经营者名称及联系方式等内容。

第四十二条 预包装食品的包装上应当有标签。标签应当标明下列事项：

（一）名称、规格、净含量、生产日期；

（二）成分或者配料表；

（三）生产者的名称、地址、联系方式；

（四）保质期；

（五）产品标准代号；

（六）贮存条件；

（七）所使用的食品添加剂在国家标准中的通用名称；

（八）生产许可证编号；

（九）法律、法规或者食品安全标准规定必须标明的其他事项。

专供婴幼儿和其他特定人群的主辅食品，其标签还应当标明主要营养成分及其含量。

第四十三条 国家对食品添加剂的生产实行许可制度。申请食品添加剂生产许可的条件、程序，按照国家有关工业产品生产许可证管理的规定执行。

第四十四条 申请利用新的食品原料从事食品生产或者从事食品添加剂新品种、食品相关产品新品种生产活动的单位或者个人，应当向国务院卫生行政部门提交相关产品的安全性评估材料。国务院卫生行政部门应当自收到申请之日起六十日内组织对相关产品的安全性评估材料进行审查；对符合食品安全要求的，依法决定准予许可并予以公布；对不符合食品安全要求的，决定不予许可并书面说明理由。

第四十五条 食品添加剂应当在技术上确有必要且经过风险评估证明安全可靠，方可列入允许使用的范围。国务院卫生行政部门应当根据技术必要性和食品安全风险评估结果，及时对食品添加剂的品种、使用范围、用量的标准进行修订。

第四十六条 食品生产者应当依照食品安全标准关于食品添加剂的品种、使用范围、用量的规定使用食品添加剂；不得在食品生产中使用食品添加剂以外的化学物质和其他可能危害人体健康的物质。

第四十七条 食品添加剂应当有标签、说明书和包装。标签、说明书应当载明本法第四十二条第一款第一项至第六项、第八项、第九项规定的事项，以及食品添加剂的使用范围、用量、使用方法，并在标签上载明“食品添加剂”字样。

第四十八条 食品和食品添加剂的标签、说明书，不得含有虚假、夸大的内容，不得涉及疾病预防、治疗功能。生产者对标签、说明书上所载明的内容负责。

食品和食品添加剂的标签、说明书应当清楚、明显，容易辨识。

食品和食品添加剂与其标签、说明书所载明的内容不符的，不得上市销售。

第四十九条 食品经营者应当按照食品标签标示的警示标志、警示说明或者注意事项的要求，销售预包装食品。

第五十条 生产经营的食品中不得添加药品，但是可以添加按照传统既是食品又是中药材的物质。按照传统既是食品又是中药材的物质的目录由国务院卫生行政部门制定、公布。

第五十一条 国家对声称具有特定保健功能的食品实行严格监管。有关监督管理部门应当依法履职，承担责任。具体管理办法由国务院规定。

声称具有特定保健功能的食品不得对人体产生急性、亚急性或者慢性危害，其标签、说明书不得涉及疾病预防、治疗功能，内容必须真实，应当载明适宜人群、不适宜人群、功效成分或者标志性成分及其含量等；产品的功能和成分必须与标签、说明书相一致。

第五十二条 集中交易市场的开办者、柜台出租者和展销会举办者，应当审查入场食品经营者的许可证，明确入场食品经营者的食品安全管理责任，定期对入场食品经营者的经营环境和条件进行检查，发现食品经营者有违反本法规定的行为的，应当及时制止并立即报告所在地县级工商行政管理部门或者食品药品监督管理部门。

集中交易市场的开办者、柜台出租者和展销会举办者未履行前款规定义务，本市场发生食品安全事故的，应当承担连带责任。

第五十三条 国家建立食品召回制度。食品生产者发现其生产的食品不符合食品安全标准，应当立即停止生产，召回已经上市销售的食品，通知相关生产经营者和消费者，并记录召回和通知情况。

食品经营者发现其经营的食品不符合食品安全标准，应当立即停止经营，通知相关生产经营者和消费者，并记录停止经营和通知情况。食品生产者认为应当召回的，应当立即召回。

食品生产者应当对召回的食品采取补救、无害化处理、销毁等措施，并将食品召回和处理情况向县级以上质量监督部门报告。

食品生产经营者未依照本条规定召回或者停止经营不符合食品安全标准的食品的，县级以上质量监督、工商行政管理、食品药品监督管理部门可以责令其召回或者停止经营。

第五十四条 食品广告的内容应当真实合法，不得含有虚假、夸大的内容，不得涉及疾病预防、治疗功能。

食品安全监督管理部门或者承担食品检验职责的机构、食品行业协会、消费者协会不得以广告或者其他形式向消费者推荐食品。

第五十五条 社会团体或者其他组织、个人在虚假广告中向消费者推荐食品，使消费者的合法权益受到损害的，与食品生产经营者承担连带责任。

第五十六条 地方各级人民政府鼓励食品规模化生产和连锁经营、配送。

第五章 食品检验

第五十七条 食品检验机构按照国家有关认证认可的规定取得资质认定后，方可从事食品检验活动。但是，法律另有规定的除外。

食品检验机构的资质认定条件和检验规范，由国务院卫生行政部门规定。

本法施行前经国务院有关主管部门批准设立或者经依法认定的食品检验机构，可以依照本法继续从事食品检验活动。

第五十八条 食品检验由食品检验机构指定的检验人独立进行。

检验人应当依照有关法律、法规的规定，并依照食品安全标准和检验规范对食品进行检验，尊重科学，恪守职业道德，保证出具的检验数据和结论客观、公正，不得出具虚假的检验报告。

第五十九条 食品检验实行食品检验机构与检验人负责制。食品检验报告应当加盖食品检验机构公章，并有检验人的签名或者盖章。食品检验机构和检验人对出具的食品检验报告负责。

第六十条 食品安全监督管理部门对食品不得实施免检。

县级以上质量监督、工商行政管理、食品药品监督管理部门应当对食品进行定期或者不定期的抽样检验。进行抽样检验，应当购买抽取的样品，不收取检验费和其他任何费用。

县级以上质量监督、工商行政管理、食品药品监督管理部门在执法工作中需要对食品进行检验的，应当委托符合本法规定的食品检验机构进行，并支付相关费用。对检验结论有异议的，可以依法进行复检。

第六十一条　食品生产经营企业可以自行对所生产的食品进行检验，也可以委托符合本法规定的食品检验机构进行检验。

食品行业协会等组织、消费者需要委托食品检验机构对食品进行检验的，应当委托符合本法规定的食品检验机构进行。

第六章　食品进出口

第六十二条　进口的食品、食品添加剂以及食品相关产品应当符合我国食品安全国家标准。

进口的食品应当经出入境检验检疫机构检验合格后，海关凭出入境检验检疫机构签发的通关证明放行。

第六十三条　进口尚无食品安全国家标准的食品，或者首次进口食品添加剂新品种、食品相关产品新品种，进口商应当向国务院卫生行政部门提出申请并提交相关的安全性评估材料。国务院卫生行政部门依照本法第四十四条的规定作出是否准予许可的决定，并及时制定相应的食品安全国家标准。

第六十四条　境外发生的食品安全事件可能对我国境内造成影响，或者在进口食品中发现严重食品安全问题的，国家出入境检验检疫部门应当及时采取风险预警或者控制措施，并向国务院卫生行政、农业行政、工商行政管理和国家食品药品监督管理部门通报。接到通报的部门应当及时采取相应措施。

第六十五条　向我国境内出口食品的出口商或者代理商应当向国家出入境检验检疫部门备案。向我国境内出口食品的境外食品生产企业应当经国家出入境检验检疫部门注册。

国家出入境检验检疫部门应当定期公布已经备案的出口商、代理商和已经注册的境外食品生产企业名单。

第六十六条　进口的预包装食品应当有中文标签、中文说明书。标签、说明书应当符合本法以及我国其他有关法律、行政法规的规定和食品安全国家标准的要求，载明食品的原产地以及境内代理商的名称、地址、联系方式。预包装食品没有中文标签、中文说明书或者标签、说明书不符合本条规定的，不得进口。

第六十七条　进口商应当建立食品进口和销售记录制度，如实记录食品的名称、规格、数量、生产日期、生产或者进口批号、保质期、出口商和购货者名称及联系方式、交货日期等内容。

食品进口和销售记录应当真实，保存期限不得少于二年。

第六十八条　出口的食品由出入境检验检疫机构进行监督、抽检，海关凭出入境检验检疫机构签发的通关证明放行。

出口食品生产企业和出口食品原料种植、养殖场应当向国家出入境检验检疫部门备案。

第六十九条 国家出入境检验检疫部门应当收集、汇总进出口食品安全信息，并及时通报相关部门、机构和企业。

国家出入境检验检疫部门应当建立进出口食品的进口商、出口商和出口食品生产企业的信誉记录，并予以公布。对有不良记录的进口商、出口商和出口食品生产企业，应当加强对其进出口食品的检验检疫。

第七章 食品安全事故处置

第七十条 国务院组织制定国家食品安全事故应急预案。

县级以上地方人民政府应当根据有关法律、法规的规定和上级人民政府的食品安全事故应急预案以及本地区的实际情况，制定本行政区域的食品安全事故应急预案，并报上一级人民政府备案。

食品生产经营企业应当制定食品安全事故处置方案，定期检查本企业各项食品安全防范措施的落实情况，及时消除食品安全事故隐患。

第七十一条 发生食品安全事故的单位应当立即予以处置，防止事故扩大。事故发生单位和接收病人进行治疗的单位应当及时向事故发生地县级卫生行政部门报告。

农业行政、质量监督、工商行政管理、食品药品监督管理部门在日常监督管理中发现食品安全事故，或者接到有关食品安全事故的举报，应当立即向卫生行政部门通报。

发生重大食品安全事故的，接到报告的县级卫生行政部门应当按照规定向本级人民政府和上级人民政府卫生行政部门报告。县级人民政府和上级人民政府卫生行政部门应当按照规定上报。

任何单位或者个人不得对食品安全事故隐瞒、谎报、缓报，不得毁灭有关证据。

第七十二条 县级以上卫生行政部门接到食品安全事故的报告后，应当立即会同有关农业行政、质量监督、工商行政管理、食品药品监督管理部门进行调查处理，并采取下列措施，防止或者减轻社会危害：

（一）开展应急救援工作，对因食品安全事故导致人身伤害的人员，卫生行政部门应当立即组织救治；

（二）封存可能导致食品安全事故的食品及其原料，并立即进行检验；对确认属于被污染的食品及其原料，责令食品生产经营者依照本法第五十三条的规定予以召回、停止经营并销毁；

（三）封存被污染的食品用工具及用具，并责令进行清洗消毒；

（四）做好信息发布工作，依法对食品安全事故及其处理情况进行发布，并对可能产生的危害加以解释、说明。

发生重大食品安全事故的，县级以上人民政府应当立即成立食品安全事故处置指挥机构，启动应急预案，依照前款规定进行处置。

第七十三条 发生重大食品安全事故，设区的市级以上人民政府卫生行政部门应当立即会同有关部门进行事故责任调查，督促有关部门履行职责，向本级人民政府提出事故责任调查处理报告。

重大食品安全事故涉及两个以上省、自治区、直辖市的，由国务院卫生行政部门依照前款规定组织事故责任调查。

第七十四条 发生食品安全事故，县级以上疾病预防控制机构应当协助卫生行政部门和有关部门对事故现场进行卫生处理，并对与食品安全事故有关的因素开展流行病学调查。

第七十五条 调查食品安全事故，除了查明事故单位的责任，还应当查明负有监督管理和认证职责的监督管理部门、认证机构的工作人员失职、渎职情况。

第八章 监督管理

第七十六条 县级以上地方人民政府组织本级卫生行政、农业行政、质量监督、工商行政管理、食品药品监督管理部门制定本行政区域的食品安全年度监督管理计划，并按照年度计划组织开展工作。

第七十七条 县级以上质量监督、工商行政管理、食品药品监督管理部门履行各自食品安全监督管理职责，有权采取下列措施：

（一）进入生产经营场所实施现场检查；

（二）对生产经营的食品进行抽样检验；

（三）查阅、复制有关合同、票据、账簿以及其他有关资料；

（四）查封、扣押有证据证明不符合食品安全标准的食品，违法使用的食品原料、食品添加剂、食品相关产品，以及用于违法生产经营或者被污染的工具、设备；

（五）查封违法从事食品生产经营活动的场所。

县级以上农业行政部门应当依照《中华人民共和国农产品质量安全法》规定的职责，对食用农产品进行监督管理。

第七十八条 县级以上质量监督、工商行政管理、食品药品监督管理部门对食品生产经营者进行监督检查，应当记录监督检查的情况和处理结果。监督检查记录经监督检查人员和食品生产经营者签字后归档。

第七十九条 县级以上质量监督、工商行政管理、食品药品监督管理部门应当建立食品生产经营者食品安全信用档案，记录许可颁发、日常监督检查结果、违法行为查处等情况；根据食品安全信用档案的记录，对有不良信用记录的食品生产经营者增加监督检查频次。

第八十条 县级以上卫生行政、质量监督、工商行政管理、食品药品监督管理部门接到咨询、投诉、举报，对属于本部门职责的，应当受理，并及时进行答复、核实、处理；对不属于本部门职责的，应当书面通知并移交有权处理的部门处理。有权处理的部门应当及时处理，不得推诿；属于食品安全事故的，依照本法第七章有关规定进行处置。

第八十一条 县级以上卫生行政、质量监督、工商行政管理、食品药品监督管理部门应当按照法定权限和程序履行食品安全监督管理职责；对生产经营者的同一违法行为，不得给予二次以上罚款的行政处罚；涉嫌犯罪的，应当依法向公安机关移送。

第八十二条 国家建立食品安全信息统一公布制度。下列信息由国务院卫生行政部门统一公布：

（一）国家食品安全总体情况；

（二）食品安全风险评估信息和食品安全风险警示信息；

（三）重大食品安全事故及其处理信息；

（四）其他重要的食品安全信息和国务院确定的需要统一公布的信息。

前款第二项、第三项规定的信息，其影响限于特定区域的，也可以由有关省、自治区、直辖市人民政府卫生行政部门公布。县级以上农业行政、质量监督、工商行政管理、食品药品监督管理部门依据各自职责公布食品安全日常监督管理信息。

食品安全监督管理部门公布信息，应当做到准确、及时、客观。

第八十三条 县级以上地方卫生行政、农业行政、质量监督、工商行政管理、食品药品监督管理部门获知本法第八十二条第一款规定的需要统一公布的信息，应当向上级主管部门报告，由上级主管部门立即报告国务院卫生行政部门；必要时，可以直接向国务院卫生行政部门报告。

县级以上卫生行政、农业行政、质量监督、工商行政管理、食品药品监督管理部门应当相互通报获知的食品安全信息。

第九章　法律责任

第八十四条 违反本法规定，未经许可从事食品生产经营活动，或者未经许可生产食品添加剂的，由有关主管部门按照各自职责分工，没收违法所得、违法生产经营的食品、食品添加剂和用于违法生产经营的工具、设备、原料等物品；违法生产经营的食品、食品添加剂货值金额不足一万元的，并处二千元以上五万元以下罚款；货值金额一万元以上的，并处货值金额五倍以上十倍以下罚款。

第八十五条 违反本法规定，有下列情形之一的，由有关主管部门按照各自职责分工，没收违法所得、违法生产经营的食品和用于违法生产经营的工具、设备、原料等物品；违法生产经营的食品货值金额不足一万元的，并处二千元以上五万元以下罚款；货值金额一万元以上的，并处货值金额五倍以上十倍以下罚款；情节严重的，吊销许可证：

（一）用非食品原料生产食品或者在食品中添加食品添加剂以外的化学物质和其他可能危害人体健康的物质，或者用回收食品作为原料生产食品；

（二）生产经营致病性微生物、农药残留、兽药残留、重金属、污染物质以及其他危害人体健康的物质含量超过食品安全标准限量的食品；

（三）生产经营营养成分不符合食品安全标准的专供婴幼儿和其他特定人群的主辅食品；

（四）经营腐败变质、油脂酸败、霉变生虫、污秽不洁、混有异物、掺假掺杂或者感官性状异常的食品；

（五）经营病死、毒死或者死因不明的禽、畜、兽、水产动物肉类，或者生产经营病死、毒死或者死因不明的禽、畜、兽、水产动物肉类的制品；

（六）经营未经动物卫生监督机构检疫或者检疫不合格的肉类，或者生产经营未经检验或者检验不合格的肉类制品；

（七）经营超过保质期的食品；

（八）生产经营国家为防病等特殊需要明令禁止生产经营的食品；

（九）利用新的食品原料从事食品生产或者从事食品添加剂新品种、食品相关产品新品种生产，未经过安全性评估；

（十）食品生产经营者在有关主管部门责令其召回或者停止经营不符合食品安全标准的食品后，仍拒不召回或者停止经营的。

第八十六条 违反本法规定，有下列情形之一的，由有关主管部门按照各自职责分工，没收违法所得、违法生产经营的食品和用于违法生产经营的工具、设备、原料等物品；违法生产经营的食品货值金额不足一万元的，并处二千元以上五万元以下罚款；货值金额一万元以上的，并处货值金额二倍以上五倍以下罚款；情节严重的，责令停产停业，直至吊销许可证：

（一）经营被包装材料、容器、运输工具等污染的食品；

（二）生产经营无标签的预包装食品、食品添加剂或者标签、说明书不符合本法规定的食品、食品添加剂；

（三）食品生产者采购、使用不符合食品安全标准的食品原料、食品添加剂、食品相关产品；

（四）食品生产经营者在食品中添加药品。

第八十七条 违反本法规定，有下列情形之一的，由有关主管部门按照各自职责分工，责令改正，给予警告；拒不改正的，处二千元以上二万元以下罚款；情节严重的，责令停产停业，直至吊销许可证：

（一）未对采购的食品原料和生产的食品、食品添加剂、食品相关产品进行检验；

（二）未建立并遵守查验记录制度、出厂检验记录制度；

（三）制定食品安全企业标准未依照本法规定备案；

（四）未按规定要求贮存、销售食品或者清理库存食品；

（五）进货时未查验许可证和相关证明文件；

（六）生产的食品、食品添加剂的标签、说明书涉及疾病预防、治疗功能；

（七）安排患有本法第三十四条所列疾病的人员从事接触直接入口食品的工作。

第八十八条 违反本法规定，事故单位在发生食品安全事故后未进行处置、报告的，由有关主管部门按照各自职责分工，责令改正，给予警告；毁灭有关证据的，责令停产停业，并处二千元以上十万元以下罚款；造成严重后果的，由原发证部门吊销许可证。

第八十九条 违反本法规定，有下列情形之一的，依照本法第八十五条的规定给予处罚：

（一）进口不符合我国食品安全国家标准的食品；

（二）进口尚无食品安全国家标准的食品，或者首次进口食品添加剂新品种、食品相关产品新品种，未经过安全性评估；

（三）出口商未遵守本法的规定出口食品。

违反本法规定，进口商未建立并遵守食品进口和销售记录制度的，依照本法第八十七条的规定给予处罚。

第九十条 违反本法规定，集中交易市场的开办者、柜台出租者、展销会的举办者允许未取得许可的食品经营者进入市场销售食品，或者未履行检查、报告等义务的，由有关主管部门按照各自职责分工，处二千元以上五万元以下罚款；造成严重后果的，责令停业，由原发证部门吊销许可证。

第九十一条 违反本法规定，未按照要求进行食品运输的，由有关主管部门按照各自职责分工，责令改正，给予警告；拒不改正的，责令停产停业，并处二千元以上五万元以下罚款；情节严重的，由原发证部门吊销许可证。

第九十二条 被吊销食品生产、流通或者餐饮服务许可证的单位，其直接负责的主管人员自处罚决定作出之日起五年内不得从事食品生产经营管理工作。

食品生产经营者聘用不得从事食品生产经营管理工作的人员从事管理工作的，由原发证部门吊销许可证。

第九十三条 违反本法规定，食品检验机构、食品检验人员出具虚假检验报告的，由授予其资质的主管部门或者机构撤销该检验机构的检验资格；依法对检验机构直接负责的主管人员和食品检验人员给予撤职或者开除的处分。

违反本法规定，受到刑事处罚或者开除处分的食品检验机构人员，自刑罚执行完毕或者处分决定作出之日起十年内不得从事食品检验工作。食品检验机构聘用不得从事食品检验工作的人员的，由授予其资质的主管部门或者机构撤销该检验机构的检验资格。

第九十四条 违反本法规定，在广告中对食品质量作虚假宣传，欺骗消费者的，依照《中华人民共和国广告法》的规定给予处罚。

违反本法规定，食品安全监督管理部门或者承担食品检验职责的机构、食品行业协会、消费者协会以广告或者其他形式向消费者推荐食品的，由有关主管部门没收违法所得，依法对直接负责的主管人员和其他直接责任人员给予记大过、降级或者撤职的处分。

第九十五条 违反本法规定，县级以上地方人民政府在食品安全监督管理中未履行职责，本行政区域出现重大食品安全事故、造成严重社会影响的，依法对直接负责的主管人员和其他直接责任人员给予记大过、降级、撤职或者开除的处分。

违反本法规定，县级以上卫生行政、农业行政、质量监督、工商行政管理、食品药品监督管理部门或者其他有关行政部门不履行本法规定的职责或者滥用职权、玩忽职守、徇私舞弊的，依法对直接负责的主管人员和其他直接责任人员给予记大过或者降级的处分；造成严重后果的，给予撤职或者开除的处分；其主要负责人应当引咎辞职。

第九十六条 违反本法规定，造成人身、财产或者其他损害的，依法承担赔偿责任。

生产不符合食品安全标准的食品或者销售明知是不符合食品安全标准的食品，消费者除要求赔偿损失外，还可以向生产者或者销售者要求支付价款十倍的赔偿金。

第九十七条 违反本法规定，应当承担民事赔偿责任和缴纳罚款、罚金，其财产不足以同时支付时，先承担民事赔偿责任。

第九十八条 违反本法规定，构成犯罪的，依法追究刑事责任。

第十章　附　则

第九十九条 本法下列用语的含义：

食品，指各种供人食用或者饮用的成品和原料以及按照传统既是食品又是药品的物品，但是不包括以治疗为目的的物品。

食品安全，指食品无毒、无害，符合应当有的营养要求，对人体健康不造成任何急性、亚急性或者慢性危害。

预包装食品，指预先定量包装或者制作在包装材料和容器中的食品。

食品添加剂，指为改善食品品质和色、香、味以及为防腐、保鲜和加工工艺的需要而加入食品中的人工合成或者天然物质。

用于食品的包装材料和容器，指包装、盛放食品或者食品添加剂用的纸、竹、木、金属、搪瓷、陶瓷、塑料、橡胶、天然纤维、化学纤维、玻璃等制品和直接接触食品或者食品添加剂的涂料。

用于食品生产经营的工具、设备，指在食品或者食品添加剂生产、流通、使用过程中直接接触食品或者食品添加剂的机械、管道、传送带、容器、用具、餐具等。

用于食品的洗涤剂、消毒剂，指直接用于洗涤或者消毒食品、餐饮具以及直接接触食品的工具、设备或者食品包装材料和容器的物质。

保质期，指预包装食品在标签指明的贮存条件下保持品质的期限。

食源性疾病，指食品中致病因素进入人体引起的感染性、中毒性等疾病。

食物中毒，指食用了被有毒有害物质污染的食品或者食用了含有毒有害物质的食品后出现的急性、亚急性疾病。

食品安全事故，指食物中毒、食源性疾病、食品污染等源于食品，对人体健康有危害或者可能有危害的事故。

第一百条 食品生产经营者在本法施行前已经取得相应许可证的，该许可证继续有效。

第一百零一条 乳品、转基因食品、生猪屠宰、酒类和食盐的食品安全管理，适用本法；法律、行政法规另有规定的，依照其规定。

第一百零二条 铁路运营中食品安全的管理办法由国务院卫生行政部门会同国务院有关部门依照本法制定。

军队专用食品和自供食品的食品安全管理办法由中央军事委员会依照本法制定。

第一百零三条 国务院根据实际需要，可以对食品安全监督管理体制作出调整。

第一百零四条 本法自2009年6月1日起施行。《中华人民共和国食品卫生法》同时废止。

（汪宝德　王维智）

食物中毒事故处理办法

第一章　总　则

第一条　为了及时处理和控制食物中毒事故，保障人民身体健康，根据《中华人民共和国食品卫生法》（以下称《食品卫生法》）的规定，制定本办法。

第二条　本办法所指的食物中毒，是指食用了被生物性、化学性有毒有害物质污染的食品或者食用了含有毒有害物质的食品后出现的急性、亚急性食源性疾患。

上款规定的食源性疾患已列入《中华人民共和国传染病防治法》管理的，按照该法执行。

第三条　县级以上地方人民政府卫生行政部门主管管辖范围内食物中毒事故的监督管理工作。

跨辖区的食物中毒事故由食物中毒发生地的人民政府卫生行政部门进行调查处理，由食物中毒肇事者所在地的人民政府卫生行政部门协助调查处理。对管辖有争议的，由共同上级人民政府卫生行政部门管辖或者指定管辖。

第四条　凡在中华人民共和国领域内从事食品生产经营活动的，以及涉及食物中毒事故调查与处理的单位和个人均应遵守本办法。

第二章　报　告

第五条　发生食物中毒或者疑似食物中毒事故的单位和接收食物中毒或者疑似食物中毒病人进行治疗的单位应当及时向所在地人民政府卫生行政部门报告发生食物中毒事故的单位、地址、时间、中毒人数、可疑食物等有关内容。

第六条　县级以上地方人民政府卫生行政部门接到食物中毒或者疑似食物中毒事故的报告，应当及时填写《食物中毒报告登记表》，并报告同级人民政府和上级卫生行政部门。

第七条　县级以上地方人民政府卫生行政部门对发生在管辖范围内的下列食物中毒或者疑似食物中毒事故，实施紧急报告制度：

（一）中毒人数超过30人的，应当于6小时内报告同级人民政府和上级人民政府卫生行政部门；

（二）中毒人数超过100人或者死亡1人以上的，应当于6小时内上报卫生部，并同时报告同级人民政府和上级人民政府卫生行政部门；

（三）中毒事故发生在学校、地区性或者全国性重要活动期间的，应当于6小时内上报卫生部，并同时报告同级人民政府和上级人民政府卫生行政部门；

（四）其它需要实施紧急报告制度的食物中毒事故。

任何单位和个人不得干涉食物中毒或者疑似食物中毒事故的报告。

第八条 县级以上地方各级人民政府卫生行政部门接到跨辖区的食物中毒事故报告，应当通知有关辖区的卫生行政部门，并同时向共同的上级人民政府卫生行政部门报告。

第九条 县级以上地方人民政府卫生行政部门应当在每季度末，汇总和分析本地区食物中毒事故发生情况和处理结果，并及时向社会公布。

省级人民政府卫生行政部门负责汇总分析本地区全年度食物中毒事故发生情况，并于每年11月10日前上报卫生部及其指定的机构。

第十条 地方各级人民政府卫生行政部门应当定期向有关部门通报食物中毒事故发生的情况。

第三章 调查与控制

第十一条 县级以上地方人民政府卫生行政部门在接到食物中毒或者疑似食物中毒事故报告后，应当采取下列措施：

（一）组织卫生机构对中毒人员进行救治；

（二）对可疑中毒食物及其有关工具、设备和现场采取临时控制措施；

（三）组织调查小组进行现场卫生学和流行病学调查，填写《食物中毒个案调查登记表》和《食物中毒调查报告表》，撰写调查报告，并按规定报告有关部门。

第十二条 县级以上地方人民政府卫生行政部门对造成食物中毒事故的食品或者有证据证明可能导致食物中毒事故的食品可以采取下列临时控制措施：

（一）封存造成食物中毒或者可能导致食物中毒的食品及其原料；

（二）封存被污染的食品用工具及用具，并责令进行清洗消毒。

为控制食物中毒事故扩散，责令食品生产经营者收回已售出的造成食物中毒的食品或者有证据证明可能导致食物中毒的食品。

经检验，属于被污染的食品，予以销毁或监督销毁；未被污染的食品，予以解封。

第十三条 造成食物中毒或者有证据证明可能导致食物中毒的食品生产经营单位、发生食物中毒或者疑似食物中毒事故的单位应当采取下列相应措施：

（一）立即停止其生产经营活动，并向所在地人民政府卫生行政部门报告；

（二）协助卫生机构救治病人；

（三）保留造成食物中毒或者可能导致食物中毒的食品及其原料、工具、设备和现场；

（四）配合卫生行政部门进行调查，按卫生行政部门的要求如实提供有关材料和样品；

（五）落实卫生行政部门要求采取的其它措施。

第十四条 县级以上地方人民政府卫生行政部门应当按照《食品卫生监督程序》的有关规定对食物中毒事故进行调查处理。调查工作应当由卫生行政部门2名以上卫生监督员依法进行。

第十五条 食物中毒确认的内容、程序及有关技术要求，应当执行《食物中毒诊断标准及技术处理总则》（GB14938）的规定。

第四章 罚 则

第十六条 对食物中毒或者疑似食物中毒事故隐瞒、谎报、拖延、阻挠报告的单位和个人，由县级以上人民政府卫生行政部门责令改正，并可以通报批评。对直接负责的主管人员和其他直接责任人员由卫生行政部门和其他有关部门依法给予行政处分。

第十七条 对造成食物中毒事故的单位和个人，由县级以上地方人民政府卫生行政部门按照《食品卫生法》和《食品卫生行政处罚办法》的有关规定，予以行政处罚。

第十八条 县级以上地方人民政府卫生行政部门在调查处理食物中毒事故时，对造成严重食物中毒事故构成犯罪的或者有投毒等犯罪嫌疑的，移送司法机关处理。

第五章 附 则

第十九条 《食物中毒事故报告登记表》、《食物中毒事故个案调查登记表》和《食物中毒事故调查报告表》由卫生部另行制定。

第二十条 铁道、交通行政主管部门设立的食品卫生监督机构，在其管辖范围内对食物中毒事故的监督管理，依照本办法执行。

第二十一条 本办法由卫生部解释。

第二十二条 本办法自2000年1月1日起施行。1981年12月1日发布的《食物中毒调查报告办法》同时废止。以往卫生部其他有关规定与本办法不一致的，以本办法为准。

（陈维忠）

中华人民共和国道路交通安全法

第一章　总　则

第一条　为了维护道路交通秩序，预防和减少交通事故，保护人身安全，保护公民、法人和其他组织的财产安全及其他合法权益，提高通行效率，制定本法。

第二条　中华人民共和国境内的车辆驾驶人、行人、乘车人以及与道路交通活动有关的单位和个人，都应当遵守本法。

第三条　道路交通安全工作，应当遵循依法管理、方便群众的原则，保障道路交通有序、安全、畅通。

第四条　各级人民政府应当保障道路交通安全管理工作与经济建设和社会发展相适应。

县级以上地方各级人民政府应当适应道路交通发展的需要，依据道路交通安全法律、法规和国家有关政策，制定道路交通安全管理规划，并组织实施。

第五条　国务院公安部门负责全国道路交通安全管理工作。县级以上地方各级人民政府公安机关交通管理部门负责本行政区域内的道路交通安全管理工作。

县级以上各级人民政府交通、建设管理部门依据各自职责，负责有关的道路交通工作。

第六条　各级人民政府应当经常进行道路交通安全教育，提高公民的道路交通安全意识。

公安机关交通管理部门及其交通警察执行职务时，应当加强道路交通安全法律、法规的宣传，并模范遵守道路交通安全法律、法规。

机关、部队、企业事业单位、社会团体以及其他组织，应当对本单位的人员进行道路交通安全教育。

教育行政部门、学校应当将道路交通安全教育纳入法制教育的内容。

新闻、出版、广播、电视等有关单位，有进行道路交通安全教育的义务。

第七条　对道路交通安全管理工作，应当加强科学研究，推广、使用先进的管理方法、技术、设备。

第二章　车辆和驾驶人

第一节　机动车、非机动车

第八条　国家对机动车实行登记制度。机动车经公安机关交通管理部门登记后，方可上道路行驶。尚未登记的机动车，需要临时上道路行驶的，应当取得临时通行牌证。

第九条 申请机动车登记，应当提交以下证明、凭证：

（一）机动车所有人的身份证明；

（二）机动车来历证明；

（三）机动车整车出厂合格证明或者进口机动车进口凭证；

（四）车辆购置税的完税证明或者免税凭证；

（五）法律、行政法规规定应当在机动车登记时提交的其他证明、凭证。

公安机关交通管理部门应当自受理申请之日起五个工作日内完成机动车登记审查工作，对符合前款规定条件的，应当发放机动车登记证书、号牌和行驶证；对不符合前款规定条件的，应当向申请人说明不予登记的理由。

公安机关交通管理部门以外的任何单位或者个人不得发放机动车号牌或者要求机动车悬挂其他号牌，本法另有规定的除外。

机动车登记证书、号牌、行驶证的式样由国务院公安部门规定并监制。

第十条 准予登记的机动车应当符合机动车国家安全技术标准。申请机动车登记时，应当接受对该机动车的安全技术检验。但是，经国家机动车产品主管部门依据机动车国家安全技术标准认定的企业生产的机动车型，该车型的新车在出厂时经检验符合机动车国家安全技术标准，获得检验合格证的，免予安全技术检验。

第十一条 驾驶机动车上道路行驶，应当悬挂机动车号牌，放置检验合格标志、保险标志，并随车携带机动车行驶证。

机动车号牌应当按照规定悬挂并保持清晰、完整，不得故意遮挡、污损。

任何单位和个人不得收缴、扣留机动车号牌。

第十二条 有下列情形之一的，应当办理相应的登记：

（一）机动车所有权发生转移的；

（二）机动车登记内容变更的；

（三）机动车用作抵押的；

（四）机动车报废的。

第十三条 对登记后上道路行驶的机动车，应当依照法律、行政法规的规定，根据车辆用途、载客载货数量、使用年限等不同情况，定期进行安全技术检验。对提供机动车行驶证和机动车第三者责任强制保险单的，机动车安全技术检验机构应当予以检验，任何单位不得附加其他条件。对符合机动车国家安全技术标准的，公安机关交通管理部门应当发给检验合格标志。

对机动车的安全技术检验实行社会化。具体办法由国务院规定。

机动车安全技术检验实行社会化的地方，任何单位不得要求机动车到指定的场所进行检验。

公安机关交通管理部门、机动车安全技术检验机构不得要求机动车到指定的场所进行维修、保养。

机动车安全技术检验机构对机动车检验收取费用，应当严格执行国务院价格主管部门核定的收费标准。

第十四条 国家实行机动车强制报废制度，根据机动车的安全技术状况和不同用途，规定不同的报废标准。

应当报废的机动车必须及时办理注销登记。

达到报废标准的机动车不得上道路行驶。报废的大型客、货车及其他营运车辆应当在公安机关交通管理部门的监督下解体。

第十五条 警车、消防车、救护车、工程救险车应当按照规定喷涂标志图案，安装警报器、标志灯具。其他机动车不得喷涂、安装、使用上述车辆专用的或者与其相类似的标志图案、警报器或者标志灯具。

警车、消防车、救护车、工程救险车应当严格按照规定的用途和条件使用。

公路监督检查的专用车辆，应当依照公路法的规定，设置统一的标志和示警灯。

第十六条 任何单位或者个人不得有下列行为：

（一）拼装机动车或者擅自改变机动车已登记的结构、构造或者特征；

（二）改变机动车型号、发动机号、车架号或者车辆识别代号；

（三）伪造、变造或者使用伪造、变造的机动车登记证书、号牌、行驶证、检验合格标志、保险标志；

（四）使用其他机动车的登记证书、号牌、行驶证、检验合格标志、保险标志。

第十七条 国家实行机动车第三者责任强制保险制度，设立道路交通事故社会救助基金。具体办法由国务院规定。

第十八条 依法应当登记的非机动车，经公安机关交通管理部门登记后，方可上道路行驶。

依法应当登记的非机动车的种类，由省、自治区、直辖市人民政府根据当地实际情况规定。

非机动车的外形尺寸、质量、制动器、车铃和夜间反光装置，应当符合非机动车安全技术标准。

第二节　机动车驾驶人

第十九条 驾驶机动车，应当依法取得机动车驾驶证。

申请机动车驾驶证，应当符合国务院公安部门规定的驾驶许可条件；经考试合格后，由公安机关交通管理部门发给相应类别的机动车驾驶证。

持有境外机动车驾驶证的人，符合国务院公安部门规定的驾驶许可条件，经公安机关交通管理部门考核合格的，可以发给中国的机动车驾驶证。

驾驶人应当按照驾驶证载明的准驾车型驾驶机动车；驾驶机动车时，应当随身携带机动车驾驶证。

公安机关交通管理部门以外的任何单位或者个人，不得收缴、扣留机动车驾驶证。

第二十条 机动车的驾驶培训实行社会化，由交通主管部门对驾驶培训学校、驾驶培训班实行资格管理，其中专门的拖拉机驾驶培训学校、驾驶培训班由农业（农业机械）主管部门实行资格管理。

驾驶培训学校、驾驶培训班应当严格按照国家有关规定，对学员进行道路交通安全法律、法规、驾驶技能的培训，确保培训质量。

任何国家机关以及驾驶培训和考试主管部门不得举办或者参与举办驾驶培训学校、驾驶培训班。

第二十一条 驾驶人驾驶机动车上道路行驶前，应当对机动车的安全技术性能进行认真检查；不得驾驶安全设施不全或者机件不符合技术标准等具有安全隐患的机动车。

第二十二条 机动车驾驶人应当遵守道路交通安全法律、法规的规定，按照操作规范安全驾驶、文明驾驶。

饮酒、服用国家管制的精神药品或者麻醉药品，或者患有妨碍安全驾驶机动车的疾病，或者过度疲劳影响安全驾驶的，不得驾驶机动车。

任何人不得强迫、指使、纵容驾驶人违反道路交通安全法律、法规和机动车安全驾驶要求驾驶机动车。

第二十三条 公安机关交通管理部门依照法律、行政法规的规定，定期对机动车驾驶证实施审验。

第二十四条 公安机关交通管理部门对机动车驾驶人违反道路交通安全法律、法规的行为，除依法给予行政处罚外，实行累积记分制度。公安机关交通管理部门对累积记分达到规定分值的机动车驾驶人，扣留机动车驾驶证，对其进行道路交通安全法律、法规教育，重新考试；考试合格的，发还其机动车驾驶证。

对遵守道路交通安全法律、法规，在一年内无累积记分的机动车驾驶人，可以延长机动车驾驶证的审验期。具体办法由国务院公安部门规定。

第三章　道路通行条件

第二十五条 全国实行统一的道路交通信号。

交通信号包括交通信号灯、交通标志、交通标线和交通警察的指挥。

交通信号灯、交通标志、交通标线的设置应当符合道路交通安全、畅通的要求和国家标准，并保持清晰、醒目、准确、完好。

根据通行需要，应当及时增设、调换、更新道路交通信号。增设、调换、更新限制性的道路交通信号，应当提前向社会公告，广泛进行宣传。

第二十六条 交通信号灯由红灯、绿灯、黄灯组成。红灯表示禁止通行，绿灯表示准许通行，黄灯表示警示。

第二十七条 铁路与道路平面交叉的道口，应当设置警示灯、警示标志或者安全防护设施。无人看守的铁路道口，应当在距道口一定距离处设置警示标志。

第二十八条 任何单位和个人不得擅自设置、移动、占用、损毁交通信号灯、交通标志、交通标线。

道路两侧及隔离带上种植的树木或者其他植物，设置的广告牌、管线等，应当与交通设施保持必要的距离，不得遮挡路灯、交通信号灯、交通标志，不得妨碍安全视距，不得影响通行。

第二十九条 道路、停车场和道路配套设施的规划、设计、建设，应当符合道路交通安全、畅通的要求，并根据交通需求及时调整。

公安机关交通管理部门发现已经投入使用的道路存在交通事故频发路段，或者停车场、道路配套设施存在交通安全严重隐患的，应当及时向当地人民政府报告，并提出防范交通事故、消除隐患的建议，当地人民政府应当及时作出处理决定。

第三十条 道路出现坍塌、坑漕、水毁、隆起等损毁或者交通信号灯、交通标志、交通标线等交通设施损毁、灭失的，道路、交通设施的养护部门或者管理部门应当设置警示标志并及时修复。

公安机关交通管理部门发现前款情形，危及交通安全，尚未设置警示标志的，应当及时采取安全措施，疏导交通，并通知道路、交通设施的养护部门或者管理部门。

第三十一条 未经许可，任何单位和个人不得占用道路从事非交通活动。

第三十二条 因工程建设需要占用、挖掘道路，或者跨越、穿越道路架设、增设管线设施，应当事先征得道路主管部门的同意；影响交通安全的，还应当征得公安机关交通管理部门的同意。

施工作业单位应当在经批准的路段和时间内施工作业，并在距离施工作业地点来车方向安全距离处设置明显的安全警示标志，采取防护措施；施工作业完毕，应当迅速清除道路上的障碍物，消除安全隐患，经道路主管部门和公安机关交通管理部门验收合格，符合通行要求后，方可恢复通行。

对未中断交通的施工作业道路，公安机关交通管理部门应当加强交通安全监督检查，维护道路交通秩序。

第三十三条 新建、改建、扩建的公共建筑、商业街区、居住区、大（中）型建筑等，应当配建、增建停车场；停车泊位不足的，应当及时改建或者扩建；投入使用的停车场不得擅自停止使用或者改作他用。

在城市道路范围内，在不影响行人、车辆通行的情况下，政府有关部门可以施划停车泊位。

第三十四条 学校、幼儿园、医院、养老院门前的道路没有行人过街设施的，应当施划人行横道线，设置提示标志。

城市主要道路的人行道，应当按照规划设置盲道。盲道的设置应当符合国家标准。

第四章　道路通行规定

第一节　一般规定

第三十五条 机动车、非机动车实行右侧通行。

第三十六条 根据道路条件和通行需要，道路划分为机动车道、非机动车道和人行道的，机动车、非机动车、行人实行分道通行。没有划分机动车道、非机动车道和人行道的，机动车在道路中间通行，非机动车和行人在道路两侧通行。

第三十七条 道路划设专用车道的，在专用车道内，只准许规定的车辆通行，其他车辆不得进入专用车道内行驶。

第三十八条 车辆、行人应当按照交通信号通行；遇有交通警察现场指挥时，应当按照交通警察的指挥通行；在没有交通信号的道路上，应当在确保安全、畅通的原则下通行。

第三十九条 公安机关交通管理部门根据道路和交通流量的具体情况，可以对机动车、非机动车、行人采取疏导、限制通行、禁止通行等措施。遇有大型群众性活动、大范围施工等情况，需要采取限制交通的措施，或者作出与公众的道路交通活动直接有关的决定，应当提前向社会公告。

第四十条 遇有自然灾害、恶劣气象条件或者重大交通事故等严重影响交通安全的情形，采取其他措施难以保证交通安全时，公安机关交通管理部门可以实行交通管制。

第四十一条 有关道路通行的其他具体规定，由国务院规定。

第二节 机动车通行规定

第四十二条 机动车上道路行驶，不得超过限速标志标明的最高时速。在没有限速标志的路段，应当保持安全车速。

夜间行驶或者在容易发生危险的路段行驶，以及遇有沙尘、冰雹、雨、雪、雾、结冰等气象条件时，应当降低行驶速度。

第四十三条 同车道行驶的机动车，后车应当与前车保持足以采取紧急制动措施的安全距离。有下列情形之一的，不得超车：

（一）前车正在左转弯、掉头、超车的；

（二）与对面来车有会车可能的；

（三）前车为执行紧急任务的警车、消防车、救护车、工程救险车的；

（四）行经铁路道口、交叉路口、窄桥、弯道、陡坡、隧道、人行横道、市区交通流量大的路段等没有超车条件的。

第四十四条 机动车通过交叉路口，应当按照交通信号灯、交通标志、交通标线或者交通警察的指挥通过；通过没有交通信号灯、交通标志、交通标线或者交通警察指挥的交叉路口时，应当减速慢行，并让行人和优先通行的车辆先行。

第四十五条 机动车遇有前方车辆停车排队等候或者缓慢行驶时，不得借道超车或者占用对面车道，不得穿插等候的车辆。

在车道减少的路段、路口，或者在没有交通信号灯、交通标志、交通标线或者交通警察指挥的交叉路口遇到停车排队等候或者缓慢行驶时，机动车应当依次交替通行。

第四十六条 机动车通过铁路道口时，应当按照交通信号或者管理人员的指挥通行；没有交通信号或者管理人员的，应当减速或者停车，在确认安全后通过。

第四十七条 机动车行经人行横道时，应当减速行驶；遇行人正在通过人行横道，应当停车让行。

机动车行经没有交通信号的道路时，遇行人横过道路，应当避让。

第四十八条 机动车载物应当符合核定的载质量，严禁超载；载物的长、宽、高不得违反装载要求，不得遗洒、飘散载运物。

机动车运载超限的不可解体的物品，影响交通安全的，应当按照公安机关交通管理部门指定的时间、路线、速度行驶，悬挂明显标志。在公路上运载超限的不可解体的物品，并应当依照公路法的规定执行。

机动车载运爆炸物品、易燃易爆化学物品以及剧毒、放射性等危险物品，应当经公安机关批准后，按指定的时间、路线、速度行驶，悬挂警示标志并采取必要的安全措施。

第四十九条 机动车载人不得超过核定的人数，客运机动车不得违反规定载货。

第五十条 禁止货运机动车载客。

货运机动车需要附载作业人员的，应当设置保护作业人员的安全措施。

第五十一条 机动车行驶时，驾驶人、乘坐人员应当按规定使用安全带，摩托车驾驶人及乘坐人员应当按规定戴安全头盔。

第五十二条 机动车在道路上发生故障，需要停车排除故障时，驾驶人应当立即开启危险报警闪光灯，将机动车移至不妨碍交通的地方停放；难以移动的，应当持续开启危险报警闪光灯，并在来车方向设置警告标志等措施扩大示警距离，必要时迅速报警。

第五十三条 警车、消防车、救护车、工程救险车执行紧急任务时，可以使用警报器、标志灯具；在确保安全的前提下，不受行驶路线、行驶方向、行驶速度和信号灯的限制，其他车辆和行人应当让行。

警车、消防车、救护车、工程救险车非执行紧急任务时，不得使用警报器、标志灯具，不享有前款规定的道路优先通行权。

第五十四条 道路养护车辆、工程作业车进行作业时，在不影响过往车辆通行的前提下，其行驶路线和方向不受交通标志、标线限制，过往车辆和人员应当注意避让。

洒水车、清扫车等机动车应当按照安全作业标准作业；在不影响其他车辆通行的情况下，可以不受车辆分道行驶的限制，但是不得逆向行驶。

第五十五条 高速公路、大中城市中心城区内的道路，禁止拖拉机通行。其他禁止拖拉机通行的道路，由省、自治区、直辖市人民政府根据当地实际情况规定。

在允许拖拉机通行的道路上，拖拉机可以从事货运，但是不得用于载人。

第五十六条 机动车应当在规定地点停放。禁止在人行道上停放机动车；但是，依照本法第三十三条规定施划的停车泊位除外。

在道路上临时停车的，不得妨碍其他车辆和行人通行。

第三节　非机动车通行规定

第五十七条 驾驶非机动车在道路上行驶应当遵守有关交通安全的规定。非机动车应当在非机动车道内行驶；在没有非机动车道的道路上，应当靠车行道的右侧行驶。

第五十八条 残疾人机动轮椅车、电动自行车在非机动车道内行驶时，最高时速不得超过十五公里。

第五十九条 非机动车应当在规定地点停放。未设停放地点的，非机动车停放不得妨碍其他车辆和行人通行。

第六十条 驾驭畜力车，应当使用驯服的牲畜；驾驭畜力车横过道路时，驾驭人应当下车牵引牲畜；驾驭人离开车辆时，应当拴系牲畜。

第四节　行人和乘车人通行规定

第六十一条 行人应当在人行道内行走，没有人行道的靠路边行走。

第六十二条 行人通过路口或者横过道路，应当走人行横道或者过街设施；通过有交通信号灯的人行横道，应当按照交通信号灯指示通行；通过没有交通信号灯、人行横道的路口，或者在没有过街设施的路段横过道路，应当在确认安全后通过。

第六十三条 行人不得跨越、倚坐道路隔离设施，不得扒车、强行拦车或者实施妨碍道路交通安全的其他行为。

第六十四条 学龄前儿童以及不能辨认或者不能控制自己行为的精神疾病患者、智力障碍者在道路上通行，应当由其监护人、监护人委托的人或者对其负有管理、保护职责的人带领。

盲人在道路上通行，应当使用盲杖或者采取其他导盲手段，车辆应当避让盲人。

第六十五条 行人通过铁路道口时，应当按照交通信号或者管理人员的指挥通行；没有交通信号和管理人员的，应当在确认无火车驶临后，迅速通过。

第六十六条 乘车人不得携带易燃易爆等危险物品，不得向车外抛洒物品，不得有影响驾驶人安全驾驶的行为。

第五节 高速公路的特别规定

第六十七条 行人、非机动车、拖拉机、轮式专用机械车、铰接式客车、全挂拖斗车以及其他设计最高时速低于七十公里的机动车，不得进入高速公路。高速公路限速标志标明的最高时速不得超过一百二十公里。

第六十八条 机动车在高速公路上发生故障时，应当依照本法第五十二条的有关规定办理；但是，警告标志应当设置在故障车来车方向一百五十米以外，车上人员应当迅速转移到右侧路肩上或者应急车道内，并且迅速报警。

机动车在高速公路上发生故障或者交通事故，无法正常行驶的，应当由救援车、清障车拖曳、牵引。

第六十九条 任何单位、个人不得在高速公路上拦截检查行驶的车辆，公安机关的人民警察依法执行紧急公务除外。

第五章 交通事故处理

第七十条 在道路上发生交通事故，车辆驾驶人应当立即停车，保护现场；造成人身伤亡的，车辆驾驶人应当立即抢救受伤人员，并迅速报告执勤的交通警察或者公安机关交通管理部门。因抢救受伤人员变动现场的，应当标明位置。乘车人、过往车辆驾驶人、过往行人应当予以协助。

在道路上发生交通事故，未造成人身伤亡，当事人对事实及成因无争议的，可以即行撤离现场，恢复交通，自行协商处理损害赔偿事宜；不即行撤离现场的，应当迅速报告执勤的交通警察或者公安机关交通管理部门。

在道路上发生交通事故，仅造成轻微财产损失，并且基本事实清楚的，当事人应当先撤离现场再进行协商处理。

第七十一条 车辆发生交通事故后逃逸的，事故现场目击人员和其他知情人员应当向公安机关交通管理部门或者交通警察举报。举报属实的，公安机关交通管理部门应当给予奖励。

第七十二条 公安机关交通管理部门接到交通事故报警后，应当立即派交通警察赶赴现场，先组织抢救受伤人员，并采取措施，尽快恢复交通。

交通警察应当对交通事故现场进行勘验、检查，收集证据；因收集证据的需要，可以扣留事故车辆，但是应当妥善保管，以备核查。

对当事人的生理、精神状况等专业性较强的检验，公安机关交通管理部门应当委托专门机构进行鉴定。鉴定结论应当由鉴定人签名。

第七十三条 公安机关交通管理部门应当根据交通事故现场勘验、检查、调查情况和有关的检验、鉴定结论，及时制作交通事故认定书，作为处理交通事故的证据。交通事故认定书应当载明交通事故的基本事实、成因和当事人的责任，并送达当事人。

第七十四条 对交通事故损害赔偿的争议，当事人可以请求公安机关交通管理部门调解，也可以直接向人民法院提起民事诉讼。

经公安机关交通管理部门调解，当事人未达成协议或者调解书生效后不履行的，当事人可以向人民法院提起民事诉讼。

第七十五条 医疗机构对交通事故中的受伤人员应当及时抢救，不得因抢救费用未及时支付而拖延救治。肇事车辆参加机动车第三者责任强制保险的，由保险公司在责任限额范围内支付抢救费用；抢救费用超过责任限额的，未参加机动车第三者责任强制保险或者肇事后逃逸的，由道路交通事故社会救助基金先行垫付部分或者全部抢救费用，道路交通事故社会救助基金管理机构有权向交通事故责任人追偿。

第七十六条 机动车发生交通事故造成人身伤亡、财产损失的，由保险公司在机动车第三者责任强制保险责任限额范围内予以赔偿；不足的部分，按照下列规定承担赔偿责任：

（一）机动车之间发生交通事故的，由有过错的一方承担赔偿责任；双方都有过错的，按照各自过错的比例分担责任。

（二）机动车与非机动车驾驶人、行人之间发生交通事故，非机动车驾驶人、行人没有过错的，由机动车一方承担赔偿责任；有证据证明非机动车驾驶人、行人有过错的，根据过错程度适当减轻机动车一方的赔偿责任；机动车一方没有过错的，承担不超过百分之十的赔偿责任。

交通事故的损失是由非机动车驾驶人、行人故意碰撞机动车造成的，机动车一方不承担赔偿责任。

第七十七条 车辆在道路以外通行时发生的事故，公安机关交通管理部门接到报案的，参照本法有关规定办理。

第六章　执法监督

第七十八条 公安机关交通管理部门应当加强对交通警察的管理，提高交通警察的素质和管理道路交通的水平。

公安机关交通管理部门应当对交通警察进行法制和交通安全管理业务培训、考核。交通警察经考核不合格的，不得上岗执行职务。

第七十九条 公安机关交通管理部门及其交通警察实施道路交通安全管理，应当依据法定的职权和程序，简化办事手续，做到公正、严格、文明、高效。

第八十条 交通警察执行职务时，应当按照规定着装，佩带人民警察标志，持有人民警察证件，保持警容严整，举止端庄，指挥规范。

第八十一条 依照本法发放牌证等收取工本费，应当严格执行国务院价格主管部门核定的收费标准，并全部上缴国库。

第八十二条 公安机关交通管理部门依法实施罚款的行政处罚，应当依照有关法律、行政法规的规定，实施罚款决定与罚款收缴分离；收缴的罚款以及依法没收的违法所得，应当全部上缴国库。

第八十三条 交通警察调查处理道路交通安全违法行为和交通事故，有下列情形之一的，应当回避：

（一）是本案的当事人或者当事人的近亲属；

（二）本人或者其近亲属与本案有利害关系；

（三）与本案当事人有其他关系，可能影响案件的公正处理。

第八十四条 公安机关交通管理部门及其交通警察的行政执法活动，应当接受行政监察机关依法实施的监督。

公安机关督察部门应当对公安机关交通管理部门及其交通警察执行法律、法规和遵守纪律的情况依法进行监督。

上级公安机关交通管理部门应当对下级公安机关交通管理部门的执法活动进行监督。

第八十五条 公安机关交通管理部门及其交通警察执行职务，应当自觉接受社会和公民的监督。

任何单位和个人都有权对公安机关交通管理部门及其交通警察不严格执法以及违法违纪行为进行检举、控告。收到检举、控告的机关，应当依据职责及时查处。

第八十六条 任何单位不得给公安机关交通管理部门下达或者变相下达罚款指标；公安机关交通管理部门不得以罚款数额作为考核交通警察的标准。

公安机关交通管理部门及其交通警察对超越法律、法规规定的指令，有权拒绝执行，并同时向上级机关报告。

第七章　法律责任

第八十七条 公安机关交通管理部门及其交通警察对道路交通安全违法行为，应当及时纠正。

公安机关交通管理部门及其交通警察应当依据事实和本法的有关规定对道路交通安全违法行为予以处罚。对于情节轻微，未影响道路通行的，指出违法行为，给予口头警告后放行。

第八十八条 对道路交通安全违法行为的处罚种类包括：警告、罚款、暂扣或者吊销机动车驾驶证、拘留。

第八十九条 行人、乘车人、非机动车驾驶人违反道路交通安全法律、法规关于道路通行规定的，处警告或者五元以上五十元以下罚款；非机动车驾驶人拒绝接受罚款处罚的，可以扣留其非机动车。

第九十条 机动车驾驶人违反道路交通安全法律、法规关于道路通行规定的，处警告或者二十元以上二百元以下罚款。本法另有规定的，依照规定处罚。

第九十一条 饮酒后驾驶机动车的，处暂扣一个月以上三个月以下机动车驾驶证，并处二百元以上五百元以下罚款；醉酒后驾驶机动车的，由公安机关交通管理部门约束至酒醒，处十五日以下拘留和暂扣三个月以上六个月以下机动车驾驶证，并处五百元以上二千元以下罚款。

饮酒后驾驶营运机动车的，处暂扣三个月机动车驾驶证，并处五百元罚款；醉酒后驾驶营运机动车的，由公安机关交通管理部门约束至酒醒，处十五日以下拘留和暂扣六个月机动车驾驶证，并处二千元罚款。

一年内有前两款规定醉酒后驾驶机动车的行为，被处罚两次以上的，吊销机动车驾驶证，五年内不得驾驶营运机动车。

第九十二条 公路客运车辆载客超过额定乘员的，处二百元以上五百元以下罚款；超过额定乘员百分之二十或者违反规定载货的，处五百元以上二千元以下罚款。

货运机动车超过核定载质量的，处二百元以上五百元以下罚款；超过核定载质量百分之三十或者违反规定载客的，处五百元以上二千元以下罚款。

有前两款行为的，由公安机关交通管理部门扣留机动车至违法状态消除。

运输单位的车辆有本条第一款、第二款规定的情形，经处罚不改的，对直接负责的主管人员处二千元以上五千元以下罚款。

第九十三条 对违反道路交通安全法律、法规关于机动车停放、临时停车规定的，可以指出违法行为，并予以口头警告，令其立即驶离。

机动车驾驶人不在现场或者虽在现场但拒绝立即驶离，妨碍其他车辆、行人通行的，处二十元以上二百元以下罚款，并可以将该机动车拖移至不妨碍交通的地点或者公安机关交通管理部门指定的地点停放。公安机关交通管理部门拖车不得向当事人收取费用，并应当及时告知当事人停放地点。

因采取不正确的方法拖车造成机动车损坏的，应当依法承担补偿责任。

第九十四条 机动车安全技术检验机构实施机动车安全技术检验超过国务院价格主管部门核定的收费标准收取费用的，退还多收取的费用，并由价格主管部门依照《中华人民共和国价格法》的有关规定给予处罚。

机动车安全技术检验机构不按照机动车国家安全技术标准进行检验，出具虚假检验结果的，由公安机关交通管理部门处所收检验费用五倍以上十倍以下罚款，并依法撤销其检验资格；构成犯罪的，依法追究刑事责任。

第九十五条 上道路行驶的机动车未悬挂机动车号牌，未放置检验合格标志、保险标志，或者未随车携带行驶证、驾驶证的，公安机关交通管理部门应当扣留机动车，通知当事人提供相应的牌证、标志或者补办相应手续，并可以依照本法第九十条的规定予以处罚。当事人提供相应的牌证、标志或者补办相应手续的，应当及时退还机动车。

故意遮挡、污损或者不按规定安装机动车号牌的，依照本法第九十条的规定予以处罚。

第九十六条 伪造、变造或者使用伪造、变造的机动车登记证书、号牌、行驶证、检验合格标志、保险标志、驾驶证或者使用其他车辆的机动车登记证书、号牌、行驶证、检验合格标志、保险标志的，由公安机关交通管理部门予以收缴，扣留该机动车，并处二百元以上二千元以下罚款；构成犯罪的，依法追究刑事责任。

当事人提供相应的合法证明或者补办相应手续的，应当及时退还机动车。

第九十七条 非法安装警报器、标志灯具的，由公安机关交通管理部门强制拆除，予以收缴，并处二百元以上二千元以下罚款。

第九十八条 机动车所有人、管理人未按照国家规定投保机动车第三者责任强制保险的，由公安机关交通管理部门扣留车辆至依照规定投保后，并处依照规定投保最低责任限额应缴纳的保险费的二倍罚款。

依照前款缴纳的罚款全部纳入道路交通事故社会救助基金。具体办法由国务院规定。

第九十九条 有下列行为之一的，由公安机关交通管理部门处二百元以上二千元以下罚款：

（一）未取得机动车驾驶证、机动车驾驶证被吊销或者机动车驾驶证被暂扣期间驾驶机动车的；

（二）将机动车交由未取得机动车驾驶证或者机动车驾驶证被吊销、暂扣的人驾驶的；

（三）造成交通事故后逃逸，尚不构成犯罪的；

（四）机动车行驶超过规定时速百分之五十的；

（五）强迫机动车驾驶人违反道路交通安全法律、法规和机动车安全驾驶要求驾驶机动车，造成交通事故，尚不构成犯罪的；

（六）违反交通管制的规定强行通行，不听劝阻的；

（七）故意损毁、移动、涂改交通设施，造成危害后果，尚不构成犯罪的；

（八）非法拦截、扣留机动车辆，不听劝阻，造成交通严重阻塞或者较大财产损失的。

行为人有前款第二项、第四项情形之一的，可以并处吊销机动车驾驶证；有第一项、第三项、第五项至第八项情形之一的，可以并处十五日以下拘留。

第一百条 驾驶拼装的机动车或者已达到报废标准的机动车上道路行驶的，公安机关交通管理部门应当予以收缴，强制报废。

对驾驶前款所列机动车上道路行驶的驾驶人，处二百元以上二千元以下罚款，并吊销机动车驾驶证。

出售已达到报废标准的机动车的，没收违法所得，处销售金额等额的罚款，对该机动车依照本条第一款的规定处理。

第一百零一条 违反道路交通安全法律、法规的规定，发生重大交通事故，构成犯罪的，依法追究刑事责任，并由公安机关交通管理部门吊销机动车驾驶证。

造成交通事故后逃逸的，由公安机关交通管理部门吊销机动车驾驶证，且终生不得重新取得机动车驾驶证。

第一百零二条 对六个月内发生二次以上特大交通事故负有主要责任或者全部责任的专业运输单位，由公安机关交通管理部门责令消除安全隐患，未消除安全隐患的机动车，禁止上道路行驶。

第一百零三条 国家机动车产品主管部门未按照机动车国家安全技术标准严格审查，许可不合格机动车型投入生产的，对负有责任的主管人员和其他直接责任人员给予降级或者撤职的行政处分。

机动车生产企业经国家机动车产品主管部门许可生产的机动车型，不执行机动车国家安全技术标准或者不严格进行机动车成品质量检验，致使质量不合格的机动车出厂销售的，由质量技术监督部门依照《中华人民共和国产品质量法》的有关规定给予处罚。

擅自生产、销售未经国家机动车产品主管部门许可生产的机动车型的，没收非法生产、销售的机动车成品及配件，可以并处非法产品价值三倍以上五倍以下罚款；有营业执照的，由工商行政管理部门吊销营业执照，没有营业执照的，予以查封。

生产、销售拼装的机动车或者生产、销售擅自改装的机动车的，依照本条第三款的规定处罚。

有本条第二款、第三款、第四款所列违法行为，生产或者销售不符合机动车国家安全技术标准的机动车，构成犯罪的，依法追究刑事责任。

第一百零四条　未经批准，擅自挖掘道路、占用道路施工或者从事其他影响道路交通安全活动的，由道路主管部门责令停止违法行为，并恢复原状，可以依法给予罚款；致使通行的人员、车辆及其他财产遭受损失的，依法承担赔偿责任。

有前款行为，影响道路交通安全活动的，公安机关交通管理部门可以责令停止违法行为，迅速恢复交通。

第一百零五条　道路施工作业或者道路出现损毁，未及时设置警示标志、未采取防护措施，或者应当设置交通信号灯、交通标志、交通标线而没有设置或者应当及时变更交通信号灯、交通标志、交通标线而没有及时变更，致使通行的人员、车辆及其他财产遭受损失的，负有相关职责的单位应当依法承担赔偿责任。

第一百零六条　在道路两侧及隔离带上种植树木、其他植物或者设置广告牌、管线等，遮挡路灯、交通信号灯、交通标志，妨碍安全视距的，由公安机关交通管理部门责令行为人排除妨碍；拒不执行的，处二百元以上二千元以下罚款，并强制排除妨碍，所需费用由行为人负担。

第一百零七条　对道路交通违法行为人予以警告、二百元以下罚款，交通警察可以当场作出行政处罚决定，并出具行政处罚决定书。

行政处罚决定书应当载明当事人的违法事实、行政处罚的依据、处罚内容、时间、地点以及处罚机关名称，并由执法人员签名或者盖章。

第一百零八条　当事人应当自收到罚款的行政处罚决定书之日起十五日内，到指定的银行缴纳罚款。

对行人、乘车人和非机动车驾驶人的罚款，当事人无异议的，可以当场予以收缴罚款。

罚款应当开具省、自治区、直辖市财政部门统一制发的罚款收据；不出具财政部门统一制发的罚款收据的，当事人有权拒绝缴纳罚款。

第一百零九条　当事人逾期不履行行政处罚决定的，作出行政处罚决定的行政机关可以采取下列措施：

（一）到期不缴纳罚款的，每日按罚款数额的百分之三加处罚款；

（二）申请人民法院强制执行。

第一百一十条　执行职务的交通警察认为应当对道路交通违法行为人给予暂扣或者吊销机动车驾驶证处罚的，可以先予扣留机动车驾驶证，并在二十四小时内将案件移交公安机关交通管理部门处理。

道路交通违法行为人应当在十五日内到公安机关交通管理部门接受处理。无正当理由逾期未接受处理的，吊销机动车驾驶证。

公安机关交通管理部门暂扣或者吊销机动车驾驶证的，应当出具行政处罚决定书。

第一百一十一条 对违反本法规定予以拘留的行政处罚，由县、市公安局、公安分局或者相当于县一级的公安机关裁决。

第一百一十二条 公安机关交通管理部门扣留机动车、非机动车，应当当场出具凭证，并告知当事人在规定期限内到公安机关交通管理部门接受处理。

公安机关交通管理部门对被扣留的车辆应当妥善保管，不得使用。

逾期不来接受处理，并且经公告三个月仍不来接受处理的，对扣留的车辆依法处理。

第一百一十三条 暂扣机动车驾驶证的期限从处罚决定生效之日起计算；处罚决定生效前先予扣留机动车驾驶证的，扣留一日折抵暂扣期限一日。

吊销机动车驾驶证后重新申请领取机动车驾驶证的期限，按照机动车驾驶证管理规定办理。

第一百一十四条 公安机关交通管理部门根据交通技术监控记录资料，可以对违法的机动车所有人或者管理人依法予以处罚。对能够确定驾驶人的，可以依照本法的规定依法予以处罚。

第一百一十五条 交通警察有下列行为之一的，依法给予行政处分：

（一）为不符合法定条件的机动车发放机动车登记证书、号牌、行驶证、检验合格标志的；

（二）批准不符合法定条件的机动车安装、使用警车、消防车、救护车、工程救险车的警报器、标志灯具，喷涂标志图案的；

（三）为不符合驾驶许可条件、未经考试或者考试不合格人员发放机动车驾驶证的；

（四）不执行罚款决定与罚款收缴分离制度或者不按规定将依法收取的费用、收缴的罚款及没收的违法所得全部上缴国库的；

（五）举办或者参与举办驾驶学校或者驾驶培训班、机动车修理厂或者收费停车场等经营活动的；

（六）利用职务上的便利收受他人财物或者谋取其他利益的；

（七）违法扣留车辆、机动车行驶证、驾驶证、车辆号牌的；

（八）使用依法扣留的车辆的；

（九）当场收取罚款不开具罚款收据或者不如实填写罚款额的；

（十）徇私舞弊，不公正处理交通事故的；

（十一）故意刁难，拖延办理机动车牌证的；

（十二）非执行紧急任务时使用警报器、标志灯具的；

（十三）违反规定拦截、检查正常行驶的车辆的；

（十四）非执行紧急公务时拦截搭乘机动车的；

（十五）不履行法定职责的。

公安机关交通管理部门有前款所列行为之一的，对直接负责的主管人员和其他直接责任人员给予相应的行政处分。

第一百一十六条 依照本法第一百一十五条的规定，给予交通警察行政处分的，在作出行政处分决定前，可以停止其执行职务；必要时，可以予以禁闭。

依照本法第一百一十五条的规定，交通警察受到降级或者撤职行政处分的，可以予以辞退。

交通警察受到开除处分或者被辞退的，应当取消警衔；受到撤职以下行政处分的交通警察，应当降低警衔。

第一百一十七条 交通警察利用职权非法占有公共财物，索取、收受贿赂，或者滥用职权、玩忽职守，构成犯罪的，依法追究刑事责任。

第一百一十八条 公安机关交通管理部门及其交通警察有本法第一百一十五条所列行为之一，给当事人造成损失的，应当依法承担赔偿责任。

第八章 附 则

第一百一十九条 本法中下列用语的含义：

（一）“道路”，是指公路、城市道路和虽在单位管辖范围但允许社会机动车通行的地方，包括广场、公共停车场等用于公众通行的场所。

（二）“车辆”，是指机动车和非机动车。

（三）“机动车”，是指以动力装置驱动或者牵引，上道路行驶的供人员乘用或者用于运送物品以及进行工程专项作业的轮式车辆。

（四）“非机动车”，是指以人力或者畜力驱动，上道路行驶的交通工具，以及虽有动力装置驱动但设计最高时速、空车质量、外形尺寸符合有关国家标准的残疾人机动轮椅车、电动自行车等交通工具。

（五）“交通事故”，是指车辆在道路上因过错或者意外造成的人身伤亡或者财产损失的事件。

第一百二十条 中国人民解放军和中国人民武装警察部队在编机动车牌证、在编机动车检验以及机动车驾驶人考核工作，由中国人民解放军、中国人民武装警察部队有关部门负责。

第一百二十一条 对上道路行驶的拖拉机，由农业（农业机械）主管部门行使本法第八条、第九条、第十三条、第十九条、第二十三条规定的公安机关交通管理部门的管理职权。

农业（农业机械）主管部门依照前款规定行使职权，应当遵守本法有关规定，并接受公安机关交通管理部门的监督；对违反规定的，依照本法有关规定追究法律责任。

本法施行前由农业（农业机械）主管部门发放的机动车牌证，在本法施行后继续有效。

第一百二十二条 国家对入境的境外机动车的道路交通安全实施统一管理。

第一百二十三条 省、自治区、直辖市人民代表大会常务委员会可以根据本地区的实际情况，在本法规定的罚款幅度内，规定具体的执行标准。

第一百二十四条 本法自 2004 年 5 月 1 日起施行。

附：

中华人民共和国主席令（十届第81号）

《全国人民代表大会常务委员会关于修改<中华人民共和国道路交通安全法>的决定》已由中华人民共和国第十届全国人民代表大会常务委员会第三十一次会议于2007年12月29日通过，现予公布，自2008年5月1日起施行。

中华人民共和国主席　胡锦涛

2007年12月29日

全国人民代表大会常务委员会关于修改《中华人民共和国道路交通安全法》的决定

（2007年12月29日第十届全国人民代表大会常务委员会第三十一次会议通过）

第十届全国人民代表大会常务委员会第三十一次会议决定对《中华人民共和国道路交通安全法》作如下修改：

第七十六条修改为："机动车发生交通事故造成人身伤亡、财产损失的，由保险公司在机动车第三者责任强制保险责任限额范围内予以赔偿；不足的部分，按照下列规定承担赔偿责任：

（一）机动车之间发生交通事故的，由有过错的一方承担赔偿责任；双方都有过错的，按照各自过错的比例分担责任。

（二）机动车与非机动车驾驶人、行人之间发生交通事故，非机动车驾驶人、行人没有过错的，由机动车一方承担赔偿责任；有证据证明非机动车驾驶人、行人有过错的，根据过错程度适当减轻机动车一方的赔偿责任；机动车一方没有过错的，承担不超过百分之十的赔偿责任。

交通事故的损失是由非机动车驾驶人、行人故意碰撞机动车造成的，机动车一方不承担赔偿责任。"

本决定自2008年5月1日起施行。

《中华人民共和国道路交通安全法》根据本决定作相应修改，重新公布。

（王维智　陈维忠）

易制毒化学品管理条例

第一章　总　则

第一条　为了加强易制毒化学品管理，规范易制毒化学品的生产、经营、购买、运输和进口、出口行为，防止易制毒化学品被用于制造毒品，维护经济和社会秩序，制定本条例。

第二条　国家对易制毒化学品的生产、经营、购买、运输和进口、出口实行分类管理和许可制度。

易制毒化学品分为三类。第一类是可以用于制毒的主要原料，第二类、第三类是可以用于制毒的化学配剂。易制毒化学品的具体分类和品种，由本条例附表列示。

易制毒化学品的分类和品种需要调整的，由国务院公安部门会同国务院食品药品监督管理部门、安全生产监督管理部门、商务主管部门、卫生主管部门和海关总署提出方案，报国务院批准。

省、自治区、直辖市人民政府认为有必要在本行政区域内调整分类或者增加本条例规定以外的品种的，应当向国务院公安部门提出，由国务院公安部门会同国务院有关行政主管部门提出方案，报国务院批准。

第三条　国务院公安部门、食品药品监督管理部门、安全生产监督管理部门、商务主管部门、卫生主管部门、海关总署、价格主管部门、铁路主管部门、交通主管部门、工商行政管理部门、环境保护主管部门在各自的职责范围内，负责全国的易制毒化学品有关管理工作；县级以上地方各级人民政府有关行政主管部门在各自的职责范围内，负责本行政区域内的易制毒化学品有关管理工作。

县级以上地方各级人民政府应当加强对易制毒化学品管理工作的领导，及时协调解决易制毒化学品管理工作中的问题。

第四条　易制毒化学品的产品包装和使用说明书，应当标明产品的名称（含学名和通用名）、化学分子式和成分。

第五条　易制毒化学品的生产、经营、购买、运输和进口、出口，除应当遵守本条例的规定外，属于药品和危险化学品的，还应当遵守法律、其他行政法规对药品和危险化学品的有关规定。

禁止走私或者非法生产、经营、购买、转让、运输易制毒化学品。

禁止使用现金或者实物进行易制毒化学品交易。但是，个人合法购买第一类中的药品类易制毒化学品药品制剂和第三类易制毒化学品的除外。

生产、经营、购买、运输和进口、出口易制毒化学品的单位，应当建立单位内部易制毒化学品管理制度。

第六条 国家鼓励向公安机关等有关行政主管部门举报涉及易制毒化学品的违法行为。接到举报的部门应当为举报者保密。对举报属实的，县级以上人民政府及有关行政主管部门应当给予奖励。

第二章 生产、经营管理

第七条 申请生产第一类易制毒化学品，应当具备下列条件，并经本条例第八条规定的行政主管部门审批，取得生产许可证后，方可进行生产：

（一）属依法登记的化工产品生产企业或者药品生产企业；

（二）有符合国家标准的生产设备、仓储设施和污染物处理设施；

（三）有严格的安全生产管理制度和环境突发事件应急预案；

（四）企业法定代表人和技术、管理人员具有安全生产和易制毒化学品的有关知识，无毒品犯罪记录；

（五）法律、法规、规章规定的其他条件。

申请生产第一类中的药品类易制毒化学品，还应当在仓储场所等重点区域设置电视监控设施以及与公安机关联网的报警装置。

第八条 申请生产第一类中的药品类易制毒化学品的，由国务院食品药品监督管理部门审批；申请生产第一类中的非药品类易制毒化学品的，由省、自治区、直辖市人民政府安全生产监督管理部门审批。

前款规定的行政主管部门应当自收到申请之日起 60 日内，对申请人提交的申请材料进行审查。对符合规定的，发给生产许可证，或者在企业已经取得的有关生产许可证件上标注；不予许可的，应当书面说明理由。

审查第一类易制毒化学品生产许可申请材料时，根据需要，可以进行实地核查和专家评审。

第九条 申请经营第一类易制毒化学品，应当具备下列条件，并经本条例第十条规定的行政主管部门审批，取得经营许可证后，方可进行经营：

（一）属依法登记的化工产品经营企业或者药品经营企业；

（二）有符合国家规定的经营场所，需要储存、保管易制毒化学品的，还应当有符合国家技术标准的仓储设施；

（三）有易制毒化学品的经营管理制度和健全的销售网络；

（四）企业法定代表人和销售、管理人员具有易制毒化学品的有关知识，无毒品犯罪记录；

（五）法律、法规、规章规定的其他条件。

第十条 申请经营第一类中的药品类易制毒化学品的，由国务院食品药品监督管理部门审批；申请经营第一类中的非药品类易制毒化学品的，由省、自治区、直辖市人民政府安全生产监督管理部门审批。

前款规定的行政主管部门应当自收到申请之日起 30 日内，对申请人提交的申请材料进行审查。对符合规定的，发给经营许可证，或者在企业已经取得的有关经营许可证件上标注；不予许可的，应当书面说明理由。

审查第一类易制毒化学品经营许可申请材料时，根据需要，可以进行实地核查。

第十一条 取得第一类易制毒化学品生产许可或者依照本条例第十三条第一款规定已经履行第二类、第三类易制毒化学品备案手续的生产企业，可以经销自产的易制毒化学品。但是，在厂外设立销售网点经销第一类易制毒化学品的，应当依照本条例的规定取得经营许可。

第一类中的药品类易制毒化学品药品单方制剂，由麻醉药品定点经营企业经销，且不得零售。

第十二条 取得第一类易制毒化学品生产、经营许可的企业，应当凭生产、经营许可证到工商行政管理部门办理经营范围变更登记。未经变更登记，不得进行第一类易制毒化学品的生产、经营。

第一类易制毒化学品生产、经营许可证被依法吊销的，行政主管部门应当自作出吊销决定之日起 5 日内通知工商行政管理部门；被吊销许可证的企业，应当及时到工商行政管理部门办理经营范围变更或者企业注销登记。

第十三条 生产第二类、第三类易制毒化学品的，应当自生产之日起 30 日内，将生产的品种、数量等情况，向所在地的设区的市级人民政府安全生产监督管理部门备案。

经营第二类易制毒化学品的，应当自经营之日起 30 日内，将经营的品种、数量、主要流向等情况，向所在地的设区的市级人民政府安全生产监督管理部门备案；经营第三类易制毒化学品的，应当自经营之日起 30 日内，将经营的品种、数量、主要流向等情况，向所在地的县级人民政府安全生产监督管理部门备案。

前两款规定的行政主管部门应当于收到备案材料的当日发给备案证明。

第三章　购买管理

第十四条 申请购买第一类易制毒化学品，应当提交下列证件，经本条例第十五条规定的行政主管部门审批，取得购买许可证：

（一）经营企业提交企业营业执照和合法使用需要证明；

（二）其他组织提交登记证书（成立批准文件）和合法使用需要证明。

第十五条 申请购买第一类中的药品类易制毒化学品的，由所在地的省、自治区、直辖市人民政府食品药品监督管理部门审批；申请购买第一类中的非药品类易制毒化学品的，由所在地的省、自治区、直辖市人民政府公安机关审批。

前款规定的行政主管部门应当自收到申请之日起 10 日内，对申请人提交的申请材料和证件进行审查。对符合规定的，发给购买许可证；不予许可的，应当书面说明理由。

审查第一类易制毒化学品购买许可申请材料时，根据需要，可以进行实地核查。

第十六条 持有麻醉药品、第一类精神药品购买印鉴卡的医疗机构购买第一类中的药品类易制毒化学品的，无须申请第一类易制毒化学品购买许可证。

个人不得购买第一类、第二类易制毒化学品。

第十七条 购买第二类、第三类易制毒化学品的，应当在购买前将所需购买的品种、数量，向所在地的县级人民政府公安机关备案。个人自用购买少量高锰酸钾的，无须备案。

第十八条 经营单位销售第一类易制毒化学品时，应当查验购买许可证和经办人的身份证明。对委托代购的，还应当查验购买人持有的委托文书。

经营单位在查验无误、留存上述证明材料的复印件后，方可出售第一类易制毒化学品；发现可疑情况的，应当立即向当地公安机关报告。

第十九条 经营单位应当建立易制毒化学品销售台账，如实记录销售的品种、数量、日期、购买方等情况。销售台账和证明材料复印件应当保存2年备查。

第一类易制毒化学品的销售情况，应当自销售之日起5日内报当地公安机关备案；第一类易制毒化学品的使用单位，应当建立使用台账，并保存2年备查。

第二类、第三类易制毒化学品的销售情况，应当自销售之日起30日内报当地公安机关备案。

第四章　运输管理

第二十条 跨设区的市级行政区域（直辖市为跨市界）或者在国务院公安部门确定的禁毒形势严峻的重点地区跨县级行政区域运输第一类易制毒化学品的，由运出地的设区的市级人民政府公安机关审批；运输第二类易制毒化学品的，由运出地的县级人民政府公安机关审批。经审批取得易制毒化学品运输许可证后，方可运输。

运输第三类易制毒化学品的，应当在运输前向运出地的县级人民政府公安机关备案。公安机关应当于收到备案材料的当日发给备案证明。

第二十一条 申请易制毒化学品运输许可，应当提交易制毒化学品的购销合同，货主是企业的，应当提交营业执照；货主是其他组织的，应当提交登记证书（成立批准文件）；货主是个人的，应当提交其个人身份证明。经办人还应当提交本人的身份证明。

公安机关应当自收到第一类易制毒化学品运输许可申请之日起10日内，收到第二类易制毒化学品运输许可申请之日起3日内，对申请人提交的申请材料进行审查。对符合规定的，发给运输许可证；不予许可的，应当书面说明理由。

审查第一类易制毒化学品运输许可申请材料时，根据需要，可以进行实地核查。

第二十二条 对许可运输第一类易制毒化学品的，发给一次有效的运输许可证。

对许可运输第二类易制毒化学品的，发给3个月有效的运输许可证；6个月内运输安全状况良好的，发给12个月有效的运输许可证。

易制毒化学品运输许可证应当载明拟运输的易制毒化学品的品种、数量、运入地、货主及收货人、承运人情况以及运输许可证种类。

第二十三条 运输供教学、科研使用的100克以下的麻黄素样品和供医疗机构制剂配方使用的小包装麻黄素以及医疗机构或者麻醉药品经营企业购买麻黄素片剂6万片以下、注射剂1.5万支以下，货主或者承运人持有依法取得的购买许可证明或者麻醉药品调拨单的，无须申请易制毒化学品运输许可。

第二十四条 接受货主委托运输的，承运人应当查验货主提供的运输许可证或者备案证明，并查验所运货物与运输许可证或者备案证明载明的易制毒化学品品种等情况是否相符；不相符的，不得承运。

运输易制毒化学品，运输人员应当自启运起全程携带运输许可证或者备案证明。公安机关应当在易制毒化学品的运输过程中进行检查。

运输易制毒化学品，应当遵守国家有关货物运输的规定。

第二十五条 因治疗疾病需要，患者、患者近亲属或者患者委托的人凭医疗机构出具的医疗诊断书和本人的身份证明，可以随身携带第一类中的药品类易制毒化学品药品制剂，但是不得超过医用单张处方的最大剂量。

医用单张处方最大剂量，由国务院卫生主管部门规定、公布。

第五章　进口、出口管理

第二十六条 申请进口或者出口易制毒化学品，应当提交下列材料，经国务院商务主管部门或者其委托的省、自治区、直辖市人民政府商务主管部门审批，取得进口或者出口许可证后，方可从事进口、出口活动：

（一）对外贸易经营者备案登记证明（外商投资企业联合年检合格证书）复印件；

（二）营业执照副本；

（三）易制毒化学品生产、经营、购买许可证或者备案证明；

（四）进口或者出口合同（协议）副本；

（五）经办人的身份证明。

申请易制毒化学品出口许可的，还应当提交进口方政府主管部门出具的合法使用易制毒化学品的证明或者进口方合法使用的保证文件。

第二十七条 受理易制毒化学品进口、出口申请的商务主管部门应当自收到申请材料之日起 20 日内，对申请材料进行审查，必要时可以进行实地核查。对符合规定的，发给进口或者出口许可证；不予许可的，应当书面说明理由。

对进口第一类中的药品类易制毒化学品的，有关的商务主管部门在作出许可决定前，应当征得国务院食品药品监督管理部门的同意。

第二十八条 麻黄素等属于重点监控物品范围的易制毒化学品，由国务院商务主管部门会同国务院有关部门核定的企业进口、出口。

第二十九条 国家对易制毒化学品的进口、出口实行国际核查制度。易制毒化学品国际核查目录及核查的具体办法，由国务院商务主管部门会同国务院公安部门规定、公布。

国际核查所用时间不计算在许可期限之内。

对向毒品制造、贩运情形严重的国家或者地区出口易制毒化学品以及本条例规定品种以外的化学品的，可以在国际核查措施以外实施其他管制措施，具体办法由国务院商务主管部门会同国务院公安部门、海关总署等有关部门规定、公布。

第三十条 进口、出口或者过境、转运、通运易制毒化学品的，应当如实向海关申报，并提交进口或者出口许可证。海关凭许可证办理通关手续。

易制毒化学品在境外与保税区、出口加工区等海关特殊监管区域、保税场所之间进出的，适用前款规定。

易制毒化学品在境内与保税区、出口加工区等海关特殊监管区域、保税场所之间进出的，或者在上述海关特殊监管区域、保税场所之间进出的，无须申请易制毒化学品进口或者出口许可证。

进口第一类中的药品类易制毒化学品，还应当提交食品药品监督管理部门出具的进口药品通关单。

第三十一条 进出境人员随身携带第一类中的药品类易制毒化学品药品制剂和高锰酸钾，应当以自用且数量合理为限，并接受海关监管。

进出境人员不得随身携带前款规定以外的易制毒化学品。

第六章 监督检查

第三十二条 县级以上人民政府公安机关、食品药品监督管理部门、安全生产监督管理部门、商务主管部门、卫生主管部门、价格主管部门、铁路主管部门、交通主管部门、工商行政管理部门、环境保护主管部门和海关，应当依照本条例和有关法律、行政法规的规定，在各自的职责范围内，加强对易制毒化学品生产、经营、购买、运输、价格以及进口、出口的监督检查；对非法生产、经营、购买、运输易制毒化学品，或者走私易制毒化学品的行为，依法予以查处。

前款规定的行政主管部门在进行易制毒化学品监督检查时，可以依法查看现场、查阅和复制有关资料、记录有关情况、扣押相关的证据材料和违法物品；必要时，可以临时查封有关场所。

被检查的单位或者个人应当如实提供有关情况和材料、物品，不得拒绝或者隐匿。

第三十三条 对依法收缴、查获的易制毒化学品，应当在省、自治区、直辖市或者设区的市级人民政府公安机关、海关或者环境保护主管部门的监督下，区别易制毒化学品的不同情况进行保管、回收，或者依照环境保护法律、行政法规的有关规定，由有资质的单位在环境保护主管部门的监督下销毁。其中，对收缴、查获的第一类中的药品类易制毒化学品，一律销毁。

易制毒化学品违法单位或者个人无力提供保管、回收或者销毁费用的，保管、回收或者销毁的费用在回收所得中开支，或者在有关行政主管部门的禁毒经费中列支。

第三十四条 易制毒化学品丢失、被盗、被抢的，发案单位应当立即向当地公安机关报告，并同时报告当地的县级人民政府食品药品监督管理部门、安全生产监督管理部门、商务主管部门或者卫生主管部门。接到报案的公安机关应当及时立案查处，并向上级公安机关报告；有关行政主管部门应当逐级上报并配合公安机关的查处。

第三十五条 有关行政主管部门应当将易制毒化学品许可以及依法吊销许可的情况通报有关公安机关和工商行政管理部门；工商行政管理部门应当将生产、经营易制毒化学品企业依法变更或者注销登记的情况通报有关公安机关和行政主管部门。

第三十六条 生产、经营、购买、运输或者进口、出口易制毒化学品的单位，应当于每年3月31日前向许可或者备案的行政主管部门和公安机关报告本单位上年度易制毒化学品的生产、经营、购买、运输或者进口、出口情况；有条件的生产、经营、购买、运输或者进口、出口单位，可以与有关行政主管部门建立计算机联网，及时通报有关经营情况。

第三十七条 县级以上人民政府有关行政主管部门应当加强协调合作，建立易制毒化学品管理情况、监督检查情况以及案件处理情况的通报、交流机制。

第七章 法律责任

第三十八条 违反本条例规定，未经许可或者备案擅自生产、经营、购买、运输易制毒化学品，伪造申请材料骗取易制毒化学品生产、经营、购买或者运输许可证，使用他人的或者伪造、变造、失效的许可证生产、经营、购买、运输易制毒化学品的，由公安机关没收非法生产、经营、购买或者运输的易制毒化学品、用于非法生产易制毒化学品的原料以及非法生产、经营、购买或者运输易制毒化学品的设备、工具，处非法生产、经营、购买或者运输的易制毒化学品货值10倍以上20倍以下的罚款，货值的20倍不足1万元的，按1万元罚款；有违法所得的，没收违法所得；有营业执照的，由工商行政管理部门吊销营业执照；构成犯罪的，依法追究刑事责任。

对有前款规定违法行为的单位或者个人，有关行政主管部门可以自作出行政处罚决定之日起3年内，停止受理其易制毒化学品生产、经营、购买、运输或者进口、出口许可申请。

第三十九条 违反本条例规定，走私易制毒化学品的，由海关没收走私的易制毒化学品；有违法所得的，没收违法所得，并依照海关法律、行政法规给予行政处罚；构成犯罪的，依法追究刑事责任。

第四十条 违反本条例规定，有下列行为之一的，由负有监督管理职责的行政主管部门给予警告，责令限期改正，处1万元以上5万元以下的罚款；对违反规定生产、经营、购买的易制毒化学品可以予以没收；逾期不改正的，责令限期停产停业整顿；逾期整顿不合格的，吊销相应的许可证：

（一）易制毒化学品生产、经营、购买、运输或者进口、出口单位未按规定建立安全管理制度的；

（二）将许可证或者备案证明转借他人使用的；

（三）超出许可的品种、数量生产、经营、购买易制毒化学品的；

（四）生产、经营、购买单位不记录或者不如实记录交易情况、不按规定保存交易记录或者不如实、不及时向公安机关和有关行政主管部门备案销售情况的；

（五）易制毒化学品丢失、被盗、被抢后未及时报告，造成严重后果的；

（六）除个人合法购买第一类中的药品类易制毒化学品药品制剂以及第三类易制毒化学品外，使用现金或者实物进行易制毒化学品交易的；

（七）易制毒化学品的产品包装和使用说明书不符合本条例规定要求的；

（八）生产、经营易制毒化学品的单位不如实或者不按时向有关行政主管部门和公安机关报告年度生产、经销和库存等情况的。

企业的易制毒化学品生产经营许可被依法吊销后，未及时到工商行政管理部门办理经营范围变更或者企业注销登记的，依照前款规定，对易制毒化学品予以没收，并处罚款。

第四十一条 运输的易制毒化学品与易制毒化学品运输许可证或者备案证明载明的品种、数量、运入地、货主及收货人、承运人等情况不符，运输许可证种类不当，或者运输人员未全程携带运输许可证或者备案证明的，由公安机关责令停运整改，处5 000元以上5万元以下的罚款；有危险物品运输资质的，运输主管部门可以依法吊销其运输资质。

个人携带易制毒化学品不符合品种、数量规定的，没收易制毒化学品，处1 000元以上5 000元以下的罚款。

第四十二条 生产、经营、购买、运输或者进口、出口易制毒化学品的单位或者个人拒不接受有关行政主管部门监督检查的，由负有监督管理职责的行政主管部门责令改正，对直接负责的主管人员以及其他直接责任人员给予警告；情节严重的，对单位处1万元以上5万元以下的罚款，对直接负责的主管人员以及其他直接责任人员处1 000元以上5 000元以下的罚款；有违反治安管理行为的，依法给予治安管理处罚；构成犯罪的，依法追究刑事责任。

第四十三条 易制毒化学品行政主管部门工作人员在管理工作中有应当许可而不许可、不应当许可而滥许可，不依法受理备案，以及其他滥用职权、玩忽职守、徇私舞弊行为的，依法给予行政处分；构成犯罪的，依法追究刑事责任。

第八章　附　则

第四十四条 易制毒化学品生产、经营、购买、运输和进口、出口许可证，由国务院有关行政主管部门根据各自的职责规定式样并监制。

第四十五条 本条例自2005年11月1日起施行。

本条例施行前已经从事易制毒化学品生产、经营、购买、运输或者进口、出口业务的，应当自本条例施行之日起6个月内，依照本条例的规定重新申请许可。

附表：易制毒化学品的分类和品种目录

第一类

1. 1－苯基－2－丙酮
2. 3，4－亚甲基二氧苯基－2－丙酮
3. 胡椒醛
4. 黄樟素
5. 黄樟油
6. 异黄樟素
7. N－乙酰邻氨基苯酸
8. 邻氨基苯甲酸
9. 麦角酸*
10. 麦角胺*
11. 麦角新碱*
12. 麻黄素、伪麻黄素、消旋麻黄素、去甲麻黄素、甲基麻黄素、麻黄浸膏、麻黄浸膏粉等麻黄素类物质*

第二类

1. 苯乙酸
2. 醋酸酐
3. 三氯甲烷
4. 乙醚
5. 哌啶

第三类

1. 甲苯
2. 丙酮
3. 甲基乙基酮
4. 高锰酸钾
5. 硫酸
6. 盐酸

说明：

一、第一类、第二类所列物质可能存在的盐类，也纳入管制。

二、带有*标记的品种为第一类中的药品类易制毒化学品，第一类中的药品类易制毒化学品包括原料药及其单方制剂。

（王维智　汪宝德）

中华人民共和国突发事件应对法

第一章 总 则

第一条 为了预防和减少突发事件的发生，控制、减轻和消除突发事件引起的严重社会危害，规范突发事件应对活动，保护人民生命财产安全，维护国家安全、公共安全、环境安全和社会秩序，制定本法。

第二条 突发事件的预防与应急准备、监测与预警、应急处置与救援、事后恢复与重建等应对活动，适用本法。

第三条 本法所称突发事件，是指突然发生，造成或者可能造成严重社会危害，需要采取应急处置措施予以应对的自然灾害、事故灾难、公共卫生事件和社会安全事件。

按照社会危害程度、影响范围等因素，自然灾害、事故灾难、公共卫生事件分为特别重大、重大、较大和一般四级。法律、行政法规或者国务院另有规定的，从其规定。

突发事件的分级标准由国务院或者国务院确定的部门制定。

第四条 国家建立统一领导、综合协调、分类管理、分级负责、属地管理为主的应急管理体制。

第五条 突发事件应对工作实行预防为主、预防与应急相结合的原则。国家建立重大突发事件风险评估体系，对可能发生的突发事件进行综合性评估，减少重大突发事件的发生，最大限度地减轻重大突发事件的影响。

第六条 国家建立有效的社会动员机制，增强全民的公共安全和防范风险的意识，提高全社会的避险救助能力。

第七条 县级人民政府对本行政区域内突发事件的应对工作负责；涉及两个以上行政区域的，由有关行政区域共同的上一级人民政府负责，或者由各有关行政区域的上一级人民政府共同负责。

突发事件发生后，发生地县级人民政府应当立即采取措施控制事态发展，组织开展应急救援和处置工作，并立即向上一级人民政府报告，必要时可以越级上报。

突发事件发生地县级人民政府不能消除或者不能有效控制突发事件引起的严重社会危害的，应当及时向上级人民政府报告。上级人民政府应当及时采取措施，统一领导应急处置工作。

法律、行政法规规定由国务院有关部门对突发事件的应对工作负责的，从其规定；地方人民政府应当积极配合并提供必要的支持。

第八条 国务院在总理领导下研究、决定和部署特别重大突发事件的应对工作；根据实际需要，设立国家突发事件应急指挥机构，负责突发事件应对工作；必要时，国务院可以派出工作组指导有关工作。

县级以上地方各级人民政府设立由本级人民政府主要负责人、相关部门负责人、驻当地中国人民解放军和中国人民武装警察部队有关负责人组成的突发事件应急指挥机构，统一领导、协调本级人民政府各有关部门和下级人民政府开展突发事件应对工作；根据实际需要，设立相关类别突发事件应急指挥机构，组织、协调、指挥突发事件应对工作。

上级人民政府主管部门应当在各自职责范围内，指导、协助下级人民政府及其相应部门做好有关突发事件的应对工作。

第九条 国务院和县级以上地方各级人民政府是突发事件应对工作的行政领导机关，其办事机构及具体职责由国务院规定。

第十条 有关人民政府及其部门作出的应对突发事件的决定、命令，应当及时公布。

第十一条 有关人民政府及其部门采取的应对突发事件的措施，应当与突发事件可能造成的社会危害的性质、程度和范围相适应；有多种措施可供选择的，应当选择有利于最大程度地保护公民、法人和其他组织权益的措施。

公民、法人和其他组织有义务参与突发事件应对工作。

第十二条 有关人民政府及其部门为应对突发事件，可以征用单位和个人的财产。被征用的财产在使用完毕或者突发事件应急处置工作结束后，应当及时返还。财产被征用或者征用后毁损、灭失的，应当给予补偿。

第十三条 因采取突发事件应对措施，诉讼、行政复议、仲裁活动不能正常进行的，适用有关时效中止和程序中止的规定，但法律另有规定的除外。

第十四条 中国人民解放军、中国人民武装警察部队和民兵组织依照本法和其他有关法律、行政法规、军事法规的规定以及国务院、中央军事委员会的命令，参加突发事件的应急救援和处置工作。

第十五条 中华人民共和国政府在突发事件的预防、监测与预警、应急处置与救援、事后恢复与重建等方面，同外国政府和有关国际组织开展合作与交流。

第十六条 县级以上人民政府作出应对突发事件的决定、命令，应当报本级人民代表大会常务委员会备案；突发事件应急处置工作结束后，应当向本级人民代表大会常务委员会作出专项工作报告。

第二章　预防与应急准备

第十七条 国家建立健全突发事件应急预案体系。

国务院制定国家突发事件总体应急预案，组织制定国家突发事件专项应急预案；国务院有关部门根据各自的职责和国务院相关应急预案，制定国家突发事件部门应急预案。

地方各级人民政府和县级以上地方各级人民政府有关部门根据有关法律、法规、规章、上级人民政府及其有关部门的应急预案以及本地区的实际情况，制定相应的突发事件应急预案。

应急预案制定机关应当根据实际需要和情势变化，适时修订应急预案。应急预案的制定、修订程序由国务院规定。

第十八条 应急预案应当根据本法和其他有关法律、法规的规定，针对突发事件的性质、特点和可能造成的社会危害，具体规定突发事件应急管理工作的组织指挥体系与职责和突发事件的预防与预警机制、处置程序、应急保障措施以及事后恢复与重建措施等内容。

第十九条 城乡规划应当符合预防、处置突发事件的需要，统筹安排应对突发事件所必需的设备和基础设施建设，合理确定应急避难场所。

第二十条 县级人民政府应当对本行政区域内容易引发自然灾害、事故灾难和公共卫生事件的危险源、危险区域进行调查、登记、风险评估，定期进行检查、监控，并责令有关单位采取安全防范措施。

省级和设区的市级人民政府应当对本行政区域内容易引发特别重大、重大突发事件的危险源、危险区域进行调查、登记、风险评估，组织进行检查、监控，并责令有关单位采取安全防范措施。

县级以上地方各级人民政府按照本法规定登记的危险源、危险区域，应当按照国家规定及时向社会公布。

第二十一条 县级人民政府及其有关部门、乡级人民政府、街道办事处、居民委员会、村民委员会应当及时调解处理可能引发社会安全事件的矛盾纠纷。

第二十二条 所有单位应当建立健全安全管理制度，定期检查本单位各项安全防范措施的落实情况，及时消除事故隐患；掌握并及时处理本单位存在的可能引发社会安全事件的问题，防止矛盾激化和事态扩大；对本单位可能发生的突发事件和采取安全防范措施的情况，应当按照规定及时向所在地人民政府或者人民政府有关部门报告。

第二十三条 矿山、建筑施工单位和易燃易爆物品、危险化学品、放射性物品等危险物品的生产、经营、储运、使用单位，应当制定具体应急预案，并对生产经营场所、有危险物品的建筑物、构筑物及周边环境开展隐患排查，及时采取措施消除隐患，防止发生突发事件。

第二十四条 公共交通工具、公共场所和其他人员密集场所的经营单位或者管理单位应当制定具体应急预案，为交通工具和有关场所配备报警装置和必要的应急救援设备、设施，注明其使用方法，并显著标明安全撤离的通道、路线，保证安全通道、出口的畅通。

有关单位应当定期检测、维护其报警装置和应急救援设备、设施，使其处于良好状态，确保正常使用。

第二十五条 县级以上人民政府应当建立健全突发事件应急管理培训制度，对人民政府及其有关部门负有处置突发事件职责的工作人员定期进行培训。

第二十六条 县级以上人民政府应当整合应急资源，建立或者确定综合性应急救援队伍。人民政府有关部门可以根据实际需要设立专业应急救援队伍。

县级以上人民政府及其有关部门可以建立由成年志愿者组成的应急救援队伍。单位应当建立由本单位职工组成的专职或者兼职应急救援队伍。

县级以上人民政府应当加强专业应急救援队伍与非专业应急救援队伍的合作，联合培训、联合演练，提高合成应急、协同应急的能力。

第二十七条 国务院有关部门、县级以上地方各级人民政府及其有关部门、有关单位应当为专业应急救援人员购买人身意外伤害保险，配备必要的防护装备和器材，减少应急救援人员的人身风险。

第二十八条 中国人民解放军、中国人民武装警察部队和民兵组织应当有计划地组织开展应急救援的专门训练。

第二十九条 县级人民政府及其有关部门、乡级人民政府、街道办事处应当组织开展应急知识的宣传普及活动和必要的应急演练。

居民委员会、村民委员会、企业事业单位应当根据所在地人民政府的要求，结合各自的实际情况，开展有关突发事件应急知识的宣传普及活动和必要的应急演练。

新闻媒体应当无偿开展突发事件预防与应急、自救与互救知识的公益宣传。

第三十条 各级各类学校应当把应急知识教育纳入教学内容，对学生进行应急知识教育，培养学生的安全意识和自救与互救能力。

教育主管部门应当对学校开展应急知识教育进行指导和监督。

第三十一条 国务院和县级以上地方各级人民政府应当采取财政措施，保障突发事件应对工作所需经费。

第三十二条 国家建立健全应急物资储备保障制度，完善重要应急物资的监管、生产、储备、调拨和紧急配送体系。

设区的市级以上人民政府和突发事件易发、多发地区的县级人民政府应当建立应急救援物资、生活必需品和应急处置装备的储备制度。

县级以上地方各级人民政府应当根据本地区的实际情况，与有关企业签订协议，保障应急救援物资、生活必需品和应急处置装备的生产、供给。

第三十三条 国家建立健全应急通信保障体系，完善公用通信网，建立有线与无线相结合、基础电信网络与机动通信系统相配套的应急通信系统，确保突发事件应对工作的通信畅通。

第三十四条 国家鼓励公民、法人和其他组织为人民政府应对突发事件工作提供物资、资金、技术支持和捐赠。

第三十五条 国家发展保险事业，建立国家财政支持的巨灾风险保险体系，并鼓励单位和公民参加保险。

第三十六条 国家鼓励、扶持具备相应条件的教学科研机构培养应急管理专门人才，鼓励、扶持教学科研机构和有关企业研究开发用于突发事件预防、监测、预警、应急处置与救援的新技术、新设备和新工具。

第三章 监测与预警

第三十七条 国务院建立全国统一的突发事件信息系统。

县级以上地方各级人民政府应当建立或者确定本地区统一的突发事件信息系统，汇集、储存、分析、传输有关突发事件的信息，并与上级人民政府及其有关部门、下级人民政府及其有关部门、专业机构和监测网点的突发事件信息系统实现互联互通，加强跨部门、跨地区的信息交流与情报合作。

第三十八条 县级以上人民政府及其有关部门、专业机构应当通过多种途径收集突发事件信息。

县级人民政府应当在居民委员会、村民委员会和有关单位建立专职或者兼职信息报告员制度。

获悉突发事件信息的公民、法人或者其他组织，应当立即向所在地人民政府、有关主管部门或者指定的专业机构报告。

第三十九条 地方各级人民政府应当按照国家有关规定向上级人民政府报送突发事件信息。县级以上人民政府有关主管部门应当向本级人民政府相关部门通报突发事件信息。专业机构、监测网点和信息报告员应当及时向所在地人民政府及其有关主管部门报告突发事件信息。

有关单位和人员报送、报告突发事件信息，应当做到及时、客观、真实，不得迟报、谎报、瞒报、漏报。

第四十条 县级以上地方各级人民政府应当及时汇总分析突发事件隐患和预警信息，必要时组织相关部门、专业技术人员、专家学者进行会商，对发生突发事件的可能性及其可能造成的影响进行评估；认为可能发生重大或者特别重大突发事件的，应当立即向上级人民政府报告，并向上级人民政府有关部门、当地驻军和可能受到危害的毗邻或者相关地区的人民政府通报。

第四十一条 国家建立健全突发事件监测制度。

县级以上人民政府及其有关部门应当根据自然灾害、事故灾难和公共卫生事件的种类和特点，建立健全基础信息数据库，完善监测网络，划分监测区域，确定监测点，明确监测项目，提供必要的设备、设施，配备专职或者兼职人员，对可能发生的突发事件进行监测。

第四十二条 国家建立健全突发事件预警制度。

可以预警的自然灾害、事故灾难和公共卫生事件的预警级别，按照突发事件发生的紧急程度、发展势态和可能造成的危害程度分为一级、二级、三级和四级，分别用红色、橙色、黄色和蓝色标示，一级为最高级别。

预警级别的划分标准由国务院或者国务院确定的部门制定。

第四十三条 可以预警的自然灾害、事故灾难或者公共卫生事件即将发生或者发生的可能性增大时，县级以上地方各级人民政府应当根据有关法律、行政法规和国务院规定的权限和程序，发布相应级别的警报，决定并宣布有关地区进入预警期，同时向上一级人民政府报告，必要时可以越级上报，并向当地驻军和可能受到危害的毗邻或者相关地区的人民政府通报。

第四十四条 发布三级、四级警报，宣布进入预警期后，县级以上地方各级人民政府应当根据即将发生的突发事件的特点和可能造成的危害，采取下列措施：

（一）启动应急预案；

（二）责令有关部门、专业机构、监测网点和负有特定职责的人员及时收集、报告有关信息，向社会公布反映突发事件信息的渠道，加强对突发事件发生、发展情况的监测、预报和预警工作；

（三）组织有关部门和机构、专业技术人员、有关专家学者，随时对突发事件信息进行分析评估，预测发生突发事件可能性的大小、影响范围和强度以及可能发生的突发事件的级别；

（四）定时向社会发布与公众有关的突发事件预测信息和分析评估结果，并对相关信息的报道工作进行管理；

（五）及时按照有关规定向社会发布可能受到突发事件危害的警告，宣传避免、减轻危害的常识，公布咨询电话。

第四十五条 发布一级、二级警报，宣布进入预警期后，县级以上地方各级人民政府除采取本法第四十四条规定的措施外，还应当针对即将发生的突发事件的特点和可能造成的危害，采取下列一项或者多项措施：

（一）责令应急救援队伍、负有特定职责的人员进入待命状态，并动员后备人员做好参加应急救援和处置工作的准备；

（二）调集应急救援所需物资、设备、工具，准备应急设施和避难场所，并确保其处于良好状态、随时可以投入正常使用；

（三）加强对重点单位、重要部位和重要基础设施的安全保卫，维护社会治安秩序；

（四）采取必要措施，确保交通、通信、供水、排水、供电、供气、供热等公共设施的安全和正常运行；

（五）及时向社会发布有关采取特定措施避免或者减轻危害的建议、劝告；

（六）转移、疏散或者撤离易受突发事件危害的人员并予以妥善安置，转移重要财产；

（七）关闭或者限制使用易受突发事件危害的场所，控制或者限制容易导致危害扩大的公共场所的活动；

（八）法律、法规、规章规定的其他必要的防范性、保护性措施。

第四十六条 对即将发生或者已经发生的社会安全事件，县级以上地方各级人民政府及其有关主管部门应当按照规定向上一级人民政府及其有关主管部门报告，必要时可以越级上报。

第四十七条 发布突发事件警报的人民政府应当根据事态的发展，按照有关规定适时调整预警级别并重新发布。

有事实证明不可能发生突发事件或者危险已经解除的，发布警报的人民政府应当立即宣布解除警报，终止预警期，并解除已经采取的有关措施。

第四章　应急处置与救援

第四十八条 突发事件发生后，履行统一领导职责或者组织处置突发事件的人民政府应当针对其性质、特点和危害程度，立即组织有关部门，调动应急救援队伍和社会力量，依照本章的规定和有关法律、法规、规章的规定采取应急处置措施。

第四十九条 自然灾害、事故灾难或者公共卫生事件发生后，履行统一领导职责的人民政府可以采取下列一项或者多项应急处置措施：

（一）组织营救和救治受害人员，疏散、撤离并妥善安置受到威胁的人员以及采取其他救助措施；

（二）迅速控制危险源，标明危险区域，封锁危险场所，划定警戒区，实行交通管制以及其他控制措施；

（三）立即抢修被损坏的交通、通信、供水、排水、供电、供气、供热等公共设施，向受到危害的人员提供避难场所和生活必需品，实施医疗救护和卫生防疫以及其他保障措施；

（四）禁止或者限制使用有关设备、设施，关闭或者限制使用有关场所，中止人员密集的活动或者可能导致危害扩大的生产经营活动以及采取其他保护措施；

（五）启用本级人民政府设置的财政预备费和储备的应急救援物资，必要时调用其他急需物资、设备、设施、工具；

（六）组织公民参加应急救援和处置工作，要求具有特定专长的人员提供服务；

（七）保障食品、饮用水、燃料等基本生活必需品的供应；

（八）依法从严惩处囤积居奇、哄抬物价、制假售假等扰乱市场秩序的行为，稳定市场价格，维护市场秩序；

（九）依法从严惩处哄抢财物、干扰破坏应急处置工作等扰乱社会秩序的行为，维护社会治安；

（十）采取防止发生次生、衍生事件的必要措施。

第五十条　社会安全事件发生后，组织处置工作的人民政府应当立即组织有关部门并由公安机关针对事件的性质和特点，依照有关法律、行政法规和国家其他有关规定，采取下列一项或者多项应急处置措施：

（一）强制隔离使用器械相互对抗或者以暴力行为参与冲突的当事人，妥善解决现场纠纷和争端，控制事态发展；

（二）对特定区域内的建筑物、交通工具、设备、设施以及燃料、燃气、电力、水的供应进行控制；

（三）封锁有关场所、道路，查验现场人员的身份证件，限制有关公共场所内的活动；

（四）加强对易受冲击的核心机关和单位的警卫，在国家机关、军事机关、国家通讯社、广播电台、电视台、外国驻华使领馆等单位附近设置临时警戒线；

（五）法律、行政法规和国务院规定的其他必要措施。

严重危害社会治安秩序的事件发生时，公安机关应当立即依法出动警力，根据现场情况依法采取相应的强制性措施，尽快使社会秩序恢复正常。

第五十一条　发生突发事件，严重影响国民经济正常运行时，国务院或者国务院授权的有关主管部门可以采取保障、控制等必要的应急措施，保障人民群众的基本生活需要，最大限度地减轻突发事件的影响。

第五十二条　履行统一领导职责或者组织处置突发事件的人民政府，必要时可以向单位和个人征用应急救援所需设备、设施、场地、交通工具和其他物资，请求其他地方人民政府提供人力、物力、财力或者技术支援，要求生产、供应生活必需品和应急救援物资的企业组织生产、保证供给，要求提供医疗、交通等公共服务的组织提供相应的服务。

履行统一领导职责或者组织处置突发事件的人民政府，应当组织协调运输经营单位，优先运送处置突发事件所需物资、设备、工具、应急救援人员和受到突发事件危害的人员。

第五十三条　履行统一领导职责或者组织处置突发事件的人民政府，应当按照有关规定统一、准确、及时发布有关突发事件事态发展和应急处置工作的信息。

第五十四条　任何单位和个人不得编造、传播有关突发事件事态发展或者应急处置工作的虚假信息。

第五十五条 突发事件发生地的居民委员会、村民委员会和其他组织应当按照当地人民政府的决定、命令，进行宣传动员，组织群众开展自救和互救，协助维护社会秩序。

第五十六条 受到自然灾害危害或者发生事故灾难、公共卫生事件的单位，应当立即组织本单位应急救援队伍和工作人员营救受害人员，疏散、撤离、安置受到威胁的人员，控制危险源，标明危险区域，封锁危险场所，并采取其他防止危害扩大的必要措施，同时向所在地县级人民政府报告；对因本单位的问题引发的或者主体是本单位人员的社会安全事件，有关单位应当按照规定上报情况，并迅速派出负责人赶赴现场开展劝解、疏导工作。

突发事件发生地的其他单位应当服从人民政府发布的决定、命令，配合人民政府采取的应急处置措施，做好本单位的应急救援工作，并积极组织人员参加所在地的应急救援和处置工作。

第五十七条 突发事件发生地的公民应当服从人民政府、居民委员会、村民委员会或者所属单位的指挥和安排，配合人民政府采取的应急处置措施，积极参加应急救援工作，协助维护社会秩序。

第五章　事后恢复与重建

第五十八条 突发事件的威胁和危害得到控制或者消除后，履行统一领导职责或者组织处置突发事件的人民政府应当停止执行依照本法规定采取的应急处置措施，同时采取或者继续实施必要措施，防止发生自然灾害、事故灾难、公共卫生事件的次生、衍生事件或者重新引发社会安全事件。

第五十九条 突发事件应急处置工作结束后，履行统一领导职责的人民政府应当立即组织对突发事件造成的损失进行评估，组织受影响地区尽快恢复生产、生活、工作和社会秩序，制定恢复重建计划，并向上一级人民政府报告。

受突发事件影响地区的人民政府应当及时组织和协调公安、交通、铁路、民航、邮电、建设等有关部门恢复社会治安秩序，尽快修复被损坏的交通、通信、供水、排水、供电、供气、供热等公共设施。

第六十条 受突发事件影响地区的人民政府开展恢复重建工作需要上一级人民政府支持的，可以向上一级人民政府提出请求。上一级人民政府应当根据受影响地区遭受的损失和实际情况，提供资金、物资支持和技术指导，组织其他地区提供资金、物资和人力支援。

第六十一条 国务院根据受突发事件影响地区遭受损失的情况，制定扶持该地区有关行业发展的优惠政策。

受突发事件影响地区的人民政府应当根据本地区遭受损失的情况，制定救助、补偿、抚慰、抚恤、安置等善后工作计划并组织实施，妥善解决因处置突发事件引发的矛盾和纠纷。

公民参加应急救援工作或者协助维护社会秩序期间，其在本单位的工资待遇和福利不变；表现突出、成绩显著的，由县级以上人民政府给予表彰或者奖励。

县级以上人民政府对在应急救援工作中伤亡的人员依法给予抚恤。

第六十二条 履行统一领导职责的人民政府应当及时查明突发事件的发生经过和原因，总结突发事件应急处置工作的经验教训，制定改进措施，并向上一级人民政府提出报告。

第六章　法律责任

第六十三条　地方各级人民政府和县级以上各级人民政府有关部门违反本法规定，不履行法定职责的，由其上级行政机关或者监察机关责令改正；有下列情形之一的，根据情节对直接负责的主管人员和其他直接责任人员依法给予处分：

（一）未按规定采取预防措施，导致发生突发事件，或者未采取必要的防范措施，导致发生次生、衍生事件的；

（二）迟报、谎报、瞒报、漏报有关突发事件的信息，或者通报、报送、公布虚假信息，造成后果的；

（三）未按规定及时发布突发事件警报、采取预警期的措施，导致损害发生的；

（四）未按规定及时采取措施处置突发事件或者处置不当，造成后果的；

（五）不服从上级人民政府对突发事件应急处置工作的统一领导、指挥和协调的；

（六）未及时组织开展生产自救、恢复重建等善后工作的；

（七）截留、挪用、私分或者变相私分应急救援资金、物资的；

（八）不及时归还征用的单位和个人的财产，或者对被征用财产的单位和个人不按规定给予补偿的。

第六十四条　有关单位有下列情形之一的，由所在地履行统一领导职责的人民政府责令停产停业，暂扣或者吊销许可证或者营业执照，并处五万元以上二十万元以下的罚款；构成违反治安管理行为的，由公安机关依法给予处罚：

（一）未按规定采取预防措施，导致发生严重突发事件的；

（二）未及时消除已发现的可能引发突发事件的隐患，导致发生严重突发事件的；

（三）未做好应急设备、设施日常维护、检测工作，导致发生严重突发事件或者突发事件危害扩大的；

（四）突发事件发生后，不及时组织开展应急救援工作，造成严重后果的。

前款规定的行为，其他法律、行政法规规定由人民政府有关部门依法决定处罚的，从其规定。

第六十五条　违反本法规定，编造并传播有关突发事件事态发展或者应急处置工作的虚假信息，或者明知是有关突发事件事态发展或者应急处置工作的虚假信息而进行传播的，责令改正，给予警告；造成严重后果的，依法暂停其业务活动或者吊销其执业许可证；负有直接责任的人员是国家工作人员的，还应当对其依法给予处分；构成违反治安管理行为的，由公安机关依法给予处罚。

第六十六条　单位或者个人违反本法规定，不服从所在地人民政府及其有关部门发布的决定、命令或者不配合其依法采取的措施，构成违反治安管理行为的，由公安机关依法给予处罚。

第六十七条　单位或者个人违反本法规定，导致突发事件发生或者危害扩大，给他人人身、财产造成损害的，应当依法承担民事责任。

第六十八条　违反本法规定，构成犯罪的，依法追究刑事责任。

第七章　附　则

第六十九条　发生特别重大突发事件，对人民生命财产安全、国家安全、公共安全、环境安全或者社会秩序构成重大威胁，采取本法和其他有关法律、法规、规章规定的应急处置措施不能消除或者有效控制、减轻其严重社会危害，需要进入紧急状态的，由全国人民代表大会常务委员会或者国务院依照宪法和其他有关法律规定的权限和程序决定。

紧急状态期间采取的非常措施，依照有关法律规定执行或者由全国人民代表大会常务委员会另行规定。

第七十条　本法自 2007 年 11 月 1 日起施行。

（汪宝德　王维智）

突发公共卫生事件应急条例

第一章　总　则

第一条　为了有效预防、及时控制和消除突发公共卫生事件的危害，保障公众身体健康与生命安全，维护正常的社会秩序，制定本条例。

第二条　本条例所称突发公共卫生事件（以下简称突发事件），是指突然发生，造成或者可能造成社会公众健康严重损害的重大传染病疫情、群体性不明原因疾病、重大食物和职业中毒以及其他严重影响公众健康的事件。

第三条　突发事件发生后，国务院设立全国突发事件应急处理指挥部，由国务院有关部门和军队有关部门组成，国务院主管领导人担任总指挥，负责对全国突发事件应急处理的统一领导、统一指挥。

国务院卫生行政主管部门和其他有关部门，在各自的职责范围内做好突发事件应急处理的有关工作。

第四条　突发事件发生后，省、自治区、直辖市人民政府成立地方突发事件应急处理指挥部，省、自治区、直辖市人民政府主要领导人担任总指挥，负责领导、指挥本行政区域内突发事件应急处理工作。

县级以上地方人民政府卫生行政主管部门，具体负责组织突发事件的调查、控制和医疗救治工作。

县级以上地方人民政府有关部门，在各自的职责范围内做好突发事件应急处理的有关工作。

第五条　突发事件应急工作，应当遵循预防为主、常备不懈的方针，贯彻统一领导、分级负责、反应及时、措施果断、依靠科学、加强合作的原则。

第六条　县级以上各级人民政府应当组织开展防治突发事件相关科学研究，建立突发事件应急流行病学调查、传染源隔离、医疗救护、现场处置、监督检查、监测检验、卫生防护等有关物资、设备、设施、技术与人才资源储备，所需经费列入本级政府财政预算。

国家对边远贫困地区突发事件应急工作给予财政支持。

第七条　国家鼓励、支持开展突发事件监测、预警、反应处理有关技术的国际交流与合作。

第八条　国务院有关部门和县级以上地方人民政府及其有关部门，应当建立严格的突发事件防范和应急处理责任制，切实履行各自的职责，保证突发事件应急处理工作的正常进行。

第九条 县级以上各级人民政府及其卫生行政主管部门，应当对参加突发事件应急处理的医疗卫生人员，给予适当补助和保健津贴；对参加突发事件应急处理作出贡献的人员，给予表彰和奖励；对因参与应急处理工作致病、致残、死亡的人员，按照国家有关规定，给予相应的补助和抚恤。

第二章　预防与应急准备

第十条 国务院卫生行政主管部门按照分类指导、快速反应的要求，制定全国突发事件应急预案，报请国务院批准。

省、自治区、直辖市人民政府根据全国突发事件应急预案，结合本地实际情况，制定本行政区域的突发事件应急预案。

第十一条 全国突发事件应急预案应当包括以下主要内容：

（一）突发事件应急处理指挥部的组成和相关部门的职责；

（二）突发事件的监测与预警；

（三）突发事件信息的收集、分析、报告、通报制度；

（四）突发事件应急处理技术和监测机构及其任务；

（五）突发事件的分级和应急处理工作方案；

（六）突发事件预防、现场控制，应急设施、设备、救治药品和医疗器械以及其他物资和技术的储备与调度；

（七）突发事件应急处理专业队伍的建设和培训。

第十二条 突发事件应急预案应当根据突发事件的变化和实施中发现的问题及时进行修订、补充。

第十三条 地方各级人民政府应当依照法律、行政法规的规定，做好传染病预防和其他公共卫生工作，防范突发事件的发生。

县级以上各级人民政府卫生行政主管部门和其他有关部门，应当对公众开展突发事件应急知识的专门教育，增强全社会对突发事件的防范意识和应对能力。

第十四条 国家建立统一的突发事件预防控制体系。

县级以上地方人民政府应当建立和完善突发事件监测与预警系统。

县级以上各级人民政府卫生行政主管部门，应当指定机构负责开展突发事件的日常监测，并确保监测与预警系统的正常运行。

第十五条 监测与预警工作应当根据突发事件的类别，制定监测计划，科学分析、综合评价监测数据。对早期发现的潜在隐患以及可能发生的突发事件，应当依照本条例规定的报告程序和时限及时报告。

第十六条 国务院有关部门和县级以上地方人民政府及其有关部门，应当根据突发事件应急预案的要求，保证应急设施、设备、救治药品和医疗器械等物资储备。

第十七条 县级以上各级人民政府应当加强急救医疗服务网络的建设，配备相应的医疗救治药物、技术、设备和人员，提高医疗卫生机构应对各类突发事件的救治能力。设区的市级以上地方人民政府应当设置与传染病防治工作需要相适应的传染病专科医院，或者指定具备传染病防治条件和能力的医疗机构承担传染病防治任务。

第十八条 县级以上地方人民政府卫生行政主管部门，应当定期对医疗卫生机构和人员开展突发事件应急处理相关知识、技能的培训，定期组织医疗卫生机构进行突发事件应急演练，推广最新知识和先进技术。

第三章 报告与信息发布

第十九条 国家建立突发事件应急报告制度。

国务院卫生行政主管部门制定突发事件应急报告规范，建立重大、紧急疫情信息报告系统。

有下列情形之一的，省、自治区、直辖市人民政府应当在接到报告1小时内，向国务院卫生行政主管部门报告：

（一）发生或者可能发生传染病暴发、流行的；

（二）发生或者发现不明原因的群体性疾病的；

（三）发生传染病菌种、毒种丢失的；

（四）发生或者可能发生重大食物和职业中毒事件的。

国务院卫生行政主管部门对可能造成重大社会影响的突发事件，应当立即向国务院报告。

第二十条 突发事件监测机构、医疗卫生机构和有关单位发现有本条例第十九条规定情形之一的，应当在2小时内向所在地县级人民政府卫生行政主管部门报告；接到报告的卫生行政主管部门应当在2小时内向本级人民政府报告，并同时向上级人民政府卫生行政主管部门和国务院卫生行政主管部门报告。

县级人民政府应当在接到报告后2小时内向设区的市级人民政府或者上一级人民政府报告；设区的市级人民政府应当在接到报告后2小时内向省、自治区、直辖市人民政府报告。

第二十一条 任何单位和个人对突发事件，不得隐瞒、缓报、谎报或者授意他人隐瞒、缓报、谎报。

第二十二条 接到报告的地方人民政府、卫生行政主管部门依照本条例规定报告的同时，应当立即组织力量对报告事项调查核实、确证，采取必要的控制措施，并及时报告调查情况。

第二十三条 国务院卫生行政主管部门应当根据发生突发事件的情况，及时向国务院有关部门和各省、自治区、直辖市人民政府卫生行政主管部门以及军队有关部门通报。

突发事件发生地的省、自治区、直辖市人民政府卫生行政主管部门，应当及时向毗邻省、自治区、直辖市人民政府卫生行政主管部门通报。

接到通报的省、自治区、直辖市人民政府卫生行政主管部门，必要时应当及时通知本行政区域内的医疗卫生机构。

县级以上地方人民政府有关部门，已经发生或者发现可能引起突发事件的情形时，应当及时向同级人民政府卫生行政主管部门通报。

第二十四条 国家建立突发事件举报制度，公布统一的突发事件报告、举报电话。

任何单位和个人有权向人民政府及其有关部门报告突发事件隐患，有权向上级人民政府及其有关部门举报地方人民政府及其有关部门不履行突发事件应急处理职责，或者不按照规定履行职责的情况。接到报告、举报的有关人民政府及其有关部门，应当立即组织对突发事件隐患、不履行或者不按照规定履行突发事件应急处理职责的情况进行调查处理。

对举报突发事件有功的单位和个人，县级以上各级人民政府及其有关部门应当予以奖励。

第二十五条 国家建立突发事件的信息发布制度。

国务院卫生行政主管部门负责向社会发布突发事件的信息。必要时，可以授权省、自治区、直辖市人民政府卫生行政主管部门向社会发布本行政区域内突发事件的信息。信息发布应当及时、准确、全面。

第四章 应急处理

第二十六条 突发事件发生后，卫生行政主管部门应当组织专家对突发事件进行综合评估，初步判断突发事件的类型，提出是否启动突发事件应急预案的建议。

第二十七条 在全国范围内或者跨省、自治区、直辖市范围内启动全国突发事件应急预案，由国务院卫生行政主管部门报国务院批准后实施。省、自治区、直辖市启动突发事件应急预案，由省、自治区、直辖市人民政府决定，并向国务院报告。

第二十八条 全国突发事件应急处理指挥部对突发事件应急处理工作进行督察和指导，地方各级人民政府及其有关部门应当予以配合。

省、自治区、直辖市突发事件应急处理指挥部对本行政区域内突发事件应急处理工作进行督察和指导。

第二十九条 省级以上人民政府卫生行政主管部门或者其他有关部门指定的突发事件应急处理专业技术机构，负责突发事件的技术调查、确证、处置、控制和评价工作。

第三十条 国务院卫生行政主管部门对新发现的突发传染病，根据危害程度、流行强度，依照《中华人民共和国传染病防治法》的规定及时宣布为法定传染病；宣布为甲类传染病的，由国务院决定。

第三十一条 应急预案启动前，县级以上各级人民政府有关部门应当根据突发事件的实际情况，做好应急处理准备，采取必要的应急措施。

应急预案启动后，突发事件发生地的人民政府有关部门，应当根据预案规定的职责要求，服从突发事件应急处理指挥部的统一指挥，立即到达规定岗位，采取有关的控制措施。

医疗卫生机构、监测机构和科学研究机构，应当服从突发事件应急处理指挥部的统一指挥，相互配合、协作，集中力量开展相关的科学研究工作。

第三十二条 突发事件发生后，国务院有关部门和县级以上地方人民政府及其有关部门，应当保证突发事件应急处理所需的医疗救护设备、救治药品、医疗器械等物资的生产、供应；铁路、交通、民用航空行政主管部门应当保证及时运送。

第三十三条 根据突发事件应急处理的需要，突发事件应急处理指挥部有权紧急调集人员、储备的物资、交通工具以及相关设施、设备；必要时，对人员进行疏散或者隔离，并可以依法对传染病疫区实行封锁。

第三十四条 突发事件应急处理指挥部根据突发事件应急处理的需要，可以对食物和水源采取控制措施。

县级以上地方人民政府卫生行政主管部门应当对突发事件现场等采取控制措施，宣传突发事件防治知识，及时对易受感染的人群和其他易受损害的人群采取应急接种、预防性投药、群体防护等措施。

第三十五条 参加突发事件应急处理的工作人员，应当按照预案的规定，采取卫生防护措施，并在专业人员的指导下进行工作。

第三十六条 国务院卫生行政主管部门或者其他有关部门指定的专业技术机构，有权进入突发事件现场进行调查、采样、技术分析和检验，对地方突发事件的应急处理工作进行技术指导，有关单位和个人应当予以配合；任何单位和个人不得以任何理由予以拒绝。

第三十七条 对新发现的突发传染病、不明原因的群体性疾病、重大食物和职业中毒事件，国务院卫生行政主管部门应当尽快组织力量制定相关的技术标准、规范和控制措施。

第三十八条 交通工具上发现根据国务院卫生行政主管部门的规定需要采取应急控制措施的传染病病人、疑似传染病病人，其负责人应当以最快的方式通知前方停靠点，并向交通工具的营运单位报告。交通工具的前方停靠点和营运单位应当立即向交通工具营运单位行政主管部门和县级以上地方人民政府卫生行政主管部门报告。卫生行政主管部门接到报告后，应当立即组织有关人员采取相应的医学处置措施。

交通工具上的传染病病人密切接触者，由交通工具停靠点的县级以上各级人民政府卫生行政主管部门或者铁路、交通、民用航空行政主管部门，根据各自的职责，依照传染病防治法律、行政法规的规定，采取控制措施。

涉及国境口岸和入出境的人员、交通工具、货物、集装箱、行李、邮包等需要采取传染病应急控制措施的，依照国境卫生检疫法律、行政法规的规定办理。

第三十九条 医疗卫生机构应当对因突发事件致病的人员提供医疗救护和现场救援，对就诊病人必须接诊治疗，并书写详细、完整的病历记录；对需要转送的病人，应当按照规定将病人及其病历记录的复印件转送至接诊的或者指定的医疗机构。

医疗卫生机构内应当采取卫生防护措施，防止交叉感染和污染。

医疗卫生机构应当对传染病病人密切接触者采取医学观察措施，传染病病人密切接触者应当予以配合。

医疗机构收治传染病病人、疑似传染病病人，应当依法报告所在地的疾病预防控制机构。接到报告的疾病预防控制机构应当立即对可能受到危害的人员进行调查，根据需要采取必要的控制措施。

第四十条 传染病暴发、流行时，街道、乡镇以及居民委员会、村民委员会应当组织力量，团结协作，群防群治，协助卫生行政主管部门和其他有关部门、医疗卫生机构做好疫情信息的收集和报告、人员的分散隔离、公共卫生措施的落实工作，向居民、村民宣传传染病防治的相关知识。

第四十一条 对传染病暴发、流行区域内流动人口，突发事件发生地的县级以上地方人民政府应当做好预防工作，落实有关卫生控制措施；对传染病病人和疑似传染病病人，应当采取就地隔离、就地观察、就地治疗的措施。对需要治疗和转诊的，应当依照本条例第三十九条第一款的规定执行。

第四十二条 有关部门、医疗卫生机构应当对传染病做到早发现、早报告、早隔离、早治疗，切断传播途径，防止扩散。

第四十三条 县级以上各级人民政府应当提供必要资金，保障因突发事件致病、致残的人员得到及时、有效的救治。具体办法由国务院财政部门、卫生行政主管部门和劳动保障行政主管部门制定。

第四十四条 在突发事件中需要接受隔离治疗、医学观察措施的病人、疑似病人和传染病病人密切接触者在卫生行政主管部门或者有关机构采取医学措施时应当予以配合；拒绝配合的，由公安机关依法协助强制执行。

第五章 法律责任

第四十五条 县级以上地方人民政府及其卫生行政主管部门未依照本条例的规定履行报告职责，对突发事件隐瞒、缓报、谎报或者授意他人隐瞒、缓报、谎报的，对政府主要领导人及其卫生行政主管部门主要负责人，依法给予降级或者撤职的行政处分；造成传染病传播、流行或者对社会公众健康造成其他严重危害后果的，依法给予开除的行政处分；构成犯罪的，依法追究刑事责任。

第四十六条 国务院有关部门、县级以上地方人民政府及其有关部门未依照本条例的规定，完成突发事件应急处理所需要的设施、设备、药品和医疗器械等物资的生产、供应、运输和储备的，对政府主要领导人和政府部门主要负责人依法给予降级或者撤职的行政处分；造成传染病传播、流行或者对社会公众健康造成其他严重危害后果的，依法给予开除的行政处分；构成犯罪的，依法追究刑事责任。

第四十七条 突发事件发生后，县级以上地方人民政府及其有关部门对上级人民政府有关部门的调查不予配合，或者采取其他方式阻碍、干涉调查的，对政府主要领导人和政府部门主要负责人依法给予降级或者撤职的行政处分；构成犯罪的，依法追究刑事责任。

第四十八条 县级以上各级人民政府卫生行政主管部门和其他有关部门在突发事件调查、控制、医疗救治工作中玩忽职守、失职、渎职的，由本级人民政府或者上级人民政府有关部门责令改正、通报批评、给予警告；对主要负责人、负有责任的主管人员和其他责任人员依法给予降级、撤职的行政处分；造成传染病传播、流行或者对社会公众健康造成其他严重危害后果的，依法给予开除的行政处分；构成犯罪的，依法追究刑事责任。

第四十九条 县级以上各级人民政府有关部门拒不履行应急处理职责的，由同级人民政府或者上级人民政府有关部门责令改正、通报批评、给予警告；对主要负责人、负有责任的主管人员和其他责任人员依法给予降级、撤职的行政处分；造成传染病传播、流行或者对社会公众健康造成其他严重危害后果的，依法给予开除的行政处分；构成犯罪的，依法追究刑事责任。

第五十条 医疗卫生机构有下列行为之一的，由卫生行政主管部门责令改正、通报批评、给予警告；情节严重的，吊销《医疗机构执业许可证》；对主要负责人、负有责任的主管人员和其他直接责任人员依法给予降级或者撤职的纪律处分；造成传染病传播、流行或者对社会公众健康造成其他严重危害后果，构成犯罪的，依法追究刑事责任：

（一）未依照本条例的规定履行报告职责，隐瞒、缓报或者谎报的；

（二）未依照本条例的规定及时采取控制措施的；

（三）未依照本条例的规定履行突发事件监测职责的；

（四）拒绝接诊病人的；

（五）拒不服从突发事件应急处理指挥部调度的。

第五十一条 在突发事件应急处理工作中，有关单位和个人未依照本条例的规定履行报告职责，隐瞒、缓报或者谎报，阻碍突发事件应急处理工作人员执行职务，拒绝国务院卫生行政主管部门或者其他有关部门指定的专业技术机构进入突发事件现场，或者不配合调查、采样、技术分析和检验的，对有关责任人员依法给予行政处分或者纪律处分；触犯《中华人民共和国治安管理处罚条例》，构成违反治安管理行为的，由公安机关依法予以处罚；构成犯罪的，依法追究刑事责任。

第五十二条 在突发事件发生期间，散布谣言、哄抬物价、欺骗消费者，扰乱社会秩序、市场秩序的，由公安机关或者工商行政管理部门依法给予行政处罚；构成犯罪的，依法追究刑事责任。

第六章 附 则

第五十三条 中国人民解放军、武装警察部队医疗卫生机构参与突发事件应急处理的，依照本条例的规定和军队的相关规定执行。

第五十四条 本条例自公布之日起施行。

（1989 年 2 月 21 日第七届全国人民代表大会常务委员会第六次会议通过 2004 年 8 月 28 日第十届全国人民代表大会常务委员会第十一次会议修订 2004 年 8 月 28 日中华人民共和国主席令第十七号公布 自 2004 年 12 月 1 日起施行）

（陈维忠）

中华人民共和国传染病防治法

第一章　总　则

第一条　为了预防、控制和消除传染病的发生与流行，保障人体健康和公共卫生，制定本法。

第二条　国家对传染病防治实行预防为主的方针，防治结合、分类管理、依靠科学、依靠群众。

第三条　本法规定的传染病分为甲类、乙类和丙类。

甲类传染病是指：鼠疫、霍乱。

乙类传染病是指：传染性非典型肺炎、艾滋病、病毒性肝炎、脊髓灰质炎、人感染高致病性禽流感、麻疹、流行性出血热、狂犬病、流行性乙型脑炎、登革热、炭疽、细菌性和阿米巴性痢疾、肺结核、伤寒和副伤寒、流行性脑脊髓膜炎、百日咳、白喉、新生儿破伤风、猩红热、布鲁氏菌病、淋病、梅毒、钩端螺旋体病、血吸虫病、疟疾。

丙类传染病是指：流行性感冒、流行性腮腺炎、风疹、急性出血性结膜炎、麻风病、流行性和地方性斑疹伤寒、黑热病、包虫病、丝虫病，除霍乱、细菌性和阿米巴性痢疾、伤寒和副伤寒以外的感染性腹泻病。

上述规定以外的其他传染病，根据其暴发、流行情况和危害程度，需要列入乙类、丙类传染病的，由国务院卫生行政部门决定并予以公布。

第四条　对乙类传染病中传染性非典型肺炎、炭疽中的肺炭疽和人感染高致病性禽流感，采取本法所称甲类传染病的预防、控制措施。其他乙类传染病和突发原因不明的传染病需要采取本法所称甲类传染病的预防、控制措施的，由国务院卫生行政部门及时报经国务院批准后予以公布、实施。

省、自治区、直辖市人民政府对本行政区域内常见、多发的其他地方性传染病，可以根据情况决定按照乙类或者丙类传染病管理并予以公布，报国务院卫生行政部门备案。

第五条　各级人民政府领导传染病防治工作。

县级以上人民政府制定传染病防治规划并组织实施，建立健全传染病防治的疾病预防控制、医疗救治和监督管理体系。

第六条　国务院卫生行政部门主管全国传染病防治及其监督管理工作。县级以上地方人民政府卫生行政部门负责本行政区域内的传染病防治及其监督管理工作。

县级以上人民政府其他部门在各自的职责范围内负责传染病防治工作。

军队的传染病防治工作，依照本法和国家有关规定办理，由中国人民解放军卫生主管部门实施监督管理。

第七条 各级疾病预防控制机构承担传染病监测、预测、流行病学调查、疫情报告以及其他预防、控制工作。

医疗机构承担与医疗救治有关的传染病防治工作和责任区域内的传染病预防工作。城市社区和农村基层医疗机构在疾病预防控制机构的指导下，承担城市社区、农村基层相应的传染病防治工作。

第八条 国家发展现代医学和中医药等传统医学，支持和鼓励开展传染病防治的科学研究，提高传染病防治的科学技术水平。

国家支持和鼓励开展传染病防治的国际合作。

第九条 国家支持和鼓励单位和个人参与传染病防治工作。各级人民政府应当完善有关制度，方便单位和个人参与防治传染病的宣传教育、疫情报告、志愿服务和捐赠活动。

居民委员会、村民委员会应当组织居民、村民参与社区、农村的传染病预防与控制活动。

第十条 国家开展预防传染病的健康教育。新闻媒体应当无偿开展传染病防治和公共卫生教育的公益宣传。

各级各类学校应当对学生进行健康知识和传染病预防知识的教育。

医学院校应当加强预防医学教育和科学研究，对在校学生以及其他与传染病防治相关人员进行预防医学教育和培训，为传染病防治工作提供技术支持。

疾病预防控制机构、医疗机构应当定期对其工作人员进行传染病防治知识、技能的培训。

第十一条 对在传染病防治工作中做出显著成绩和贡献的单位和个人，给予表彰和奖励。

对因参与传染病防治工作致病、致残、死亡的人员，按照有关规定给予补助、抚恤。

第十二条 在中华人民共和国领域内的一切单位和个人，必须接受疾病预防控制机构、医疗机构有关传染病的调查、检验、采集样本、隔离治疗等预防、控制措施，如实提供有关情况。疾病预防控制机构、医疗机构不得泄露涉及个人隐私的有关信息、资料。

卫生行政部门以及其他有关部门、疾病预防控制机构和医疗机构因违法实施行政管理或者预防、控制措施，侵犯单位和个人合法权益的，有关单位和个人可以依法申请行政复议或者提起诉讼。

第二章 传染病预防

第十三条 各级人民政府组织开展群众性卫生活动，进行预防传染病的健康教育，倡导文明健康的生活方式，提高公众对传染病的防治意识和应对能力，加强环境卫生建设，消除鼠害和蚊、蝇等病媒生物的危害。

各级人民政府农业、水利、林业行政部门按照职责分工负责指导和组织消除农田、湖区、河流、牧场、林区的鼠害与血吸虫危害，以及其他传播传染病的动物和病媒生物的危害。

铁路、交通、民用航空行政部门负责组织消除交通工具以及相关场所的鼠害和蚊、蝇等病媒生物的危害。

第十四条 地方各级人民政府应当有计划地建设和改造公共卫生设施，改善饮用水卫生条件，对污水、污物、粪便进行无害化处置。

第十五条 国家实行有计划的预防接种制度。国务院卫生行政部门和省、自治区、直辖市人民政府卫生行政部门，根据传染病预防、控制的需要，制定传染病预防接种规划并组织实施。用于预防接种的疫苗必须符合国家质量标准。

国家对儿童实行预防接种证制度。国家免疫规划项目的预防接种实行免费。医疗机构、疾病预防控制机构与儿童的监护人应当相互配合，保证儿童及时接受预防接种。具体办法由国务院制定。

第十六条 国家和社会应当关心、帮助传染病病人、病原携带者和疑似传染病病人，使其得到及时救治。任何单位和个人不得歧视传染病病人、病原携带者和疑似传染病病人。

传染病病人、病原携带者和疑似传染病病人，在治愈前或者在排除传染病嫌疑前，不得从事法律、行政法规和国务院卫生行政部门规定禁止从事的易使该传染病扩散的工作。

第十七条 国家建立传染病监测制度。

国务院卫生行政部门制定国家传染病监测规划和方案。省、自治区、直辖市人民政府卫生行政部门根据国家传染病监测规划和方案，制定本行政区域的传染病监测计划和工作方案。

各级疾病预防控制机构对传染病的发生、流行以及影响其发生、流行的因素，进行监测；对国外发生、国内尚未发生的传染病或者国内新发生的传染病，进行监测。

第十八条 各级疾病预防控制机构在传染病预防控制中履行下列职责：

（一）实施传染病预防控制规划、计划和方案；

（二）收集、分析和报告传染病监测信息，预测传染病的发生、流行趋势；

（三）开展对传染病疫情和突发公共卫生事件的流行病学调查、现场处理及其效果评价；

（四）开展传染病实验室检测、诊断、病原学鉴定；

（五）实施免疫规划，负责预防性生物制品的使用管理；

（六）开展健康教育、咨询，普及传染病防治知识；

（七）指导、培训下级疾病预防控制机构及其工作人员开展传染病监测工作；

（八）开展传染病防治应用性研究和卫生评价，提供技术咨询。

国家、省级疾病预防控制机构负责对传染病发生、流行以及分布进行监测，对重大传染病流行趋势进行预测，提出预防控制对策，参与并指导对暴发的疫情进行调查处理，开展传染病病原学鉴定，建立检测质量控制体系，开展应用性研究和卫生评价。

设区的市和县级疾病预防控制机构负责传染病预防控制规划、方案的落实，组织实施免疫、消毒、控制病媒生物的危害，普及传染病防治知识，负责本地区疫情和突发公共卫生事件监测、报告，开展流行病学调查和常见病原微生物检测。

第十九条 国家建立传染病预警制度。

国务院卫生行政部门和省、自治区、直辖市人民政府根据传染病发生、流行趋势的预测，及时发出传染病预警，根据情况予以公布。

第二十条 县级以上地方人民政府应当制定传染病预防、控制预案，报上一级人民政府备案。

传染病预防、控制预案应当包括以下主要内容：

（一）传染病预防控制指挥部的组成和相关部门的职责；

（二）传染病的监测、信息收集、分析、报告、通报制度；

（三）疾病预防控制机构、医疗机构在发生传染病疫情时的任务与职责；

（四）传染病暴发、流行情况的分级以及相应的应急工作方案；

（五）传染病预防、疫点疫区现场控制，应急设施、设备、救治药品和医疗器械以及其他物资和技术的储备与调用。

地方人民政府和疾病预防控制机构接到国务院卫生行政部门或者省、自治区、直辖市人民政府发出的传染病预警后，应当按照传染病预防、控制预案，采取相应的预防、控制措施。

第二十一条 医疗机构必须严格执行国务院卫生行政部门规定的管理制度、操作规范，防止传染病的医源性感染和医院感染。

医疗机构应当确定专门的部门或者人员，承担传染病疫情报告、本单位的传染病预防、控制以及责任区域内的传染病预防工作；承担医疗活动中与医院感染有关的危险因素监测、安全防护、消毒、隔离和医疗废物处置工作。

疾病预防控制机构应当指定专门人员负责对医疗机构内传染病预防工作进行指导、考核，开展流行病学调查。

第二十二条 疾病预防控制机构、医疗机构的实验室和从事病原微生物实验的单位，应当符合国家规定的条件和技术标准，建立严格的监督管理制度，对传染病病原体样本按照规定的措施实行严格监督管理，严防传染病病原体的实验室感染和病原微生物的扩散。

第二十三条 采供血机构、生物制品生产单位必须严格执行国家有关规定，保证血液、血液制品的质量。禁止非法采集血液或者组织他人出卖血液。

疾病预防控制机构、医疗机构使用血液和血液制品，必须遵守国家有关规定，防止因输入血液、使用血液制品引起经血液传播疾病的发生。

第二十四条 各级人民政府应当加强艾滋病的防治工作，采取预防、控制措施，防止艾滋病的传播。具体办法由国务院制定。

第二十五条 县级以上人民政府农业、林业行政部门以及其他有关部门，依据各自的职责负责与人畜共患传染病有关的动物传染病的防治管理工作。

与人畜共患传染病有关的野生动物、家畜家禽，经检疫合格后，方可出售、运输。

第二十六条 国家建立传染病菌种、毒种库。

对传染病菌种、毒种和传染病检测样本的采集、保藏、携带、运输和使用实行分类管理，建立健全严格的管理制度。

对可能导致甲类传染病传播的以及国务院卫生行政部门规定的菌种、毒种和传染病检测样本，确需采集、保藏、携带、运输和使用的，须经省级以上人民政府卫生行政部门批准。具体办法由国务院制定。

第二十七条 对被传染病病原体污染的污水、污物、场所和物品，有关单位和个人必须在疾病预防控制机构的指导下或者按照其提出的卫生要求，进行严格消毒处理；拒绝消毒处理的，由当地卫生行政部门或者疾病预防控制机构进行强制消毒处理。

第二十八条 在国家确认的自然疫源地计划兴建水利、交通、旅游、能源等大型建设项目的，应当事先由省级以上疾病预防控制机构对施工环境进行卫生调查。建设单位应当根据疾病预防控制机构的意见，采取必要的传染病预防、控制措施。施工期间，建设单位应当设专人负责工地上的卫生防疫工作。工程竣工后，疾病预防控制机构应当对可能发生的传染病进行监测。

第二十九条 用于传染病防治的消毒产品、饮用水供水单位供应的饮用水和涉及饮用水卫生安全的产品，应当符合国家卫生标准和卫生规范。

饮用水供水单位从事生产或者供应活动，应当依法取得卫生许可证。

生产用于传染病防治的消毒产品的单位和生产用于传染病防治的消毒产品，应当经省级以上人民政府卫生行政部门审批。具体办法由国务院制定。

第三章 疫情报告、通报和公布

第三十条 疾病预防控制机构、医疗机构和采供血机构及其执行职务的人员发现本法规定的传染病疫情或者发现其他传染病暴发、流行以及突发原因不明的传染病时，应当遵循疫情报告属地管理原则，按照国务院规定的或者国务院卫生行政部门规定的内容、程序、方式和时限报告。

军队医疗机构向社会公众提供医疗服务，发现前款规定的传染病疫情时，应当按照国务院卫生行政部门的规定报告。

第三十一条 任何单位和个人发现传染病病人或者疑似传染病病人时，应当及时向附近的疾病预防控制机构或者医疗机构报告。

第三十二条 港口、机场、铁路疾病预防控制机构以及国境卫生检疫机关发现甲类传染病病人、病原携带者、疑似传染病病人时，应当按照国家有关规定立即向国境口岸所在地的疾病预防控制机构或者所在地县级以上地方人民政府卫生行政部门报告并互相通报。

第三十三条 疾病预防控制机构应当主动收集、分析、调查、核实传染病疫情信息。接到甲类、乙类传染病疫情报告或者发现传染病暴发、流行时，应当立即报告当地卫生行政部门，由当地卫生行政部门立即报告当地人民政府，同时报告上级卫生行政部门和国务院卫生行政部门。

疾病预防控制机构应当设立或者指定专门的部门、人员负责传染病疫情信息管理工作，及时对疫情报告进行核实、分析。

第三十四条 县级以上地方人民政府卫生行政部门应当及时向本行政区域内的疾病预防控制机构和医疗机构通报传染病疫情以及监测、预警的相关信息。接到通报的疾病预防控制机构和医疗机构应当及时告知本单位的有关人员。

第三十五条 国务院卫生行政部门应当及时向国务院其他有关部门和各省、自治区、直辖市人民政府卫生行政部门通报全国传染病疫情以及监测、预警的相关信息。

毗邻的以及相关的地方人民政府卫生行政部门，应当及时互相通报本行政区域的传染病疫情以及监测、预警的相关信息。

县级以上人民政府有关部门发现传染病疫情时，应当及时向同级人民政府卫生行政部门通报。

中国人民解放军卫生主管部门发现传染病疫情时，应当向国务院卫生行政部门通报。

第三十六条 动物防疫机构和疾病预防控制机构，应当及时互相通报动物间和人间发生的人畜共患传染病疫情以及相关信息。

第三十七条 依照本法的规定负有传染病疫情报告职责的人民政府有关部门、疾病预防控制机构、医疗机构、采供血机构及其工作人员，不得隐瞒、谎报、缓报传染病疫情。

第三十八条 国家建立传染病疫情信息公布制度。

国务院卫生行政部门定期公布全国传染病疫情信息。省、自治区、直辖市人民政府卫生行政部门定期公布本行政区域的传染病疫情信息。

传染病暴发、流行时，国务院卫生行政部门负责向社会公布传染病疫情信息，并可以授权省、自治区、直辖市人民政府卫生行政部门向社会公布本行政区域的传染病疫情信息。

公布传染病疫情信息应当及时、准确。

第四章　疫情控制

第三十九条 医疗机构发现甲类传染病时，应当及时采取下列措施：

（一）对病人、病原携带者，予以隔离治疗，隔离期限根据医学检查结果确定；

（二）对疑似病人，确诊前在指定场所单独隔离治疗；

（三）对医疗机构内的病人、病原携带者、疑似病人的密切接触者，在指定场所进行医学观察和采取其他必要的预防措施。

拒绝隔离治疗或者隔离期未满擅自脱离隔离治疗的，可以由公安机关协助医疗机构采取强制隔离治疗措施。

医疗机构发现乙类或者丙类传染病病人，应当根据病情采取必要的治疗和控制传播措施。

医疗机构对本单位内被传染病病原体污染的场所、物品以及医疗废物，必须依照法律、法规的规定实施消毒和无害化处置。

第四十条 疾病预防控制机构发现传染病疫情或者接到传染病疫情报告时，应当及时采取下列措施：

（一）对传染病疫情进行流行病学调查，根据调查情况提出划定疫点、疫区的建议，对被污染的场所进行卫生处理，对密切接触者，在指定场所进行医学观察和采取其他必要的预防措施，并向卫生行政部门提出疫情控制方案；

（二）传染病暴发、流行时，对疫点、疫区进行卫生处理，向卫生行政部门提出疫情控制方案，并按照卫生行政部门的要求采取措施；

（三）指导下级疾病预防控制机构实施传染病预防、控制措施，组织、指导有关单位对传染病疫情的处理。

第四十一条 对已经发生甲类传染病病例的场所或者该场所内的特定区域的人员，所在地的县级以上地方人民政府可以实施隔离措施，并同时向上一级人民政府报告；接到报告的上级人民政府应当即时作出是否批准的决定。上级人民政府作出不予批准决定的，实施隔离措施的人民政府应当立即解除隔离措施。

在隔离期间，实施隔离措施的人民政府应当对被隔离人员提供生活保障；被隔离人员有工作单位的，所在单位不得停止支付其隔离期间的工作报酬。

隔离措施的解除，由原决定机关决定并宣布。

第四十二条 传染病暴发、流行时，县级以上地方人民政府应当立即组织力量，按照预防、控制预案进行防治，切断传染病的传播途径，必要时，报经上一级人民政府决定，可以采取下列紧急措施并予以公告：

（一）限制或者停止集市、影剧院演出或者其他人群聚集的活动；

（二）停工、停业、停课；

（三）封闭或者封存被传染病病原体污染的公共饮用水源、食品以及相关物品；

（四）控制或者扑杀染疫野生动物、家畜家禽；

（五）封闭可能造成传染病扩散的场所。

上级人民政府接到下级人民政府关于采取前款所列紧急措施的报告时，应当即时作出决定。

紧急措施的解除，由原决定机关决定并宣布。

第四十三条 甲类、乙类传染病暴发、流行时，县级以上地方人民政府报经上一级人民政府决定，可以宣布本行政区域部分或者全部为疫区；国务院可以决定并宣布跨省、自治区、直辖市的疫区。县级以上地方人民政府可以在疫区内采取本法第四十二条规定的紧急措施，并可以对出入疫区的人员、物资和交通工具实施卫生检疫。

省、自治区、直辖市人民政府可以决定对本行政区域内的甲类传染病疫区实施封锁；但是，封锁大、中城市的疫区或者封锁跨省、自治区、直辖市的疫区，以及封锁疫区导致中断干线交通或者封锁国境的，由国务院决定。

疫区封锁的解除，由原决定机关决定并宣布。

第四十四条 发生甲类传染病时，为了防止该传染病通过交通工具及其乘运的人员、物资传播，可以实施交通卫生检疫。具体办法由国务院制定。

第四十五条 传染病暴发、流行时，根据传染病疫情控制的需要，国务院有权在全国范围或者跨省、自治区、直辖市范围内，县级以上地方人民政府有权在本行政区域内紧急调集人员或者调用储备物资，临时征用房屋、交通工具以及相关设施、设备。

紧急调集人员的，应当按照规定给予合理报酬。临时征用房屋、交通工具以及相关设施、设备的，应当依法给予补偿；能返还的，应当及时返还。

第四十六条 患甲类传染病、炭疽死亡的，应当将尸体立即进行卫生处理，就近火化。患其他传染病死亡的，必要时，应当将尸体进行卫生处理后火化或者按照规定深埋。

为了查找传染病病因，医疗机构在必要时可以按照国务院卫生行政部门的规定，对传染病病人尸体或者疑似传染病病人尸体进行解剖查验，并应当告知死者家属。

第四十七条 疫区中被传染病病原体污染或者可能被传染病病原体污染的物品，经消毒可以使用的，应当在当地疾病预防控制机构的指导下，进行消毒处理后，方可使用、出售和运输。

第四十八条 发生传染病疫情时，疾病预防控制机构和省级以上人民政府卫生行政部门指派的其他与传染病有关的专业技术机构，可以进入传染病疫点、疫区进行调查、采集样本、技术分析和检验。

第四十九条 传染病暴发、流行时，药品和医疗器械生产、供应单位应当及时生产、供应防治传染病的药品和医疗器械。铁路、交通、民用航空经营单位必须优先运送处理传染病疫情的人员以及防治传染病的药品和医疗器械。县级以上人民政府有关部门应当做好组织协调工作。

第五章　医疗救治

第五十条 县级以上人民政府应当加强和完善传染病医疗救治服务网络的建设，指定具备传染病救治条件和能力的医疗机构承担传染病救治任务，或者根据传染病救治需要设置传染病医院。

第五十一条 医疗机构的基本标准、建筑设计和服务流程，应当符合预防传染病医院感染的要求。

医疗机构应当按照规定对使用的医疗器械进行消毒；对按照规定一次使用的医疗器具，应当在使用后予以销毁。

医疗机构应当按照国务院卫生行政部门规定的传染病诊断标准和治疗要求，采取相应措施，提高传染病医疗救治能力。

第五十二条 医疗机构应当对传染病病人或者疑似传染病病人提供医疗救护、现场救援和接诊治疗，书写病历记录以及其他有关资料，并妥善保管。

医疗机构应当实行传染病预检、分诊制度；对传染病病人、疑似传染病病人，应当引导至相对隔离的分诊点进行初诊。医疗机构不具备相应救治能力的，应当将患者及其病历记录复印件一并转至具备相应救治能力的医疗机构。具体办法由国务院卫生行政部门规定。

第六章　监督管理

第五十三条 县级以上人民政府卫生行政部门对传染病防治工作履行下列监督检查职责：

（一）对下级人民政府卫生行政部门履行本法规定的传染病防治职责进行监督检查；

（二）对疾病预防控制机构、医疗机构的传染病防治工作进行监督检查；

（三）对采供血机构的采供血活动进行监督检查；

（四）对用于传染病防治的消毒产品及其生产单位进行监督检查，并对饮用水供水单位从事生产或者供应活动以及涉及饮用水卫生安全的产品进行监督检查；

（五）对传染病菌种、毒种和传染病检测样本的采集、保藏、携带、运输、使用进行监督检查；

（六）对公共场所和有关单位的卫生条件和传染病预防、控制措施进行监督检查。

省级以上人民政府卫生行政部门负责组织对传染病防治重大事项的处理。

第五十四条 县级以上人民政府卫生行政部门在履行监督检查职责时，有权进入被检查单位和传染病疫情发生现场调查取证，查阅或者复制有关的资料和采集样本。被检查单位应当予以配合，不得拒绝、阻挠。

第五十五条 县级以上地方人民政府卫生行政部门在履行监督检查职责时，发现被传染病病原体污染的公共饮用水源、食品以及相关物品，如不及时采取控制措施可能导致传染病传播、流行的，可以采取封闭公共饮用水源、封存食品以及相关物品或者暂停销售的临时控制措施，并予以检验或者进行消毒。经检验，属于被污染的食品，应当予以销毁；对未被污染的食品或者经消毒后可以使用的物品，应当解除控制措施。

第五十六条 卫生行政部门工作人员依法执行职务时，应当不少于两人，并出示执法证件，填写卫生执法文书。

卫生执法文书经核对无误后，应当由卫生执法人员和当事人签名。当事人拒绝签名的，卫生执法人员应当注明情况。

第五十七条 卫生行政部门应当依法建立健全内部监督制度，对其工作人员依据法定职权和程序履行职责的情况进行监督。

上级卫生行政部门发现下级卫生行政部门不及时处理职责范围内的事项或者不履行职责的，应当责令纠正或者直接予以处理。

第五十八条 卫生行政部门及其工作人员履行职责，应当自觉接受社会和公民的监督。单位和个人有权向上级人民政府及其卫生行政部门举报违反本法的行为。接到举报的有关人民政府或者其卫生行政部门，应当及时调查处理。

第七章　保障措施

第五十九条 国家将传染病防治工作纳入国民经济和社会发展计划，县级以上地方人民政府将传染病防治工作纳入本行政区域的国民经济和社会发展计划。

第六十条 县级以上地方人民政府按照本级政府职责负责本行政区域内传染病预防、控制、监督工作的日常经费。

国务院卫生行政部门会同国务院有关部门，根据传染病流行趋势，确定全国传染病预防、控制、救治、监测、预测、预警、监督检查等项目。中央财政对困难地区实施重大传染病防治项目给予补助。

省、自治区、直辖市人民政府根据本行政区域内传染病流行趋势，在国务院卫生行政部门确定的项目范围内，确定传染病预防、控制、监督等项目，并保障项目的实施经费。

第六十一条 国家加强基层传染病防治体系建设，扶持贫困地区和少数民族地区的传染病防治工作。

地方各级人民政府应当保障城市社区、农村基层传染病预防工作的经费。

第六十二条 国家对患有特定传染病的困难人群实行医疗救助，减免医疗费用。具体办法由国务院卫生行政部门会同国务院财政部门等部门制定。

第六十三条 县级以上人民政府负责储备防治传染病的药品、医疗器械和其他物资，以备调用。

第六十四条 对从事传染病预防、医疗、科研、教学、现场处理疫情的人员，以及在生产、工作中接触传染病病原体的其他人员，有关单位应当按照国家规定，采取有效的卫生防护措施和医疗保健措施，并给予适当的津贴。

第八章 法律责任

第六十五条 地方各级人民政府未依照本法的规定履行报告职责，或者隐瞒、谎报、缓报传染病疫情，或者在传染病暴发、流行时，未及时组织救治、采取控制措施的，由上级人民政府责令改正，通报批评；造成传染病传播、流行或者其他严重后果的，对负有责任的主管人员，依法给予行政处分；构成犯罪的，依法追究刑事责任。

第六十六条 县级以上人民政府卫生行政部门违反本法规定，有下列情形之一的，由本级人民政府、上级人民政府卫生行政部门责令改正，通报批评；造成传染病传播、流行或者其他严重后果的，对负有责任的主管人员和其他直接责任人员，依法给予行政处分；构成犯罪的，依法追究刑事责任：

（一）未依法履行传染病疫情通报、报告或者公布职责，或者隐瞒、谎报、缓报传染病疫情的；

（二）发生或者可能发生传染病传播时未及时采取预防、控制措施的；

（三）未依法履行监督检查职责，或者发现违法行为不及时查处的；

（四）未及时调查、处理单位和个人对下级卫生行政部门不履行传染病防治职责的举报的；

（五）违反本法的其他失职、渎职行为。

第六十七条 县级以上人民政府有关部门未依照本法的规定履行传染病防治和保障职责的，由本级人民政府或者上级人民政府有关部门责令改正，通报批评；造成传染病传播、流行或者其他严重后果的，对负有责任的主管人员和其他直接责任人员，依法给予行政处分；构成犯罪的，依法追究刑事责任。

第六十八条 疾病预防控制机构违反本法规定，有下列情形之一的，由县级以上人民政府卫生行政部门责令限期改正，通报批评，给予警告；对负有责任的主管人员和其他直接责任人员，依法给予降级、撤职、开除的处分，并可以依法吊销有关责任人员的执业证书；构成犯罪的，依法追究刑事责任：

（一）未依法履行传染病监测职责的；

（二）未依法履行传染病疫情报告、通报职责，或者隐瞒、谎报、缓报传染病疫情的；

（三）未主动收集传染病疫情信息，或者对传染病疫情信息和疫情报告未及时进行分析、调查、核实的；

（四）发现传染病疫情时，未依据职责及时采取本法规定的措施的；

（五）故意泄露传染病病人、病原携带者、疑似传染病病人、密切接触者涉及个人隐私的有关信息、资料的。

第六十九条 医疗机构违反本法规定，有下列情形之一的，由县级以上人民政府卫生行政部门责令改正，通报批评，给予警告；造成传染病传播、流行或者其他严重后果的，对负有责任的主管人员和其他直接责任人员，依法给予降级、撤职、开除的处分，并可以依法吊销有关责任人员的执业证书；构成犯罪的，依法追究刑事责任：

（一）未按照规定承担本单位的传染病预防、控制工作、医院感染控制任务和责任区域内的传染病预防工作的；

（二）未按照规定报告传染病疫情，或者隐瞒、谎报、缓报传染病疫情的；

（三）发现传染病疫情时，未按照规定对传染病病人、疑似传染病病人提供医疗救护、现场救援、接诊、转诊的，或者拒绝接受转诊的；

（四）未按照规定对本单位内被传染病病原体污染的场所、物品以及医疗废物实施消毒或者无害化处置的；

（五）未按照规定对医疗器械进行消毒，或者对按照规定一次使用的医疗器具未予销毁，再次使用的；

（六）在医疗救治过程中未按照规定保管医学记录资料的；

（七）故意泄露传染病病人、病原携带者、疑似传染病病人、密切接触者涉及个人隐私的有关信息、资料的。

第七十条　采供血机构未按照规定报告传染病疫情，或者隐瞒、谎报、缓报传染病疫情，或者未执行国家有关规定，导致因输入血液引起经血液传播疾病发生的，由县级以上人民政府卫生行政部门责令改正，通报批评，给予警告；造成传染病传播、流行或者其他严重后果的，对负有责任的主管人员和其他直接责任人员，依法给予降级、撤职、开除的处分，并可以依法吊销采供血机构的执业许可证；构成犯罪的，依法追究刑事责任。

非法采集血液或者组织他人出卖血液的，由县级以上人民政府卫生行政部门予以取缔，没收违法所得，可以并处十万元以下的罚款；构成犯罪的，依法追究刑事责任。

第七十一条　国境卫生检疫机关、动物防疫机构未依法履行传染病疫情通报职责的，由有关部门在各自职责范围内责令改正，通报批评；造成传染病传播、流行或者其他严重后果的，对负有责任的主管人员和其他直接责任人员，依法给予降级、撤职、开除的处分；构成犯罪的，依法追究刑事责任。

第七十二条　铁路、交通、民用航空经营单位未依照本法的规定优先运送处理传染病疫情的人员以及防治传染病的药品和医疗器械的，由有关部门责令限期改正，给予警告；造成严重后果的，对负有责任的主管人员和其他直接责任人员，依法给予降级、撤职、开除的处分。

第七十三条　违反本法规定，有下列情形之一，导致或者可能导致传染病传播、流行的，由县级以上人民政府卫生行政部门责令限期改正，没收违法所得，可以并处五万元以下的罚款；已取得许可证的，原发证部门可以依法暂扣或者吊销许可证；构成犯罪的，依法追究刑事责任：

（一）饮用水供水单位供应的饮用水不符合国家卫生标准和卫生规范的；

（二）涉及饮用水卫生安全的产品不符合国家卫生标准和卫生规范的；

（三）用于传染病防治的消毒产品不符合国家卫生标准和卫生规范的；

（四）出售、运输疫区中被传染病病原体污染或者可能被传染病病原体污染的物品，未进行消毒处理的；

（五）生物制品生产单位生产的血液制品不符合国家质量标准的。

第七十四条 违反本法规定，有下列情形之一的，由县级以上地方人民政府卫生行政部门责令改正，通报批评，给予警告，已取得许可证的，可以依法暂扣或者吊销许可证；造成传染病传播、流行以及其他严重后果的，对负有责任的主管人员和其他直接责任人员，依法给予降级、撤职、开除的处分，并可以依法吊销有关责任人员的执业证书；构成犯罪的，依法追究刑事责任：

（一）疾病预防控制机构、医疗机构和从事病原微生物实验的单位，不符合国家规定的条件和技术标准，对传染病病原体样本未按照规定进行严格管理，造成实验室感染和病原微生物扩散的；

（二）违反国家有关规定，采集、保藏、携带、运输和使用传染病菌种、毒种和传染病检测样本的；

（三）疾病预防控制机构、医疗机构未执行国家有关规定，导致因输入血液、使用血液制品引起经血液传播疾病发生的。

第七十五条 未经检疫出售、运输与人畜共患传染病有关的野生动物、家畜家禽的，由县级以上地方人民政府畜牧兽医行政部门责令停止违法行为，并依法给予行政处罚。

第七十六条 在国家确认的自然疫源地兴建水利、交通、旅游、能源等大型建设项目，未经卫生调查进行施工的，或者未按照疾病预防控制机构的意见采取必要的传染病预防、控制措施的，由县级以上人民政府卫生行政部门责令限期改正，给予警告，处五千元以上三万元以下的罚款；逾期不改正的，处三万元以上十万元以下的罚款，并可以提请有关人民政府依据职责权限，责令停建、关闭。

第七十七条 单位和个人违反本法规定，导致传染病传播、流行，给他人人身、财产造成损害的，应当依法承担民事责任。

第九章　附　则

第七十八条 本法中下列用语的含义：

中华人民共和国传染病防治法规定管理的传染病诊断标准》，符合传染病病人和疑似传染病病人诊断标准的人。

（二）病原携带者：指感染病原体无临床症状但能排出病原体的人。

（三）流行病学调查：指对人群中疾病或者健康状况的分布及其决定因素进行调查研究，提出疾病预防控制措施及保健对策。

（四）疫点：指病原体从传染源向周围播散的范围较小或者单个疫源地。

（五）疫区：指传染病在人群中暴发、流行，其病原体向周围播散时所能波及的地区。

（六）人畜共患传染病：指人与脊椎动物共同罹患的传染病，如鼠疫、狂犬病、血吸虫病等。

（七）自然疫源地：指某些可引起人类传染病的病原体在自然界的野生动物中长期存在和循环的地区。

（八）病媒生物：指能够将病原体从人或者其他动物传播给人的生物，如蚊、蝇、蚤类等。

（九）医源性感染：指在医学服务中，因病原体传播引起的感染。

（十）医院感染：指住院病人在医院内获得的感染，包括在住院期间发生的感染和在医院内获得出院后发生的感染，但不包括入院前已开始或者入院时已处于潜伏期的感染。医院工作人员在医院内获得的感染也属医院感染。

（十一）实验室感染：指从事实验室工作时，因接触病原体所致的感染。

（十二）菌种、毒种：指可能引起本法规定的传染病发生的细菌菌种、病毒毒种。

（十三）消毒：指用化学、物理、生物的方法杀灭或者消除环境中的病原微生物。

（十四）疾病预防控制机构：指从事疾病预防控制活动的疾病预防控制中心以及与上述机构业务活动相同的单位。

（十五）医疗机构：指按照《医疗机构管理条例》取得医疗机构执业许可证，从事疾病诊断、治疗活动的机构。

第七十九条 传染病防治中有关食品、药品、血液、水、医疗废物和病原微生物的管理以及动物防疫和国境卫生检疫，本法未规定的，分别适用其他有关法律、行政法规的规定。

第八十条 本法自2004年12月1日起施行。

（汪宝德　陈维忠）

中华人民共和国安全生产法

第一章　总　则

第一条　为了加强安全生产监督管理，防止和减少生产安全事故，保障人民群众生命和财产安全，促进经济发展，制定本法。

第二条　在中华人民共和国领域内从事生产经营活动的单位（以下统称生产经营单位）的安全生产，适用本法；有关法律、行政法规对消防安全和道路交通安全、铁路交通安全、水上交通安全、民用航空安全另有规定的，适用其规定。

第三条　安全生产管理，坚持安全第一、预防为主的方针。

第四条　生产经营单位必须遵守本法和其他有关安全生产的法律、法规，加强安全生产管理，建立、健全安全生产责任制度，完善安全生产条件，确保安全生产。

第五条　生产经营单位的主要负责人对本单位的安全生产工作全面负责。

第六条　生产经营单位的从业人员有依法获得安全生产保障的权利，并应当依法履行安全生产方面的义务。

第七条　工会依法组织职工参加本单位安全生产工作的民主管理和民主监督，维护职工在安全生产方面的合法权益。

第八条　国务院和地方各级人民政府应当加强对安全生产工作的领导，支持、督促各有关部门依法履行安全生产监督管理职责。

县级以上人民政府对安全生产监督管理中存在的重大问题应当及时予以协调、解决。

第九条　国务院负责安全生产监督管理的部门依照本法，对全国安全生产工作实施综合监督管理；县级以上地方各级人民政府负责安全生产监督管理的部门依照本法，对本行政区域内安全生产工作实施综合监督管理。

国务院有关部门依照本法和其他有关法律、行政法规的规定，在各自的职责范围内对有关的安全生产工作实施监督管理；县级以上地方各级人民政府有关部门依照本法和其他有关法律、法规的规定，在各自的职责范围内对有关的安全生产工作实施监督管理。

第十条　国务院有关部门应当按照保障安全生产的要求，依法及时制定有关的国家标准或者行业标准，并根据科技进步和经济发展适时修订。

生产经营单位必须执行依法制定的保障安全生产的国家标准或者行业标准。

第十一条　各级人民政府及其有关部门应当采取多种形式，加强对有关安全生产的法律、法规和安全生产知识的宣传，提高职工的安全生产意识。

第十二条　依法设立的为安全生产提供技术服务的中介机构，依照法律、行政法规和执业准则，接受生产经营单位的委托为其安全生产工作提供技术服务。

第十三条 国家实行生产安全事故责任追究制度，依照本法和有关法律、法规的规定，追究生产安全事故责任人员的法律责任。

第十四条 国家鼓励和支持安全生产科学技术研究和安全生产先进技术的推广应用，提高安全生产水平。

第十五条 国家对在改善安全生产条件、防止生产安全事故、参加抢险救护等方面取得显著成绩的单位和个人，给予奖励。

第二章 生产经营单位的安全生产保障

第十六条 生产经营单位应当具备本法和有关法律、行政法规和国家标准或者行业标准规定的安全生产条件；不具备安全生产条件的，不得从事生产经营活动。

第十七条 生产经营单位的主要负责人对本单位安全生产工作负有下列职责：

（一）建立、健全本单位安全生产责任制；

（二）组织制定本单位安全生产规章制度和操作规程；

（三）保证本单位安全生产投入的有效实施；

（四）督促、检查本单位的安全生产工作，及时消除生产安全事故隐患；

（五）组织制定并实施本单位的生产安全事故应急救援预案；

（六）及时、如实报告生产安全事故。

第十八条 生产经营单位应当具备的安全生产条件所必需的资金投入，由生产经营单位的决策机构、主要负责人或者个人经营的投资人予以保证，并对由于安全生产所必需的资金投入不足导致的后果承担责任。

第十九条 矿山、建筑施工单位和危险物品的生产、经营、储存单位，应当设置安全生产管理机构或者配备专职安全生产管理人员。

前款规定以外的其他生产经营单位，从业人员超过三百人的，应当设置安全生产管理机构或者配备专职安全生产管理人员；从业人员在三百人以下的，应当配备专职或者兼职的安全生产管理人员，或者委托具有国家规定的相关专业技术资格的工程技术人员提供安全生产管理服务。

生产经营单位依照前款规定委托工程技术人员提供安全生产管理服务的，保证安全生产的责任仍由本单位负责。

第二十条 生产经营单位的主要负责人和安全生产管理人员必须具备与本单位所从事的生产经营活动相应的安全生产知识和管理能力。

危险物品的生产、经营、储存单位以及矿山、建筑施工单位的主要负责人和安全生产管理人员，应当由有关主管部门对其安全生产知识和管理能力考核合格后方可任职。考核不得收费。

第二十一条 生产经营单位应当对从业人员进行安全生产教育和培训，保证从业人员具备必要的安全生产知识，熟悉有关的安全生产规章制度和安全操作规程，掌握本岗位的安全操作技能。未经安全生产教育和培训合格的从业人员，不得上岗作业。

第二十二条 生产经营单位采用新工艺、新技术、新材料或者使用新设备，必须了解、掌握其安全技术特性，采取有效的安全防护措施，并对从业人员进行专门的安全生产教育和培训。

第二十三条 生产经营单位的特种作业人员必须按照国家有关规定经专门的安全作业培训，取得特种作业操作资格证书，方可上岗作业。

特种作业人员的范围由国务院负责安全生产监督管理的部门会同国务院有关部门确定。

第二十四条 生产经营单位新建、改建、扩建工程项目（以下统称建设项目）的安全设施，必须与主体工程同时设计、同时施工、同时投入生产和使用。安全设施投资应当纳入建设项目概算。

第二十五条 矿山建设项目和用于生产、储存危险物品的建设项目，应当分别按照国家有关规定进行安全条件论证和安全评价。

第二十六条 建设项目安全设施的设计人、设计单位应当对安全设施设计负责。

矿山建设项目和用于生产、储存危险物品的建设项目的安全设施设计应当按照国家有关规定报经有关部门审查，审查部门及其负责审查的人员对审查结果负责。

第二十七条 矿山建设项目和用于生产、储存危险物品的建设项目的施工单位必须按照批准的安全设施设计施工，并对安全设施的工程质量负责。

矿山建设项目和用于生产、储存危险物品的建设项目竣工投入生产或者使用前，必须依照有关法律、行政法规的规定对安全设施进行验收；验收合格后，方可投入生产和使用。验收部门及其验收人员对验收结果负责。

第二十八条 生产经营单位应当在有较大危险因素的生产经营场所和有关设施、设备上，设置明显的安全警示标志。

第二十九条 安全设备的设计、制造、安装、使用、检测、维修、改造和报废，应当符合国家标准或者行业标准。

生产经营单位必须对安全设备进行经常性维护、保养，并定期检测，保证正常运转。维护、保养、检测应当作好记录，并由有关人员签字。

第三十条 生产经营单位使用的涉及生命安全、危险性较大的特种设备，以及危险物品的容器、运输工具，必须按照国家有关规定，由专业生产单位生产，并经取得专业资质的检测、检验机构检测、检验合格，取得安全使用证或者安全标志，方可投入使用。检测、检验机构对检测、检验结果负责。

涉及生命安全、危险性较大的特种设备的目录由国务院负责特种设备安全监督管理的部门制定，报国务院批准后执行。

第三十一条 国家对严重危及生产安全的工艺、设备实行淘汰制度。

生产经营单位不得使用国家明令淘汰、禁止使用的危及生产安全的工艺、设备。

第三十二条 生产、经营、运输、储存、使用危险物品或者处置废弃危险物品的，由有关主管部门依照有关法律、法规的规定和国家标准或者行业标准审批并实施监督管理。

生产经营单位生产、经营、运输、储存、使用危险物品或者处置废弃危险物品，必须执行有关法律、法规和国家标准或者行业标准，建立专门的安全管理制度，采取可靠的安全措施，接受有关主管部门依法实施的监督管理。

第三十三条 生产经营单位对重大危险源应当登记建档，进行定期检测、评估、监控，并制定应急预案，告知从业人员和相关人员在紧急情况下应当采取的应急措施。

生产经营单位应当按照国家有关规定将本单位重大危险源及有关安全措施、应急措施报有关地方人民政府负责安全生产监督管理的部门和有关部门备案。

第三十四条 生产、经营、储存、使用危险物品的车间、商店、仓库不得与员工宿舍在同一座建筑物内，并应当与员工宿舍保持安全距离。

生产经营场所和员工宿舍应当设有符合紧急疏散要求、标志明显、保持畅通的出口。禁止封闭、堵塞生产经营场所或者员工宿舍的出口。

第三十五条 生产经营单位进行爆破、吊装等危险作业，应当安排专门人员进行现场安全管理，确保操作规程的遵守和安全措施的落实。

第三十六条 生产经营单位应当教育和督促从业人员严格执行本单位的安全生产规章制度和安全操作规程；并向从业人员如实告知作业场所和工作岗位存在的危险因素、防范措施以及事故应急措施。

第三十七条 生产经营单位必须为从业人员提供符合国家标准或者行业标准的劳动防护用品，并监督、教育从业人员按照使用规则佩戴、使用。

第三十八条 生产经营单位的安全生产管理人员应当根据本单位的生产经营特点，对安全生产状况进行经常性检查；对检查中发现的安全问题，应当立即处理；不能处理的，应当及时报告本单位有关负责人。检查及处理情况应当记录在案。

第三十九条 生产经营单位应当安排用于配备劳动防护用品、进行安全生产培训的经费。

第四十条 两个以上生产经营单位在同一作业区域内进行生产经营活动，可能危及对方生产安全的，应当签订安全生产管理协议，明确各自的安全生产管理职责和应当采取的安全措施，并指定专职安全生产管理人员进行安全检查与协调。

第四十一条 生产经营单位不得将生产经营项目、场所、设备发包或者出租给不具备安全生产条件或者相应资质的单位或者个人。

生产经营项目、场所有多个承包单位、承租单位的，生产经营单位应当与承包单位、承租单位签订专门的安全生产管理协议，或者在承包合同、租赁合同中约定各自的安全生产管理职责；生产经营单位对承包单位、承租单位的安全生产工作统一协调、管理。

第四十二条 生产经营单位发生重大生产安全事故时，单位的主要负责人应当立即组织抢救，并不得在事故调查处理期间擅离职守。

第四十三条 生产经营单位必须依法参加工伤社会保险，为从业人员缴纳保险费。

第三章 从业人员的权利和义务

第四十四条 生产经营单位与从业人员订立的劳动合同，应当载明有关保障从业人员劳动安全、防止职业危害的事项，以及依法为从业人员办理工伤社会保险的事项。

生产经营单位不得以任何形式与从业人员订立协议，免除或者减轻其对从业人员因生产安全事故伤亡依法应承担的责任。

第四十五条 生产经营单位的从业人员有权了解其作业场所和工作岗位存在的危险因素、防范措施及事故应急措施，有权对本单位的安全生产工作提出建议。

第四十六条 从业人员有权对本单位安全生产工作中存在的问题提出批评、检举、控告；有权拒绝违章指挥和强令冒险作业。

生产经营单位不得因从业人员对本单位安全生产工作提出批评、检举、控告或者拒绝违章指挥、强令冒险作业而降低其工资、福利等待遇或者解除与其订立的劳动合同。

第四十七条 从业人员发现直接危及人身安全的紧急情况时，有权停止作业或者在采取可能的应急措施后撤离作业场所。

生产经营单位不得因从业人员在前款紧急情况下停止作业或者采取紧急撤离措施而降低其工资、福利等待遇或者解除与其订立的劳动合同。

第四十八条 因生产安全事故受到损害的从业人员，除依法享有工伤社会保险外，依照有关民事法律尚有获得赔偿的权利的，有权向本单位提出赔偿要求。

第四十九条 从业人员在作业过程中，应当严格遵守本单位的安全生产规章制度和操作规程，服从管理，正确佩戴和使用劳动防护用品。

第五十条 从业人员应当接受安全生产教育和培训，掌握本职工作所需的安全生产知识，提高安全生产技能，增强事故预防和应急处理能力。

第五十一条 从业人员发现事故隐患或者其他不安全因素，应当立即向现场安全生产管理人员或者本单位负责人报告；接到报告的人员应当及时予以处理。

第五十二条 工会有权对建设项目的安全设施与主体工程同时设计、同时施工、同时投入生产和使用进行监督，提出意见。

工会对生产经营单位违反安全生产法律、法规，侵犯从业人员合法权益的行为，有权要求纠正；发现生产经营单位违章指挥、强令冒险作业或者发现事故隐患时，有权提出解决的建议，生产经营单位应当及时研究答复；发现危及从业人员生命安全的情况时，有权向生产经营单位建议组织从业人员撤离危险场所，生产经营单位必须立即作出处理。

工会有权依法参加事故调查，向有关部门提出处理意见，并要求追究有关人员的责任。

第四章　安全生产的监督管理

第五十三条 县级以上地方各级人民政府应当根据本行政区域内的安全生产状况，组织有关部门按照职责分工，对本行政区域内容易发生重大生产安全事故的生产经营单位进行严格检查；发现事故隐患，应当及时处理。

第五十四条 依照本法第九条规定对安全生产负有监督管理职责的部门（以下统称负有安全生产监督管理职责的部门）依照有关法律、法规的规定，对涉及安全生产的事项需要审查批准（包括批准、核准、许可、注册、认证、颁发证照等，下同）或者验收的，必须严格依照有关法律、法规和国家标准或者行业标准规定的安全生产条件和程序进行审查；不符合有关法律、法规和国家标准或者行业标准规定的安全生产条件的，不得批准或者验收通过。对未依法取得批准或者验收合格的单位擅自从事有关活动的，负责行政审批的部门发现或者接到举报后应当立即予以取缔，并依法予以处理。对已经依法取得批准的单位，负责行政审批的部门发现其不再具备安全生产条件的，应当撤销原批准。

第五十五条 负有安全生产监督管理职责的部门对涉及安全生产的事项进行审查、验收，不得收取费用；不得要求接受审查、验收的单位购买其指定品牌或者指定生产、销售单位的安全设备、器材或者其他产品。

第五十六条 负有安全生产监督管理职责的部门依法对生产经营单位执行有关安全生产的法律、法规和国家标准或者行业标准的情况进行监督检查，行使以下职权：

（一）进入生产经营单位进行检查，调阅有关资料，向有关单位和人员了解情况。

（二）对检查中发现的安全生产违法行为，当场予以纠正或者要求限期改正；对依法应当给予行政处罚的行为，依照本法和其他有关法律、行政法规的规定作出行政处罚决定。

（三）对检查中发现的事故隐患，应当责令立即排除；重大事故隐患排除前或者排除过程中无法保证安全的，应当责令从危险区域内撤出作业人员，责令暂时停产停业或者停止使用；重大事故隐患排除后，经审查同意，方可恢复生产经营和使用。

（四）对有根据认为不符合保障安全生产的国家标准或者行业标准的设施、设备、器材予以查封或者扣押，并应当在十五日内依法作出处理决定。

监督检查不得影响被检查单位的正常生产经营活动。

第五十七条 生产经营单位对负有安全生产监督管理职责的部门的监督检查人员（以下统称安全生产监督检查人员）依法履行监督检查职责，应当予以配合，不得拒绝、阻挠。

第五十八条 安全生产监督检查人员应当忠于职守，坚持原则，秉公执法。

安全生产监督检查人员执行监督检查任务时，必须出示有效的监督执法证件；对涉及被检查单位的技术秘密和业务秘密，应当为其保密。

第五十九条 安全生产监督检查人员应当将检查的时间、地点、内容、发现的问题及其处理情况，作出书面记录，并由检查人员和被检查单位的负责人签字；被检查单位的负责人拒绝签字的，检查人员应当将情况记录在案，并向负有安全生产监督管理职责的部门报告。

第六十条 负有安全生产监督管理职责的部门在监督检查中，应当互相配合，实行联合检查；确需分别进行检查的，应当互通情况，发现存在的安全问题应当由其他有关部门进行处理的，应当及时移送其他有关部门并形成记录备查，接受移送的部门应当及时进行处理。

第六十一条 监察机关依照行政监察法的规定，对负有安全生产监督管理职责的部门及其工作人员履行安全生产监督管理职责实施监察。

第六十二条 承担安全评价、认证、检测、检验的机构应当具备国家规定的资质条件，并对其作出的安全评价、认证、检测、检验的结果负责。

第六十三条 负有安全生产监督管理职责的部门应当建立举报制度，公开举报电话、信箱或者电子邮件地址，受理有关安全生产的举报；受理的举报事项经调查核实后，应当形成书面材料；需要落实整改措施的，报经有关负责人签字并督促落实。

第六十四条 任何单位或者个人对事故隐患或者安全生产违法行为，均有权向负有安全生产监督管理职责的部门报告或者举报。

第六十五条 居民委员会、村民委员会发现其所在区域内的生产经营单位存在事故隐患或者安全生产违法行为时，应当向当地人民政府或者有关部门报告。

第六十六条 县级以上各级人民政府及其有关部门对报告重大事故隐患或者举报安全生产违法行为的有功人员，给予奖励。具体奖励办法由国务院负责安全生产监督管理的部门会同国务院财政部门制定。

第六十七条 新闻、出版、广播、电影、电视等单位有进行安全生产宣传教育的义务，有对违反安全生产法律、法规的行为进行舆论监督的权利。

第五章　生产安全事故的应急救援与调查处理

第六十八条　县级以上地方各级人民政府应当组织有关部门制定本行政区域内特大生产安全事故应急救援预案，建立应急救援体系。

第六十九条　危险物品的生产、经营、储存单位以及矿山、建筑施工单位应当建立应急救援组织；生产经营规模较小，可以不建立应急救援组织的，应当指定兼职的应急救援人员。

危险物品的生产、经营、储存单位以及矿山、建筑施工单位应当配备必要的应急救援器材、设备，并进行经常性维护、保养，保证正常运转。

第七十条　生产经营单位发生生产安全事故后，事故现场有关人员应当立即报告本单位负责人。

单位负责人接到事故报告后，应当迅速采取有效措施，组织抢救，防止事故扩大，减少人员伤亡和财产损失，并按照国家有关规定立即如实报告当地负有安全生产监督管理职责的部门，不得隐瞒不报、谎报或者拖延不报，不得故意破坏事故现场、毁灭有关证据。

第七十一条　负有安全生产监督管理职责的部门接到事故报告后，应当立即按照国家有关规定上报事故情况。负有安全生产监督管理职责的部门和有关地方人民政府对事故情况不得隐瞒不报、谎报或者拖延不报。

第七十二条　有关地方人民政府和负有安全生产监督管理职责的部门的负责人接到重大生产安全事故报告后，应当立即赶到事故现场，组织事故抢救。

任何单位和个人都应当支持、配合事故抢救，并提供一切便利条件。

第七十三条　事故调查处理应当按照实事求是、尊重科学的原则，及时、准确地查清事故原因，查明事故性质和责任，总结事故教训，提出整改措施，并对事故责任者提出处理意见。事故调查和处理的具体办法由国务院制定。

第七十四条　生产经营单位发生生产安全事故，经调查确定为责任事故的，除了应当查明事故单位的责任并依法予以追究外，还应当查明对安全生产的有关事项负有审查批准和监督职责的行政部门的责任，对有失职、渎职行为的，依照本法第七十七条的规定追究法律责任。

第七十五条　任何单位和个人不得阻挠和干涉对事故的依法调查处理。

第七十六条　县级以上地方各级人民政府负责安全生产监督管理的部门应当定期统计分析本行政区域内发生生产安全事故的情况，并定期向社会公布。

第六章　法律责任

第七十七条　负有安全生产监督管理职责的部门的工作人员，有下列行为之一的，给予降级或者撤职的行政处分；构成犯罪的，依照刑法有关规定追究刑事责任：

（一）对不符合法定安全生产条件的涉及安全生产的事项予以批准或者验收通过的；

（二）发现未依法取得批准、验收的单位擅自从事有关活动或者接到举报后不予取缔或者不依法予以处理的；

（三）对已经依法取得批准的单位不履行监督管理职责，发现其不再具备安全生产条件而不撤销原批准或者发现安全生产违法行为不予查处的。

第七十八条 负有安全生产监督管理职责的部门，要求被审查、验收的单位购买其指定的安全设备、器材或者其他产品的，在对安全生产事项的审查、验收中收取费用的，由其上级机关或者监察机关责令改正，责令退还收取的费用；情节严重的，对直接负责的主管人员和其他直接责任人员依法给予行政处分。

第七十九条 承担安全评价、认证、检测、检验工作的机构，出具虚假证明，构成犯罪的，依照刑法有关规定追究刑事责任；尚不够刑事处罚的，没收违法所得，违法所得在五千元以上的，并处违法所得二倍以上五倍以下的罚款，没有违法所得或者违法所得不足五千元的，单处或者并处五千元以上二万元以下的罚款，对其直接负责的主管人员和其他直接责任人员处五千元以上五万元以下的罚款；给他人造成损害的，与生产经营单位承担连带赔偿责任。

对有前款违法行为的机构，撤销其相应资格。

第八十条 生产经营单位的决策机构、主要负责人、个人经营的投资人不依照本法规定保证安全生产所必需的资金投入，致使生产经营单位不具备安全生产条件的，责令限期改正，提供必需的资金；逾期未改正的，责令生产经营单位停产停业整顿。

有前款违法行为，导致发生生产安全事故，构成犯罪的，依照刑法有关规定追究刑事责任；尚不够刑事处罚的，对生产经营单位的主要负责人给予撤职处分，对个人经营的投资人处二万元以上二十万元以下的罚款。

第八十一条 生产经营单位的主要负责人未履行本法规定的安全生产管理职责的，责令限期改正；逾期未改正的，责令生产经营单位停产停业整顿。

生产经营单位的主要负责人有前款违法行为，导致发生生产安全事故，构成犯罪的，依照刑法有关规定追究刑事责任；尚不够刑事处罚的，给予撤职处分或者处二万元以上二十万元以下的罚款。

生产经营单位的主要负责人依照前款规定受刑事处罚或者撤职处分的，自刑罚执行完毕或者受处分之日起，五年内不得担任任何生产经营单位的主要负责人。

第八十二条 生产经营单位有下列行为之一的，责令限期改正；逾期未改正的，责令停产停业整顿，可以并处二万元以下的罚款：

（一）未按照规定设立安全生产管理机构或者配备安全生产管理人员的；

（二）危险物品的生产、经营、储存单位以及矿山、建筑施工单位的主要负责人和安全生产管理人员未按照规定经考核合格的；

（三）未按照本法第二十一条、第二十二条的规定对从业人员进行安全生产教育和培训，或者未按照本法第三十六条的规定如实告知从业人员有关的安全生产事项的；

（四）特种作业人员未按照规定经专门的安全作业培训并取得特种作业操作资格证书，上岗作业的。

第八十三条 生产经营单位有下列行为之一的，责令限期改正；逾期未改正的，责令停止建设或者停产停业整顿，可以并处五万元以下的罚款；造成严重后果，构成犯罪的，依照刑法有关规定追究刑事责任：

（一）矿山建设项目或者用于生产、储存危险物品的建设项目没有安全设施设计或者安全设施设计未按照规定报经有关部门审查同意的；

（二）矿山建设项目或者用于生产、储存危险物品的建设项目的施工单位未按照批准的安全设施设计施工的；

（三）矿山建设项目或者用于生产、储存危险物品的建设项目竣工投入生产或者使用前，安全设施未经验收合格的；

（四）未在有较大危险因素的生产经营场所和有关设施、设备上设置明显的安全警示标志的；

（五）安全设备的安装、使用、检测、改造和报废不符合国家标准或者行业标准的；

（六）未对安全设备进行经常性维护、保养和定期检测的；

（七）未为从业人员提供符合国家标准或者行业标准的劳动防护用品的；

（八）特种设备以及危险物品的容器、运输工具未经取得专业资质的机构检测、检验合格，取得安全使用证或者安全标志，投入使用的；

（九）使用国家明令淘汰、禁止使用的危及生产安全的工艺、设备的。

第八十四条 未经依法批准，擅自生产、经营、储存危险物品的，责令停止违法行为或者予以关闭，没收违法所得，违法所得十万元以上的，并处违法所得一倍以上五倍以下的罚款，没有违法所得或者违法所得不足十万元的，单处或者并处二万元以上十万元以下的罚款；造成严重后果，构成犯罪的，依照刑法有关规定追究刑事责任。

第八十五条 生产经营单位有下列行为之一的，责令限期改正；逾期未改正的，责令停产停业整顿，可以并处二万元以上十万元以下的罚款；造成严重后果，构成犯罪的，依照刑法有关规定追究刑事责任：

（一）生产、经营、储存、使用危险物品，未建立专门安全管理制度、未采取可靠的安全措施或者不接受有关主管部门依法实施的监督管理的；

（二）对重大危险源未登记建档，或者未进行评估、监控，或者未制定应急预案的；

（三）进行爆破、吊装等危险作业，未安排专门管理人员进行现场安全管理的。

第八十六条 生产经营单位将生产经营项目、场所、设备发包或者出租给不具备安全生产条件或者相应资质的单位或者个人的，责令限期改正，没收违法所得；违法所得五万元以上的，并处违法所得一倍以上五倍以下的罚款；没有违法所得或者违法所得不足五万元的，单处或者并处一万元以上五万元以下的罚款；导致发生生产安全事故给他人造成损害的，与承包方、承租方承担连带赔偿责任。

生产经营单位未与承包单位、承租单位签订专门的安全生产管理协议或者未在承包合同、租赁合同中明确各自的安全生产管理职责，或者未对承包单位、承租单位的安全生产统一协调、管理的，责令限期改正；逾期未改正的，责令停产停业整顿。

第八十七条 两个以上生产经营单位在同一作业区域内进行可能危及对方安全生产的生产经营活动，未签订安全生产管理协议或者未指定专职安全生产管理人员进行安全检查与协调的，责令限期改正；逾期未改正的，责令停产停业。

第八十八条 生产经营单位有下列行为之一的，责令限期改正；逾期未改正的，责令停产停业整顿；造成严重后果，构成犯罪的，依照刑法有关规定追究刑事责任：

（一）生产、经营、储存、使用危险物品的车间、商店、仓库与员工宿舍在同一座建筑内，或者与员工宿舍的距离不符合安全要求的；

（二）生产经营场所和员工宿舍未设有符合紧急疏散需要、标志明显、保持畅通的出口，或者封闭、堵塞生产经营场所或者员工宿舍出口的。

第八十九条 生产经营单位与从业人员订立协议，免除或者减轻其对从业人员因生产安全事故伤亡依法应承担的责任的，该协议无效；对生产经营单位的主要负责人、个人经营的投资人处二万元以上十万元以下的罚款。

第九十条 生产经营单位的从业人员不服从管理，违反安全生产规章制度或者操作规程的，由生产经营单位给予批评教育，依照有关规章制度给予处分；造成重大事故，构成犯罪的，依照刑法有关规定追究刑事责任。

第九十一条 生产经营单位主要负责人在本单位发生重大生产安全事故时，不立即组织抢救或者在事故调查处理期间擅离职守或者逃匿的，给予降职、撤职的处分，对逃匿的处十五日以下拘留；构成犯罪的，依照刑法有关规定追究刑事责任。

生产经营单位主要负责人对生产安全事故隐瞒不报、谎报或者拖延不报的，依照前款规定处罚。

第九十二条 有关地方人民政府、负有安全生产监督管理职责的部门，对生产安全事故隐瞒不报、谎报或者拖延不报的，对直接负责的主管人员和其他直接责任人员依法给予行政处分；构成犯罪的，依照刑法有关规定追究刑事责任。

第九十三条 生产经营单位不具备本法和其他有关法律、行政法规和国家标准或者行业标准规定的安全生产条件，经停产停业整顿仍不具备安全生产条件的，予以关闭；有关部门应当依法吊销其有关证照。

第九十四条 本法规定的行政处罚，由负责安全生产监督管理的部门决定；予以关闭的行政处罚由负责安全生产监督管理的部门报请县级以上人民政府按照国务院规定的权限决定；给予拘留的行政处罚由公安机关依照治安管理处罚条例的规定决定。有关法律、行政法规对行政处罚的决定机关另有规定的，依照其规定。

第九十五条 生产经营单位发生生产安全事故造成人员伤亡、他人财产损失的，应当依法承担赔偿责任；拒不承担或者其负责人逃匿的，由人民法院依法强制执行。

生产安全事故的责任人未依法承担赔偿责任，经人民法院依法采取执行措施后，仍不能对受害人给予足额赔偿的，应当继续履行赔偿义务；受害人发现责任人有其他财产的，可以随时请求人民法院执行。

第七章　附　则

第九十六条 本法下列用语的含义：

危险物品，是指易燃易爆物品、危险化学品、放射性物品等能够危及人身安全和财产安全的物品。

重大危险源，是指长期地或者临时地生产、搬运、使用或者储存危险物品，且危险物品的数量等于或者超过临界量的单元（包括场所和设施）。

第九十七条 本法自 2002 年 11 月 1 日起施行。

（王维智　汪宝德）

中华人民共和国防震减灾法

第一章 总 则

第一条 为了防御与减轻地震灾害，保护人民生命和财产安全，保障社会主义建设顺利进行，制定本法。

第二条 在中华人民共和国境内从事地震监测预报、地震灾害预防、地震应急、震后救灾与重建等（以下简称防震减灾）活动，适用本法。

第三条 防震减灾工作，实行预防为主、防御与救助相结合的方针。

第四条 防震减灾工作，应当纳入国民经济和社会发展计划。

第五条 国家鼓励和支持防震减灾的科学技术研究，推广先进的科学研究成果，提高防震减灾工作水平。

第六条 各级人民政府应当加强对防震减灾工作的领导，组织有关部门采取措施，做好防震减灾工作。

第七条 在国务院的领导下，国务院地震行政主管部门、经济综合主管部门、建设行政主管部门、民政部门以及其他有关部门，按照职责分工，各负其责，密切配合，共同做好防震减灾工作。

县级以上地方人民政府负责管理地震工作的部门或者机构和其他有关部门在本级人民政府的领导下，按照职责分工，各负其责，密切配合，共同做好本行政区域内的防震减灾工作。

第八条 任何单位和个人都有依法参加防震减灾活动的义务。

中国人民解放军、中国人民武装警察部队和民兵应当执行国家赋予的防震减灾任务。

第二章 地震监测预报

第九条 国家加强地震监测预报工作，鼓励、扶持地震监测预报的科学技术研究，逐步提高地震监测预报水平。

第十条 国务院地震行政主管部门负责制定全国地震监测预报方案，并组织实施。

省、自治区、直辖市人民政府负责管理地震工作的部门，根据全国地震监测预报方案，负责制定本行政区域内的地震监测预报方案，并组织实施。

第十一条 国务院地震行政主管部门根据地震活动趋势，提出确定地震重点监视防御区的意见，报国务院批准。

地震重点监视防御区的县级以上地方人民政府负责管理地震工作的部门或者机构，应当加强地震监测工作，制定短期与临震预报方案，建立震情跟踪会商制度，提高地震监测预报能力。

第十二条 国务院地震行政主管部门和县级以上地方人民政府负责管理地震工作的部门或者机构，应当加强对地震活动与地震前兆的信息检测、传递、分析、处理和对可能发生地震的地点、时间和震级的预测。

第十三条 国家对地震监测台网的建设，实行统一规划，分级、分类管理。

全国地震监测台网，由国家地震监测基本台网、省级地震监测台网和市、县地震监测台网组成，其建设所需投资，按照事权和财权相统一的原则，由中央和地方财政承担。

为本单位服务的地震监测台网，由有关单位投资建设和管理，并接受所在地的县级以上地方人民政府负责管理地震工作的部门或者机构的指导。

第十四条 国家依法保护地震监测设施和地震观测环境，任何单位和个人不得危害地震监测设施和地震观测环境。地震观测环境应当按照地震监测设施周围不能有影响其工作效能的干扰源的要求划定保护范围。

本法所称地震监测设施，是指地震监测台网的监测设施、设备、仪器和其他依照国务院地震行政主管部门的规定设立的地震监测设施、设备、仪器。

第十五条 新建、扩建、改建建设工程，应当避免对地震监测设施和地震观测环境造成危害；确实无法避免造成危害的，建设单位应当事先征得国务院地震行政主管部门或者其授权的县级以上地方人民政府负责管理地震工作的部门或者机构的同意，并按照国务院的规定采取相应的措施后，方可建设。

第十六条 国家对地震预报实行统一发布制度。

地震短期预报和临震预报，由省、自治区、直辖市人民政府按照国务院规定的程序发布。

任何单位或者从事地震工作的专业人员关于短期地震预测或者临震预测的意见，应当报国务院地震行政主管部门或者县级以上地方人民政府负责管理地震工作的部门或者机构按照前款规定处理，不得擅自向社会扩散。

第三章 地震灾害预防

第十七条 新建、扩建、改建建设工程，必须达到抗震设防要求。

本条第三款规定以外的建设工程，必须按照国家颁布的地震烈度区划图或者地震动参数区划图规定的抗震设防要求，进行抗震设防。

重大建设工程和可能发生严重次生灾害的建设工程，必须进行地震安全性评价；并根据地震安全性评价的结果，确定抗震设防要求，进行抗震设防。

本法所称重大建设工程，是指对社会有重大价值或者有重大影响的工程。

本法所称可能发生严重次生灾害的建设工程，是指受地震破坏后可能引发水灾、火灾、爆炸、剧毒或者强腐蚀性物质大量泄漏和其他严重次生灾害的建设工程，包括水库大坝、堤防和贮油、贮气、贮存易燃易爆、剧毒或者强腐蚀性物质的设施以及其他可能发生严重次生灾害的建设工程。

核电站和核设施建设工程，受地震破坏后可能引发放射性污染的严重次生灾害，必须认真进行地震安全性评价，并依法进行严格的抗震设防。

第十八条 国务院地震行政主管部门负责制定地震烈度区划图或者地震动参数区划图，并负责对地震安全性评价结果的审定工作。

国务院建设行政主管部门负责制定各类房屋建筑及其附属设施和城市市政设施的建设工程的抗震设计规范。但是，本条第三款另有规定的除外。

国务院铁路、交通、民用航空、水利和其他有关专业主管部门负责分别制定铁路、公路、港口、码头、机场、水工程和其他专业建设工程的抗震设计规范。

第十九条 建设工程必须按照抗震设防要求和抗震设计规范进行抗震设计，并按照抗震设计进行施工。

第二十条 已经建成的下列建筑物、构筑物，未采取抗震设防措施的，应当按照国家有关规定进行抗震性能鉴定，并采取必要的抗震加固措施：

（一）属于重大建设工程的建筑物、构筑物；

（二）可能发生严重次生灾害的建筑物、构筑物；

（三）有重大文物价值和纪念意义的建筑物、构筑物；

（四）地震重点监视防御区的建筑物、构筑物。

第二十一条 对地震可能引起的火灾、水灾、山体滑坡、放射性污染、疫情等次生灾害源，有关地方人民政府应当采取相应的有效防范措施。

第二十二条 根据震情和震害预测结果，国务院地震行政主管部门和县级以上地方人民政府负责管理地震工作的部门或者机构，应当会同同级有关部门编制防震减灾规划，报本级人民政府批准后实施。

修改防震减灾规划，应当报经原批准机关批准。

第二十三条 各级人民政府应当组织有关部门开展防震减灾知识的宣传教育，增强公民的防震减灾意识，提高公民在地震灾害中自救、互救的能力；加强对有关专业人员的培训，提高抢险救灾能力。

第二十四条 地震重点监视防御区的县级以上地方人民政府应当根据实际需要与可能，在本级财政预算和物资储备中安排适当的抗震救灾资金和物资。

第二十五条 国家鼓励单位和个人参加地震灾害保险。

第四章　地震应急

第二十六条 国务院地震行政主管部门会同国务院有关部门制定国家破坏性地震应急预案，报国务院批准。

国务院有关部门应当根据国家破坏性地震应急预案，制定本部门的破坏性地震应急预案，并报国务院地震行政主管部门备案。

可能发生破坏性地震地区的县级以上地方人民政府负责管理地震工作的部门或者机构，

应当会同有关部门参照国家破坏性地震应急预案，制定本行政区域内的破坏性地震应急预案，报本级人民政府批准；省、自治区和人口在一百万以上的城市的破坏性地震应急预案，还应当报国务院地震行政主管部门备案。

本法所称破坏性地震，是指造成人员伤亡和财产损失的地震灾害。

第二十七条 国家鼓励、扶持地震应急、救助技术和装备的研究开发工作。

可能发生破坏性地震地区的县级以上地方人民政府应当责成有关部门进行必要的地震应急、救助装备的储备和使用训练工作。

第二十八条 破坏性地震应急预案主要包括下列内容：

（一）应急机构的组成和职责；

（二）应急通信保障；

（三）抢险救援人员的组织和资金、物资的准备；

（四）应急、救助装备的准备；

（五）灾害评估准备；

（六）应急行动方案。

第二十九条 破坏性地震临震预报发布后，有关的省、自治区、直辖市人民政府可以宣布所预报的区域进入临震应急期；有关的地方人民政府应当按照破坏性地震应急预案，组织有关部门动员社会力量，做好抢险救灾的准备工作。

第三十条 造成特大损失的严重破坏性地震发生后，国务院应当成立抗震救灾指挥机构，组织有关部门实施破坏性地震应急预案。国务院抗震救灾指挥机构的办事机构，设在国务院地震行政主管部门。

破坏性地震发生后，有关的县级以上地方人民政府应当设立抗震救灾指挥机构，组织有关部门实施破坏性地震应急预案。

本法所称严重破坏性地震，是指造成严重的人员伤亡和财产损失，使灾区丧失或者部分丧失自我恢复能力，需要国家采取相应行动的地震灾害。

第三十一条 地震灾区的各级地方人民政府应当及时将震情、灾情及其发展趋势等信息报告上一级人民政府；地震灾区的省、自治区、直辖市人民政府按照国务院有关规定向社会公告震情和灾情。

国务院地震行政主管部门或者地震灾区的省、自治区、直辖市人民政府负责管理地震工作的部门，应当及时会同有关部门对地震灾害损失进行调查、评估；灾情调查结果，应当及时报告本级人民政府。

第三十二条 严重破坏性地震发生后，为了抢险救灾并维护社会秩序，国务院或者地震灾区的省、自治区、直辖市人民政府，可以在地震灾区实行下列紧急应急措施：

（一）交通管制；

（二）对食品等基本生活必需品和药品统一发放和分配；

（三）临时征用房屋、运输工具和通信设备等；

（四）需要采取的其他紧急应急措施。

第五章　震后救灾与重建

第三十三条　破坏性地震发生后，地震灾区的各级地方人民政府应当组织各方面力量，抢救人员，并组织基层单位和人员开展自救和互救；非地震灾区的各级地方人民政府应当根据震情和灾情，组织和动员社会力量，对地震灾区提供救助。

严重破坏性地震发生后，国务院应当对地震灾区提供救助，责成经济综合主管部门综合协调救灾工作并会同国务院其他有关部门，统筹安排救灾资金和物资。

第三十四条　地震灾区的县级以上地方人民政府应当组织卫生、医药和其他有关部门和单位，做好伤员医疗救护和卫生防疫等工作。

第三十五条　地震灾区的县级以上地方人民政府应当组织民政和其他有关部门和单位，迅速设置避难场所和救济物资供应点，提供救济物品，妥善安排灾民生活，做好灾民的转移和安置工作。

第三十六条　地震灾区的县级以上地方人民政府应当组织交通、邮电、建设和其他有关部门和单位采取措施，尽快恢复被破坏的交通、通信、供水、排水、供电、供气、输油等工程，并对次生灾害源采取紧急防护措施。

第三十七条　地震灾区的县级以上地方人民政府应当组织公安机关和其他有关部门加强治安管理和安全保卫工作，预防和打击各种犯罪活动，维护社会秩序。

第三十八条　因救灾需要，临时征用的房屋、运输工具、通信设备等，事后应当及时归还；造成损坏或者无法归还的，按照国务院有关规定给予适当补偿或者作其他处理。

第三十九条　在震后救灾中，任何单位和个人都必须遵纪守法、遵守社会公德，服从指挥，自觉维护社会秩序。

第四十条　任何单位和个人不得截留、挪用地震救灾资金和物资。

各级人民政府审计机关应当加强对地震救灾资金使用情况的审计监督。

第四十一条　地震灾区的县级以上地方人民政府应当根据震害情况和抗震设防要求，统筹规划、安排地震灾区的重建工作。

第四十二条　国家依法保护典型地震遗址、遗迹。

典型地震遗址、遗迹的保护，应当列入地震灾区的重建规划。

第六章　法律责任

第四十三条　违反本法规定，有下列行为之一的，由国务院地震行政主管部门或者县级以上地方人民政府负责管理地震工作的部门或者机构，责令停止违法行为，恢复原状或者采取其他补救措施；情节严重的，可以处五千元以上十万元以下的罚款；造成损失的，依法承担民事责任；构成犯罪的，依法追究刑事责任：

（一）新建、扩建、改建建设工程，对地震监测设施或者地震观测环境造成危害，又未依法事先征得同意并采取相应措施的；

（二）破坏典型地震遗址、遗迹的。

第四十四条 违反本法第十七条第三款规定，有关建设单位不进行地震安全性评价的，或者不按照根据地震安全性评价结果确定的抗震设防要求进行抗震设防的，由国务院地震行政主管部门或者县级以上地方人民政府负责管理地震工作的部门或者机构，责令改正，处一万元以上十万元以下的罚款。

第四十五条 违反本法规定，有下列行为之一的，由县级以上人民政府建设行政主管部门或者其他有关专业主管部门按照职责权限责令改正，处一万元以上十万元以下的罚款：

（一）不按照抗震设计规范进行抗震设计的；

（二）不按照抗震设计进行施工的。

第四十六条 截留、挪用地震救灾资金和物资，构成犯罪的，依法追究刑事责任；尚不构成犯罪的，给予行政处分。

第四十七条 国家工作人员在防震减灾工作中滥用职权，玩忽职守，徇私舞弊，构成犯罪的，依法追究刑事责任；尚不构成犯罪的，给予行政处分。

第七章 附 则

第四十八条 本法自 1998 年 3 月 1 日起施行。

（陈维忠）

破坏性地震应急条例

第一章　总　则

第一条　为了加强对破坏性地震应急活动的管理，减轻地震灾害损失，保障国家财产和公民人身、财产安全，维护社会秩序，制定本条例。

第二条　在中华人民共和国境内从事破坏性地震应急活动，必须遵守本条例。

第三条　地震应急工作实行政府领导、统一管理和分级、分部门负责的原则。

第四条　各级人民政府应当加强地震应急的宣传、教育工作，提高社会防震减灾意识。

第五条　任何组织和个人都有参加地震应急活动的义务。

中国人民解放军和中国人民武装警察部队是地震应急工作的重要力量。

第二章　应急机构

第六条　国务院防震减灾工作主管部门指导和监督全国地震应急工作。国务院有关部门按照各自的职责，具体负责本部门的地震应急工作。

第七条　造成特大损失的严重破坏性地震发生后，国务院设立抗震救灾指挥部，国务院防震减灾工作主管部门为其办事机构；国务院有关部门设立本部门的地震应急机构。

第八条　县级以上地方人民政府防震减灾工作主管部门指导和监督本行政区域内的地震应急工作。

破坏性地震发生后，有关县级以上地方人民政府应当设立抗震救灾指挥部，对本行政区域内的地震应急工作实行集中领导，其办事机构设在本级人民政府防震减灾工作主管部门或者本级人民政府指定的其他部门；国务院另有规定的，从其规定。

第三章　应急预案

第九条　国家的破坏性地震应急预案，由国务院防震减灾工作主管部门会同国务院有关部门制定，报国务院批准。

第十条　国务院有关部门应当根据国家的破坏性地震应急预案，制定本部门的破坏性地震应急预案，并报国务院防震减灾工作主管部门备案。

第十一条 根据地震灾害预测，可能发生破坏性地震地区的县级以上地方人民政府防震减灾工作主管部门应当会同同级有关部门以及有关单位，参照国家的破坏性地震应急预案，制定本行政区域内的破坏性地震应急预案，报本级人民政府批准；省、自治区和人口在100万以上的城市的破坏性地震应急预案，还应当报国务院防震减灾工作主管部门备案。

第十二条 部门和地方制定破坏性地震应急预案，应当从本部门或者本地区的实际情况出发，做到切实可行。

第十三条 破坏性地震应急预案应当包括下列主要内容：

（一）应急机构的组成和职责；

（二）应急通信保障；

（三）抢险救援的人员、资金、物资准备；

（四）灾害评估准备；

（五）应急行动方案。

第十四条 制定破坏性地震应急预案的部门和地方，应当根据震情的变化以及实施中发现的问题，及时对其制定的破坏性地震应急预案进行修订、补充；涉及重大事项调整的，应当报经原批准机关同意。

第四章　临震应急

第十五条 地震临震预报，由省、自治区、直辖市人民政府依照国务院有关发布地震预报的规定统一发布，其他任何组织或者个人不得发布地震预报。

任何组织或者个人都不得传播有关地震的谣言。发生地震谣传时，防震减灾工作主管部门应当协助人民政府迅速予以平息和澄清。

第十六条 破坏性地震临震预报发布后，有关省、自治区、直辖市人民政府可以宣布预报区进入临震应急期，并指明临震应急期的起止时间。

临震应急期一般为10日；必要时，可以延长10日。

第十七条 在临震应急期，有关地方人民政府应当根据震情，统一部署破坏性地震应急预案的实施工作，并对临震应急活动中发生的争议采取紧急处理措施。

第十八条 在临震应急期，各级防震减灾工作主管部门应当协助本级人民政府对实施破坏性地震应急预案工作进行检查。

第十九条 在临震应急期，有关地方人民政府应当根据实际情况，向预报区的居民以及其他人员提出避震撤离的劝告；情况紧急时，应当有组织地进行避震疏散。

第二十条 在临震应急期，有关地方人民政府有权在本行政区域内紧急调用物资、设备、人员和占用场地，任何组织或者个人都不得阻拦；调用物资、设备或者占用场地的，事后应当及时归还或者给予补偿。

第二十一条 在临震应急期，有关部门应当对生命线工程和次生灾害源采取紧急防护措施。

第五章 震后应急

第二十二条 破坏性地震发生后，有关的省、自治区、直辖市人民政府应当宣布灾区进入震后应急期，并指明震后应急期的起止时间。

震后应急期一般为10日；必要时，可以延长20日。

第二十三条 破坏性地震发生后，抗震救灾指挥部应当及时组织实施破坏性地震应急预案，及时将震情、灾情及其发展趋势等信息报告上一级人民政府。

第二十四条 防震减灾工作主管部门应当加强现场地震监测预报工作，并及时会同有关部门评估地震灾害损失；灾情调查结果，应当及时报告本级人民政府抗震救灾指挥部和上一级防震减灾工作主管部门。

第二十五条 交通、铁路、民航等部门应当尽快恢复被损毁的道路、铁路、水港、空港和有关设施，并优先保证抢险救援人员、物资的运输和灾民的疏散。其他部门有交通运输工具的，应当无条件服从抗震救灾指挥部的征用或者调用。

第二十六条 通信部门应当尽快恢复被破坏的通信设施，保证抗震救灾通信畅通。其他部门有通信设施的，应当优先为破坏性地震应急工作服务。

第二十七条 供水、供电部门应当尽快恢复被破坏的供水、供电设施，保证灾区用水、用电。

第二十八条 卫生部门应当立即组织急救队伍，利用各种医疗设施或者建立临时治疗点，抢救伤员，及时检查、监测灾区的饮用水源、食品等，采取有效措施防止和控制传染病的暴发流行，并向受灾人员提供精神、心理卫生方面的帮助。医药部门应当及时提供救灾所需药品。其他部门应当配合卫生、医药部门，做好卫生防疫以及伤亡人员的抢救、处理工作。

第二十九条 民政部门应当迅速设置避难场所和救济物资供应点，提供救济物品等，保障灾民的基本生活，做好灾民的转移和安置工作。其他部门应当支持、配合民政部门妥善安置灾民。

第三十条 公安部门应当加强灾区的治安管理和安全保卫工作，预防和制止各种破坏活动，维护社会治安，保证抢险救灾工作顺利进行，尽快恢复社会秩序。

第三十一条 石油、化工、水利、电力、建设等部门和单位以及危险品生产、储运等单位，应当按照各自的职责，对可能发生或者已经发生次生灾害的地点和设施采取紧急处置措施，并加强监视、控制，防止灾害扩展。

公安消防机构应当严密监视灾区火灾的发生；出现火灾时，应当组织力量抢救人员和物资，并采取有效防范措施，防止火势扩大、蔓延。

第三十二条 广播电台、电视台等新闻单位应当根据抗震救灾指挥部提供的情况，按照规定及时向公众发布震情、灾情等有关信息，并做好宣传、报道工作。

第三十三条 抗震救灾指挥部可以请求非灾区的人民政府接受并妥善安置灾民和提供其他救援。

第三十四条 破坏性地震发生后，国内非灾区提供的紧急救援，由抗震救灾指挥部负责接受和安排；国际社会提供的紧急救援，由国务院民政部门负责接受和安排；国外红十字会和国际社会通过中国红十字会提供的紧急救援，由中国红十字会负责接受和安排。

第三十五条 因严重破坏性地震应急的需要，可以在灾区实行特别管制措施。省、自治区、直辖市行政区域内的特别管制措施，由省、自治区、直辖市人民政府决定；跨省、自治区、直辖市的特别管制措施，由有关省、自治区、直辖市人民政府共同决定或者由国务院决定；中断干线交通或者封锁国境的特别管制措施，由国务院决定。

特别管制措施的解除，由原决定机关宣布。

第六章　奖励和处罚

第三十六条 在破坏性地震应急活动中有下列事迹之一的，由其所在单位、上级机关或者防震减灾工作主管部门给予表彰或者奖励：

（一）出色完成破坏性地震应急任务的；

（二）保护国家、集体和公民的财产或者抢救人员有功的；

（三）及时排除险情，防止灾害扩大，成绩显著的；

（四）对地震应急工作提出重大建议，实施效果显著的；

（五）因震情、灾情测报准确和信息传递及时而减轻灾害损失的；

（六）及时供应用于应急救灾的物资和工具或者节约经费开支，成绩显著的；

（七）有其他特殊贡献的。

第三十七条 有下列行为之一的，对负有直接责任的主管人员和其他直接责任人员依法给予行政处分；属于违反治安管理行为的，依照治安管理处罚条例的规定给予处罚；构成犯罪的，依法追究刑事责任：

（一）不按照本条例规定制定破坏性地震应急预案的；

（二）不按照破坏性地震应急预案的规定和抗震救灾指挥部的要求实施破坏性地震应急预案的；

（三）违抗抗震救灾指挥部命令，拒不承担地震应急任务的；

（四）阻挠抗震救灾指挥部紧急调用物资、人员或者占用场地的；

（五）贪污、挪用、盗窃地震应急工作经费或者物资的；

（六）有特定责任的国家工作人员在临震应急期或者震后应急期不坚守岗位，不及时掌握震情、灾情，临阵脱逃或者玩忽职守的；

（七）在临震应急期或者震后应急期哄抢国家、集体或者公民的财产的；

（八）阻碍抗震救灾人员执行职务或者进行破坏活动的；

（九）不按照规定和实际情况报告灾情的；

（十）散布谣言，扰乱社会秩序，影响破坏性地震应急工作的；

（十一）有对破坏性地震应急工作造成危害的其他行为的。

第七章　附　则

第三十八条　本条例下列用语的含义：

（一）“地震应急”，是指为了减轻地震灾害而采取的不同于正常工作程序的紧急防灾和抢险行动；

（二）“破坏性地震”，是指造成一定数量的人员伤亡和经济损失的地震事件；

（三）“严重破坏性地震”，是指造成严重的人员伤亡和经济损失，使灾区丧失或者部分丧失自我恢复能力，需要国家采取对抗行动的地震事件；

（四）“生命线工程”，是指对社会生活、生产有重大影响的交通、通信、供水、排水、供电、供气、输油等工程系统；

（五）“次生灾害源”，是指因地震而可能引发水灾、火灾、爆炸等灾害的易燃易爆物品、有毒物质贮存设施、水坝、堤岸等。

第三十九条　本条例自 1995 年 4 月 1 日起施行。

（陈维忠）

中华人民共和国劳动合同法

第一章　总　则

第一条　为了完善劳动合同制度，明确劳动合同双方当事人的权利和义务，保护劳动者的合法权益，构建和发展和谐稳定的劳动关系，制定本法。

第二条　中华人民共和国境内的企业、个体经济组织、民办非企业单位等组织（以下称用人单位）与劳动者建立劳动关系，订立、履行、变更、解除或者终止劳动合同，适用本法。

国家机关、事业单位、社会团体和与其建立劳动关系的劳动者，订立、履行、变更、解除或者终止劳动合同，依照本法执行。

第三条　订立劳动合同，应当遵循合法、公平、平等自愿、协商一致、诚实信用的原则。

依法订立的劳动合同具有约束力，用人单位与劳动者应当履行劳动合同约定的义务。

第四条　用人单位应当依法建立和完善劳动规章制度，保障劳动者享有劳动权利、履行劳动义务。

用人单位在制定、修改或者决定有关劳动报酬、工作时间、休息休假、劳动安全卫生、保险福利、职工培训、劳动纪律以及劳动定额管理等直接涉及劳动者切身利益的规章制度或者重大事项时，应当经职工代表大会或者全体职工讨论，提出方案和意见，与工会或者职工代表平等协商确定。

在规章制度和重大事项决定实施过程中，工会或者职工认为不适当的，有权向用人单位提出，通过协商予以修改完善。

用人单位应当将直接涉及劳动者切身利益的规章制度和重大事项决定公示，或者告知劳动者。

第五条　县级以上人民政府劳动行政部门会同工会和企业方面代表，建立健全协调劳动关系三方机制，共同研究解决有关劳动关系的重大问题。

第六条　工会应当帮助、指导劳动者与用人单位依法订立和履行劳动合同，并与用人单位建立集体协商机制，维护劳动者的合法权益。

第二章　劳动合同的订立

第七条　用人单位自用工之日起即与劳动者建立劳动关系。用人单位应当建立职工名册备查。

第八条　用人单位招用劳动者时，应当如实告知劳动者工作内容、工作条件、工作地点、职业危害、安全生产状况、劳动报酬，以及劳动者要求了解的其他情况；用人单位有权了解劳动者与劳动合同直接相关的基本情况，劳动者应当如实说明。

第九条　用人单位招用劳动者，不得扣押劳动者的居民身份证和其他证件，不得要求劳动者提供担保或者以其他名义向劳动者收取财物。

第十条　建立劳动关系，应当订立书面劳动合同。

已建立劳动关系，未同时订立书面劳动合同的，应当自用工之日起一个月内订立书面劳动合同。

用人单位与劳动者在用工前订立劳动合同的，劳动关系自用工之日起建立。

第十一条　用人单位未在用工的同时订立书面劳动合同，与劳动者约定的劳动报酬不明确的，新招用的劳动者的劳动报酬按照集体合同规定的标准执行；没有集体合同或者集体合同未规定的，实行同工同酬。

第十二条　劳动合同分为固定期限劳动合同、无固定期限劳动合同和以完成一定工作任务为期限的劳动合同。

第十三条　固定期限劳动合同，是指用人单位与劳动者约定合同终止时间的劳动合同。

用人单位与劳动者协商一致，可以订立固定期限劳动合同。

第十四条　无固定期限劳动合同，是指用人单位与劳动者约定无确定终止时间的劳动合同。

用人单位与劳动者协商一致，可以订立无固定期限劳动合同。有下列情形之一，劳动者提出或者同意续订、订立劳动合同的，除劳动者提出订立固定期限劳动合同外，应当订立无固定期限劳动合同：

（一）劳动者在该用人单位连续工作满十年的；

（二）用人单位初次实行劳动合同制度或者国有企业改制重新订立劳动合同时，劳动者在该用人单位连续工作满十年且距法定退休年龄不足十年的；

（三）连续订立二次固定期限劳动合同，且劳动者没有本法第三十九条和第四十条第一项、第二项规定的情形，续订劳动合同的。

用人单位自用工之日起满一年不与劳动者订立书面劳动合同的，视为用人单位与劳动者已订立无固定期限劳动合同。

第十五条　以完成一定工作任务为期限的劳动合同，是指用人单位与劳动者约定以某项工作的完成为合同期限的劳动合同。

用人单位与劳动者协商一致，可以订立以完成一定工作任务为期限的劳动合同。

第十六条　劳动合同由用人单位与劳动者协商一致，并经用人单位与劳动者在劳动合同文本上签字或者盖章生效。

劳动合同文本由用人单位和劳动者各执一份。

第十七条　劳动合同应当具备以下条款：

（一）用人单位的名称、住所和法定代表人或者主要负责人；

（二）劳动者的姓名、住址和居民身份证或者其他有效身份证件号码；

（三）劳动合同期限；

（四）工作内容和工作地点；

（五）工作时间和休息休假；

（六）劳动报酬；

（七）社会保险；

（八）劳动保护、劳动条件和职业危害防护；

（九）法律、法规规定应当纳入劳动合同的其他事项。

劳动合同除前款规定的必备条款外，用人单位与劳动者可以约定试用期、培训、保守秘密、补充保险和福利待遇等其他事项。

第十八条　劳动合同对劳动报酬和劳动条件等标准约定不明确，引发争议的，用人单位与劳动者可以重新协商；协商不成的，适用集体合同规定；没有集体合同或者集体合同未规定劳动报酬的，实行同工同酬；没有集体合同或者集体合同未规定劳动条件等标准的，适用国家有关规定。

第十九条　劳动合同期限三个月以上不满一年的，试用期不得超过一个月；劳动合同期限一年以上不满三年的，试用期不得超过二个月；三年以上固定期限和无固定期限的劳动合同，试用期不得超过六个月。

同一用人单位与同一劳动者只能约定一次试用期。

以完成一定工作任务为期限的劳动合同或者劳动合同期限不满三个月的，不得约定试用期。

试用期包含在劳动合同期限内。劳动合同仅约定试用期的，试用期不成立，该期限为劳动合同期限。

第二十条　劳动者在试用期的工资不得低于本单位相同岗位最低档工资或者劳动合同约定工资的百分之八十，并不得低于用人单位所在地的最低工资标准。

第二十一条　在试用期中，除劳动者有本法第三十九条和第四十条第一项、第二项规定的情形外，用人单位不得解除劳动合同。用人单位在试用期解除劳动合同的，应当向劳动者说明理由。

第二十二条　用人单位为劳动者提供专项培训费用，对其进行专业技术培训的，可以与该劳动者订立协议，约定服务期。

劳动者违反服务期约定的，应当按照约定向用人单位支付违约金。违约金的数额不得超过用人单位提供的培训费用。用人单位要求劳动者支付的违约金不得超过服务期尚未履行部分所应分摊的培训费用。

用人单位与劳动者约定服务期的，不影响按照正常的工资调整机制提高劳动者在服务期期间的劳动报酬。

第二十三条　用人单位与劳动者可以在劳动合同中约定保守用人单位的商业秘密和与知识产权相关的保密事项。

对负有保密义务的劳动者，用人单位可以在劳动合同或者保密协议中与劳动者约定竞业限制条款，并约定在解除或者终止劳动合同后，在竞业限制期限内按月给予劳动者经济补偿。劳动者违反竞业限制约定的，应当按照约定向用人单位支付违约金。

第二十四条 竞业限制的人员限于用人单位的高级管理人员、高级技术人员和其他负有保密义务的人员。竞业限制的范围、地域、期限由用人单位与劳动者约定，竞业限制的约定不得违反法律、法规的规定。

在解除或者终止劳动合同后，前款规定的人员到与本单位生产或者经营同类产品、从事同类业务的有竞争关系的其他用人单位，或者自己开业生产或者经营同类产品、从事同类业务的竞业限制期限，不得超过二年。

第二十五条 除本法第二十二条和第二十三条规定的情形外，用人单位不得与劳动者约定由劳动者承担违约金。

第二十六条 下列劳动合同无效或者部分无效：

（一）以欺诈、胁迫的手段或者乘人之危，使对方在违背真实意思的情况下订立或者变更劳动合同的；

（二）用人单位免除自己的法定责任、排除劳动者权利的；

（三）违反法律、行政法规强制性规定的。

对劳动合同的无效或者部分无效有争议的，由劳动争议仲裁机构或者人民法院确认。

第二十七条 劳动合同部分无效，不影响其他部分效力的，其他部分仍然有效。

第二十八条 劳动合同被确认无效，劳动者已付出劳动的，用人单位应当向劳动者支付劳动报酬。劳动报酬的数额，参照本单位相同或者相近岗位劳动者的劳动报酬确定。

第三章 劳动合同的履行和变更

第二十九条 用人单位与劳动者应当按照劳动合同的约定，全面履行各自的义务。

第三十条 用人单位应当按照劳动合同约定和国家规定，向劳动者及时足额支付劳动报酬。

用人单位拖欠或者未足额支付劳动报酬的，劳动者可以依法向当地人民法院申请支付令，人民法院应当依法发出支付令。

第三十一条 用人单位应当严格执行劳动定额标准，不得强迫或者变相强迫劳动者加班。用人单位安排加班的，应当按照国家有关规定向劳动者支付加班费。

第三十二条 劳动者拒绝用人单位管理人员违章指挥、强令冒险作业的，不视为违反劳动合同。

劳动者对危害生命安全和身体健康的劳动条件，有权对用人单位提出批评、检举和控告。

第三十三条 用人单位变更名称、法定代表人、主要负责人或者投资人等事项，不影响劳动合同的履行。

第三十四条 用人单位发生合并或者分立等情况，原劳动合同继续有效，劳动合同由承继其权利和义务的用人单位继续履行。

第三十五条 用人单位与劳动者协商一致，可以变更劳动合同约定的内容。变更劳动合同，应当采用书面形式。

变更后的劳动合同文本由用人单位和劳动者各执一份。

第四章 劳动合同的解除和终止

第三十六条 用人单位与劳动者协商一致，可以解除劳动合同。

第三十七条 劳动者提前三十日以书面形式通知用人单位，可以解除劳动合同。劳动者在试用期内提前三日通知用人单位，可以解除劳动合同。

第三十八条 用人单位有下列情形之一的，劳动者可以解除劳动合同：

（一）未按照劳动合同约定提供劳动保护或者劳动条件的；

（二）未及时足额支付劳动报酬的；

（三）未依法为劳动者缴纳社会保险费的；

（四）用人单位的规章制度违反法律、法规的规定，损害劳动者权益的；

（五）因本法第二十六条第一款规定的情形致使劳动合同无效的；

（六）法律、行政法规规定劳动者可以解除劳动合同的其他情形。

用人单位以暴力、威胁或者非法限制人身自由的手段强迫劳动者劳动的，或者用人单位违章指挥、强令冒险作业危及劳动者人身安全的，劳动者可以立即解除劳动合同，不需事先告知用人单位。

第三十九条 劳动者有下列情形之一的，用人单位可以解除劳动合同：

（一）在试用期间被证明不符合录用条件的；

（二）严重违反用人单位的规章制度的；

（三）严重失职，营私舞弊，给用人单位造成重大损害的；

（四）劳动者同时与其他用人单位建立劳动关系，对完成本单位的工作任务造成严重影响，或者经用人单位提出，拒不改正的；

（五）因本法第二十六条第一款第一项规定的情形致使劳动合同无效的；

（六）被依法追究刑事责任的。

第四十条 有下列情形之一的，用人单位提前三十日以书面形式通知劳动者本人或者额外支付劳动者一个月工资后，可以解除劳动合同：

（一）劳动者患病或者非因工负伤，在规定的医疗期满后不能从事原工作，也不能从事由用人单位另行安排的工作的；

（二）劳动者不能胜任工作，经过培训或者调整工作岗位，仍不能胜任工作的；

（三）劳动合同订立时所依据的客观情况发生重大变化，致使劳动合同无法履行，经用人单位与劳动者协商，未能就变更劳动合同内容达成协议的。

第四十一条 有下列情形之一，需要裁减人员二十人以上或者裁减不足二十人但占企业职工总数百分之十以上的，用人单位提前三十日向工会或者全体职工说明情况，听取工会或者职工的意见后，裁减人员方案经向劳动行政部门报告，可以裁减人员：

（一）依照企业破产法规定进行重整的；

（二）生产经营发生严重困难的；

（三）企业转产、重大技术革新或者经营方式调整，经变更劳动合同后，仍需裁减人员的；

（四）其他因劳动合同订立时所依据的客观经济情况发生重大变化，致使劳动合同无法履行的。

裁减人员时，应当优先留用下列人员：

（一）与本单位订立较长期限的固定期限劳动合同的；

（二）与本单位订立无固定期限劳动合同的；

（三）家庭无其他就业人员，有需要扶养的老人或者未成年人的。

用人单位依照本条第一款规定裁减人员，在六个月内重新招用人员的，应当通知被裁减的人员，并在同等条件下优先招用被裁减的人员。

第四十二条 劳动者有下列情形之一的，用人单位不得依照本法第四十条、第四十一条的规定解除劳动合同：

（一）从事接触职业病危害作业的劳动者未进行离岗前职业健康检查，或者疑似职业病病人在诊断或者医学观察期间的；

（二）在本单位患职业病或者因工负伤并被确认丧失或者部分丧失劳动能力的；

（三）患病或者非因工负伤，在规定的医疗期内的；

（四）女职工在孕期、产期、哺乳期的；

（五）在本单位连续工作满十五年，且距法定退休年龄不足五年的；

（六）法律、行政法规规定的其他情形。

第四十三条 用人单位单方解除劳动合同，应当事先将理由通知工会。用人单位违反法律、行政法规规定或者劳动合同约定的，工会有权要求用人单位纠正。用人单位应当研究工会的意见，并将处理结果书面通知工会。

第四十四条 有下列情形之一的，劳动合同终止：

（一）劳动合同期满的；

（二）劳动者开始依法享受基本养老保险待遇的；

（三）劳动者死亡，或者被人民法院宣告死亡或者宣告失踪的；

（四）用人单位被依法宣告破产的；

（五）用人单位被吊销营业执照、责令关闭、撤销或者用人单位决定提前解散的；

（六）法律、行政法规规定的其他情形。

第四十五条 劳动合同期满，有本法第四十二条规定情形之一的，劳动合同应当续延至相应的情形消失时终止。但是，本法第四十二条第二项规定丧失或者部分丧失劳动能力劳动者的劳动合同的终止，按照国家有关工伤保险的规定执行。

第四十六条 有下列情形之一的，用人单位应当向劳动者支付经济补偿：

（一）劳动者依照本法第三十八条规定解除劳动合同的；

（二）用人单位依照本法第三十六条规定向劳动者提出解除劳动合同并与劳动者协商一致解除劳动合同的；

（三）用人单位依照本法第四十条规定解除劳动合同的；

（四）用人单位依照本法第四十一条第一款规定解除劳动合同的；

（五）除用人单位维持或者提高劳动合同约定条件续订劳动合同，劳动者不同意续订的情形外，依照本法第四十四条第一项规定终止固定期限劳动合同的；

（六）依照本法第四十四条第四项、第五项规定终止劳动合同的；

（七）法律、行政法规规定的其他情形。

第四十七条　经济补偿按劳动者在本单位工作的年限，每满一年支付一个月工资的标准向劳动者支付。六个月以上不满一年的，按一年计算；不满六个月的，向劳动者支付半个月工资的经济补偿。

劳动者月工资高于用人单位所在直辖市、设区的市级人民政府公布的本地区上年度职工月平均工资三倍的，向其支付经济补偿的标准按职工月平均工资三倍的数额支付，向其支付经济补偿的年限最高不超过十二年。

本条所称月工资是指劳动者在劳动合同解除或者终止前十二个月的平均工资。

第四十八条　用人单位违反本法规定解除或者终止劳动合同，劳动者要求继续履行劳动合同的，用人单位应当继续履行；劳动者不要求继续履行劳动合同或者劳动合同已经不能继续履行的，用人单位应当依照本法第八十七条规定支付赔偿金。

第四十九条　国家采取措施，建立健全劳动者社会保险关系跨地区转移接续制度。

第五十条　用人单位应当在解除或者终止劳动合同时出具解除或者终止劳动合同的证明，并在十五日内为劳动者办理档案和社会保险关系转移手续。

劳动者应当按照双方约定，办理工作交接。用人单位依照本法有关规定应当向劳动者支付经济补偿的，在办结工作交接时支付。

用人单位对已经解除或者终止的劳动合同的文本，至少保存二年备查。

第五章　特别规定

第一节　集体合同

第五十一条　企业职工一方与用人单位通过平等协商，可以就劳动报酬、工作时间、休息休假、劳动安全卫生、保险福利等事项订立集体合同。集体合同草案应当提交职工代表大会或者全体职工讨论通过。

集体合同由工会代表企业职工一方与用人单位订立；尚未建立工会的用人单位，由上级工会指导劳动者推举的代表与用人单位订立。

第五十二条　企业职工一方与用人单位可以订立劳动安全卫生、女职工权益保护、工资调整机制等专项集体合同。

第五十三条　在县级以下区域内，建筑业、采矿业、餐饮服务业等行业可以由工会与企业方面代表订立行业性集体合同，或者订立区域性集体合同。

第五十四条　集体合同订立后，应当报送劳动行政部门；劳动行政部门自收到集体合同文本之日起十五日内未提出异议的，集体合同即行生效。

依法订立的集体合同对用人单位和劳动者具有约束力。行业性、区域性集体合同对当地本行业、本区域的用人单位和劳动者具有约束力。

第五十五条 集体合同中劳动报酬和劳动条件等标准不得低于当地人民政府规定的最低标准；用人单位与劳动者订立的劳动合同中劳动报酬和劳动条件等标准不得低于集体合同规定的标准。

第五十六条 用人单位违反集体合同，侵犯职工劳动权益的，工会可以依法要求用人单位承担责任；因履行集体合同发生争议，经协商解决不成的，工会可以依法申请仲裁、提起诉讼。

第二节 劳务派遣

第五十七条 劳务派遣单位应当依照公司法的有关规定设立，注册资本不得少于五十万元。

第五十八条 劳务派遣单位是本法所称用人单位，应当履行用人单位对劳动者的义务。劳务派遣单位与被派遣劳动者订立的劳动合同，除应当载明本法第十七条规定的事项外，还应当载明被派遣劳动者的用工单位以及派遣期限、工作岗位等情况。

劳务派遣单位应当与被派遣劳动者订立二年以上的固定期限劳动合同，按月支付劳动报酬；被派遣劳动者在无工作期间，劳务派遣单位应当按照所在地人民政府规定的最低工资标准，向其按月支付报酬。

第五十九条 劳务派遣单位派遣劳动者应当与接受以劳务派遣形式用工的单位（以下称用工单位）订立劳务派遣协议。劳务派遣协议应当约定派遣岗位和人员数量、派遣期限、劳动报酬和社会保险费的数额与支付方式以及违反协议的责任。

用工单位应当根据工作岗位的实际需要与劳务派遣单位确定派遣期限，不得将连续用工期限分割订立数个短期劳务派遣协议。

第六十条 劳务派遣单位应当将劳务派遣协议的内容告知被派遣劳动者。

劳务派遣单位不得克扣用工单位按照劳务派遣协议支付给被派遣劳动者的劳动报酬。

劳务派遣单位和用工单位不得向被派遣劳动者收取费用。

第六十一条 劳务派遣单位跨地区派遣劳动者的，被派遣劳动者享有的劳动报酬和劳动条件，按照用工单位所在地的标准执行。

第六十二条 用工单位应当履行下列义务：

（一）执行国家劳动标准，提供相应的劳动条件和劳动保护；

（二）告知被派遣劳动者的工作要求和劳动报酬；

（三）支付加班费、绩效奖金，提供与工作岗位相关的福利待遇；

（四）对在岗被派遣劳动者进行工作岗位所必需的培训；

（五）连续用工的，实行正常的工资调整机制。

用工单位不得将被派遣劳动者再派遣到其他用人单位。

第六十三条 被派遣劳动者享有与用工单位的劳动者同工同酬的权利。用工单位无同类岗位劳动者的，参照用工单位所在地相同或者相近岗位劳动者的劳动报酬确定。

第六十四条 被派遣劳动者有权在劳务派遣单位或者用工单位依法参加或者组织工会，维护自身的合法权益。

第六十五条 被派遣劳动者可以依照本法第三十六条、第三十八条的规定与劳务派遣单位解除劳动合同。

被派遣劳动者有本法第三十九条和第四十条第一项、第二项规定情形的，用工单位可以将劳动者退回劳务派遣单位，劳务派遣单位依照本法有关规定，可以与劳动者解除劳动合同。

第六十六条　劳务派遣一般在临时性、辅助性或者替代性的工作岗位上实施。

第六十七条　用人单位不得设立劳务派遣单位向本单位或者所属单位派遣劳动者。

第三节　非全日制用工

第六十八条　非全日制用工，是指以小时计酬为主，劳动者在同一用人单位一般平均每日工作时间不超过四小时，每周工作时间累计不超过二十四小时的用工形式。

第六十九条　非全日制用工双方当事人可以订立口头协议。

从事非全日制用工的劳动者可以与一个或者一个以上用人单位订立劳动合同；但是，后订立的劳动合同不得影响先订立的劳动合同的履行。

第七十条　非全日制用工双方当事人不得约定试用期。

第七十一条　非全日制用工双方当事人任何一方都可以随时通知对方终止用工。终止用工，用人单位不向劳动者支付经济补偿。

第七十二条　非全日制用工小时计酬标准不得低于用人单位所在地人民政府规定的最低小时工资标准。

非全日制用工劳动报酬结算支付周期最长不得超过十五日。

第六章　监督检查

第七十三条　国务院劳动行政部门负责全国劳动合同制度实施的监督管理。

县级以上地方人民政府劳动行政部门负责本行政区域内劳动合同制度实施的监督管理。

县级以上各级人民政府劳动行政部门在劳动合同制度实施的监督管理工作中，应当听取工会、企业方面代表以及有关行业主管部门的意见。

第七十四条　县级以上地方人民政府劳动行政部门依法对下列实施劳动合同制度的情况进行监督检查：

（一）用人单位制定直接涉及劳动者切身利益的规章制度及其执行的情况；

（二）用人单位与劳动者订立和解除劳动合同的情况；

（三）劳务派遣单位和用工单位遵守劳务派遣有关规定的情况；

（四）用人单位遵守国家关于劳动者工作时间和休息休假规定的情况；

（五）用人单位支付劳动合同约定的劳动报酬和执行最低工资标准的情况；

（六）用人单位参加各项社会保险和缴纳社会保险费的情况；

（七）法律、法规规定的其他劳动监察事项。

第七十五条　县级以上地方人民政府劳动行政部门实施监督检查时，有权查阅与劳动合同、集体合同有关的材料，有权对劳动场所进行实地检查，用人单位和劳动者都应当如实提供有关情况和材料。

劳动行政部门的工作人员进行监督检查，应当出示证件，依法行使职权，文明执法。

第七十六条 县级以上人民政府建设、卫生、安全生产监督管理等有关主管部门在各自职责范围内，对用人单位执行劳动合同制度的情况进行监督管理。

第七十七条 劳动者合法权益受到侵害的，有权要求有关部门依法处理，或者依法申请仲裁、提起诉讼。

第七十八条 工会依法维护劳动者的合法权益，对用人单位履行劳动合同、集体合同的情况进行监督。用人单位违反劳动法律、法规和劳动合同、集体合同的，工会有权提出意见或者要求纠正；劳动者申请仲裁、提起诉讼的，工会依法给予支持和帮助。

第七十九条 任何组织或者个人对违反本法的行为都有权举报，县级以上人民政府劳动行政部门应当及时核实、处理，并对举报有功人员给予奖励。

第七章　法律责任

第八十条 用人单位直接涉及劳动者切身利益的规章制度违反法律、法规规定的，由劳动行政部门责令改正，给予警告；给劳动者造成损害的，应当承担赔偿责任。

第八十一条 用人单位提供的劳动合同文本未载明本法规定的劳动合同必备条款或者用人单位未将劳动合同文本交付劳动者的，由劳动行政部门责令改正；给劳动者造成损害的，应当承担赔偿责任。

第八十二条 用人单位自用工之日起超过一个月不满一年未与劳动者订立书面劳动合同的，应当向劳动者每月支付二倍的工资。

用人单位违反本法规定不与劳动者订立无固定期限劳动合同的，自应当订立无固定期限劳动合同之日起向劳动者每月支付二倍的工资。

第八十三条 用人单位违反本法规定与劳动者约定试用期的，由劳动行政部门责令改正；违法约定的试用期已经履行的，由用人单位以劳动者试用期满月工资为标准，按已经履行的超过法定试用期的期间向劳动者支付赔偿金。

第八十四条 用人单位违反本法规定，扣押劳动者居民身份证等证件的，由劳动行政部门责令限期退还劳动者本人，并依照有关法律规定给予处罚。

用人单位违反本法规定，以担保或者其他名义向劳动者收取财物的，由劳动行政部门责令限期退还劳动者本人，并以每人五百元以上二千元以下的标准处以罚款；给劳动者造成损害的，应当承担赔偿责任。

劳动者依法解除或者终止劳动合同，用人单位扣押劳动者档案或者其他物品的，依照前款规定处罚。

第八十五条 用人单位有下列情形之一的，由劳动行政部门责令限期支付劳动报酬、加班费或者经济补偿；劳动报酬低于当地最低工资标准的，应当支付其差额部分；逾期不支付的，责令用人单位按应付金额百分之五十以上百分之一百以下的标准向劳动者加付赔偿金：

（一）未按照劳动合同的约定或者国家规定及时足额支付劳动者劳动报酬的；

（二）低于当地最低工资标准支付劳动者工资的；

（三）安排加班不支付加班费的；

（四）解除或者终止劳动合同，未依照本法规定向劳动者支付经济补偿的。

第八十六条 劳动合同依照本法第二十六条规定被确认无效，给对方造成损害的，有过错的一方应当承担赔偿责任。

第八十七条 用人单位违反本法规定解除或者终止劳动合同的，应当依照本法第四十七条规定的经济补偿标准的二倍向劳动者支付赔偿金。

第八十八条 用人单位有下列情形之一的，依法给予行政处罚；构成犯罪的，依法追究刑事责任；给劳动者造成损害的，应当承担赔偿责任：

（一）以暴力、威胁或者非法限制人身自由的手段强迫劳动的；

（二）违章指挥或者强令冒险作业危及劳动者人身安全的；

（三）侮辱、体罚、殴打、非法搜查或者拘禁劳动者的；

（四）劳动条件恶劣、环境污染严重，给劳动者身心健康造成严重损害的。

第八十九条 用人单位违反本法规定未向劳动者出具解除或者终止劳动合同的书面证明，由劳动行政部门责令改正；给劳动者造成损害的，应当承担赔偿责任。

第九十条 劳动者违反本法规定解除劳动合同，或者违反劳动合同中约定的保密义务或者竞业限制，给用人单位造成损失的，应当承担赔偿责任。

第九十一条 用人单位招用与其他用人单位尚未解除或者终止劳动合同的劳动者，给其他用人单位造成损失的，应当承担连带赔偿责任。

第九十二条 劳务派遣单位违反本法规定的，由劳动行政部门和其他有关主管部门责令改正；情节严重的，以每人一千元以上五千元以下的标准处以罚款，并由工商行政管理部门吊销营业执照；给被派遣劳动者造成损害的，劳务派遣单位与用工单位承担连带赔偿责任。

第九十三条 对不具备合法经营资格的用人单位的违法犯罪行为，依法追究法律责任；劳动者已经付出劳动的，该单位或者其出资人应当依照本法有关规定向劳动者支付劳动报酬、经济补偿、赔偿金；给劳动者造成损害的，应当承担赔偿责任。

第九十四条 个人承包经营违反本法规定招用劳动者，给劳动者造成损害的，发包的组织与个人承包经营者承担连带赔偿责任。

第九十五条 劳动行政部门和其他有关主管部门及其工作人员玩忽职守、不履行法定职责，或者违法行使职权，给劳动者或者用人单位造成损害的，应当承担赔偿责任；对直接负责的主管人员和其他直接责任人员，依法给予行政处分；构成犯罪的，依法追究刑事责任。

第八章　附　则

第九十六条 事业单位与实行聘用制的工作人员订立、履行、变更、解除或者终止劳动合同，法律、行政法规或者国务院另有规定的，依照其规定；未作规定的，依照本法有关规定执行。

第九十七条 本法施行前已依法订立且在本法施行之日存续的劳动合同，继续履行；本法第十四条第二款第三项规定连续订立固定期限劳动合同的次数，自本法施行后续订固定期限劳动合同时开始计算。

本法施行前已建立劳动关系，尚未订立书面劳动合同的，应当自本法施行之日起一个月内订立。

本法施行之日存续的劳动合同在本法施行后解除或者终止，依照本法第四十六条规定应当支付经济补偿的，经济补偿年限自本法施行之日起计算；本法施行前按照当时有关规定，用人单位应当向劳动者支付经济补偿的，按照当时有关规定执行。

第九十八条 本法自2008年1月1日起施行。

（汪宝德 王维智）

中华人民共和国劳动合同法实施条例

第一章　总　则

第一条　为了贯彻实施《中华人民共和国劳动合同法》（以下简称劳动合同法），制定本条例。

第二条　各级人民政府和县级以上人民政府劳动行政等有关部门以及工会等组织，应当采取措施，推动劳动合同法的贯彻实施，促进劳动关系的和谐。

第三条　依法成立的会计师事务所、律师事务所等合伙组织和基金会，属于劳动合同法规定的用人单位。

第二章　劳动合同的订立

第四条　劳动合同法规定的用人单位设立的分支机构，依法取得营业执照或者登记证书的，可以作为用人单位与劳动者订立劳动合同；未依法取得营业执照或者登记证书的，受用人单位委托可以与劳动者订立劳动合同。

第五条　自用工之日起一个月内，经用人单位书面通知后，劳动者不与用人单位订立书面劳动合同的，用人单位应当书面通知劳动者终止劳动关系，无需向劳动者支付经济补偿，但是应当依法向劳动者支付其实际工作时间的劳动报酬。

第六条　用人单位自用工之日起超过一个月不满一年未与劳动者订立书面劳动合同的，应当依照劳动合同法第八十二条的规定向劳动者每月支付两倍的工资，并与劳动者补订书面劳动合同；劳动者不与用人单位订立书面劳动合同的，用人单位应当书面通知劳动者终止劳动关系，并依照劳动合同法第四十七条的规定支付经济补偿。

前款规定的用人单位向劳动者每月支付两倍工资的起算时间为用工之日起满一个月的次日，截止时间为补订书面劳动合同的前一日。

第七条　用人单位自用工之日起满一年未与劳动者订立书面劳动合同的，自用工之日起满一个月的次日至满一年的前一日应当依照劳动合同法第八十二条的规定向劳动者每月支付两倍的工资，并视为自用工之日起满一年的当日已经与劳动者订立无固定期限劳动合同，应当立即与劳动者补订书面劳动合同。

第八条　劳动合同法第七条规定的职工名册，应当包括劳动者姓名、性别、公民身份号码、户籍地址及现住址、联系方式、用工形式、用工起始时间、劳动合同期限等内容。

第九条 劳动合同法第十四条第二款规定的连续工作满 10 年的起始时间，应当自用人单位用工之日起计算，包括劳动合同法施行前的工作年限。

第十条 劳动者非因本人原因从原用人单位被安排到新用人单位工作的，劳动者在原用人单位的工作年限合并计算为新用人单位的工作年限。原用人单位已经向劳动者支付经济补偿的，新用人单位在依法解除、终止劳动合同计算支付经济补偿的工作年限时，不再计算劳动者在原用人单位的工作年限。

第十一条 除劳动者与用人单位协商一致的情形外，劳动者依照劳动合同法第十四条第二款的规定，提出订立无固定期限劳动合同的，用人单位应当与其订立无固定期限劳动合同。对劳动合同的内容，双方应当按照合法、公平、平等自愿、协商一致、诚实信用的原则协商确定；对协商不一致的内容，依照劳动合同法第十八条的规定执行。

第十二条 地方各级人民政府及县级以上地方人民政府有关部门为安置就业困难人员提供的给予岗位补贴和社会保险补贴的公益性岗位，其劳动合同不适用劳动合同法有关无固定期限劳动合同的规定以及支付经济补偿的规定。

第十三条 用人单位与劳动者不得在劳动合同法第四十四条规定的劳动合同终止情形之外约定其他的劳动合同终止条件。

第十四条 劳动合同履行地与用人单位注册地不一致的，有关劳动者的最低工资标准、劳动保护、劳动条件、职业危害防护和本地区上年度职工月平均工资标准等事项，按照劳动合同履行地的有关规定执行；用人单位注册地的有关标准高于劳动合同履行地的有关标准，且用人单位与劳动者约定按照用人单位注册地的有关规定执行的，从其约定。

第十五条 劳动者在试用期的工资不得低于本单位相同岗位最低档工资的 80% 或者不得低于劳动合同约定工资的 80%，并不得低于用人单位所在地的最低工资标准。

第十六条 劳动合同法第二十二条第二款规定的培训费用，包括用人单位为了对劳动者进行专业技术培训而支付的有凭证的培训费用、培训期间的差旅费用以及因培训产生的用于该劳动者的其他直接费用。

第十七条 劳动合同期满，但是用人单位与劳动者依照劳动合同法第二十二条的规定约定的服务期尚未到期的，劳动合同应当续延至服务期满；双方另有约定的，从其约定。

第三章　劳动合同的解除和终止

第十八条 有下列情形之一的，依照劳动合同法规定的条件、程序，劳动者可以与用人单位解除固定期限劳动合同、无固定期限劳动合同或者以完成一定工作任务为期限的劳动合同：

（一）劳动者与用人单位协商一致的；

（二）劳动者提前 30 日以书面形式通知用人单位的；

（三）劳动者在试用期内提前 3 日通知用人单位的；

（四）用人单位未按照劳动合同约定提供劳动保护或者劳动条件的；

（五）用人单位未及时足额支付劳动报酬的；

（六）用人单位未依法为劳动者缴纳社会保险费的；

（七）用人单位的规章制度违反法律、法规的规定，损害劳动者权益的；

（八）用人单位以欺诈、胁迫的手段或者乘人之危，使劳动者在违背真实意思的情况下订立或者变更劳动合同的；

（九）用人单位在劳动合同中免除自己的法定责任、排除劳动者权利的；

（十）用人单位违反法律、行政法规强制性规定的；

（十一）用人单位以暴力、威胁或者非法限制人身自由的手段强迫劳动者劳动的；

（十二）用人单位违章指挥、强令冒险作业危及劳动者人身安全的；

（十三）法律、行政法规规定劳动者可以解除劳动合同的其他情形。

第十九条 有下列情形之一的，依照劳动合同法规定的条件、程序，用人单位可以与劳动者解除固定期限劳动合同、无固定期限劳动合同或者以完成一定工作任务为期限的劳动合同：

（一）用人单位与劳动者协商一致的；

（二）劳动者在试用期间被证明不符合录用条件的；

（三）劳动者严重违反用人单位的规章制度的；

（四）劳动者严重失职，营私舞弊，给用人单位造成重大损害的；

（五）劳动者同时与其他用人单位建立劳动关系，对完成本单位的工作任务造成严重影响，或者经用人单位提出，拒不改正的；

（六）劳动者以欺诈、胁迫的手段或者乘人之危，使用人单位在违背真实意思的情况下订立或者变更劳动合同的；

（七）劳动者被依法追究刑事责任的；

（八）劳动者患病或者非因工负伤，在规定的医疗期满后不能从事原工作，也不能从事由用人单位另行安排的工作的；

（九）劳动者不能胜任工作，经过培训或者调整工作岗位，仍不能胜任工作的；

（十）劳动合同订立时所依据的客观情况发生重大变化，致使劳动合同无法履行，经用人单位与劳动者协商，未能就变更劳动合同内容达成协议的；

（十一）用人单位依照企业破产法规定进行重整的；

（十二）用人单位生产经营发生严重困难的；

（十三）企业转产、重大技术革新或者经营方式调整，经变更劳动合同后，仍需裁减人员的；

（十四）其他因劳动合同订立时所依据的客观经济情况发生重大变化，致使劳动合同无法履行的。

第二十条 用人单位依照劳动合同法第四十条的规定，选择额外支付劳动者一个月工资解除劳动合同的，其额外支付的工资应当按照该劳动者上一个月的工资标准确定。

第二十一条 劳动者达到法定退休年龄的，劳动合同终止。

第二十二条 以完成一定工作任务为期限的劳动合同因任务完成而终止的，用人单位应当依照劳动合同法第四十七条的规定向劳动者支付经济补偿。

第二十三条 用人单位依法终止工伤职工的劳动合同的，除依照劳动合同法第四十七条的规定支付经济补偿外，还应当依照国家有关工伤保险的规定支付一次性工伤医疗补助金和伤残就业补助金。

第二十四条 用人单位出具的解除、终止劳动合同的证明，应当写明劳动合同期限、解除或者终止劳动合同的日期、工作岗位、在本单位的工作年限。

第二十五条 用人单位违反劳动合同法的规定解除或者终止劳动合同，依照劳动合同法第八十七条的规定支付了赔偿金的，不再支付经济补偿。赔偿金的计算年限自用工之日起计算。

第二十六条 用人单位与劳动者约定了服务期，劳动者依照劳动合同法第三十八条的规定解除劳动合同的，不属于违反服务期的约定，用人单位不得要求劳动者支付违约金。

有下列情形之一，用人单位与劳动者解除约定服务期的劳动合同的，劳动者应当按照劳动合同的约定向用人单位支付违约金：

（一）劳动者严重违反用人单位的规章制度的；

（二）劳动者严重失职，营私舞弊，给用人单位造成重大损害的；

（三）劳动者同时与其他用人单位建立劳动关系，对完成本单位的工作任务造成严重影响，或者经用人单位提出，拒不改正的；

（四）劳动者以欺诈、胁迫的手段或者乘人之危，使用人单位在违背真实意思的情况下订立或者变更劳动合同的；

（五）劳动者被依法追究刑事责任的。

第二十七条 劳动合同法第四十七条规定的经济补偿的月工资按照劳动者应得工资计算，包括计时工资或者计件工资以及奖金、津贴和补贴等货币性收入。劳动者在劳动合同解除或者终止前12个月的平均工资低于当地最低工资标准的，按照当地最低工资标准计算。劳动者工作不满12个月的，按照实际工作的月数计算平均工资。

第四章　劳务派遣特别规定

第二十八条 用人单位或者其所属单位出资或者合伙设立的劳务派遣单位，向本单位或者所属单位派遣劳动者的，属于劳动合同法第六十七条规定的不得设立的劳务派遣单位。

第二十九条 用工单位应当履行劳动合同法第六十二条规定的义务，维护被派遣劳动者的合法权益。

第三十条 劳务派遣单位不得以非全日制用工形式招用被派遣劳动者。

第三十一条 劳务派遣单位或者被派遣劳动者依法解除、终止劳动合同的经济补偿，依照劳动合同法第四十六条、第四十七条的规定执行。

第三十二条 劳务派遣单位违法解除或者终止被派遣劳动者的劳动合同的，依照劳动合同法第四十八条的规定执行。

第五章　法律责任

第三十三条 用人单位违反劳动合同法有关建立职工名册规定的，由劳动行政部门责令限期改正；逾期不改正的，由劳动行政部门处2 000元以上2万元以下的罚款。

第三十四条 用人单位依照劳动合同法的规定应当向劳动者每月支付两倍的工资或者应当向劳动者支付赔偿金而未支付的，劳动行政部门应当责令用人单位支付。

第三十五条 用工单位违反劳动合同法和本条例有关劳务派遣规定的，由劳动行政部门和其他有关主管部门责令改正；情节严重的，以每位被派遣劳动者1 000元以上5 000元以下的标准处以罚款；给被派遣劳动者造成损害的，劳务派遣单位和用工单位承担连带赔偿责任。

第六章 附 则

第三十六条 对违反劳动合同法和本条例的行为的投诉、举报，县级以上地方人民政府劳动行政部门依照《劳动保障监察条例》的规定处理。

第三十七条 劳动者与用人单位因订立、履行、变更、解除或者终止劳动合同发生争议的，依照《中华人民共和国劳动争议调解仲裁法》的规定处理。

第三十八条 本条例自公布之日起施行。

（王维智 陈维忠）

中华人民共和国消防法

（1998年4月29日第九届全国人民代表大会常务委员会第二次会议通过　2008年10月28日第十一届全国人民代表大会常务委员会第五次会议修订）

第一章　总　则

第一条　为了预防火灾和减少火灾危害，加强应急救援工作，保护人身、财产安全，维护公共安全，制定本法。

第二条　消防工作贯彻预防为主、防消结合的方针，按照政府统一领导、部门依法监管、单位全面负责、公民积极参与的原则，实行消防安全责任制，建立健全社会化的消防工作网络。

第三条　国务院领导全国的消防工作。地方各级人民政府负责本行政区域内的消防工作。

各级人民政府应当将消防工作纳入国民经济和社会发展计划，保障消防工作与经济社会发展相适应。

第四条　国务院公安部门对全国的消防工作实施监督管理。县级以上地方人民政府公安机关对本行政区域内的消防工作实施监督管理，并由本级人民政府公安机关消防机构负责实施。军事设施的消防工作，由其主管单位监督管理，公安机关消防机构协助；矿井地下部分、核电厂、海上石油天然气设施的消防工作，由其主管单位监督管理。

县级以上人民政府其他有关部门在各自的职责范围内，依照本法和其他相关法律、法规的规定做好消防工作。

法律、行政法规对森林、草原的消防工作另有规定的，从其规定。

第五条　任何单位和个人都有维护消防安全、保护消防设施、预防火灾、报告火警的义务。任何单位和成年人都有参加有组织的灭火工作的义务。

第六条　各级人民政府应当组织开展经常性的消防宣传教育，提高公民的消防安全意识。

机关、团体、企业、事业等单位，应当加强对本单位人员的消防宣传教育。

公安机关及其消防机构应当加强消防法律、法规的宣传，并督促、指导、协助有关单位做好消防宣传教育工作。

教育、人力资源行政主管部门和学校、有关职业培训机构应当将消防知识纳入教育、教学、培训的内容。

新闻、广播、电视等有关单位，应当有针对性地面向社会进行消防宣传教育。

工会、共产主义青年团、妇女联合会等团体应当结合各自工作对象的特点，组织开展消防宣传教育。

村民委员会、居民委员会应当协助人民政府以及公安机关等部门，加强消防宣传教育。

第七条 国家鼓励、支持消防科学研究和技术创新，推广使用先进的消防和应急救援技术、设备；鼓励、支持社会力量开展消防公益活动。

对在消防工作中有突出贡献的单位和个人，应当按照国家有关规定给予表彰和奖励。

第二章　火灾预防

第八条 地方各级人民政府应当将包括消防安全布局、消防站、消防供水、消防通信、消防车通道、消防装备等内容的消防规划纳入城乡规划，并负责组织实施。

城乡消防安全布局不符合消防安全要求的，应当调整、完善；公共消防设施、消防装备不足或者不适应实际需要的，应当增建、改建、配置或者进行技术改造。

第九条 建设工程的消防设计、施工必须符合国家工程建设消防技术标准。建设、设计、施工、工程监理等单位依法对建设工程的消防设计、施工质量负责。

第十条 按照国家工程建设消防技术标准需要进行消防设计的建设工程，除本法第十一条另有规定的外，建设单位应当自依法取得施工许可之日起七个工作日内，将消防设计文件报公安机关消防机构备案，公安机关消防机构应当进行抽查。

第十一条 国务院公安部门规定的大型的人员密集场所和其他特殊建设工程，建设单位应当将消防设计文件报送公安机关消防机构审核。公安机关消防机构依法对审核的结果负责。

第十二条 依法应当经公安机关消防机构进行消防设计审核的建设工程，未经依法审核或者审核不合格的，负责审批该工程施工许可的部门不得给予施工许可，建设单位、施工单位不得施工；其他建设工程取得施工许可后经依法抽查不合格的，应当停止施工。

第十三条 按照国家工程建设消防技术标准需要进行消防设计的建设工程竣工，依照下列规定进行消防验收、备案：

（一）本法第十一条规定的建设工程，建设单位应当向公安机关消防机构申请消防验收；

（二）其他建设工程，建设单位在验收后应当报公安机关消防机构备案，公安机关消防机构应当进行抽查。

依法应当进行消防验收的建设工程，未经消防验收或者消防验收不合格的，禁止投入使用；其他建设工程经依法抽查不合格的，应当停止使用。

第十四条 建设工程消防设计审核、消防验收、备案和抽查的具体办法，由国务院公安部门规定。

第十五条 公众聚集场所在投入使用、营业前，建设单位或者使用单位应当向场所所在地的县级以上地方人民政府公安机关消防机构申请消防安全检查。

公安机关消防机构应当自受理申请之日起十个工作日内，根据消防技术标准和管理规定，对该场所进行消防安全检查。未经消防安全检查或者经检查不符合消防安全要求的，不得投入使用、营业。

第十六条 机关、团体、企业、事业等单位应当履行下列消防安全职责：

（一）落实消防安全责任制，制定本单位的消防安全制度、消防安全操作规程，制定灭火和应急疏散预案；

（二）按照国家标准、行业标准配置消防设施、器材，设置消防安全标志，并定期组织检验、维修，确保完好有效；

（三）对建筑消防设施每年至少进行一次全面检测，确保完好有效，检测记录应当完整准确，存档备查；

（四）保障疏散通道、安全出口、消防车通道畅通，保证防火防烟分区、防火间距符合消防技术标准；

（五）组织防火检查，及时消除火灾隐患；

（六）组织进行有针对性的消防演练；

（七）法律、法规规定的其他消防安全职责。

单位的主要负责人是本单位的消防安全责任人。

第十七条 县级以上地方人民政府公安机关消防机构应当将发生火灾可能性较大以及发生火灾可能造成重大的人身伤亡或者财产损失的单位，确定为本行政区域内的消防安全重点单位，并由公安机关报本级人民政府备案。

消防安全重点单位除应当履行本法第十六条规定的职责外，还应当履行下列消防安全职责：

（一）确定消防安全管理人，组织实施本单位的消防安全管理工作；

（二）建立消防档案，确定消防安全重点部位，设置防火标志，实行严格管理；

（三）实行每日防火巡查，并建立巡查记录；

（四）对职工进行岗前消防安全培训，定期组织消防安全培训和消防演练。

第十八条 同一建筑物由两个以上单位管理或者使用的，应当明确各方的消防安全责任，并确定责任人对共用的疏散通道、安全出口、建筑消防设施和消防车通道进行统一管理。

住宅区的物业服务企业应当对管理区域内的共用消防设施进行维护管理，提供消防安全防范服务。

第十九条 生产、储存、经营易燃易爆危险品的场所不得与居住场所设置在同一建筑物内，并应当与居住场所保持安全距离。

生产、储存、经营其他物品的场所与居住场所设置在同一建筑物内的，应当符合国家工程建设消防技术标准。

第二十条 举办大型群众性活动，承办人应当依法向公安机关申请安全许可，制定灭火和应急疏散预案并组织演练，明确消防安全责任分工，确定消防安全管理人员，保持消防设施和消防器材配置齐全、完好有效，保证疏散通道、安全出口、疏散指示标志、应急照明和消防车通道符合消防技术标准和管理规定。

第二十一条 禁止在具有火灾、爆炸危险的场所吸烟、使用明火。因施工等特殊情况需要使用明火作业的，应当按照规定事先办理审批手续，采取相应的消防安全措施；作业人员应当遵守消防安全规定。

进行电焊、气焊等具有火灾危险作业的人员和自动消防系统的操作人员，必须持证上岗，并遵守消防安全操作规程。

第二十二条 生产、储存、装卸易燃易爆危险品的工厂、仓库和专用车站、码头的设置，应当符合消防技术标准。易燃易爆气体和液体的充装站、供应站、调压站，应当设置在符合消防安全要求的位置，并符合防火防爆要求。

已经设置的生产、储存、装卸易燃易爆危险品的工厂、仓库和专用车站、码头，易燃易爆气体和液体的充装站、供应站、调压站，不再符合前款规定的，地方人民政府应当组织、协调有关部门、单位限期解决，消除安全隐患。

第二十三条 生产、储存、运输、销售、使用、销毁易燃易爆危险品，必须执行消防技术标准和管理规定。

进入生产、储存易燃易爆危险品的场所，必须执行消防安全规定。禁止非法携带易燃易爆危险品进入公共场所或者乘坐公共交通工具。

储存可燃物资仓库的管理，必须执行消防技术标准和管理规定。

第二十四条 消防产品必须符合国家标准；没有国家标准的，必须符合行业标准。禁止生产、销售或者使用不合格的消防产品以及国家明令淘汰的消防产品。

依法实行强制性产品认证的消防产品，由具有法定资质的认证机构按照国家标准、行业标准的强制性要求认证合格后，方可生产、销售、使用。实行强制性产品认证的消防产品目录，由国务院产品质量监督部门会同国务院公安部门制定并公布。

新研制的尚未制定国家标准、行业标准的消防产品，应当按照国务院产品质量监督部门会同国务院公安部门规定的办法，经技术鉴定符合消防安全要求的，方可生产、销售、使用。

依照本条规定经强制性产品认证合格或者技术鉴定合格的消防产品，国务院公安部门消防机构应当予以公布。

第二十五条 产品质量监督部门、工商行政管理部门、公安机关消防机构应当按照各自职责加强对消防产品质量的监督检查。

第二十六条 建筑构件、建筑材料和室内装修、装饰材料的防火性能必须符合国家标准；没有国家标准的，必须符合行业标准。

人员密集场所室内装修、装饰，应当按照消防技术标准的要求，使用不燃、难燃材料。

第二十七条 电器产品、燃气用具的产品标准，应当符合消防安全的要求。

电器产品、燃气用具的安装、使用及其线路、管路的设计、敷设、维护保养、检测，必须符合消防技术标准和管理规定。

第二十八条 任何单位、个人不得损坏、挪用或者擅自拆除、停用消防设施、器材，不得埋压、圈占、遮挡消火栓或者占用防火间距，不得占用、堵塞、封闭疏散通道、安全出口、消防车通道。人员密集场所的门窗不得设置影响逃生和灭火救援的障碍物。

第二十九条 负责公共消防设施维护管理的单位，应当保持消防供水、消防通信、消防车通道等公共消防设施的完好有效。在修建道路以及停电、停水、截断通信线路时有可能影响消防队灭火救援的，有关单位必须事先通知当地公安机关消防机构。

第三十条 地方各级人民政府应当加强对农村消防工作的领导，采取措施加强公共消防设施建设，组织建立和督促落实消防安全责任制。

第三十一条 在农业收获季节、森林和草原防火期间、重大节假日期间以及火灾多发季节，地方各级人民政府应当组织开展有针对性的消防宣传教育，采取防火措施，进行消防安全检查。

第三十二条 乡镇人民政府、城市街道办事处应当指导、支持和帮助村民委员会、居民委员会开展群众性的消防工作。村民委员会、居民委员会应当确定消防安全管理人，组织制定防火安全公约，进行防火安全检查。

第三十三条 国家鼓励、引导公众聚集场所和生产、储存、运输、销售易燃易爆危险品的企业投保火灾公众责任保险；鼓励保险公司承保火灾公众责任保险。

第三十四条 消防产品质量认证、消防设施检测、消防安全监测等消防技术服务机构和执业人员，应当依法获得相应的资质、资格；依照法律、行政法规、国家标准、行业标准和执业准则，接受委托提供消防技术服务，并对服务质量负责。

第三章　消防组织

第三十五条 各级人民政府应当加强消防组织建设，根据经济社会发展的需要，建立多种形式的消防组织，加强消防技术人才培养，增强火灾预防、扑救和应急救援的能力。

第三十六条 县级以上地方人民政府应当按照国家规定建立公安消防队、专职消防队，并按照国家标准配备消防装备，承担火灾扑救工作。

乡镇人民政府应当根据当地经济发展和消防工作的需要，建立专职消防队、志愿消防队，承担火灾扑救工作。

第三十七条 公安消防队、专职消防队按照国家规定承担重大灾害事故和其他以抢救人员生命为主的应急救援工作。

第三十八条 公安消防队、专职消防队应当充分发挥火灾扑救和应急救援专业力量的骨干作用；按照国家规定，组织实施专业技能训练，配备并维护保养装备器材，提高火灾扑救和应急救援的能力。

第三十九条 下列单位应当建立单位专职消防队，承担本单位的火灾扑救工作：

（一）大型核设施单位、大型发电厂、民用机场、主要港口；

（二）生产、储存易燃易爆危险品的大型企业；

（三）储备可燃的重要物资的大型仓库、基地；

（四）第一项、第二项、第三项规定以外的火灾危险性较大、距离公安消防队较远的其他大型企业；

（五）距离公安消防队较远、被列为全国重点文物保护单位的古建筑群的管理单位。

第四十条 专职消防队的建立，应当符合国家有关规定，并报当地公安机关消防机构验收。

专职消防队的队员依法享受社会保险和福利待遇。

第四十一条 机关、团体、企业、事业等单位以及村民委员会、居民委员会根据需要，建立志愿消防队等多种形式的消防组织，开展群众性自防自救工作。

第四十二条 公安机关消防机构应当对专职消防队、志愿消防队等消防组织进行业务指导；根据扑救火灾的需要，可以调动指挥专职消防队参加火灾扑救工作。

第四章 灭火救援

第四十三条 县级以上地方人民政府应当组织有关部门针对本行政区域内的火灾特点制定应急预案，建立应急反应和处置机制，为火灾扑救和应急救援工作提供人员、装备等保障。

第四十四条 任何人发现火灾都应当立即报警。任何单位、个人都应当无偿为报警提供便利，不得阻拦报警。严禁谎报火警。

人员密集场所发生火灾，该场所的现场工作人员应当立即组织、引导在场人员疏散。

任何单位发生火灾，必须立即组织力量扑救。邻近单位应当给予支援。

消防队接到火警，必须立即赶赴火灾现场，救助遇险人员，排除险情，扑灭火灾。

第四十五条 公安机关消防机构统一组织和指挥火灾现场扑救，应当优先保障遇险人员的生命安全。

火灾现场总指挥根据扑救火灾的需要，有权决定下列事项：

（一）使用各种水源；

（二）截断电力、可燃气体和可燃液体的输送，限制用火用电；

（三）划定警戒区，实行局部交通管制；

（四）利用临近建筑物和有关设施；

（五）为了抢救人员和重要物资，防止火势蔓延，拆除或者破损毗邻火灾现场的建筑物、构筑物或者设施等；

（六）调动供水、供电、供气、通信、医疗救护、交通运输、环境保护等有关单位协助灭火救援。

根据扑救火灾的紧急需要，有关地方人民政府应当组织人员、调集所需物资支援灭火。

第四十六条 公安消防队、专职消防队参加火灾以外的其他重大灾害事故的应急救援工作，由县级以上人民政府统一领导。

第四十七条 消防车、消防艇前往执行火灾扑救或者应急救援任务，在确保安全的前提下，不受行驶速度、行驶路线、行驶方向和指挥信号的限制，其他车辆、船舶以及行人应当让行，不得穿插超越；收费公路、桥梁免收车辆通行费。交通管理指挥人员应当保证消防车、消防艇迅速通行。

赶赴火灾现场或者应急救援现场的消防人员和调集的消防装备、物资，需要铁路、水路或者航空运输的，有关单位应当优先运输。

第四十八条 消防车、消防艇以及消防器材、装备和设施，不得用于与消防和应急救援工作无关的事项。

第四十九条 公安消防队、专职消防队扑救火灾、应急救援，不得收取任何费用。

单位专职消防队、志愿消防队参加扑救外单位火灾所损耗的燃料、灭火剂和器材、装备等，由火灾发生地的人民政府给予补偿。

第五十条 对因参加扑救火灾或者应急救援受伤、致残或者死亡的人员，按照国家有关规定给予医疗、抚恤。

第五十一条 公安机关消防机构有权根据需要封闭火灾现场，负责调查火灾原因，统计火灾损失。

火灾扑灭后，发生火灾的单位和相关人员应当按照公安机关消防机构的要求保护现场，接受事故调查，如实提供与火灾有关的情况。

公安机关消防机构根据火灾现场勘验、调查情况和有关的检验、鉴定意见，及时制作火灾事故认定书，作为处理火灾事故的证据。

第五章　监督检查

第五十二条 地方各级人民政府应当落实消防工作责任制，对本级人民政府有关部门履行消防安全职责的情况进行监督检查。

县级以上地方人民政府有关部门应当根据本系统的特点，有针对性地开展消防安全检查，及时督促整改火灾隐患。

第五十三条 公安机关消防机构应当对机关、团体、企业、事业等单位遵守消防法律、法规的情况依法进行监督检查。公安派出所可以负责日常消防监督检查、开展消防宣传教育，具体办法由国务院公安部门规定。

公安机关消防机构、公安派出所的工作人员进行消防监督检查，应当出示证件。

第五十四条 公安机关消防机构在消防监督检查中发现火灾隐患的，应当通知有关单位或者个人立即采取措施消除隐患；不及时消除隐患可能严重威胁公共安全的，公安机关消防机构应当依照规定对危险部位或者场所采取临时查封措施。

第五十五条 公安机关消防机构在消防监督检查中发现城乡消防安全布局、公共消防设施不符合消防安全要求，或者发现本地区存在影响公共安全的重大火灾隐患的，应当由公安机关书面报告本级人民政府。

接到报告的人民政府应当及时核实情况，组织或者责成有关部门、单位采取措施，予以整改。

第五十六条 公安机关消防机构及其工作人员应当按照法定的职权和程序进行消防设计审核、消防验收和消防安全检查，做到公正、严格、文明、高效。

公安机关消防机构及其工作人员进行消防设计审核、消防验收和消防安全检查等，不得收取费用，不得利用消防设计审核、消防验收和消防安全检查谋取利益。公安机关消防机构及其工作人员不得利用职务为用户、建设单位指定或者变相指定消防产品的品牌、销售单位或者消防技术服务机构、消防设施施工单位。

第五十七条 公安机关消防机构及其工作人员执行职务，应当自觉接受社会和公民的监督。

任何单位和个人都有权对公安机关消防机构及其工作人员在执法中的违法行为进行检举、控告。收到检举、控告的机关，应当按照职责及时查处。

第六章　法律责任

第五十八条　违反本法规定，有下列行为之一的，责令停止施工、停止使用或者停产停业，并处三万元以上三十万元以下罚款：

（一）依法应当经公安机关消防机构进行消防设计审核的建设工程，未经依法审核或者审核不合格，擅自施工的；

（二）消防设计经公安机关消防机构依法抽查不合格，不停止施工的；

（三）依法应当进行消防验收的建设工程，未经消防验收或者消防验收不合格，擅自投入使用的；

（四）建设工程投入使用后经公安机关消防机构依法抽查不合格，不停止使用的；

（五）公众聚集场所未经消防安全检查或者经检查不符合消防安全要求，擅自投入使用、营业的。

建设单位未依照本法规定将消防设计文件报公安机关消防机构备案，或者在竣工后未依照本法规定报公安机关消防机构备案的，责令限期改正，处五千元以下罚款。

第五十九条　违反本法规定，有下列行为之一的，责令改正或者停止施工，并处一万元以上十万元以下罚款：

（一）建设单位要求建筑设计单位或者建筑施工企业降低消防技术标准设计、施工的；

（二）建筑设计单位不按照消防技术标准强制性要求进行消防设计的；

（三）建筑施工企业不按照消防设计文件和消防技术标准施工，降低消防施工质量的；

（四）工程监理单位与建设单位或者建筑施工企业串通，弄虚作假，降低消防施工质量的。

第六十条　单位违反本法规定，有下列行为之一的，责令改正，处五千元以上五万元以下罚款：

（一）消防设施、器材或者消防安全标志的配置、设置不符合国家标准、行业标准，或者未保持完好有效的；

（二）损坏、挪用或者擅自拆除、停用消防设施、器材的；

（三）占用、堵塞、封闭疏散通道、安全出口或者有其他妨碍安全疏散行为的；

（四）埋压、圈占、遮挡消火栓或者占用防火间距的；

（五）占用、堵塞、封闭消防车通道，妨碍消防车通行的；

（六）人员密集场所在门窗上设置影响逃生和灭火救援的障碍物的；

（七）对火灾隐患经公安机关消防机构通知后不及时采取措施消除的。

个人有前款第二项、第三项、第四项、第五项行为之一的，处警告或者五百元以下罚款。

有本条第一款第三项、第四项、第五项、第六项行为，经责令改正拒不改正的，强制执行，所需费用由违法行为人承担。

第六十一条　生产、储存、经营易燃易爆危险品的场所与居住场所设置在同一建筑物内，或者未与居住场所保持安全距离的，责令停产停业，并处五千元以上五万元以下罚款。

生产、储存、经营其他物品的场所与居住场所设置在同一建筑物内，不符合消防技术标准的，依照前款规定处罚。

第六十二条 有下列行为之一的，依照《中华人民共和国治安管理处罚法》的规定处罚：

（一）违反有关消防技术标准和管理规定生产、储存、运输、销售、使用、销毁易燃易爆危险品的；

（二）非法携带易燃易爆危险品进入公共场所或者乘坐公共交通工具的；

（三）谎报火警的；

（四）阻碍消防车、消防艇执行任务的；

（五）阻碍公安机关消防机构的工作人员依法执行职务的。

第六十三条 违反本法规定，有下列行为之一的，处警告或者五百元以下罚款；情节严重的，处五日以下拘留：

（一）违反消防安全规定进入生产、储存易燃易爆危险品场所的；

（二）违反规定使用明火作业或者在具有火灾、爆炸危险的场所吸烟、使用明火的。

第六十四条 违反本法规定，有下列行为之一，尚不构成犯罪的，处十日以上十五日以下拘留，可以并处五百元以下罚款；情节较轻的，处警告或者五百元以下罚款：

（一）指使或者强令他人违反消防安全规定，冒险作业的；

（二）过失引起火灾的；

（三）在火灾发生后阻拦报警，或者负有报告职责的人员不及时报警的；

（四）扰乱火灾现场秩序，或者拒不执行火灾现场指挥员指挥，影响灭火救援的；

（五）故意破坏或者伪造火灾现场的；

（六）擅自拆封或者使用被公安机关消防机构查封的场所、部位的。

第六十五条 违反本法规定，生产、销售不合格的消防产品或者国家明令淘汰的消防产品的，由产品质量监督部门或者工商行政管理部门依照《中华人民共和国产品质量法》的规定从重处罚。

人员密集场所使用不合格的消防产品或者国家明令淘汰的消防产品的，责令限期改正；逾期不改正的，处五千元以上五万元以下罚款，并对其直接负责的主管人员和其他直接责任人员处五百元以上二千元以下罚款；情节严重的，责令停产停业。

公安机关消防机构对于本条第二款规定的情形，除依法对使用者予以处罚外，应当将发现不合格的消防产品和国家明令淘汰的消防产品的情况通报产品质量监督部门、工商行政管理部门。产品质量监督部门、工商行政管理部门应当对生产者、销售者依法及时查处。

第六十六条 电器产品、燃气用具的安装、使用及其线路、管路的设计、敷设、维护保养、检测不符合消防技术标准和管理规定的，责令限期改正；逾期不改正的，责令停止使用，可以并处一千元以上五千元以下罚款。

第六十七条 机关、团体、企业、事业等单位违反本法第十六条、第十七条、第十八条、第二十一条第二款规定的，责令限期改正；逾期不改正的，对其直接负责的主管人员和其他直接责任人员依法给予处分或者给予警告处罚。

第六十八条 人员密集场所发生火灾，该场所的现场工作人员不履行组织、引导在场人员疏散的义务，情节严重，尚不构成犯罪的，处五日以上十日以下拘留。

第六十九条 消防产品质量认证、消防设施检测等消防技术服务机构出具虚假文件的，责令改正，处五万元以上十万元以下罚款，并对直接负责的主管人员和其他直接责任人员处一万元以上五万元以下罚款；有违法所得的，并处没收违法所得；给他人造成损失的，依法承担赔偿责任；情节严重的，由原许可机关依法责令停止执业或者吊销相应资质、资格。

前款规定的机构出具失实文件，给他人造成损失的，依法承担赔偿责任；造成重大损失的，由原许可机关依法责令停止执业或者吊销相应资质、资格。

第七十条 本法规定的行政处罚，除本法另有规定的外，由公安机关消防机构决定；其中拘留处罚由县级以上公安机关依照《中华人民共和国治安管理处罚法》的有关规定决定。

公安机关消防机构需要传唤消防安全违法行为人的，依照《中华人民共和国治安管理处罚法》的有关规定执行。

被责令停止施工、停止使用、停产停业的，应当在整改后向公安机关消防机构报告，经公安机关消防机构检查合格，方可恢复施工、使用、生产、经营。

当事人逾期不执行停产停业、停止使用、停止施工决定的，由作出决定的公安机关消防机构强制执行。

责令停产停业，对经济和社会生活影响较大的，由公安机关消防机构提出意见，并由公安机关报请本级人民政府依法决定。本级人民政府组织公安机关等部门实施。

第七十一条 公安机关消防机构的工作人员滥用职权、玩忽职守、徇私舞弊，有下列行为之一，尚不构成犯罪的，依法给予处分：

（一）对不符合消防安全要求的消防设计文件、建设工程、场所准予审核合格、消防验收合格、消防安全检查合格的；

（二）无故拖延消防设计审核、消防验收、消防安全检查，不在法定期限内履行职责的；

（三）发现火灾隐患不及时通知有关单位或者个人整改的；

（四）利用职务为用户、建设单位指定或者变相指定消防产品的品牌、销售单位或者消防技术服务机构、消防设施施工单位的；

（五）将消防车、消防艇以及消防器材、装备和设施用于与消防和应急救援无关的事项的；

（六）其他滥用职权、玩忽职守、徇私舞弊的行为。

建设、产品质量监督、工商行政管理等其他有关行政主管部门的工作人员在消防工作中滥用职权、玩忽职守、徇私舞弊，尚不构成犯罪的，依法给予处分。

第七十二条 违反本法规定，构成犯罪的，依法追究刑事责任。

第七章　附　则

第七十三条 本法下列用语的含义：

（一）消防设施，是指火灾自动报警系统、自动灭火系统、消火栓系统、防烟排烟系统以及应急广播和应急照明、安全疏散设施等。

（二）消防产品，是指专门用于火灾预防、灭火救援和火灾防护、避难、逃生的产品。

（三）公众聚集场所，是指宾馆、饭店、商场、集贸市场、客运车站候车室、客运码头候船厅、民用机场航站楼、体育场馆、会堂以及公共娱乐场所等。

（四）人员密集场所，是指公众聚集场所，医院的门诊楼、病房楼，学校的教学楼、图书馆、食堂和集体宿舍，养老院，福利院，托儿所，幼儿园，公共图书馆的阅览室，公共展览馆、博物馆的展示厅，劳动密集型企业的生产加工车间和员工集体宿舍，旅游、宗教活动场所等。

第七十四条 本法自2009年5月1日起施行。

（陈维忠）

中华人民共和国治安管理处罚法

第一章　总　则

第一条　为维护社会治安秩序，保障公共安全，保护公民、法人和其他组织的合法权益，规范和保障公安机关及其人民警察依法履行治安管理职责，制定本法。

第二条　扰乱公共秩序，妨害公共安全，侵犯人身权利、财产权利，妨害社会管理，具有社会危害性，依照《中华人民共和国刑法》的规定构成犯罪的，依法追究刑事责任；尚不够刑事处罚的，由公安机关依照本法给予治安管理处罚。

第三条　治安管理处罚的程序，适用本法的规定；本法没有规定的，适用《中华人民共和国行政处罚法》的有关规定。

第四条　在中华人民共和国领域内发生的违反治安管理行为，除法律有特别规定的外，适用本法。

在中华人民共和国船舶和航空器内发生的违反治安管理行为，除法律有特别规定的外，适用本法。

第五条　治安管理处罚必须以事实为依据，与违反治安管理行为的性质、情节以及社会危害程度相当。

实施治安管理处罚，应当公开、公正，尊重和保障人权，保护公民的人格尊严。

办理治安案件应当坚持教育与处罚相结合的原则。

第六条　各级人民政府应当加强社会治安综合治理，采取有效措施，化解社会矛盾，增进社会和谐，维护社会稳定。

第七条　国务院公安部门负责全国的治安管理工作。县级以上地方各级人民政府公安机关负责本行政区域内的治安管理工作。

治安案件的管辖由国务院公安部门规定。

第八条　违反治安管理的行为对他人造成损害的，行为人或者其监护人应当依法承担民事责任。

第九条　对于因民间纠纷引起的打架斗殴或者损毁他人财物等违反治安管理行为，情节较轻的，公安机关可以调解处理。经公安机关调解，当事人达成协议的，不予处罚。经调解未达成协议或者达成协议后不履行的，公安机关应当依照本法的规定对违反治安管理行为人给予处罚，并告知当事人可以就民事争议依法向人民法院提起民事诉讼。

第二章　处罚的种类和适用

第十条　治安管理处罚的种类分为：

（一）警告；

（二）罚款；

（三）行政拘留；

（四）吊销公安机关发放的许可证。

对违反治安管理的外国人，可以附加适用限期出境或者驱逐出境。

第十一条　办理治安案件所查获的毒品、淫秽物品等违禁品，赌具、赌资，吸食、注射毒品的用具以及直接用于实施违反治安管理行为的本人所有的工具，应当收缴，按照规定处理。

违反治安管理所得的财物，追缴退还被侵害人；没有被侵害人的，登记造册，公开拍卖或者按照国家有关规定处理，所得款项上缴国库。

第十二条　已满十四周岁不满十八周岁的人违反治安管理的，从轻或者减轻处罚；不满十四周岁的人违反治安管理的，不予处罚，但是应当责令其监护人严加管教。

第十三条　精神病人在不能辨认或者不能控制自己行为的时候违反治安管理的，不予处罚，但是应当责令其监护人严加看管和治疗。间歇性的精神病人在精神正常的时候违反治安管理的，应当给予处罚。

第十四条　盲人或者又聋又哑的人违反治安管理的，可以从轻、减轻或者不予处罚。

第十五条　醉酒的人违反治安管理的，应当给予处罚。

醉酒的人在醉酒状态中，对本人有危险或者对他人的人身、财产或者公共安全有威胁的，应当对其采取保护性措施约束至酒醒。

第十六条　有两种以上违反治安管理行为的，分别决定，合并执行。行政拘留处罚合并执行的，最长不超过二十日。

第十七条　共同违反治安管理的，根据违反治安管理行为人在违反治安管理行为中所起的作用，分别处罚。

教唆、胁迫、诱骗他人违反治安管理的，按照其教唆、胁迫、诱骗的行为处罚。

第十八条　单位违反治安管理的，对其直接负责的主管人员和其他直接责任人员依照本法的规定处罚。其他法律、行政法规对同一行为规定给予单位处罚的，依照其规定处罚。

第十九条　违反治安管理有下列情形之一的，减轻处罚或者不予处罚：

（一）情节特别轻微的；

（二）主动消除或者减轻违法后果，并取得被侵害人谅解的；

（三）出于他人胁迫或者诱骗的；

（四）主动投案，向公安机关如实陈述自己的违法行为的；

（五）有立功表现的。

第二十条　违反治安管理有下列情形之一的，从重处罚：

（一）有较严重后果的；

（二）教唆、胁迫、诱骗他人违反治安管理的；

（三）对报案人、控告人、举报人、证人打击报复的；

（四）六个月内曾受过治安管理处罚的。

第二十一条 违反治安管理行为人有下列情形之一，依照本法应当给予行政拘留处罚的，不执行行政拘留处罚：

（一）已满十四周岁不满十六周岁的；

（二）已满十六周岁不满十八周岁，初次违反治安管理的；

（三）七十周岁以上的；

（四）怀孕或者哺乳自己不满一周岁婴儿的。

第二十二条 违反治安管理行为在六个月内没有被公安机关发现的，不再处罚。

前款规定的期限，从违反治安管理行为发生之日起计算；违反治安管理行为有连续或者继续状态的，从行为终了之日起计算。

第三章 违反治安管理的行为和处罚

第一节 扰乱公共秩序的行为和处罚

第二十三条 有下列行为之一的，处警告或者二百元以下罚款；情节较重的，处五日以上十日以下拘留，可以并处五百元以下罚款：

（一）扰乱机关、团体、企业、事业单位秩序，致使工作、生产、营业、医疗、教学、科研不能正常进行，尚未造成严重损失的；

（二）扰乱车站、港口、码头、机场、商场、公园、展览馆或者其他公共场所秩序的；

（三）扰乱公共汽车、电车、火车、船舶、航空器或者其他公共交通工具上的秩序的；

（四）非法拦截或者强登、扒乘机动车、船舶、航空器以及其他交通工具，影响交通工具正常行驶的；

（五）破坏依法进行的选举秩序的。

聚众实施前款行为的，对首要分子处十日以上十五日以下拘留，可以并处一千元以下罚款。

第二十四条 有下列行为之一，扰乱文化、体育等大型群众性活动秩序的，处警告或者二百元以下罚款；情节严重的，处五日以上十日以下拘留，可以并处五百元以下罚款：

（一）强行进入场内的；

（二）违反规定，在场内燃放烟花爆竹或者其他物品的；

（三）展示侮辱性标语、条幅等物品的；

（四）围攻裁判员、运动员或者其他工作人员的；

（五）向场内投掷杂物，不听制止的；

（六）扰乱大型群众性活动秩序的其他行为。

因扰乱体育比赛秩序被处以拘留处罚的，可以同时责令其十二个月内不得进入体育场馆观看同类比赛；违反规定进入体育场馆的，强行带离现场。

第二十五条 有下列行为之一的，处五日以上十日以下拘留，可以并处五百元以下罚款；情节较轻的，处五日以下拘留或者五百元以下罚款：

（一）散布谣言，谎报险情、疫情、警情或者以其他方法故意扰乱公共秩序的；

（二）投放虚假的爆炸性、毒害性、放射性、腐蚀性物质或者传染病病原体等危险物质扰乱公共秩序的；

（三）扬言实施放火、爆炸、投放危险物质扰乱公共秩序的。

第二十六条 有下列行为之一的，处五日以上十日以下拘留，可以并处五百元以下罚款；情节较重的，处十日以上十五日以下拘留，可以并处一千元以下罚款：

（一）结伙斗殴的；

（二）追逐、拦截他人的；

（三）强拿硬要或者任意损毁、占用公私财物的；

（四）其他寻衅滋事行为。

第二十七条 有下列行为之一的，处十日以上十五日以下拘留，可以并处一千元以下罚款；情节较轻的，处五日以上十日以下拘留，可以并处五百元以下罚款：

（一）组织、教唆、胁迫、诱骗、煽动他人从事邪教、会道门活动或者利用邪教、会道门、迷信活动，扰乱社会秩序、损害他人身体健康的；

（二）冒用宗教、气功名义进行扰乱社会秩序、损害他人身体健康活动的。

第二十八条 违反国家规定，故意干扰无线电业务正常进行的，或者对正常运行的无线电台（站）产生有害干扰，经有关主管部门指出后，拒不采取有效措施消除的，处五日以上十日以下拘留；情节严重的，处十日以上十五日以下拘留。

第二十九条 有下列行为之一的，处五日以下拘留；情节较重的，处五日以上十日以下拘留：

（一）违反国家规定，侵入计算机信息系统，造成危害的；

（二）违反国家规定，对计算机信息系统功能进行删除、修改、增加、干扰，造成计算机信息系统不能正常运行的；

（三）违反国家规定，对计算机信息系统中存储、处理、传输的数据和应用程序进行删除、修改、增加的；

（四）故意制作、传播计算机病毒等破坏性程序，影响计算机信息系统正常运行的。

第二节 妨害公共安全的行为和处罚

第三十条 违反国家规定，制造、买卖、储存、运输、邮寄、携带、使用、提供、处置爆炸性、毒害性、放射性、腐蚀性物质或者传染病病原体等危险物质的，处十日以上十五日以下拘留；情节较轻的，处五日以上十日以下拘留。

第三十一条 爆炸性、毒害性、放射性、腐蚀性物质或者传染病病原体等危险物质被盗、被抢或者丢失，未按规定报告的，处五日以下拘留；故意隐瞒不报的，处五日以上十日以下拘留。

第三十二条 非法携带枪支、弹药或者弩、匕首等国家规定的管制器具的，处五日以下拘留，可以并处五百元以下罚款；情节较轻的，处警告或者二百元以下罚款。

非法携带枪支、弹药或者弩、匕首等国家规定的管制器具进入公共场所或者公共交通工具的，处五日以上十日以下拘留，可以并处五百元以下罚款。

第三十三条 有下列行为之一的，处十日以上十五日以下拘留：

（一）盗窃、损毁油气管道设施、电力电信设施、广播电视设施、水利防汛工程设施或者水文监测、测量、气象测报、环境监测、地质监测、地震监测等公共设施的；

（二）移动、损毁国家边境的界碑、界桩以及其他边境标志、边境设施或者领土、领海标志设施的；

（三）非法进行影响国（边）界线走向的活动或者修建有碍国（边）境管理的设施的。

第三十四条 盗窃、损坏、擅自移动使用中的航空设施，或者强行进入航空器驾驶舱的，处十日以上十五日以下拘留。

在使用中的航空器上使用可能影响导航系统正常功能的器具、工具，不听劝阻的，处五日以下拘留或者五百元以下罚款。

第三十五条 有下列行为之一的，处五日以上十日以下拘留，可以并处五百元以下罚款；情节较轻的，处五日以下拘留或者五百元以下罚款：

（一）盗窃、损毁或者擅自移动铁路设施、设备、机车车辆配件或者安全标志的；

（二）在铁路线路上放置障碍物，或者故意向列车投掷物品的；

（三）在铁路线路、桥梁、涵洞处挖掘坑穴、采石取沙的；

（四）在铁路线路上私设道口或者平交过道的。

第三十六条 擅自进入铁路防护网或者火车来临时在铁路线路上行走坐卧、抢越铁路，影响行车安全的，处警告或者二百元以下罚款。

第三十七条 有下列行为之一的，处五日以下拘留或者五百元以下罚款；情节严重的，处五日以上十日以下拘留，可以并处五百元以下罚款：

（一）未经批准，安装、使用电网的，或者安装、使用电网不符合安全规定的；

（二）在车辆、行人通行的地方施工，对沟井坎穴不设覆盖物、防围和警示标志的，或者故意损毁、移动覆盖物、防围和警示标志的；

（三）盗窃、损毁路面井盖、照明等公共设施的。

第三十八条 举办文化、体育等大型群众性活动，违反有关规定，有发生安全事故危险的，责令停止活动，立即疏散；对组织者处五日以上十日以下拘留，并处二百元以上五百元以下罚款；情节较轻的，处五日以下拘留或者五百元以下罚款。

第三十九条 旅馆、饭店、影剧院、娱乐场、运动场、展览馆或者其他供社会公众活动的场所的经营管理人员，违反安全规定，致使该场所有发生安全事故危险，经公安机关责令改正，拒不改正的，处五日以下拘留。

第三节　侵犯人身权利、财产权利的行为和处罚

第四十条 有下列行为之一的，处十日以上十五日以下拘留，并处五百元以上一千元以下罚款；情节较轻的，处五日以上十日以下拘留，并处二百元以上五百元以下罚款：

（一）组织、胁迫、诱骗不满十六周岁的人或者残疾人进行恐怖、残忍表演的；

（二）以暴力、威胁或者其他手段强迫他人劳动的；

（三）非法限制他人人身自由、非法侵入他人住宅或者非法搜查他人身体的。

第四十一条 胁迫、诱骗或者利用他人乞讨的，处十日以上十五日以下拘留，可以并处

一千元以下罚款。

反复纠缠、强行讨要或者以其他滋扰他人的方式乞讨的，处五日以下拘留或者警告。

第四十二条 有下列行为之一的，处五日以下拘留或者五百元以下罚款；情节较重的，处五日以上十日以下拘留，可以并处五百元以下罚款：

（一）写恐吓信或者以其他方法威胁他人人身安全的；

（二）公然侮辱他人或者捏造事实诽谤他人的；

（三）捏造事实诬告陷害他人，企图使他人受到刑事追究或者受到治安管理处罚的；

（四）对证人及其近亲属进行威胁、侮辱、殴打或者打击报复的；

（五）多次发送淫秽、侮辱、恐吓或者其他信息，干扰他人正常生活的；

（六）偷窥、偷拍、窃听、散布他人隐私的。

第四十三条 殴打他人的，或者故意伤害他人身体的，处五日以上十日以下拘留，并处二百元以上五百元以下罚款；情节较轻的，处五日以下拘留或者五百元以下罚款。

有下列情形之一的，处十日以上十五日以下拘留，并处五百元以上一千元以下罚款：

（一）结伙殴打、伤害他人的；

（二）殴打、伤害残疾人、孕妇、不满十四周岁的人或者六十周岁以上的人的；

（三）多次殴打、伤害他人或者一次殴打、伤害多人的。

第四十四条 猥亵他人的，或者在公共场所故意裸露身体，情节恶劣的，处五日以上十日以下拘留；猥亵智力残疾人、精神病人、不满十四周岁的人或者有其他严重情节的，处十日以上十五日以下拘留。

第四十五条 有下列行为之一的，处五日以下拘留或者警告：

（一）虐待家庭成员，被虐待人要求处理的；

（二）遗弃没有独立生活能力的被扶养人的。

第四十六条 强买强卖商品，强迫他人提供服务或者强迫他人接受服务的，处五日以上十日以下拘留，并处二百元以上五百元以下罚款；情节较轻的，处五日以下拘留或者五百元以下罚款。

第四十七条 煽动民族仇恨、民族歧视，或者在出版物、计算机信息网络中刊载民族歧视、侮辱内容的，处十日以上十五日以下拘留，可以并处一千元以下罚款。

第四十八条 冒领、隐匿、毁弃、私自开拆或者非法检查他人邮件的，处五日以下拘留或者五百元以下罚款。

第四十九条 盗窃、诈骗、哄抢、抢夺、敲诈勒索或者故意损毁公私财物的，处五日以上十日以下拘留，可以并处五百元以下罚款；情节较重的，处十日以上十五日以下拘留，可以并处一千元以下罚款。

第四节　妨害社会管理的行为和处罚

第五十条 有下列行为之一的，处警告或者二百元以下罚款；情节严重的，处五日以上十日以下拘留，可以并处五百元以下罚款：

（一）拒不执行人民政府在紧急状态情况下依法发布的决定、命令的；

（二）阻碍国家机关工作人员依法执行职务的；

（三）阻碍执行紧急任务的消防车、救护车、工程抢险车、警车等车辆通行的；

（四）强行冲闯公安机关设置的警戒带、警戒区的。

阻碍人民警察依法执行职务的，从重处罚。

第五十一条 冒充国家机关工作人员或者以其他虚假身份招摇撞骗的，处五日以上十日以下拘留，可以并处五百元以下罚款；情节较轻的，处五日以下拘留或者五百元以下罚款。

冒充军警人员招摇撞骗的，从重处罚。

第五十二条 有下列行为之一的，处十日以上十五日以下拘留，可以并处一千元以下罚款；情节较轻的，处五日以上十日以下拘留，可以并处五百元以下罚款：

（一）伪造、变造或者买卖国家机关、人民团体、企业、事业单位或者其他组织的公文、证件、证明文件、印章的；

（二）买卖或者使用伪造、变造的国家机关、人民团体、企业、事业单位或者其他组织的公文、证件、证明文件的；

（三）伪造、变造、倒卖车票、船票、航空客票、文艺演出票、体育比赛入场券或者其他有价票证、凭证的；

（四）伪造、变造船舶户牌，买卖或者使用伪造、变造的船舶户牌，或者涂改船舶发动机号码的。

第五十三条 船舶擅自进入、停靠国家禁止、限制进入的水域或者岛屿的，对船舶负责人及有关责任人员处五百元以上一千元以下罚款；情节严重的，处五日以下拘留，并处五百元以上一千元以下罚款。

第五十四条 有下列行为之一的，处十日以上十五日以下拘留，并处五百元以上一千元以下罚款；情节较轻的，处五日以下拘留或者五百元以下罚款：

（一）违反国家规定，未经注册登记，以社会团体名义进行活动，被取缔后，仍进行活动的；

（二）被依法撤销登记的社会团体，仍以社会团体名义进行活动的；

（三）未经许可，擅自经营按照国家规定需要由公安机关许可的行业的。

有前款第三项行为的，予以取缔。

取得公安机关许可的经营者，违反国家有关管理规定，情节严重的，公安机关可以吊销许可证。

第五十五条 煽动、策划非法集会、游行、示威，不听劝阻的，处十日以上十五日以下拘留。

第五十六条 旅馆业的工作人员对住宿的旅客不按规定登记姓名、身份证件种类和号码的，或者明知住宿的旅客将危险物质带入旅馆，不予制止的，处二百元以上五百元以下罚款。

旅馆业的工作人员明知住宿的旅客是犯罪嫌疑人员或者被公安机关通缉的人员，不向公安机关报告的，处二百元以上五百元以下罚款；情节严重的，处五日以下拘留，可以并处五百元以下罚款。

第五十七条 房屋出租人将房屋出租给无身份证件的人居住的，或者不按规定登记承租人姓名、身份证件种类和号码的，处二百元以上五百元以下罚款。

房屋出租人明知承租人利用出租房屋进行犯罪活动，不向公安机关报告的，处二百元以上五百元以下罚款；情节严重的，处五日以下拘留，可以并处五百元以下罚款。

第五十八条 违反关于社会生活噪声污染防治的法律规定，制造噪声干扰他人正常生活的，处警告；警告后不改正的，处二百元以上五百元以下罚款。

第五十九条 有下列行为之一的，处五百元以上一千元以下罚款；情节严重的，处五日以上十日以下拘留，并处五百元以上一千元以下罚款：

（一）典当业工作人员承接典当的物品，不查验有关证明、不履行登记手续，或者明知是违法犯罪嫌疑人、赃物，不向公安机关报告的；

（二）违反国家规定，收购铁路、油田、供电、电信、矿山、水利、测量和城市公用设施等废旧专用器材的；

（三）收购公安机关通报寻查的赃物或者有赃物嫌疑的物品的；

（四）收购国家禁止收购的其他物品的。

第六十条 有下列行为之一的，处五日以上十日以下拘留，并处二百元以上五百元以下罚款：

（一）隐藏、转移、变卖或者损毁行政执法机关依法扣押、查封、冻结的财物的；

（二）伪造、隐匿、毁灭证据或者提供虚假证言、谎报案情，影响行政执法机关依法办案的；

（三）明知是赃物而窝藏、转移或者代为销售的；

（四）被依法执行管制、剥夺政治权利或者在缓刑、保外就医等监外执行中的罪犯或者被依法采取刑事强制措施的人，有违反法律、行政法规和国务院公安部门有关监督管理规定的行为。

第六十一条 协助组织或者运送他人偷越国（边）境的，处十日以上十五日以下拘留，并处一千元以上五千元以下罚款。

第六十二条 为偷越国（边）境人员提供条件的，处五日以上十日以下拘留，并处五百元以上二千元以下罚款。

偷越国（边）境的，处五日以下拘留或者五百元以下罚款。

第六十三条 有下列行为之一的，处警告或者二百元以下罚款；情节较重的，处五日以上十日以下拘留，并处二百元以上五百元以下罚款：

（一）刻划、涂污或者以其他方式故意损坏国家保护的文物、名胜古迹的；

（二）违反国家规定，在文物保护单位附近进行爆破、挖掘等活动，危及文物安全的。

第六十四条 有下列行为之一的，处五百元以上一千元以下罚款；情节严重的，处十日以上十五日以下拘留，并处五百元以上一千元以下罚款：

（一）偷开他人机动车的；

（二）未取得驾驶证驾驶或者偷开他人航空器、机动船舶的。

第六十五条 有下列行为之一的，处五日以上十日以下拘留；情节严重的，处十日以上十五日以下拘留，可以并处一千元以下罚款：

（一）故意破坏、污损他人坟墓或者毁坏、丢弃他人尸骨、骨灰的；

（二）在公共场所停放尸体或者因停放尸体影响他人正常生活、工作秩序，不听劝阻的。

第六十六条 卖淫、嫖娼的，处十日以上十五日以下拘留，可以并处五千元以下罚款；情节较轻的，处五日以下拘留或者五百元以下罚款。

在公共场所拉客招嫖的，处五日以下拘留或者五百元以下罚款。

第六十七条 引诱、容留、介绍他人卖淫的，处十日以上十五日以下拘留，可以并处五千元以下罚款；情节较轻的，处五日以下拘留或者五百元以下罚款。

第六十八条 制作、运输、复制、出售、出租淫秽的书刊、图片、影片、音像制品等淫秽物品或者利用计算机信息网络、电话以及其他通讯工具传播淫秽信息的，处十日以上十五日以下拘留，可以并处三千元以下罚款；情节较轻的，处五日以下拘留或者五百元以下罚款。

第六十九条 有下列行为之一的，处十日以上十五日以下拘留，并处五百元以上一千元以下罚款：

（一）组织播放淫秽音像的；

（二）组织或者进行淫秽表演的；

（三）参与聚众淫乱活动的。

明知他人从事前款活动，为其提供条件的，依照前款的规定处罚。

第七十条 以营利为目的，为赌博提供条件的，或者参与赌博赌资较大的，处五日以下拘留或者五百元以下罚款；情节严重的，处十日以上十五日以下拘留，并处五百元以上三千元以下罚款。

第七十一条 有下列行为之一的，处十日以上十五日以下拘留，可以并处三千元以下罚款；情节较轻的，处五日以下拘留或者五百元以下罚款：

（一）非法种植罂粟不满五百株或者其他少量毒品原植物的；

（二）非法买卖、运输、携带、持有少量未经灭活的罂粟等毒品原植物种子或者幼苗的；

（三）非法运输、买卖、储存、使用少量罂粟壳的。

有前款第一项行为，在成熟前自行铲除的，不予处罚。

第七十二条 有下列行为之一的，处十日以上十五日以下拘留，可以并处二千元以下罚款；情节较轻的，处五日以下拘留或者五百元以下罚款：

（一）非法持有鸦片不满二百克、海洛因或者甲基苯丙胺不满十克或者其他少量毒品的；

（二）向他人提供毒品的；

（三）吸食、注射毒品的；

（四）胁迫、欺骗医务人员开具麻醉药品、精神药品的。

第七十三条 教唆、引诱、欺骗他人吸食、注射毒品的，处十日以上十五日以下拘留，并处五百元以上二千元以下罚款。

第七十四条 旅馆业、饮食服务业、文化娱乐业、出租汽车业等单位的人员，在公安机关查处吸毒、赌博、卖淫、嫖娼活动时，为违法犯罪行为人通风报信的，处十日以上十五日以下拘留。

第七十五条 饲养动物，干扰他人正常生活的，处警告；警告后不改正的，或者放任动物恐吓他人的，处二百元以上五百元以下罚款。

驱使动物伤害他人的，依照本法第四十三条第一款的规定处罚。

第七十六条 有本法第六十七条、第六十八条、第七十条的行为，屡教不改的，可以按照国家规定采取强制性教育措施。

第四章　处罚程序

第一节　调　查

第七十七条　公安机关对报案、控告、举报或者违反治安管理行为人主动投案，以及其他行政主管部门、司法机关移送的违反治安管理案件，应当及时受理，并进行登记。

第七十八条　公安机关受理报案、控告、举报、投案后，认为属于违反治安管理行为的，应当立即进行调查；认为不属于违反治安管理行为的，应当告知报案人、控告人、举报人、投案人，并说明理由。

第七十九条　公安机关及其人民警察对治安案件的调查，应当依法进行。严禁刑讯逼供或者采用威胁、引诱、欺骗等非法手段收集证据。

以非法手段收集的证据不得作为处罚的根据。

第八十条　公安机关及其人民警察在办理治安案件时，对涉及的国家秘密、商业秘密或者个人隐私，应当予以保密。

第八十一条　人民警察在办理治安案件过程中，遇有下列情形之一的，应当回避；违反治安管理行为人、被侵害人或者其法定代理人也有权要求他们回避：

（一）是本案当事人或者当事人的近亲属的；

（二）本人或者其近亲属与本案有利害关系的；

（三）与本案当事人有其他关系，可能影响案件公正处理的。

人民警察的回避，由其所属的公安机关决定；公安机关负责人的回避，由上一级公安机关决定。

第八十二条　需要传唤违反治安管理行为人接受调查的，经公安机关办案部门负责人批准，使用传唤证传唤。对现场发现的违反治安管理行为人，人民警察经出示工作证件，可以口头传唤，但应当在询问笔录中注明。

公安机关应当将传唤的原因和依据告知被传唤人。对无正当理由不接受传唤或者逃避传唤的人，可以强制传唤。

第八十三条　对违反治安管理行为人，公安机关传唤后应当及时询问查证，询问查证的时间不得超过八小时；情况复杂，依照本法规定可能适用行政拘留处罚的，询问查证的时间不得超过二十四小时。

公安机关应当及时将传唤的原因和处所通知被传唤人家属。

第八十四条　询问笔录应当交被询问人核对；对没有阅读能力的，应当向其宣读。记载有遗漏或者差错的，被询问人可以提出补充或者更正。被询问人确认笔录无误后，应当签名或者盖章，询问的人民警察也应当在笔录上签名。

被询问人要求就被询问事项自行提供书面材料的，应当准许；必要时，人民警察也可以要求被询问人自行书写。

询问不满十六周岁的违反治安管理行为人，应当通知其父母或者其他监护人到场。

第八十五条 人民警察询问被侵害人或者其他证人，可以到其所在单位或者住处进行；必要时，也可以通知其到公安机关提供证言。

人民警察在公安机关以外询问被侵害人或者其他证人，应当出示工作证件。

询问被侵害人或者其他证人，同时适用本法第八十四条的规定。

第八十六条 询问聋哑的违反治安管理行为人、被侵害人或者其他证人，应当有通晓手语的人提供帮助，并在笔录上注明。

询问不通晓当地通用的语言文字的违反治安管理行为人、被侵害人或者其他证人，应当配备翻译人员，并在笔录上注明。

第八十七条 公安机关对与违反治安管理行为有关的场所、物品、人身可以进行检查。检查时，人民警察不得少于二人，并应当出示工作证件和县级以上人民政府公安机关开具的检查证明文件。对确有必要立即进行检查的，人民警察经出示工作证件，可以当场检查，但检查公民住所应当出示县级以上人民政府公安机关开具的检查证明文件。

检查妇女的身体，应当由女性工作人员进行。

第八十八条 检查的情况应当制作检查笔录，由检查人、被检查人和见证人签名或者盖章；被检查人拒绝签名的，人民警察应当在笔录上注明。

第八十九条 公安机关办理治安案件，对与案件有关的需要作为证据的物品，可以扣押；对被侵害人或者善意第三人合法占有的财产，不得扣押，应当予以登记。对与案件无关的物品，不得扣押。

对扣押的物品，应当会同在场见证人和被扣押物品持有人查点清楚，当场开列清单一式二份，由调查人员、见证人和持有人签名或者盖章，一份交给持有人，另一份附卷备查。

对扣押的物品，应当妥善保管，不得挪作他用；对不宜长期保存的物品，按照有关规定处理。经查明与案件无关的，应当及时退还；经核实属于他人合法财产的，应当登记后立即退还；满六个月无人对该财产主张权利或者无法查清权利人的，应当公开拍卖或者按照国家有关规定处理，所得款项上缴国库。

第九十条 为了查明案情，需要解决案件中有争议的专门性问题的，应当指派或者聘请具有专门知识的人员进行鉴定；鉴定人鉴定后，应当写出鉴定意见，并且签名。

第二节 决 定

第九十一条 治安管理处罚由县级以上人民政府公安机关决定；其中警告、五百元以下的罚款可以由公安派出所决定。

第九十二条 对决定给予行政拘留处罚的人，在处罚前已经采取强制措施限制人身自由的时间，应当折抵。限制人身自由一日，折抵行政拘留一日。

第九十三条 公安机关查处治安案件，对没有本人陈述，但其他证据能够证明案件事实的，可以作出治安管理处罚决定。但是，只有本人陈述，没有其他证据证明的，不能作出治安管理处罚决定。

第九十四条 公安机关作出治安管理处罚决定前，应当告知违反治安管理行为人作出治安管理处罚的事实、理由及依据，并告知违反治安管理行为人依法享有的权利。

违反治安管理行为人有权陈述和申辩。公安机关必须充分听取违反治安管理行为人的意见，对违反治安管理行为人提出的事实、理由和证据，应当进行复核；违反治安管理行为人提出的事实、理由或者证据成立的，公安机关应当采纳。

公安机关不得因违反治安管理行为人的陈述、申辩而加重处罚。

第九十五条 治安案件调查结束后，公安机关应当根据不同情况，分别作出以下处理：

（一）确有依法应当给予治安管理处罚的违法行为的，根据情节轻重及具体情况，作出处罚决定；

（二）依法不予处罚的，或者违法事实不能成立的，作出不予处罚决定；

（三）违法行为已涉嫌犯罪的，移送主管机关依法追究刑事责任；

（四）发现违反治安管理行为人有其他违法行为的，在对违反治安管理行为作出处罚决定的同时，通知有关行政主管部门处理。

第九十六条 公安机关作出治安管理处罚决定的，应当制作治安管理处罚决定书。决定书应当载明下列内容：

（一）被处罚人的姓名、性别、年龄、身份证件的名称和号码、住址；

（二）违法事实和证据；

（三）处罚的种类和依据；

（四）处罚的执行方式和期限；

（五）对处罚决定不服，申请行政复议、提起行政诉讼的途径和期限；

（六）作出处罚决定的公安机关的名称和作出决定的日期。

决定书应当由作出处罚决定的公安机关加盖印章。

第九十七条 公安机关应当向被处罚人宣告治安管理处罚决定书，并当场交付被处罚人；无法当场向被处罚人宣告的，应当在二日内送达被处罚人。决定给予行政拘留处罚的，应当及时通知被处罚人的家属。

有被侵害人的，公安机关应当将决定书副本抄送被侵害人。

第九十八条 公安机关作出吊销许可证以及处二千元以上罚款的治安管理处罚决定前，应当告知违反治安管理行为人有权要求举行听证；违反治安管理行为人要求听证的，公安机关应当及时依法举行听证。

第九十九条 公安机关办理治安案件的期限，自受理之日起不得超过三十日；案情重大、复杂的，经上一级公安机关批准，可以延长三十日。

为了查明案情进行鉴定的期间，不计入办理治安案件的期限。

第一百条 违反治安管理行为事实清楚，证据确凿，处警告或者二百元以下罚款的，可以当场作出治安管理处罚决定。

第一百零一条 当场作出治安管理处罚决定的，人民警察应当向违反治安管理行为人出示工作证件，并填写处罚决定书。处罚决定书应当当场交付被处罚人；有被侵害人的，并将决定书副本抄送被侵害人。

前款规定的处罚决定书，应当载明被处罚人的姓名、违法行为、处罚依据、罚款数额、时间、地点以及公安机关名称，并由经办的人民警察签名或者盖章。

当场作出治安管理处罚决定的，经办的人民警察应当在二十四小时内报所属公安机关备案。

第一百零二条 被处罚人对治安管理处罚决定不服的，可以依法申请行政复议或者提起行政诉讼。

第三节 执 行

第一百零三条 对被决定给予行政拘留处罚的人，由作出决定的公安机关送达拘留所执行。

第一百零四条 受到罚款处罚的人应当自收到处罚决定书之日起十五日内，到指定的银行缴纳罚款。但是，有下列情形之一的，人民警察可以当场收缴罚款：

（一）被处五十元以下罚款，被处罚人对罚款无异议的；

（二）在边远、水上、交通不便地区，公安机关及其人民警察依照本法的规定作出罚款决定后，被处罚人向指定的银行缴纳罚款确有困难，经被处罚人提出的；

（三）被处罚人在当地没有固定住所，不当场收缴事后难以执行的。

第一百零五条 人民警察当场收缴的罚款，应当自收缴罚款之日起二日内，交至所属的公安机关；在水上、旅客列车上当场收缴的罚款，应当自抵岸或者到站之日起二日内，交至所属的公安机关；公安机关应当自收到罚款之日起二日内将罚款缴付指定的银行。

第一百零六条 人民警察当场收缴罚款的，应当向被处罚人出具省、自治区、直辖市人民政府财政部门统一制发的罚款收据；不出具统一制发的罚款收据的，被处罚人有权拒绝缴纳罚款。

第一百零七条 被处罚人不服行政拘留处罚决定，申请行政复议、提起行政诉讼的，可以向公安机关提出暂缓执行行政拘留的申请。公安机关认为暂缓执行行政拘留不致发生社会危险的，由被处罚人或者其近亲属提出符合本法第一百零八条规定条件的担保人，或者按每日行政拘留二百元的标准交纳保证金，行政拘留的处罚决定暂缓执行。

第一百零八条 担保人应当符合下列条件：

（一）与本案无牵连；

（二）享有政治权利，人身自由未受到限制；

（三）在当地有常住户口和固定住所；

（四）有能力履行担保义务。

第一百零九条 担保人应当保证被担保人不逃避行政拘留处罚的执行。

担保人不履行担保义务，致使被担保人逃避行政拘留处罚的执行的，由公安机关对其处三千元以下罚款。

第一百一十条 被决定给予行政拘留处罚的人交纳保证金，暂缓行政拘留后，逃避行政拘留处罚的执行的，保证金予以没收并上缴国库，已经作出的行政拘留决定仍应执行。

第一百一十一条 行政拘留的处罚决定被撤销，或者行政拘留处罚开始执行的，公安机关收取的保证金应当及时退还交纳人。

第五章 执法监督

第一百一十二条 公安机关及其人民警察应当依法、公正、严格、高效办理治安案件，文明执法，不得徇私舞弊。

第一百一十三条 公安机关及其人民警察办理治安案件，禁止对违反治安管理行为人打骂、虐待或者侮辱。

第一百一十四条 公安机关及其人民警察办理治安案件，应当自觉接受社会和公民的监督。

公安机关及其人民警察办理治安案件，不严格执法或者有违法违纪行为的，任何单位和个人都有权向公安机关或者人民检察院、行政监察机关检举、控告；收到检举、控告的机关，应当依据职责及时处理。

第一百一十五条 公安机关依法实施罚款处罚，应当依照有关法律、行政法规的规定，实行罚款决定与罚款收缴分离；收缴的罚款应当全部上缴国库。

第一百一十六条 人民警察办理治安案件，有下列行为之一的，依法给予行政处分；构成犯罪的，依法追究刑事责任：

（一）刑讯逼供、体罚、虐待、侮辱他人的；

（二）超过询问查证的时间限制人身自由的；

（三）不执行罚款决定与罚款收缴分离制度或者不按规定将罚没的财物上缴国库或者依法处理的；

（四）私分、侵占、挪用、故意损毁收缴、扣押的财物的；

（五）违反规定使用或者不及时返还被侵害人财物的；

（六）违反规定不及时退还保证金的；

（七）利用职务上的便利收受他人财物或者谋取其他利益的；

（八）当场收缴罚款不出具罚款收据或者不如实填写罚款数额的；

（九）接到要求制止违反治安管理行为的报警后，不及时出警的；

（十）在查处违反治安管理活动时，为违法犯罪行为人通风报信的；

（十一）有徇私舞弊、滥用职权，不依法履行法定职责的其他情形的。

办理治安案件的公安机关有前款所列行为的，对直接负责的主管人员和其他直接责任人员给予相应的行政处分。

第一百一十七条 公安机关及其人民警察违法行使职权，侵犯公民、法人和其他组织合法权益的，应当赔礼道歉；造成损害的，应当依法承担赔偿责任。

第六章 附 则

第一百一十八条 本法所称以上、以下、以内，包括本数。

第一百一十九条 本法自2006年3月1日起施行。1986年9月5日公布、1994年5月12日修订公布的《中华人民共和国治安管理处罚条例》同时废止。

（汪宝德 陈维忠）

学生伤害事故处理办法

第一章　总　则

第一条　为积极预防、妥善处理在校学生伤害事故，保护学生、学校的合法权益，根据《中华人民共和国教育法》、《中华人民共和国未成年人保护法》和其他相关法律、行政法规及有关规定，制定本办法。

第二条　在学校实施的教育教学活动或者学校组织的校外活动中，以及在学校负有管理责任的校舍、场地、其他教育教学设施、生活设施内发生的，造成在校学生人身损害后果的事故的处理，适用本办法。

第三条　学生伤害事故应当遵循依法、客观公正、合理适当的原则，及时、妥善地处理。

第四条　学校的举办者应当提供符合安全标准的校舍、场地、其他教育教学设施和生活设施。

教育行政部门应当加强学校安全工作，指导学校落实预防学生伤害事故的措施，指导、协助学校妥善处理学生伤害事故，维护学校正常的教育教学秩序。

第五条　学校应当对在校学生进行必要的安全教育和自护自救教育；应当按照规定，建立健全安全制度，采取相应的管理措施，预防和消除教育教学环境中存在的安全隐患；当发生伤害事故时，应当及时采取措施救助受伤害学生。

学校对学生进行安全教育、管理和保护，应当针对学生年龄、认知能力和法律行为能力的不同，采用相应的内容和预防措施。

第六条　学生应当遵守学校的规章制度和纪律；在不同的受教育阶段，应当根据自身的年龄、认知能力和法律行为能力，避免和消除相应的危险。

第七条　未成年学生的父母或者其他监护人（以下称为监护人）应当依法履行监护职责，配合学校对学生进行安全教育、管理和保护工作。

学校对未成年学生不承担监护职责，但法律有规定的或者学校依法接受委托承担相应监护职责的情形除外。

第二章　事故与责任

第八条　学生伤害事故的责任，应当根据相关当事人的行为与损害后果之间的因果关系依法确定。

因学校、学生或者其他相关当事人的过错造成的学生伤害事故，相关当事人应当根据其行为过错程度的比例及其与损害后果之间的因果关系承担相应的责任。当事人的行为是损害后果发生的主要原因，应当承担主要责任；当事人的行为是损害后果发生的非主要原因，承担相应的责任。

第九条 因下列情形之一造成的学生伤害事故，学校应当依法承担相应的责任：

（一）学校的校舍、场地、其他公共设施，以及学校提供给学生使用的学具、教育教学和生活设施、设备不符合国家规定的标准，或者有明显不安全因素的；

（二）学校的安全保卫、消防、设施设备管理等安全管理制度有明显疏漏，或者管理混乱，存在重大安全隐患，而未及时采取措施的；

（三）学校向学生提供的药品、食品、饮用水等不符合国家或者行业的有关标准、要求的；

（四）学校组织学生参加教育教学活动或者校外活动，未对学生进行相应的安全教育，并未在可预见的范围内采取必要的安全措施的；

（五）学校知道教师或者其他工作人员患有不适宜担任教育教学工作的疾病，但未采取必要措施的；

（六）学校违反有关规定，组织或者安排未成年学生从事不宜未成年人参加的劳动、体育运动或者其他活动的；

（七）学生有特异体质或者特定疾病，不宜参加某种教育教学活动，学校知道或者应当知道，但未予以必要的注意的；

（八）学生在校期间突发疾病或者受到伤害，学校发现，但未根据实际情况及时采取相应措施，导致不良后果加重的；

（九）学校教师或者其他工作人员体罚或者变相体罚学生，或者在履行职责过程中违反工作要求、操作规程、职业道德或者其他有关规定的；

（十）学校教师或者其他工作人员在负有组织、管理未成年学生的职责期间，发现学生行为具有危险性，但未进行必要的管理、告诫或者制止的；

（十一）对未成年学生擅自离校等与学生人身安全直接相关的信息，学校发现或者知道，但未及时告知未成年学生的监护人，导致未成年学生因脱离监护人的保护而发生伤害的；

（十二）学校有未依法履行职责的其他情形的。

第十条 学生或者未成年学生监护人由于过错，有下列情形之一，造成学生伤害事故，应当依法承担相应的责任：

（一）学生违反法律法规的规定，违反社会公共行为准则、学校的规章制度或者纪律，实施按其年龄和认知能力应当知道具有危险或者可能危及他人的行为的；

（二）学生行为具有危险性，学校、教师已经告诫、纠正，但学生不听劝阻、拒不改正的；

（三）学生或者其监护人知道学生有特异体质，或者患有特定疾病，但未告知学校的；

（四）未成年学生的身体状况、行为、情绪等有异常情况，监护人知道或者已被学校告知，但未履行相应监护职责的；

（五）学生或者未成年学生监护人有其他过错的。

第十一条 学校安排学生参加活动，因提供场地、设备、交通工具、食品及其他消费与服务的经营者，或者学校以外的活动组织者的过错造成的学生伤害事故，有过错的当事人应当依法承担相应的责任。

第十二条 因下列情形之一造成的学生伤害事故，学校已履行了相应职责，行为并无不当的，无法律责任：

（一）地震、雷击、台风、洪水等不可抗的自然因素造成的；

（二）来自学校外部的突发性、偶发性侵害造成的；

（三）学生有特异体质、特定疾病或者异常心理状态，学校不知道或者难于知道的；

（四）学生自杀、自伤的；

（五）在对抗性或者具有风险性的体育竞赛活动中发生意外伤害的；

（六）其他意外因素造成的。

第十三条 下列情形下发生的造成学生人身损害后果的事故，学校行为并无不当的，不承担事故责任；事故责任应当按有关法律法规或者其他有关规定认定：

（一）在学生自行上学、放学、返校、离校途中发生的；

（二）在学生自行外出或者擅自离校期间发生的；

（三）在放学后、节假日或者假期等学校工作时间以外，学生自行滞留学校或者自行到校发生的；

（四）其他在学校管理职责范围外发生的。

第十四条 因学校教师或者其他工作人员与其职务无关的个人行为，或者因学生、教师及其他个人故意实施的违法犯罪行为，造成学生人身损害的，由致害人依法承担相应的责任。

第三章　事故处理程序

第十五条 发生学生伤害事故，学校应当及时救助受伤害学生，并应当及时告知未成年学生的监护人；有条件的，应当采取紧急救援等方式救助。

第十六条 发生学生伤害事故，情形严重的，学校应当及时向主管教育行政部门及有关部门报告；属于重大伤亡事故的，教育行政部门应当按照有关规定及时向同级人民政府和上一级教育行政部门报告。

第十七条 学校的主管教育行政部门应学校要求或者认为必要，可以指导、协助学校进行事故的处理工作，尽快恢复学校正常的教育教学秩序。

第十八条 发生学生伤害事故，学校与受伤害学生或者学生家长可以通过协商方式解决；双方自愿，可以书面请求主管教育行政部门进行调解。成年学生或者未成年学生的监护人也可以依法直接提起诉讼。

第十九条 教育行政部门收到调解申请，认为必要的，可以指定专门人员进行调解，并应当在受理申请之日起60日内完成调解。

第二十条 经教育行政部门调解，双方就事故处理达成一致意见的，应当在调解人员的见证下签订调解协议，结束调解；在调解期限内，双方不能达成一致意见，或者调解过程中一方提起诉讼，人民法院已经受理的，应当终止调解。调解结束或者终止，教育行政部门应当书面通知当事人。

第二十一条 对经调解达成的协议，一方当事人不履行或者反悔的，双方可以依法提起诉讼。

第二十二条 事故处理结束，学校应当将事故处理结果书面报告主管的教育行政部门；重大伤亡事故的处理结果，学校主管的教育行政部门应当向同级人民政府和上一级教育行政部门报告。

第四章 事故损害的赔偿

第二十三条 对发生学生伤害事故负有责任的组织或者个人，应当按照法律法规的有关规定，承担相应的损害赔偿责任。

第二十四条 学生伤害事故赔偿的范围与标准，按照有关行政法规、地方性法规或者最高人民法院司法解释中的有关规定确定。

教育行政部门进行调解时，认为学校有责任的，可以依照有关法律法规及国家有关规定，提出相应的调解方案。

第二十五条 对受伤害学生的伤残程度存在争议的，可以委托当地具有相应鉴定资格的医院或者有关机构，依据国家规定的人体伤残标准进行鉴定。

第二十六条 学校对学生伤害事故负有责任的，根据责任大小，适当予以经济赔偿，但不承担解决户口、住房、就业等与救助受伤害学生、赔偿相应经济损失无直接关系的其他事项。

学校无责任的，如果有条件，可以根据实际情况，本着自愿和可能的原则，对受伤害学生给予适当的帮助。

第二十七条 因学校教师或者其他工作人员在履行职务中的故意或者重大过失造成的学生伤害事故，学校予以赔偿后，可以向有关责任人员追偿。

第二十八条 未成年学生对学生伤害事故负有责任的，由其监护人依法承担相应的赔偿责任。

学生的行为侵害学校教师及其他工作人员以及其他组织、个人的合法权益，造成损失的，成年学生或者未成年学生的监护人应当依法予以赔偿。

第二十九条 根据双方达成的协议、经调解形成的协议或者人民法院的生效判决，应当由学校负担的赔偿金，学校应当负责筹措；学校无力完全筹措的，由学校的主管部门或者举办者协助筹措。

第三十条 县级以上人民政府教育行政部门或者学校举办者有条件的，可以通过设立学生伤害赔偿准备金等多种形式，依法筹措伤害赔偿金。

第三十一条 学校有条件的，应当依据保险法的有关规定，参加学校责任保险。

教育行政部门可以根据实际情况，鼓励中小学参加学校责任保险。

提倡学生自愿参加意外伤害保险。在尊重学生意愿的前提下，学校可以为学生参加意外伤害保险创造便利条件，但不得从中收取任何费用。

第五章　事故责任者的处理

第三十二条　发生学生伤害事故，学校负有责任且情节严重的，教育行政部门应当根据有关规定，对学校的直接负责的主管人员和其他直接责任人员，分别给予相应的行政处分；有关责任人的行为触犯刑律的，应当移送司法机关依法追究刑事责任。

第三十三条　学校管理混乱，存在重大安全隐患的，主管的教育行政部门或者其他有关部门应当责令其限期整顿；对情节严重或者拒不改正的，应当依据法律法规的有关规定，给予相应的行政处罚。

第三十四条　教育行政部门未履行相应职责，对学生伤害事故的发生负有责任的，由有关部门对直接负责的主管人员和其他直接责任人员分别给予相应的行政处分；有关责任人的行为触犯刑律的，应当移送司法机关依法追究刑事责任。

第三十五条　违反学校纪律，对造成学生伤害事故负有责任的学生，学校可以给予相应的处分；触犯刑律的，由司法机关依法追究刑事责任。

第三十六条　受伤害学生的监护人、亲属或者其他有关人员，在事故处理过程中无理取闹，扰乱学校正常教育教学秩序，或者侵犯学校、学校教师或者其他工作人员的合法权益的，学校应当报告公安机关依法处理；造成损失的，可以依法要求赔偿。

第六章　附　则

第三十七条　本办法所称学校，是指国家或者社会力量举办的全日制的中小学（含特殊教育学校）、各类中等职业学校、高等学校。本办法所称学生是指在上述学校中全日制就读的受教育者。

第三十八条　幼儿园发生的幼儿伤害事故，应当根据幼儿为完全无行为能力人的特点，参照本办法处理。

第三十九条　其他教育机构发生的学生伤害事故，参照本办法处理。

在学校注册的其他受教育者在学校管理范围内发生的伤害事故，参照本办法处理。

第四十条　本办法自 2002 年 9 月 1 日起实施，原国家教委、教育部颁布的与学生人身安全事故处理有关的规定，与本办法不符的，以本办法为准。

在本办法实施之前已处理完毕的学生伤害事故不再重新处理。

（汪宝德　王维智）

参考书目：

[1] 连志浩，主编．流行病学［M］．第三版．北京：人民卫生出版社，1992.
[2] 梁万年，主编．疾病预防控制人员传染病防治培训教材［M］．第一版．北京：人民卫生出版社，2003.
[3] 好医生医学教育中心．乡镇卫生院院长培训手册［M］．第一版．北京：中医古籍出版社，2005.
[4] 叶广俊．儿童青少年卫生学［M］．第三版．北京：人民卫生出版社，1995.